이것만 알면 통한다
한자능력
검정시험
실전문제

1급

이것만 **알면 통**한다
한자능력검정시험
실전문제
1급

초판 발행	2012년 03월 10일
초판 2쇄	2019년 03월 15일
발행인	이진곤
발행처	씨앤톡
편저	바른한자사용연구회
등록일자	2003년 5월 22일
등록번호	제 313-2003-00192호
ISBN	978-89-6098-175-1 (13710)
주소	경기도 파주시 문발로 405 제2출판단지 씨앤톡 사옥 3층
홈페이지	www.seentalk.co.kr
전화	02-338-0092
팩스	02-338-0097

ⓒ2012, 씨앤톡 See&Talk

본 책은 저작권법에 의해 보호를 받는 저작물이므로 무단 전재와 복제를 금합니다.

이것만 알면 통한다
한자능력 검정시험
실전문제

1급

시험안내

한자능력검정시험은 사단법인 한국어문회가 주관하고 한국한자능력검정회가 시행하는 한자능력측정시험입니다. 1992년 12월 19일 첫 시험을 시행한 이래 매년 4회의 시험을 실시하고 있습니다. 이 시험은 개인의 한자활용능력에 대한 객관적인 평가와 한자사용능력에 대한 실력배양, 우수한 인재양성을 목적으로 하는 바 교육인적자원부에서 2001년부터 '국가공인 자격증'으로 인증을 받아 그 신뢰도를 더욱 공고히 하게 되었습니다.

한자능력검정시험은 8급에서 4급까지는 교육급수로 하고, 3급II에서 1급까지는 공인급수로 구분하며, 일반적으로 초등학생은 4급, 중·고등학생은 3급, 대학생은 2급과 1급 취득에 목표를 두고, 학습하길 권하고 있습니다.

합격자 우대사항

- 자격기본법 제27조에 의거 국가자격 취득자와 동등한 대우 및 혜택을 받습니다.
- 육군간부 승진 고과에 반영됩니다.(대위-대령/군무원 2급-5급 : 3급 이상, 준·부사관/군무원 6급-8급 : 4급 이상)
- 경제5단체, 신입사원 채용 때 전국한자능력검정시험 응시 권고(3급 응시요건, 3급 이상 가산점)하고 있습니다.
- 2005학년도 대학수학능력시험부터 '漢文'이 선택과목으로 채택되었습니다.
- 경기도 교육청 유치원, 초등학교, 특수학교(유치원, 초등)교사 임용시험 가산점 반영하고 있습니다.

문제유형

독음(讀音)	한자의 소리를 묻는 문제입니다. 독음은 두음법칙, 속음현상, 장단음과도 관련이 있습니다.
훈음(訓音)	한자의 뜻과 소리를 동시에 묻는 문제입니다. 특히 대표 훈음을 익히시기 바랍니다.
한자(漢字) 쓰기	제시된 뜻, 소리, 단어 등에 해당하는 한자를 쓸 수 있는가를 확인하는 문제입니다.
부수(部首)	한자의 부수를 묻는 문제입니다. 부수는 한자의 뜻을 짐작할 수 있는 중요한 부분입니다.
필순(筆順)	한 획 한 획의 쓰는 순서를 알고 있는가를 묻는 문제입니다. 글자를 바르게 쓰기 위해 필요합니다.
장단음(長短音)	한자 단어의 첫소리 발음이 길고 짧음을 구분하고 있는가를 묻는 문제입니다. 4급 이상에서만 출제됩니다.
반의어(反義語/反意語), 상대어(相對語)	어떤 글자(단어)와 반대 또는 상대되는 글자(단어)를 알고 있는가를 묻는 문제입니다.
동의어(同義語/同意語), 유의어(類義語)	어떤 글자(단어)와 뜻이 같거나 유사한 글자(단어)를 알고 있는가를 묻는 문제입니다.
동음이의어(同音異義語)	소리는 같고, 뜻은 다른 단어를 알고 있는가를 묻는 문제입니다.
뜻풀이	고사성어나 단어의 뜻을 제대로 알고 있는가를 묻는 문제입니다.
약자(略字)	한자의 획을 줄여서 만든 略字를 알고 있는가를 묻는 문제입니다.
완성형(完成型)	고사성어나 단어의 빈칸을 채우도록 하여 단어와 고사성어의 이해력 및 조어력을 묻는 문제입니다.
한문(漢文)	한문 문장을 제시하고, 뜻풀이, 독음, 문장의 이해, 한문법의 이해 등을 측정하는 문제입니다.

합격기준

구분	1급	2급, 3급, 3급Ⅱ	4급, 4급Ⅱ, 5급, 5급Ⅱ	6급	6급Ⅱ	7급	7급Ⅱ	8급
출제문항	200	150	100	90	80	70	60	50
합격문항	160	105	70	63	56	49	42	35

출제기준

구분	1급	2급	3급	3급Ⅱ	4급	4급Ⅱ	5급	5급Ⅱ	6급	6급Ⅱ	7급	7급Ⅱ	8급
독음	50	45	45	45	32	35	35	35	33	32	32	22	24
한자쓰기	40	30	30	30	20	20	20	20	20	10	0	0	0
훈음	32	27	27	27	22	22	23	23	22	29	30	30	24
완성형	15	10	10	10	5	5	4	4	3	2	2	2	0
반의어	10	10	10	10	3	3	3	3	3	2	2	2	0
뜻풀이	10	5	5	5	3	3	3	3	2	2	2	2	0
동음이의어	10	5	5	5	3	3	3	3	2	0	0	0	0
부수	10	5	5	5	3	3	0	0	0	0	0	0	0
동의어	10	5	5	5	3	3	3	3	2	0	0	0	0
장단음	10	5	5	5	3	0	0	0	0	0	0	0	0
약자	3	3	3	3	3	3	3	3	0	0	0	0	0
필순	0	0	0	0	0	0	3	3	3	3	2	2	2
출제문항	200	150	150	150	100	100	100	100	90	80	70	60	50

급수배정

급수	읽기	쓰기	수준 및 특성
1급	3,500	2,005	국한혼용 고전을 불편 없이 읽고, 공부할 수 있는 수준
2급	2,355	1,817	일상 한자어를 구사할 수 있는 수준
3급	1,817	1,000	신문 또는 교양서를 읽을 수 있는 수준
3급Ⅱ	1,500	750	4급과 3급의 격차를 해소하기 위한 급수
4급	1,000	500	초급에서 중급으로 올라가는 급수
4급Ⅱ	750	400	5급과 4급의 격차를 해소하기 위한 급수
5급	500	300	학습용 한자 쓰기를 시작하는 급수
5급Ⅱ	400	225	중급 상용한자 활용의 초급 단계
6급	300	150	기초 한자 쓰기를 시작하는 급수
6급Ⅱ	225	50	한자 쓰기를 시작하는 첫 급수
7급	150	-	한자 공부를 처음 시작하는 분을 위한 초급 단계
7급Ⅱ	100	-	기초 상용한자 활용의 초급 단계
8급	50	-	미취학생 또는 초등학생의 학습 동기 부여를 위한 급수

차례

- 4 시험안내
- 9 배정한자
- 81 유형별 한자 학습
- 168 실전 모의고사 1급 문제지
- 280 답안지
- 320 정답지
- 360 해설

8급 배정한자

한자	부수	획수	훈음
校	木	10획	학교 교:
敎	攵(攴)	11획	가르칠 교:
九	乙	2획	아홉 구
國	囗	11획	나라 국
軍	車	9획	군사 군
金	金	8획	쇠 금/성(姓) 김
南	十	9획	남녘 남
女	女	3획	계집 녀
年	干	6획	해 년
大	大	3획	큰 대(:)
東	木	8획	동녘 동
六	八	4획	여섯 륙
萬	艹(艸)	13획	일만 만:
母	毋	5획	어미 모:
木	木	4획	나무 목
門	門	8획	문 문
民	氏	5획	백성 민
白	白	5획	흰 백
父	父	4획	아비 부
北	匕	5획	북녘 북/달아날 배
四	囗	5획	넉 사:
山	山	3획	메 산
三	一	3획	석 삼
生	生	5획	날 생
西	西	6획	서녘 서
先	儿	6획	먼저 선
小	小	3획	작을 소:
水	水	4획	물 수
室	宀	9획	집 실
十	十	2획	열 십
五	二	4획	다섯 오:
王	王(玉)	4획	임금 왕
外	夕	5획	바깥 외:
月	月	4획	달 월
二	二	2획	두 이:
人	人	2획	사람 인
一	一	1획	한 일
日	日	4획	날 일
長	長	8획	긴 장(:)
弟	弓	7획	아우 제:
中	丨	4획	가운데 중
靑	靑	8획	푸를 청
寸	寸	3획	마디 촌:
七	一	2획	일곱 칠
土	土	3획	흙 토
八	八	2획	여덟 팔
學	子	16획	배울 학
韓	韋	17획	한국·나라 한(:)
兄	儿	5획	형 형
火	火	4획	불 화(:)

7급II 배정한자

한자	부수	획수	훈음
家	宀	10획	집 가
間	門	12획	사이 간(:)
江	氵(水)	6획	강 강
車	車	7획	수레 거·차
工	工	3획	장인 공
空	穴	8획	빌 공
記	言	10획	기록할 기
氣	气	10획	기운 기
男	田	7획	사내 남
內	入	4획	안 내:
農	辰	13획	농사 농
答	竹	12획	대답 답
道	辶(辵)	13획	길 도:
動	力	11획	움직일 동:
力	力	2획	힘 력
立	立	5획	설 립
每	毋	7획	매양 매(:)
名	口	6획	이름 명
物	牛	8획	물건 물
方	方	4획	모 방
不	一	4획	아닐 불·부
事	亅	8획	일 사:
上	一	3획	윗 상:
姓	女	8획	성 성:
世	一	5획	인간 세:
手	手	4획	손 수(:)
市	巾	5획	저자 시:
時	日	10획	때 시
食	食	9획	밥·먹을 식
安	宀	6획	편안 안
午	十	4획	낮 오:
右	口	5획	오를·오른(쪽) 우:
子	子	3획	아들 자
自	自	6획	스스로 자
場	土	12획	마당 장
全	入	6획	온전 전
前	刂(刀)	9획	앞 전
電	雨	13획	번개 전:
正	止	5획	바를 정(:)
足	足	7획	발 족
左	工	5획	왼 좌:
直	目	8획	곧을 직
平	干	5획	평평할 평
下	一	3획	아래 하:
漢	氵(水)	9획	한수·한나라 한:
海	氵(水)	10획	바다 해:
話	言	13획	말씀 화
活	氵(水)	9획	살 활
孝	子	7획	효도 효:
後	彳	9획	뒤 후:

7급 배정한자

한자	부수	획수	훈음
歌	欠	14획	노래 가
口	口	3획	입 구(ː)
旗	方	14획	기 기
冬	冫	5획	겨울 동(ː)
洞	氵(水)	9획	골 동ː/밝을 통ː
同	口	6획	한가지 동
登	癶	12획	오를 등
來	人	8획	올 래(ː)
老	老	6획	늙을 로ː
里	里	7획	마을 리ː
林	木	8획	수풀 림
面	面	9획	낯 면ː
命	口	8획	목숨 명ː
文	文	4획	글월 문
問	口	11획	물을 문ː
百	白	6획	일백 백
夫	大	4획	지아비 부
算	竹	14획	셈 산ː
色	色	6획	빛 색
夕	夕	3획	저녁 석
少	小	4획	적을 소ː
所	戶	8획	바 소ː
數	攵(攴)	15획	셈 수ː
植	木	12획	심을 식
心	心	4획	마음 심
語	言	14획	말씀 어ː
然	灬(火)	15획	그럴 연
有	月	6획	있을 유ː
育	月(肉)	8획	기를 육
邑	邑	7획	고을 읍
入	入	2획	들 입
字	子	6획	글자 자
祖	示	10획	할아비 조
主	丶	5획	임금·주인 주
住	亻(人)	7획	살 주ː
重	里	9획	무거울 중ː
地	土	6획	따 지
紙	糸	10획	종이 지
千	十	3획	일천 천
川	川(巛)	3획	내 천
天	大	4획	하늘 천
草	艹(艸)	10획	풀 초
村	木	7획	마을 촌ː
秋	禾	9획	가을 추
春	日	9획	봄 춘
出	凵	5획	날 출
便	亻(人)	9획	편할 편(ː)/똥오줌 변
夏	夊	10획	여름 하ː
花	艹(艸)	6획	꽃 화
休	亻(人)	6획	쉴 휴

6급 II 배정한자

한자	부수	획수	훈음
各	口	6획	각각 각
角	角	7획	뿔 각
界	田	9획	지경 계:
計	言	9획	셀 계:
高	高	10획	높을 고
共	八	6획	한가지 공:
公	八	4획	공평할 공
功	力	5획	공 공
果	木	8획	실과 과
科	禾	9획	과목 과
光	儿	6획	빛 광
球	王(玉)	11획	공 구
今	人	4획	이제 금
急	心	9획	급할 급
短	矢	12획	짧을 단(:)
堂	土	11획	집 당
代	亻(人)	5획	대신할 대:
對	寸	14획	대할 대:
圖	口	14획	그림 도
讀	言	22획	읽을 독/구절 두
童	立	12획	아이 동(:)
等	竹	12획	무리 등:
樂	木	15획	즐길 락/노래 악/좋아할 요
利	刂(刀)	7획	이할 리
理	王(玉)	11획	다스릴 리:
明	日	8획	밝을 명
聞	耳	14획	들을 문(:)
反	又	4획	돌이킬·돌아올 반
半	十	5획	반 반:
班	王(玉)	10획	나눌 반
發	癶	12획	필 발
放	攵(攴)	8획	놓을 방(:)
部	阝(邑)	10획	떼 부
分	刀	4획	나눌 분(:)
社	示	8획	모일 사
書	日	10획	글 서
線	糸	15획	줄 선
雪	雨	11획	눈 설
成	戈	7획	이룰 성
省	目	9획	살필 성/덜 생
消	氵(水)	10획	사라질 소
術	行	11획	재주 술
始	女	8획	비로소 시
神	示	10획	귀신 신
信	亻(人)	9획	믿을 신:
新	斤	13획	새 신
身	身	7획	몸 신
弱	弓	10획	약할 약
藥	艹(艸)	19획	약 약
業	木	13획	업 업

6급 배정한자

한자	부수	획수	훈음
感	心	13획	느낄 감:
強	弓	11획	강할 강(:)
開	門	12획	열 개
京	亠	8획	서울 경
古	口	5획	예 고:
苦	艹(艸)	9획	쓸 고
交	亠	6획	사귈 교
區	匚	11획	구분할·지경 구
郡	阝(邑)	10획	고을 군:
近	辶(辵)	8획	가까울 근:
根	木	10획	뿌리 근
級	糸	10획	등급 급
多	夕	6획	많을 다
待	彳	9획	기다릴 대:
度	广	9획	법도 도(:)/헤아릴 탁
頭	頁	16획	머리 두
例	亻(人)	8획	법식 례:
禮	示	18획	예도 례:
路	足	13획	길 로:
綠	糸	14획	푸를 록
李	木	7획	오얏·성(姓) 리:
目	目	5획	눈 목
米	米	6획	쌀 미
美	羊	9획	아름다울 미(:)
朴	木	6획	성(姓) 박
番	田	12획	차례 번
別	刂(刀)	7획	다를·나눌 별
病	疒	10획	병 병:
服	月	8획	옷 복
本	木	5획	근본 본
使	亻(人)	8획	하여금·부릴 사:
死	歹	6획	죽을 사:
席	巾	10획	자리 석
石	石	5획	돌 석
速	辶(辵)	11획	빠를 속
孫	子	10획	손자 손(:)
樹	木	16획	나무 수
習	羽	11획	익힐 습
勝	力	12획	이길 승
式	弋	6획	법 식
失	大	5획	잃을 실
愛	心	13획	사랑 애(:)
夜	夕	8획	밤 야:
野	里	11획	들 야:
陽	阝(阜)	12획	볕 양
洋	氵(水)	9획	큰바다 양
言	言	7획	말씀 언
永	水	5획	길 영:
英	艹(艸)	9획	꽃부리 영
溫	氵(水)	13획	따뜻할 온

한자	부수	획수	훈음
園	口	13획	동산 원
遠	辶(辵)	14획	멀 원:
由	田	5획	말미암을 유
油	氵(水)	8획	기름 유
銀	金	14획	은 은
衣	衣	6획	옷 의
醫	酉	18획	의원 의
者	耂(老)	9획	놈 자
章	立	11획	글 장
在	土	6획	있을 재:
定	宀	8획	정할 정:
朝	月	12획	아침 조
族	方	11획	겨레 족
晝	日	11획	낮 주
親	見	16획	친할 친
太	大	4획	클 태
通	辶(辵)	11획	통할 통
特	牛	10획	특별할 특
合	口	6획	합할 합
行	行	6획	다닐 행(:)/항렬 항
向	口	6획	향할 향:
號	虍	13획	이름 호(:)
畫	田	12획	그림 화:/그을 획
黃	黃	12획	누를 황
訓	言	10획	가르칠 훈:

5급Ⅱ 배정한자

한자	부수/획	훈음
價	부수 亻(人) 15획	값 가
客	부수 宀 9획	손 객
格	부수 木 10획	격식 격
見	부수 見 7획	볼 견 / 뵈올 현:
決	부수 氵(水) 7획	결단할 결
結	부수 糸 12획	맺을 결
敬	부수 攵(攴) 13획	공경 경:
告	부수 口 7획	고할 고
課	부수 言 15획	공부할·과정 과(:)
過	부수 辶(辵) 13획	지날 과:
關	부수 門 19획	관계할 관
觀	부수 見 25획	볼 관
廣	부수 广 15획	넓을 광:
具	부수 八 8획	갖출 구(:)
舊	부수 臼 18획	예 구:
局	부수 尸 7획	판 국
基	부수 土 11획	터 기
己	부수 己 3획	몸 기
念	부수 心 8획	생각 념:
能	부수 月(肉) 10획	능할 능
團	부수 囗 14획	둥글 단
當	부수 田 13획	마땅 당
德	부수 彳 15획	큰 덕
到	부수 刂(刀) 8획	이를 도:
獨	부수 犭(犬) 16획	홀로 독
朗	부수 月 11획	밝을 랑:
良	부수 艮 7획	어질 량
旅	부수 方 10획	나그네 려
歷	부수 止 16획	지날 력
練	부수 糸 15획	익힐 련:
勞	부수 力 12획	일할 로
流	부수 氵(水) 10획	흐를 류
類	부수 頁 19획	무리 류(:)
陸	부수 阝(阜) 11획	뭍 륙
望	부수 月 11획	바랄 망:
法	부수 氵(水) 8획	법 법
變	부수 言 23획	변할 변:
兵	부수 八 7획	병사 병
福	부수 示 14획	복 복
奉	부수 大 8획	받들 봉:
士	부수 士 3획	선비 사:
仕	부수 亻(人) 5획	섬길 사(:)
史	부수 口 5획	사기 사:
産	부수 生 11획	낳을 산:
商	부수 口 11획	장사 상
相	부수 目 9획	서로 상
仙	부수 亻(人) 5획	신선 선
鮮	부수 魚 17획	고울 선
說	부수 言 14획	말씀 설/달랠 세:
性	부수 忄(心) 8획	성품 성:

한자	부수	획수	훈음
洗	氵(水)	9획	씻을 세:
歲	止	13획	해 세:
束	木	7획	묶을 속
首	首	9획	머리 수
宿	宀	11획	잘 숙/별자리 수:
順	頁	12획	순할 순:
識	言	19획	알 식/기록할 지
臣	臣	6획	신하 신
實	宀	14획	열매 실
兒	儿	8획	아이 아
惡	心	12획	악할 악/미워할 오
約	糸	9획	맺을 약
養	食	15획	기를 양:
要	襾	9획	요긴할 요(:)
友	又	4획	벗 우:
雨	雨	8획	비 우:
雲	雨	12획	구름 운
元	儿	4획	으뜸 원
偉	亻(人)	11획	클 위
以	人	5획	써 이:
任	亻(人)	6획	맡길 임(:)
材	木	7획	재목 재
財	貝	10획	재물 재
的	白	8획	과녁 적
傳	亻(人)	13획	전할 전
典	八	8획	법 전:
展	尸	10획	펼 전:
切	刀	4획	끊을 절/온통 체
節	竹	15획	마디 절
店	广	8획	가게 점:
情	忄(心)	11획	뜻 정
調	言	15획	고를 조
卒	十	8획	마칠 졸
種	禾	14획	씨 종(:)
週	辶(辵)	12획	주일 주
州	川(巛)	6획	고을 주
知	矢	8획	알 지
質	貝	15획	바탕 질
着	目	12획	붙을 착
參	厶	11획	참여할 참/석 삼
責	貝	11획	꾸짖을 책
充	儿	6획	채울 충
宅	宀	6획	집 택·댁
品	口	9획	물건 품
必	心	5획	반드시 필
筆	竹	12획	붓 필
害	宀	10획	해할 해:
化	匕	4획	될 화(:)
效	攵(攴)	10획	본받을 효:
凶	凵	4획	흉할 흉

5급 배정한자

한자	부수/획수	훈음
加	부수 力 / 5획	더할 가
可	부수 口 / 5획	옳을 가:
改	부수 攵(攴) / 7획	고칠 개(:)
去	부수 厶 / 5획	갈 거:
擧	부수 手 / 18획	들 거:
件	부수 亻(人) / 6획	물건 건
建	부수 廴 / 9획	세울 건
健	부수 亻(人) / 11획	굳셀 건
景	부수 日 / 12획	볕 경(:)
輕	부수 車 / 14획	가벼울 경
競	부수 立 / 20획	다툴 경:
固	부수 口 / 8획	굳을 고(:)
考	부수 耂(老) / 6획	생각할 고(:)
曲	부수 日 / 6획	굽을 곡
橋	부수 木 / 16획	다리 교
救	부수 攵(攴) / 11획	구원할 구:
貴	부수 貝 / 12획	귀할 귀:
規	부수 見 / 11획	법 규
給	부수 糸 / 12획	줄 급
期	부수 月 / 12획	기약할 기
技	부수 扌(手) / 7획	재주 기
汽	부수 氵(水) / 7획	물끓는김 기
吉	부수 口 / 6획	길할 길
壇	부수 土 / 16획	단 단
談	부수 言 / 15획	말씀 담
島	부수 山 / 10획	섬 도
都	부수 阝(邑) / 12획	도읍 도
落	부수 艹 / 13획	떨어질 락
冷	부수 冫 / 7획	찰 랭:
量	부수 里 / 12획	헤아릴 량
令	부수 人 / 5획	하여금 령(:)
領	부수 頁 / 14획	거느릴 령
料	부수 斗 / 10획	헤아릴 료(:)
馬	부수 馬 / 10획	말 마:
末	부수 木 / 5획	끝 말
亡	부수 亠 / 3획	망할 망
買	부수 貝 / 12획	살 매:
賣	부수 貝 / 15획	팔 매(:)
無	부수 灬(火) / 12획	없을 무
倍	부수 亻(人) / 10획	곱 배(:)
比	부수 比 / 4획	견줄 비:
費	부수 貝 / 12획	쓸 비:
鼻	부수 鼻 / 14획	코 비:
氷	부수 水 / 5획	얼음 빙
寫	부수 宀 / 15획	베낄 사
思	부수 心 / 9획	생각 사(:)
査	부수 木 / 9획	조사할 사
賞	부수 貝 / 15획	상줄 상
序	부수 广 / 7획	차례 서:
善	부수 口 / 12획	착할 선:

選 부수 辶(辵) 16획	船 부수 舟 11획	示 부수 示 5획	案 부수 木 10획	魚 부수 魚 11획
가릴 선:	배 선	보일 시:	책상 안:	고기·물고기 어
漁 부수 氵(水) 14획	億 부수 亻(人) 15획	熱 부수 灬(火) 15획	葉 부수 艹(艸) 13획	屋 부수 尸 9획
고기 잡을 어	억 억	더울 열	잎 엽	집 옥
完 부수 宀 7획	曜 부수 日 18획	浴 부수 氵(水) 10획	牛 부수 牛 4획	雄 부수 隹 12획
완전할 완	빛날 요:	목욕할 욕	소 우	수컷 웅
院 부수 阝(阜) 10획	原 부수 厂 10획	願 부수 頁 19획	位 부수 亻(人) 7획	耳 부수 耳 6획
집 원	언덕 원	원할 원:	자리 위	귀 이:
因 부수 口 6획	再 부수 冂 6획	災 부수 火 7획	爭 부수 爫 8획	貯 부수 貝 12획
인할 인	두 재:	재앙 재	다툴 쟁	쌓을 저:
赤 부수 赤 7획	停 부수 亻(人) 11획	操 부수 扌(手) 16획	終 부수 糸 11획	罪 부수 罒(网) 13획
붉을 적	머무를 정	잡을 조(:)	마칠 종	허물 죄:
止 부수 止 4획	唱 부수 口 11획	鐵 부수 金 21획	初 부수 刀 7획	最 부수 日 12획
그칠 지	부를 창:	쇠 철	처음 초	가장 최:
祝 부수 示 10획	致 부수 至 10획	則 부수 刂(刀) 9획	他 부수 亻(人) 5획	打 부수 扌(手) 5획
빌 축	이를 치:	법칙 칙/곧 즉	다를 타	칠 타:
卓 부수 十 8획	炭 부수 火 9획	板 부수 木 8획	敗 부수 攵(支) 11획	河 부수 氵(水) 8획
높을 탁	숯 탄:	널 판	패할 패:	물 하
寒 부수 宀 12획	許 부수 言 11획	湖 부수 氵(水) 12획	患 부수 心 11획	黑 부수 黑 12획
찰 한	허락할 허	호수 호	근심 환:	검을 흑

4급II 배정한자

한자	부수/획수	훈음
假	亻(人) 11획	거짓 가:
街	行 12획	거리 가(:)
減	氵(水) 12획	덜 감:
監	皿 14획	볼 감
康	广 11획	편안 강
講	言 17획	욀 강:
個	亻(人) 10획	낱 개(:)
檢	木 17획	검사할 검:
缺	缶 10획	이지러질 결
潔	氵(水) 15획	깨끗할 결
經	糸 13획	지날·글 경
境	土 14획	지경 경
慶	心 15획	경사 경:
警	言 20획	깨우칠 경:
係	亻(人) 9획	맬 계:
故	攵(攴) 9획	연고 고(:)
官	宀 8획	벼슬 관
句	口 5획	글귀 구
求	水 7획	구할 구
究	穴 7획	연구할 구
宮	宀 10획	집 궁
權	木 22획	권세 권
極	木 13획	다할·극진할 극
禁	示 13획	금할 금:
起	走 10획	일어날 기
器	口 16획	그릇 기
暖	日 13획	따뜻할 난:
難	隹 19획	어려울 난(:)
努	力 7획	힘쓸 노
怒	心 9획	성낼 노:
單	口 12획	홑 단
端	立 14획	끝 단
檀	木 17획	박달나무 단
斷	斤 18획	끊을 단:
達	辶(辵) 13획	통달할 달
擔	扌(手) 16획	멜 담
黨	黑 20획	무리 당
帶	巾 11획	띠 대(:)
隊	阝(阜) 12획	무리 대
導	寸 16획	인도할 도:
毒	毋 8획	독 독
督	目 13획	감독할 독
銅	金 14획	구리 동
斗	斗 4획	말 두
豆	豆 7획	콩 두
得	彳 11획	얻을 득
燈	火 16획	등 등
羅	罒(网) 19획	벌릴 라
兩	入 8획	두 량:
麗	鹿 19획	고울 려

한자	부수	획수	훈음
連	辶(辵)	11획	이을 련
列	刂(刀)	6획	벌릴 렬
錄	金	16획	기록할 록
論	言	15획	논할 론
留	田	10획	머무를 류
律	彳	9획	법칙 률
滿	氵(水)	14획	찰 만(:)
脈	月(肉)	10획	줄기 맥
毛	毛	4획	터럭 모
牧	牛	8획	칠 목
武	止	8획	호반 무:
務	力	11획	힘쓸 무:
未	木	5획	아닐 미(:)
味	口	8획	맛 미:
密	宀	11획	빽빽할 밀
博	十	12획	넓을 박
防	阝(阜)	7획	막을 방
房	戶	8획	방 방
訪	言	11획	찾을 방:
背	月(肉)	9획	등 배:
拜	手	9획	절 배:
配	酉	10획	나눌·짝 배:
伐	亻(人)	6획	칠 벌
罰	罒(网)	14획	벌할 벌
壁	土	16획	벽 벽
邊	辶(辵)	19획	가 변
步	止	7획	걸음 보:
保	亻(人)	9획	지킬 보(:)
報	土	12획	갚을·알릴 보:
寶	宀	20획	보배 보:
復	彳	12획	회복할 복/다시 부:
府	广	8획	마을·관청 부(:)
婦	女	11획	며느리 부
副	刂(刀)	11획	버금 부:
富	宀	12획	부자 부:
佛	亻(人)	7획	부처 불
非	非	8획	아닐 비(:)
飛	飛	9획	날 비
備	亻(人)	12획	갖출 비:
悲	心	12획	슬플 비:
貧	貝	11획	가난할 빈
寺	寸	6획	절 사
舍	舌	8획	집 사
師	巾	10획	스승 사
謝	言	17획	사례할 사:
殺	殳	11획	죽일 살/감할·빠를 쇄
床	广	7획	상 상
狀	犬	8획	형상 상/문서 장:
常	巾	11획	떳떳할 상
想	心	13획	생각 상:

4급 II 배정한자

한자	부수	획수	훈음
設	言	11획	베풀 설
星	日	9획	별 성
城	土	10획	재 성
盛	皿	12획	성할 성:
聖	耳	13획	성인 성:
誠	言	14획	정성 성
聲	耳	17획	소리 성
細	糸	11획	가늘 세:
稅	禾	12획	세금 세:
勢	力	13획	형세 세:
笑	竹	10획	웃음 소:
素	糸	10획	본디·흴 소(:)
掃	扌(手)	11획	쓸 소(:)
俗	亻(人)	9획	풍속 속
續	糸	21획	이을 속
送	辶(辵)	10획	보낼 송:
收	攵(攴)	6획	거둘 수
受	又	8획	받을 수(:)
修	亻(人)	10획	닦을 수
授	扌(手)	11획	줄 수
守	宀	6획	지킬 수
純	糸	10획	순수할 순
承	手	8획	이을 승
施	方	9획	베풀 시:
是	日	9획	이·옳을 시:
視	見	12획	볼 시:
詩	言	13획	시 시
試	言	13획	시험 시(:)
息	心	10획	쉴 식
申	田	5획	납 신
深	氵(水)	11획	깊을 심
眼	目	11획	눈 안:
暗	日	13획	어두울 암:
壓	土	17획	누를 압
液	氵(水)	11획	진 액
羊	羊	6획	양 양
如	女	6획	같을 여
餘	食	16획	남을 여
逆	辶(辵)	10획	거스를 역
研	石	11획	갈 연:
煙	火	13획	연기 연
演	氵(水)	14획	펼 연:
榮	木	14획	영화 영
藝	艹(艸)	19획	재주 예:
誤	言	14획	그르칠 오:
玉	玉	5획	구슬 옥
往	彳	8획	갈 왕:
謠	言	17획	노래 요
容	宀	10획	얼굴 용
員	口	10획	인원 원

4급 II 배정한자

한자	부수	획수	훈음
察	宀	14획	살필 찰
創	刂(刀)	12획	비롯할 창:
處	虍	11획	곳 처:
請	言	15획	청할 청
銃	金	14획	총 총
總	糸	17획	다 총:
蓄	艹(艸)	14획	모을 축
築	竹	16획	쌓을 축
忠	心	8획	충성 충
蟲	虫	18획	벌레 충
取	又	8획	가질 취:
測	氵(水)	12획	헤아릴 측
治	氵(水)	8획	다스릴 치
置	罒(网)	13획	둘 치:
齒	齒	15획	이 치
侵	亻(人)	9획	침노할 침
快	忄(心)	7획	쾌할 쾌
態	心	14획	모습 태:
統	糸	12획	거느릴 통:
退	辶(辵)	10획	물러날 퇴:
波	氵(水)	8획	물결 파
破	石	10획	깨뜨릴 파:
布	巾	5획	베·펼 포(:)/보시 보
包	勹	5획	쌀 포(:)
砲	石	10획	대포 포:
暴	日	15획	사나울 폭/모질 포
票	示	11획	표 표
豊	豆	13획	풍년 풍
限	阝(阜)	9획	한할 한:
航	舟	10획	배 항:
港	氵(水)	12획	항구 항:
解	角	13획	풀 해:
香	香	9획	향기 향
鄕	阝(邑)	13획	시골 향
虛	虍	12획	빌 허
驗	馬	23획	시험 험:
賢	貝	15획	어질 현
血	血	6획	피 혈
協	十	8획	화할 협
惠	心	12획	은혜 혜:
戶	戶	4획	집 호:
好	女	6획	좋을 호:
呼	口	8획	부를 호
護	言	21획	도울 호:
貨	貝	11획	재물 화:
確	石	15획	굳을 확
回	口	6획	돌아올 회
吸	口	7획	마실 흡
興	臼	16획	일 흥(:)
希	巾	7획	바랄 희

4급 배정한자

暇 부日 13획 틈·겨를 가:	刻 부刂(刀) 8획 새길 각	覺 부見 20획 깨달을 각	干 부干 3획 방패 간	看 부目 9획 볼 간
簡 부竹 18획 대쪽·간략할 간(:)	甘 부甘 5획 달 감	敢 부攵(攴) 12획 감히·구태여 감	甲 부田 5획 갑옷 갑	降 부阝(阜) 9획 내릴 강/항복할 항
巨 부工 5획 클 거:	拒 부扌(手) 8획 막을 거:	居 부尸 8획 살 거	據 부扌(手) 16획 근거 거	傑 부亻(人) 12획 뛰어날 걸
儉 부亻(人) 15획 검소할 검:	激 부氵(水) 16획 격할 격	擊 부手 17획 칠 격	犬 부犬 4획 개 견	堅 부土 11획 굳을 견
更 부日 7획 고칠 경/다시 갱	傾 부亻(人) 13획 기울 경	鏡 부金 19획 거울 경:	驚 부馬 23획 놀랄 경	戒 부戈 7획 경계할 계:
系 부糸 7획 이어맬 계:	季 부子 8획 계절 계:	階 부阝(阜) 12획 섬돌 계	繼 부糸 20획 이을 계:	鷄 부鳥 21획 닭 계
孤 부子 8획 외로울 고	庫 부广 10획 곳집 고	穀 부禾 15획 곡식 곡	困 부囗 7획 곤할 곤:	骨 부骨 10획 뼈 골
孔 부子 4획 구멍 공:	攻 부攵(攴) 7획 칠 공:	管 부竹 14획 대롱·주관할 관	鑛 부金 23획 쇳돌 광:	構 부木 14획 얽을 구
君 부口 7획 임금 군	群 부羊 13획 무리 군	屈 부尸 8획 굽힐 굴	窮 부穴 15획 다할·궁할 궁	券 부刀 8획 문서 권
卷 부卩 8획 책 권(:)	勸 부力 20획 권할 권:	歸 부止 18획 돌아갈 귀:	均 부土 7획 고를 균	劇 부刂(刀) 15획 심할 극

4급 배정한자

한자	부수	획수	훈음
筋	竹	12획	힘줄 근
勤	力	13획	부지런할 근(:)
奇	大	8획	기특할 기
紀	糸	9획	벼리 기
寄	宀	11획	부칠 기
機	木	16획	틀 기
納	糸	10획	들일 납
段	殳	9획	층계 단
逃	辶(辵)	10획	도망할 도
徒	彳	10획	무리 도
盜	皿	12획	도둑 도(:)
卵	卩	7획	알 란:
亂	乙	13획	어지러울 란:
覽	見	21획	볼 람
略	田	11획	간략할·약할 략
糧	米	18획	양식 량
慮	心	15획	생각할 려:
烈	灬(火)	10획	매울 렬
龍	龍	16획	용 룡
柳	木	9획	버들 류(:)
輪	車	15획	바퀴 륜
離	隹	19획	떠날 리:
妹	女	8획	누이 매
勉	力	9획	힘쓸 면:
鳴	鳥	14획	울 명
模	木	15획	본뜰 모
妙	女	7획	묘할 묘:
墓	土	14획	무덤 묘:
舞	舛	14획	춤출 무:
拍	扌(手)	8획	칠 박
髮	髟	15획	터럭 발
妨	女	7획	방해할 방
犯	犭(犬)	5획	범할 범:
範	竹	15획	법 범:
辯	辛	21획	말씀 변:
普	日	12획	넓을 보:
伏	亻(人)	6획	엎드릴 복
複	衤(衣)	14획	겹칠 복
否	口	7획	아닐 부:
負	貝	9획	질 부:
粉	米	10획	가루 분(:)
憤	忄(心)	15획	분할 분:
批	扌(手)	7획	비평할 비:
祕	示	10획	숨길 비:
碑	石	13획	비석 비
私	禾	7획	사사 사
射	寸	10획	쏠 사(:)
絲	糸	12획	실 사
辭	辛	19획	말씀 사
散	攵(攴)	12획	흩을 산:

4급 배정한자

한자	부수	획수	훈음
資	貝	13획	재물 자
殘	歹	12획	남을 잔
雜	隹	18획	섞일 잡
壯	士	7획	장할 장:
張	弓	11획	베풀 장
帳	巾	11획	장막 장
裝	衣	13획	꾸밀 장
腸	月(肉)	13획	창자 장
奬	犬	15획	장려할 장(:)
底	广	8획	밑 저:
賊	貝	13획	도둑 적
適	辶(辵)	15획	맞을 적
積	禾	16획	쌓을 적
績	糸	17획	길쌈 적
籍	竹	20획	문서 적
專	寸	11획	오로지 전
錢	金	16획	돈 전
轉	車	18획	구를 전
折	扌(手)	7획	꺾을 절
點	黑	17획	점 점(:)
占	卜	5획	점령할 점:/점칠 점
丁	一	2획	고무래·장정 정
整	攵(攴)	16획	가지런할 정:
靜	靑	16획	고요할 정
帝	巾	9획	임금 제:
條	木	11획	가지 조
組	糸	11획	짤 조
潮	氵(水)	15획	밀물·조수 조
存	子	6획	있을 존
從	彳	11획	좇을 종(:)
鍾	金	17획	쇠북 종
座	广	10획	자리 좌:
朱	木	6획	붉을 주
周	口	8획	두루 주
酒	酉	10획	술 주(:)
證	言	19획	증거 증
持	扌(手)	9획	가질 지
智	日	12획	슬기·지혜 지
誌	言	14획	기록할 지
織	糸	18획	짤 직
珍	王(玉)	9획	보배 진
陣	阝(阜)	10획	진칠 진
盡	皿	14획	다할 진:
差	工	10획	다를 차
讚	言	26획	기릴 찬:
採	扌(手)	11획	캘 채:
冊	冂	5획	책 책
泉	水	9획	샘 천
聽	耳	22획	들을 청
廳	广	25획	관청 청

한자	부수/획수	훈음
招	扌(手) 8획	부를 초
推	扌(手) 11획	밀 추
縮	糸 17획	줄일 축
就	尤 12획	나아갈 취:
趣	走 15획	뜻 취:
層	尸 15획	층 층
針	金 10획	바늘 침(:)
寢	宀 14획	잘 침:
稱	禾 14획	일컬을 칭
歎	欠 15획	탄식할 탄:
彈	弓 15획	탄알 탄:
脫	月(肉) 11획	벗을 탈
探	扌(手) 11획	찾을 탐
擇	扌(手) 16획	가릴 택
討	言 10획	칠 토(:)
痛	疒 12획	아플 통:
投	扌(手) 7획	던질 투
鬪	鬥 20획	싸움 투
派	氵(水) 9획	갈래 파
判	刂(刀) 7획	판단할 판
篇	竹 15획	책 편
評	言 12획	평할 평
閉	門 11획	닫을 폐:
胞	月(肉) 9획	세포 포(:)
爆	火 19획	불터질 폭
標	木 15획	표할 표
疲	疒 10획	피곤할 피
避	辶(辵) 17획	피할 피
恨	忄(心) 9획	한 한
閑	門 12획	한가할 한
抗	扌(手) 7획	겨룰 항:
核	木 10획	씨 핵
憲	心 16획	법 헌:
險	阝(阜) 16획	험할 험:
革	革 9획	가죽 혁
顯	頁 23획	나타날 현:
刑	刂(刀) 6획	형벌 형
或	戈 8획	혹 혹
混	氵(水) 11획	섞을 혼
婚	女 11획	혼인할 혼
紅	糸 9획	붉을 홍
華	艹(艸) 12획	빛날 화
環	玉 17획	고리 환(:)
歡	欠 22획	기쁠 환
況	氵(水) 8획	상황 황:
灰	火 6획	재 회
厚	厂 9획	두터울 후:
候	亻(人) 10획	기후 후:
揮	扌(手) 12획	휘두를 휘
喜	口 12획	기쁠 희

3급 II 배정한자

한자	부수	획수	훈음
巧	工	5획	공교할 교
較	車	13획	견줄·비교할 교
丘	一	5획	언덕 구
久	丿	3획	오랠 구:
拘	扌(手)	8획	잡을 구
菊	艹(艸)	12획	국화 국
弓	弓	3획	활 궁
拳	手	10획	주먹 권:
鬼	鬼	10획	귀신 귀:
菌	艹(艸)	12획	버섯 균
克	儿	7획	이길 극
琴	王(玉)	12획	거문고 금
禽	禸	13획	새 금
錦	金	16획	비단 금:
及	又	4획	미칠 급
騎	馬	18획	말탈 기
企	人	6획	꾀할 기
其	八	8획	그 기
畿	田	15획	경기 기
祈	示	9획	빌 기
緊	糸	14획	긴할 긴
諾	言	16획	허락할 낙
娘	女	10획	계집 낭
耐	而	9획	견딜 내:
寧	宀	14획	편안 녕
奴	女	5획	종 노
腦	月(肉)	13획	골·뇌수 뇌
泥	氵(水)	8획	진흙 니
茶	艹(艸)	10획	차다·차
丹	丶	4획	붉을 단
但	亻(人)	7획	다만 단:
旦	日	5획	아침 단
淡	氵(水)	11획	맑을 담
踏	足	15획	밟을 답
糖	米	16획	엿 당/사탕 탕
唐	口	10획	당나라·당황할 당(:)
貸	貝	12획	빌릴 대:
臺	至	14획	대 대
倒	亻(人)	10획	넘어질 도:
桃	木	10획	복숭아 도
渡	氵(水)	12획	건널 도
刀	刀	2획	칼 도
途	辶(辵)	11획	길 도:
陶	阝(阜)	11획	질그릇 도
突	穴	9획	갑자기 돌
凍	冫	10획	얼 동:
絡	糸	12획	이을·얽을 락
欄	木	21획	난간 란
蘭	艹(艸)	21획	난초 란
廊	广	13획	사랑채·행랑 랑

3급II 배정한자

한자	부수	획수	훈음
浪	氵(水)	10획	물결 랑(:)
郞	阝(邑)	10획	사내 랑
梁	木	11획	들보·돌다리 량
涼	氵(水)	11획	서늘할 량
勵	力	17획	힘쓸 려:
曆	日	16획	책력 력
戀	心	23획	그리워할·그릴 련:
聯	耳	17획	연이을 련
鍊	金	17획	쇠불릴·단련할 련:
蓮	艹(艸)	15획	연꽃 련
裂	衣	12획	찢어질 렬
嶺	山	17획	고개 령
靈	雨	24획	신령 령
爐	火	20획	화로 로
露	雨	20획	이슬 로(:)
祿	示	13획	녹 록
弄	廾	7획	희롱할 롱:
雷	雨	13획	우레 뢰
賴	貝	16획	의뢰할 뢰:
累	糸	11획	여러·자주 루:
漏	氵(水)	14획	샐 루:
樓	木	15획	다락 루
倫	亻(人)	10획	인륜 륜
栗	木	10획	밤 률
率	玄	11획	비율 률/거느릴 솔
隆	阝(阜)	12획	높을 륭
陵	阝(阜)	11획	언덕 릉
吏	口	6획	벼슬아치·관리 리:
履	尸	15획	밟을 리:
裏	衣	13획	속 리:
臨	臣	17획	임할 림
麻	麻	11획	삼 마(:)
磨	石	16획	갈 마
幕	巾	14획	장막 막
漠	氵(水)	14획	넓을 막
莫	艹(艸)	11획	없을 막
晩	日	11획	늦을 만:
妄	女	6획	망령될 망:
梅	木	11획	매화 매
媒	女	12획	중매 매
麥	麥	11획	보리 맥
孟	子	8획	맏 맹(:)
猛	犭(犬)	11획	사나울 맹:
盲	目	8획	소경·눈 멀 맹
盟	皿	13획	맹세 맹
免	儿	7획	면할 면:
眠	目	10획	잘 면
綿	糸	14획	솜 면
滅	氵(水)	13획	꺼질·멸할 멸
銘	金	14획	새길 명

 3급Ⅱ 배정한자

卑 부수 十 8획	妃 부수 女 6획	婢 부수 女 11획	肥 부수 月(肉) 8획	蛇 부수 虫 11획
낮을 비:	왕비 비	계집종 비:	살찔 비:	긴뱀 사

斜 부수 斗 11획	司 부수 口 5획	沙 부수 氵(水) 7획	祀 부수 示 8획	詞 부수 言 12획
비낄 사	맡을 사	모래 사	제사 사	말·글 사

邪 부수 阝(邑) 7획	削 부수 刂(刀) 9획	森 부수 木 12획	桑 부수 木 10획	償 부수 亻(人) 17획
간사할 사	깎을 삭	수풀 삼	뽕나무 상	갚을 상

像 부수 亻(人) 14획	喪 부수 口 12획	尙 부수 小 8획	裳 부수 衣 14획	詳 부수 言 13획
모양 상	잃을 상(:)	오히려 상(:)	치마 상	자세할 상

霜 부수 雨 17획	塞 부수 土 13획	索 부수 糸 10획	徐 부수 彳 10획	恕 부수 心 10획
서리 상	막힐 색/변방 새	찾을 색/노 삭	천천할 서(:)	용서할 서:

緖 부수 糸 15획	署 부수 罒(网) 14획	惜 부수 忄(心) 11획	釋 부수 釆 20획	禪 부수 示 17획
실마리 서:	마을·관청 서:	아낄 석	풀 석	선 선

旋 부수 方 11획	疏 부수 疋 12획	蘇 부수 艹(艸) 20획	訴 부수 言 12획	燒 부수 火 16획
돌 선	소통할 소	되살아날 소	호소할 소	사를 소(:)

訟 부수 言 11획	鎖 부수 金 18획	刷 부수 刂(刀) 8획	衰 부수 衣 10획	垂 부수 土 8획
송사할 송:	쇠사슬 쇄:	인쇄할 쇄:	쇠할 쇠	드리울 수

壽 부수 士 14획	帥 부수 巾 9획	愁 부수 心 13획	殊 부수 歹 10획	獸 부수 犬 19획
목숨 수	장수 수	근심 수	다를 수	짐승 수

輸 부수 車 16획	隨 부수 阝(阜) 16획	需 부수 雨 14획	淑 부수 氵(水) 11획	熟 부수 灬(火) 15획
보낼 수	따를 수	쓰일·쓸 수	맑을 숙	익을 숙

한자	부수	획수	훈음
巡	巛	7획	돌·순행할 순
旬	日	6획	열흘 순
瞬	目	17획	눈깜짝일 순
述	辶	9획	펼 술
濕	氵(水)	17획	젖을 습
拾	扌(手)	9획	주울 습/열 십
襲	衣	22획	엄습할 습
乘	丿	10획	탈 승
僧	亻(人)	14획	중 승
昇	日	8획	오를 승
侍	亻(人)	8획	모실 시:
飾	食	14획	꾸밀 식
愼	忄(心)	13획	삼갈 신:
審	宀	15획	살필 심(:)
甚	甘	9획	심할 심:
雙	隹	18획	두·쌍 쌍
牙	牙	4획	어금니 아
芽	艹(艸)	8획	싹 아
亞	二	8획	버금 아(:)
我	戈	7획	나 아:
阿	阝(阜)	8획	언덕 아
雅	隹	12획	맑을 아(:)
岸	山	8획	언덕 안
顔	頁	18획	낯 안:
巖	山	23획	바위 암
仰	亻(人)	6획	우러를 앙:
央	大	5획	가운데 앙
哀	口	9획	슬플 애
若	艹(艸)	9획	같을 약/반야 야
壤	土	20획	흙덩이 양:
揚	扌(手)	12획	날릴 양
讓	言	24획	사양할 양:
御	彳	11획	거느릴 어:
憶	忄(心)	16획	생각할 억
抑	扌(手)	7획	누를 억
疫	疒	9획	전염병 역
亦	亠	6획	또 역
役	彳	7획	부릴 역
譯	言	20획	번역할 역
驛	馬	23획	역 역
宴	宀	10획	잔치 연:
沿	氵(水)	8획	물따라갈·따를 연(:)
軟	車	11획	연할 연:
燕	灬(火)	16획	제비 연(:)
悅	忄(心)	10획	기쁠 열
染	木	9획	물들 염:
炎	火	8획	불꽃 염
鹽	鹵	24획	소금 염
影	彡	15획	그림자 영:
譽	言	21획	기릴·명예 예:

3급 II 배정한자

한자	부수	획수	훈음
悟	忄(心)	10획	깨달을 오:
烏	灬(火)	10획	까마귀 오
獄	犬	14획	옥 옥
瓦	瓦	5획	기와 와:
緩	糸	15획	느릴 완:
慾	心	15획	욕심 욕
欲	欠	11획	하고자할 욕
辱	辰	10획	욕될 욕
偶	亻(人)	11획	짝 우:
宇	宀	6획	집 우:
愚	心	13획	어리석을 우
羽	羽	6획	깃 우:
憂	心	15획	근심 우
韻	音	19획	운 운:
越	走	12획	넘을 월
胃	月(肉)	9획	밥통 위
僞	亻(人)	14획	거짓 위
謂	言	16획	이를 위
幼	幺	5획	어릴 유
幽	幺	9획	그윽할 유
猶	犭(犬)	12획	오히려 유
維	糸	14획	벼리 유
裕	衤(衣)	12획	넉넉할 유:
悠	心	11획	멀 유
柔	木	9획	부드러울 유
誘	言	14획	꾈 유
潤	氵(水)	15획	불을 윤:
乙	乙	1획	새 을
淫	氵(水)	11획	음란할 음
已	己	3획	이미 이:
翼	羽	17획	날개 익
忍	心	7획	참을 인
逸	辶(辵)	12획	편안할 일
壬	士	4획	북방 임
賃	貝	13획	품삯 임
刺	刂(刀)	8획	찌를 자:/척/수라 라
慈	心	13획	사랑 자
紫	糸	11획	자줏빛 자
暫	日	15획	잠깐 잠(:)
潛	氵(水)	15획	잠길 잠
粧	米	12획	단장할 장
臟	月(肉)	22획	오장 장:
莊	艹(艸)	11획	씩씩할 장
丈	一	3획	어른 장:
掌	手	12획	손바닥 장:
葬	艹(艸)	13획	장사지낼 장:
藏	艹(艸)	18획	감출 장:
栽	木	10획	심을 재:
裁	衣	12획	옷 마를 재
載	車	13획	실을 재:

한자	부수/획수	훈음
抵	扌(手) 8획	막을 저:
著	艹(艸) 13획	나타날 저:
寂	宀 11획	고요할 적
摘	扌(手) 14획	딸 적
笛	竹 11획	피리 적
跡	足 13획	발자취 적
蹟	足 18획	자취 적
殿	殳 13획	전각 전:
漸	氵(水) 14획	점점 점:
井	二 4획	우물 정(:)
亭	亠 9획	정자 정
廷	廴 7획	조정 정
征	彳 8획	칠 정
淨	氵(水) 11획	깨끗할 정
貞	貝 9획	곧을 정
頂	頁 11획	정수리 정
諸	言 16획	모두 제
齊	齊 14획	가지런할 제
租	禾 10획	조세 조
兆	儿 6획	억조 조
照	灬(火) 13획	비칠 조:
縱	糸 17획	세로 종
坐	土 7획	앉을 좌:
宙	宀 8획	집 주:
柱	木 9획	기둥 주
洲	氵(水) 9획	물가 주
奏	大 9획	아뢸 주(:)
株	木 10획	그루 주
珠	王(玉) 10획	구슬 주
鑄	金 22획	쇠불릴 주
仲	亻(人) 6획	버금 중(:)
卽	卩 9획	곧 즉
憎	忄(心) 15획	미울 증
曾	日 12획	일찍 증
症	疒 10획	증세 증(:)
蒸	艹(艸) 14획	찔 증
枝	木 8획	가지 지
之	丿 4획	갈 지
池	氵(水) 6획	못 지
震	雨 15획	우레 진:
振	扌(手) 10획	떨칠 진:
辰	辰 7획	별 진/때 신
鎭	金 18획	진압할 진(:)
陳	阝(阜) 11획	베풀 진/묵을 진
疾	疒 10획	병 질
秩	禾 10획	차례 질
執	土 11획	잡을 집
徵	彳 15획	부를 징
借	亻(人) 10획	빌·빌릴 차:
此	止 6획	이 차

3급Ⅱ 배정한자

錯 부金 16획	贊 부貝 19획	倉 부人 10획	昌 부日 8획	蒼 부艹(艸) 14획
어긋날 착	도울 찬:	곳집 창(:)	창성할 창(:)	푸를 창
債 부亻(人) 13획	彩 부彡 11획	菜 부艹(艸) 12획	策 부竹 12획	妻 부女 8획
빚 채:	채색 채:	나물 채:	꾀 책	아내 처
尺 부尸 4획	戚 부戈 11획	拓 부扌(手) 8획	淺 부氵(水) 11획	賤 부貝 15획
자 척	친척 척	넓힐 척/박을 탁	얕을 천:	천할 천:
踐 부足 15획	遷 부辶(辵) 16획	哲 부口 10획	徹 부彳 15획	滯 부氵(水) 14획
밟을 천:	옮길 천:	밝을 철	통할 철	막힐 체
礎 부石 18획	肖 부月(肉) 7획	超 부走 12획	促 부亻(人) 9획	觸 부角 20획
주춧돌 초	닮을·같을 초	뛰어넘을 초	재촉할 촉	닿을 촉
催 부亻(人) 13획	追 부辶(辵) 10획	畜 부田 10획	衝 부行 15획	吹 부口 7획
재촉할 최:	쫓을·따를 추	짐승 축	찌를 충	불 취:
醉 부酉 15획	側 부亻(人) 11획	値 부亻(人) 10획	恥 부心 10획	稚 부禾 13획
취할 취:	곁 측	값 치	부끄러울 치	어릴 치
漆 부氵(水) 14획	沈 부氵(水) 7획	浸 부氵(水) 10획	奪 부大 14획	塔 부土 13획
옻 칠	잠길 침(:)/성(姓) 심	잠길 침:	빼앗을 탈	탑 탑
湯 부氵(水) 12획	殆 부歹 9획	泰 부水 10획	澤 부氵(水) 16획	兎 부儿 8획
끓을 탕:	거의 태	클 태	못 택	토끼 토
吐 부口 6획	透 부辶(辵) 11획	版 부片 8획	偏 부亻(人) 11획	片 부片 4획
토할 토(:)	사무칠 투	판목 판	치우칠 편	조각 편(:)

3급 배정한자

한자	부수/획수	훈음
却	부 卩 7획	물리칠 각
姦	부 女 9획	간음할 간:
渴	부 氵(水) 12획	목마를 갈
皆	부 白 9획	다 개
慨	부 忄(心) 14획	슬퍼할 개:
乞	부 乙 3획	빌 걸
肩	부 月(肉) 8획	어깨 견
牽	부 牛 11획	이끌·끌 견
遣	부 辶(辵) 14획	보낼 견
絹	부 糸 13획	비단 견
庚	부 广 8획	별 경
竟	부 立 11획	마침내 경:
卿	부 卩 12획	벼슬 경
癸	부 癶 9획	북방·천간 계:
繫	부 糸 19획	맬 계:
枯	부 木 9획	마를 고
顧	부 頁 21획	돌아볼 고
坤	부 土 8획	따 곤
郭	부 阝(邑) 11획	둘레·외성 곽
掛	부 扌(手) 11획	걸 괘
塊	부 土 13획	흙덩이 괴
愧	부 忄(心) 13획	부끄러울 괴:
郊	부 阝(邑) 9획	들 교
矯	부 矢 17획	바로잡을 교:
苟	부 艹 9획	진실로·구차할 구
狗	부 犭(犬) 8획	개 구
俱	부 亻(人) 10획	함께 구
懼	부 忄(心) 21획	두려워할 구
驅	부 馬 21획	몰 구
龜	부 龜 16획	거북 구/귀 터질 균
厥	부 厂 12획	그 궐
軌	부 車 9획	바퀴자국 궤:
叫	부 口 5획	부르짖을 규
糾	부 糸 8획	얽힐 규
斤	부 斤 4획	근·날 근
僅	부 亻(人) 13획	겨우 근:
謹	부 言 18획	삼갈 근:
肯	부 月(肉) 8획	즐길 긍:
忌	부 心 7획	꺼릴 기
豈	부 豆 10획	어찌 기
飢	부 食 11획	주릴 기
旣	부 无 11획	이미 기
棄	부 木 12획	버릴 기
幾	부 幺 12획	몇 기
欺	부 欠 12획	속일 기
那	부 阝(邑) 7획	어찌 나:
乃	부 丿 2획	이에 내:
奈	부 大 8획	어찌 내
惱	부 忄(心) 12획	번뇌할 뇌
畓	부 田 9획	논 답

挑 부수 扌(手) 9획	塗 부수 土 13획	跳 부수 足 13획	稻 부수 禾 15획	篤 부수 竹 16획
돋울 도	칠할 도	뛸 도	벼 도	도타울 독
豚 부수 豕 11획	敦 부수 攵(攴) 12획	鈍 부수 金 12획	屯 부수 屮 4획	騰 부수 馬 20획
돼지 돈	도타울 돈	둔할 둔	진칠 둔	오를 등
濫 부수 氵(水) 17획	掠 부수 扌(手) 11획	諒 부수 言 15획	憐 부수 忄(心) 15획	劣 부수 力 6획
넘칠 람	노략질할 략	살펴알·믿을 량	불쌍히 여길 련	못할 렬
廉 부수 广 13획	獵 부수 犭(犬) 18획	零 부수 雨 13획	隷 부수 隶 16획	鹿 부수 鹿 11획
청렴할 렴	사냥 렵	떨어질·영 령	종 례:	사슴 록
了 부수 亅 2획	僚 부수 亻(人) 14획	淚 부수 氵(水) 11획	屢 부수 尸 14획	梨 부수 木 11획
마칠 료:	동료 료	눈물 루	여러 루:	배 리
隣 부수 阝(阜) 15획	慢 부수 忄(心) 14획	漫 부수 氵(水) 14획	忙 부수 忄(心) 6획	忘 부수 心 7획
이웃 린	거만할 만:	흩어질 만	바쁠 망	잊을 망
罔 부수 网 8획	茫 부수 艹(艸) 10획	埋 부수 土 10획	冥 부수 冖 10획	某 부수 木 9획
없을 망	아득할 망	묻을 매	어두울 명	아무 모:
侮 부수 亻(人) 9획	募 부수 力 13획	冒 부수 冂 9획	暮 부수 日 15획	卯 부수 卩 5획
업신여길 모(:)	모을·뽑을 모	무릅쓸 모	저물 모:	토끼 묘:
苗 부수 艹(艸) 9획	廟 부수 广 15획	戊 부수 戈 5획	霧 부수 雨 19획	眉 부수 目 9획
모 묘:	사당 묘:	천간 무:	안개 무:	눈썹 미
迷 부수 辶(辵) 10획	敏 부수 攵(攴) 11획	憫 부수 忄(心) 15획	蜜 부수 虫 14획	泊 부수 氵(水) 8획
미혹할 미(:)	민첩할 민	민망할 민	꿀 밀	머무를·배댈 박

 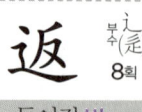 3급 배정한자

伴 부수 亻(人) 7획	返 부수 辶(辵) 8획	叛 부수 又 9획	邦 부수 阝(邑) 7획	倣 부수 亻(人) 10획
짝 반:	돌이킬 반:	배반할 반:	나라 방	본뜰 방
傍 부수 亻(人) 12획	杯 부수 木 8획	煩 부수 火 13획	飜 부수 飛 21획	辨 부수 辛 16획
곁 방:	잔 배	번거로울 번	번역할 번	분별할 변:
屛 부수 尸 11획	竝 부수 立 10획	卜 부수 卜 2획	蜂 부수 虫 13획	赴 부수 走 9획
병풍 병(:)	나란히 병:	점 복	벌 봉	다다를·갈 부:
墳 부수 土 15획	朋 부수 月 8획	崩 부수 山 11획	賓 부수 貝 14획	頻 부수 頁 16획
무덤 분	벗 붕	무너질 붕	손 빈	자주 빈
聘 부수 耳 13획	巳 부수 己 3획	似 부수 亻(人) 7획	捨 부수 扌(手) 11획	詐 부수 言 12획
부를 빙	뱀 사:	닮을 사:	버릴 사:	속일 사
斯 부수 斤 12획	賜 부수 貝 15획	朔 부수 月 10획	祥 부수 示 11획	嘗 부수 口 14획
이 사	줄 사:	초하루 삭	상서 상	맛볼 상
庶 부수 广 11획	敍 부수 攴 11획	逝 부수 辶(辵) 11획	暑 부수 日 13획	誓 부수 言 14획
여러 서:	펼 서:	갈 서:	더울 서:	맹세할 서:
昔 부수 日 8획	析 부수 木 8획	涉 부수 氵(水) 10획	攝 부수 扌(手) 21획	召 부수 口 5획
예 석	쪼갤 석	건널 섭	다스릴·잡을 섭	부를 소
昭 부수 日 9획	蔬 부수 艹(艸) 15획	騷 부수 馬 20획	粟 부수 米 12획	誦 부수 言 14획
밝을 소	나물 소	떠들 소	조 속	욀 송:
囚 부수 口 5획	須 부수 頁 12획	遂 부수 辶(辵) 13획	睡 부수 目 13획	誰 부수 言 15획
가둘 수	모름지기 수	드디어 수	졸음 수	누구 수

3급 배정한자

한자	부수	획수	훈음
尤	尤	4획	더욱 우
云	二	4획	이를 운
違	辶(辵)	13획	어긋날 위
緯	糸	15획	씨 위
酉	酉	7획	닭 유
唯	口	11획	오직 유
惟	忄(心)	11획	생각할 유
愈	心	13획	나을 유
閏	門	12획	윤달 윤:
吟	口	7획	읊을 음
泣	氵(水)	8획	울 읍
凝	冫	16획	엉길 응:
矣	矢	7획	어조사 의
宜	宀	8획	마땅 의
而	而	6획	말이을 이
夷	大	6획	오랑캐 이
姻	女	9획	혼인 인
寅	宀	11획	범·동방 인
玆	玄	10획	이 자
恣	心	10획	마음대로·방자할 자
酌	酉	10획	술부을·잔질할 작
爵	爫(爪)	18획	벼슬 작
墻	土	16획	담 장
哉	口	9획	어조사 재
宰	宀	10획	재상 재:
滴	氵(水)	14획	물방울 적
竊	穴	22획	훔칠 절
蝶	虫	15획	나비 접
訂	言	9획	바로잡을 정
堤	土	12획	둑 제
弔	弓	4획	조상할 조:
燥	火	17획	마를 조
拙	扌(手)	8획	졸할 졸
佐	亻(人)	7획	도울 좌:
舟	舟	6획	배 주
俊	亻(人)	9획	준걸 준:
遵	辶(辵)	16획	좇을 준:
贈	貝	19획	줄 증
只	口	5획	다만 지
遲	辶(辵)	16획	더딜·늦을 지
姪	女	9획	조카 질
懲	心	19획	징계할 징
且	一	5획	또 차:
捉	扌(手)	10획	잡을 착
慙	心	15획	부끄러울 참
慘	忄(心)	14획	참혹할 참
暢	日	14획	화창할 창:
斥	斤	5획	물리칠 척
薦	艹(艸)	17획	천거할 천:
尖	小	6획	뾰족할 첨

3급 배정한자

한자	부수	획수	훈음
螢	虫	16획	반딧불 형
兮	八	4획	어조사 혜
互	二	4획	서로 호:
乎	丿	5획	어조사 호
毫	毛	11획	터럭 호
昏	日	8획	어두울 혼
弘	弓	5획	클 홍
鴻	鳥	17획	기러기 홍
禾	禾	5획	벼 화
擴	扌(手)	18획	넓힐 확
穫	禾	19획	거둘 확
丸	丶	3획	둥글 환
曉	日	16획	새벽 효:
侯	亻(人)	9획	제후 후
毁	殳	13획	헐 훼:
輝	車	15획	빛날 휘
携	扌(手)	13획	이끌 휴

2급 배정한자

한자	부수/획수	훈음
葛	艹 13획	칡 갈
憾	忄(心) 16획	섭섭할 감:
坑	土 7획	구덩이 갱
揭	扌(手) 12획	높이들·걸 게:
憩	心 16획	쉴 게:
雇	隹 12획	품팔 고
戈	戈 4획	창 과
瓜	瓜 5획	외 과
菓	艹 12획	과자 과/실과 과
款	欠 12획	항목 관
傀	亻(人) 12획	허수아비 괴:
絞	糸 12획	목맬 교
僑	亻(人) 14획	더부살이 교
膠	月(肉) 15획	아교 교
購	貝 17획	살 구
歐	欠 15획	구라파·칠 구
鷗	鳥 22획	갈매기 구
掘	扌(手) 11획	팔 굴
窟	穴 13획	굴 굴
圈	囗 11획	우리 권
闕	門 18획	대궐 궐
閨	門 14획	안방 규
棋	木 12획	바둑 기
濃	氵(水) 16획	짙을 농:
尿	尸 7획	오줌 뇨
尼	尸 5획	여승 니
溺	氵(水) 13획	빠질 닉
鍛	金 17획	쇠불릴 단
膽	月(肉) 17획	쓸개 담:
潭	氵(水) 15획	못 담
垈	土 8획	집터 대
戴	戈 17획	일 대:
悼	忄(心) 11획	슬퍼할 도
棟	木 12획	마룻대 동
桐	木 10획	오동나무 동
謄	言 17획	베낄 등
藤	艹 19획	등나무 등
裸	衤(衣) 13획	벗을 라:
洛	氵(水) 9획	물이름 락
爛	火 21획	빛날 란:
藍	艹 18획	쪽 람
拉	扌(手) 8획	끌 랍
輛	車 15획	수레 량
煉	火 13획	달굴 련
籠	竹 22획	대바구니 롱(:)
療	疒 17획	병고칠 료
硫	石 12획	유황 류
謬	言 18획	그르칠 류
摩	手 15획	문지를 마
魔	鬼 21획	마귀 마

47

2급 배정한자

한자	부수	획수	훈음
痲	疒	13획	저릴 마
膜	月(肉)	15획	꺼풀·막 막
娩	女	10획	낳을 만:
灣	氵(水)	25획	물굽이 만
蠻	虫	25획	오랑캐 만
網	糸	14획	그물 망
枚	木	8획	낱 매
魅	鬼	15획	매혹할 매
蔑	艹(艸)	15획	업신여길 멸
帽	巾	12획	모자 모
矛	矛	5획	창 모
沐	氵(水)	7획	머리감을 목
紊	糸	10획	어지러울·문란할 문
舶	舟	11획	배 박
搬	扌(手)	13획	옮길 반
紡	糸	10획	길쌈 방
賠	貝	15획	물어줄 배:
俳	亻(人)	10획	배우 배
柏	木	9획	측백 백
閥	門	14획	문벌 벌
汎	氵(水)	6획	넓을 범:
僻	亻(人)	15획	궁벽할 벽
倂	亻(人)	10획	아우를 병:
俸	亻(人)	10획	녹 봉:
縫	糸	17획	꿰맬 봉
敷	攴(攵)	15획	펼 부(:)
膚	月(肉)	15획	살갗 부
弗	弓	5획	아닐·말 불
匪	匚	10획	비적 비:
飼	食	14획	기를 사
唆	口	10획	부추길 사
赦	赤	11획	용서할 사:
傘	人	12획	우산 산
酸	酉	14획	실 산
蔘	艹(艸)	15획	삼 삼
揷	扌(手)	12획	꽂을 삽
箱	竹	15획	상자 상
瑞	王(玉)	13획	상서 서:
碩	石	14획	클 석
繕	糸	18획	기울 선:
纖	糸	23획	가늘 섬
貰	貝	12획	세놓을 세:
紹	糸	11획	이을 소
盾	目	9획	방패 순
升	十	4획	되 승
屍	尸	9획	주검 시:
殖	歹	12획	불릴 식
腎	月(肉)	12획	콩팥 신:
紳	糸	11획	띠 신:
握	扌(手)	12획	쥘 악

癌 부수 疒 17획	礙 부수 石 19획	惹 부수 心 13획	孃 부수 女 20획	硯 부수 石 12획
암 암:	거리낄 애:	이끌 야:	아가씨 양	벼루 연:
厭 부수 厂 14획	預 부수 頁 13획	梧 부수 木 11획	穩 부수 禾 19획	歪 부수 止 4획
싫어할 염:	맡길·미리 예:	오동나무 오(:)	편안할 온	기울 왜·외
妖 부수 女 7획	傭 부수 亻(人) 13획	熔 부수 火 14획	鬱 부수 鬯 29획	苑 부수 艹(艸) 9획
요사할 요	품팔 용	녹을 용	답답할 울	나라동산 원:
尉 부수 寸 11획	融 부수 虫 16획	貳 부수 貝 12획	刃 부수 刀 3획	壹 부수 士 12획
벼슬 위	녹을 융	두·갖은두 이:	칼날 인:	한·갖은한 일
妊 부수 女 7획	諮 부수 言 16획	磁 부수 石 14획	雌 부수 隹 13획	蠶 부수 虫 24획
아이밸 임:	물을 자:	자석 자	암컷 자	누에 잠
沮 부수 氵(水) 8획	呈 부수 口 7획	艇 부수 舟 13획	偵 부수 亻(人) 11획	劑 부수 刂(刀) 16획
막을 저:	드릴 정	배 정	염탐할 정	약제 제
彫 부수 彡 11획	措 부수 扌(手) 11획	釣 부수 金 11획	綜 부수 糸 14획	駐 부수 馬 15획
새길 조	둘 조	낚을·낚시 조:	모을 종	머무를 주:
准 부수 冫 10획	旨 부수 日 6획	脂 부수 月(肉) 10획	診 부수 言 12획	津 부수 氵(水) 9획
비준 준:	뜻 지	기름 지	진찰할 진	나루 진(:)
塵 부수 土 14획	窒 부수 穴 11획	輯 부수 車 12획	遮 부수 辶(辵) 15획	餐 부수 食 16획
티끌 진	막힐 질	모을 집	가릴 차(:)	밥 찬
札 부수 木 5획	刹 부수 刂(刀) 8획	斬 부수 斤 11획	滄 부수 氵(水) 13획	彰 부수 彡 14획
편지 찰	절 찰	벨 참(:)	큰바다 창	드러날 창

2급 배정한자

한자	부수	획수	훈음
悽	忄(心)	11획	슬퍼할 처:
隻	隹	10획	외짝 척
撤	扌(手)	15획	거둘 철
諜	言	16획	염탐할 첩
締	糸	15획	맺을 체
哨	口	10획	망볼 초
焦	灬(火)	12획	탈 초
趨	走	17획	달아날 추
軸	車	12획	굴대 축
蹴	足	19획	찰 축
衷	衣	10획	속마음 충
炊	火	8획	불땔 취:
託	言	10획	부탁할 탁
琢	王(玉)	12획	다듬을 탁
胎	月(肉)	9획	아이 밸 태
颱	風	14획	태풍 태
霸	雨	21획	으뜸 패:
坪	土	8획	들 평
怖	忄(心)	8획	두려워할 포
抛	扌(手)	7획	던질 포:
鋪	金	15획	펼·가게 포
虐	虍	9획	모질 학
翰	羽	16획	편지 한:
艦	舟	20획	큰 배 함:
弦	弓	8획	시위 현
峽	山	10획	골짜기 협
型	土	9획	모형 형
濠	氵(水)	17획	호주 호
酷	酉	14획	심할 혹
靴	革	13획	신 화
幻	幺	4획	헛보일 환:
滑	氵(水)	13획	미끄러울 활/익살스러울 골
廻	廴	9획	돌 회
喉	口	12획	목구멍 후
勳	力	16획	공 훈
姬	女	9획	계집 희
噫	口	16획	한숨쉴 희/트림할 애
熙	灬(火)	13획	빛날 희

2급 배정한자 – 인명·지명 한자

한자	부수	획수	훈음
伽	亻	7획	절 가
迦	辶(辵)	9획	부처 이름 가
柯	木	9획	가지 가
賈	貝	13획	성(姓) 가/장사 고
軻	車	12획	수레·사람 이름 가
珏	王(玉)	9획	쌍옥 각
杆	木	7획	몽둥이 간
艮	艮	6획	괘 이름 간
鞨	革	18획	오랑캐 이름 갈
邯	阝(邑)	8획	사람 이름 감/조나라 서울 한
岬	山	8획	곶 갑
鉀	金	13획	갑옷 갑
岡	山	8획	산등성이 강
崗	山	11획	언덕 강
姜	女	9획	성(姓) 강
彊	弓	16획	굳셀 강
疆	田	19획	지경 강
价	亻(人)	6획	클 개:
塏	土	13획	높은 땅 개
鍵	金	17획	자물쇠·열쇠 건:
桀	木	10획	하왕 이름 걸
杰	木	8획	뛰어날 걸
甄	瓦	14획	질그릇 견
璟	王(玉)	16획	옥빛 경:
儆	亻(人)	15획	경계할 경:
炅	火	8획	빛날 경
瓊	王(玉)	19획	구슬 경
皐	白	11획	언덕 고
串	丨	7획	꿸 관/땅 이름 곶
琯	王(玉)	12획	옥피리 관
槐	木	14획	회화나무·느티나무 괴
玖	王(玉)	7획	옥돌 구
邱	阝(邑)	8획	언덕 구
鞠	革	17획	성(姓)·국문할 국
圭	土	6획	서옥·쌍토 규
珪	王(玉)	10획	홀 규
奎	大	9획	별 규
揆	扌(手)	12획	헤아릴 규
槿	木	15획	무궁화 근:
瑾	王(玉)	15획	아름다운 옥 근:
兢	儿	14획	떨릴 긍:
淇	氵(水)	11획	물 이름 기
琪	王(玉)	12획	아름다운 옥 기
琦	王(玉)	12획	옥 이름 기
箕	竹	14획	키 기
騏	馬	18획	준마 기
麒	鹿	19획	기린 기
冀	八	16획	바랄 기
驥	馬	26획	천리마 기
岐	山	7획	갈림길 기

2급 배정한자 – 인명·지명 한자

한자	부수	획수	훈음
璣	王(玉)	16획	별이름 기
沂	氵(水)	7획	물이름 기
耆	老	10획	늙을 기
湍	氵(水)	12획	여울 단
塘	土	13획	못 당
悳	心	12획	큰덕
燾	灬(火)	18획	비칠 도
惇	忄(心)	11획	도타울 돈
燉	火	16획	불빛 돈
頓	頁	13획	조아릴 돈
乭	乙	6획	이름 돌
董	艹	13획	바를 동:
杜	木	7획	막을 두
鄧	阝(邑)	15획	나라이름 등
萊	艹	12획	명아주 래
亮	亠	9획	밝을 량
樑	木	15획	들보 량
礪	石	20획	숫돌 려:
呂	口	7획	성(姓)·법칙 려:
廬	广	19획	농막집 려
驪	馬	29획	검은말 려·리
漣	氵(水)	14획	잔물결 련
濂	氵(水)	16획	물이름 렴
玲	王(玉)	9획	옥소리 령
醴	酉	20획	단술 례:
盧	皿	16획	성(姓) 로
蘆	艹	20획	갈대 로
鷺	鳥	23획	해오라기·백로 로
魯	魚	15획	노나라·노둔할 로
遼	辶(辵)	16획	멀 료
劉	刂(刀)	15획	죽일·묘금도 류
崙	山	11획	산이름 륜
楞	木	13획	네모질 릉
麟	鹿	23획	기린 린
靺	革	14획	말갈 말
貊	豸	13획	맥국 맥
覓	見	11획	찾을 멱
俛	亻(人)	9획	힘쓸·구푸릴 면:
冕	冂	11획	면류관 면:
沔	氵(水)	7획	물이름·빠질 면:
謨	言	18획	꾀 모
茅	艹	9획	띠 모
牟	牛	6획	성(姓)·보리 모
穆	禾	16획	화목할 목
昴	日	9획	별이름 묘:
汶	氵(水)	7획	물이름 문
彌	弓	17획	미륵·오랠 미
珉	王(玉)	9획	옥돌 민
玟	王(玉)	8획	아름다운 돌 민
旻	日	8획	하늘 민

旼 부日 8획	閔 부門 12획	潘 부氵(水) 15획	磻 부石 17획	渤 부氵(水) 12획
화할 민	성(姓) 민	성(姓) 반	반계 반/반계 번	바다이름 발

鉢 부金 13획	旁 부方 10획	龐 부龍 19획	裵 부衣 14획	筏 부竹 12획
바리때 발	곁 방:	높은집 방	성(姓) 배	뗏목 벌

范 부艹 9획	卞 부卜 4획	弁 부廾 5획	炳 부火 9획	昞 부日 9획
성(姓) 범:	성(姓) 변:	고깔 변	불꽃 병:	밝을 병

昺 부日 9획	柄 부木 9획	秉 부禾 8획	甫 부用 7획	潽 부氵(水) 15획
밝을 병	자루 병	잡을 병	클 보:	물이름 보

輔 부車 14획	馥 부香 18획	蓬 부艹 15획	傅 부亻(人) 12획	釜 부金 10획
도울 보:	향기 복	쑥 봉	스승 부:	가마 부

阜 부阜 8획	芬 부艹 8획	鵬 부鳥 19획	丕 부一 5획	毘 부比 9획
언덕 부:	향기 분	새 붕	클 비	도울 비

毖 부比 9획	彬 부彡 11획	泗 부氵(水) 8획	庠 부广 9획	舒 부舌 12획
삼갈 비	빛날 빈	물이름 사:	학교 상	펼 서:

晳 부日 12획	奭 부大 15획	錫 부金 16획	瑄 부王(玉) 13획	璇 부王(玉) 15획
밝을 석	클·쌍백 석	주석 석	도리옥 선	옥 선

璿 부王(玉) 18획	卨 부卜 11획	薛 부艹 17획	陝 부阝 10획	暹 부日 16획
구슬 선	사람이름 설	성(姓) 설	땅이름 섬	햇살 치밀·나라이름 섬

蟾 부虫 19획	燮 부火 17획	晟 부日 11획	沼 부氵(水) 8획	邵 부阝(邑) 8획
두꺼비 섬	불꽃 섭	밝을 성	못 소	땅이름·성(姓) 소

2급 배정한자 – 인명·지명 한자

한자	부수	획수	훈음
巢	巛	11획	새집 소
宋	宀	7획	성(姓) 송:
洙	氵(水)	9획	물가 수
銖	金	14획	저울눈 수
隋	阝(阜)	12획	수나라 수
洵	氵(水)	9획	참으로 순
珣	王(玉)	10획	옥이름 순
荀	艹(艸)	10획	풀이름 순
淳	氵(水)	11획	순박할 순
舜	舛	12획	순임금 순
瑟	王(玉)	13획	큰 거문고 슬
繩	糸	19획	노끈 승
柴	木	9획	섶 시:
軾	車	13획	수레 가로나무 식
湜	氵(水)	12획	물 맑을 식
瀋	氵(水)	18획	즙낼·물 이름 심:
閼	門	16획	막을 알
鴨	鳥	16획	오리 압
艾	艹(艸)	6획	쑥 애
埃	土	10획	티끌 애
倻	亻(人)	11획	가야 야
襄	衣	17획	도울 양(:)
彦	彡	9획	선비 언:
衍	行	9획	넓을 연:
妍	女	9획	고울 연:
淵	氵(水)	12획	못 연
閻	門	16획	마을 염
燁	火	2획	빛날 엽
盈	皿	9획	찰 영
暎	日	13획	비칠 영:
瑛	王(玉)	13획	옥빛 영
瑩	玉	15획	옥돌 영/밝을 형
芮	艹(艸)	8획	성(姓) 예:
濊	氵(水)	16획	종족이름 예:
睿	目	14획	슬기 예:
吳	口	7획	성(姓) 오
墺	土	16획	물가 오
鈺	金	13획	보배 옥
沃	氵(水)	7획	기름질 옥
邕	邑	10획	막힐 옹
雍	隹	13획	화할 옹
甕	瓦	18획	독 옹:
莞	艹(艸)	11획	빙그레할 완/왕골 관
汪	氵(水)	7획	넓을 왕(:)
旺	日	8획	왕성할 왕:
倭	亻(人)	10획	왜나라 왜
姚	女	9획	예쁠 요
堯	土	12획	요임금 요
耀	羽	20획	빛날 요
鏞	金	19획	쇠북 용

2급 배정한자 – 인명·지명 한자

한자	부수	획수	훈음
晶	日	12획	맑을 정
鼎	鼎	13획	솥 정
祚	示	10획	복 조
曺	日	10획	성(姓) 조
趙	走	14획	나라 조:
琮	王(玉)	12획	옥홀 종
疇	田	19획	이랑 주
浚	氵(水)	10획	깊게할 준
埈	土	10획	높을 준:
峻	山	10획	높을·준엄할 준
晙	日	11획	밝을 준:
駿	馬	17획	준마 준:
濬	氵(水)	17획	깊을 준:
芝	艹(艸)	8획	지초 지
址	土	7획	터 지
稙	禾	13획	올벼 직
稷	禾	15획	피 직
晋	日	10획	진나라 진:
秦	禾	10획	성(姓) 진
燦	火	17획	빛날 찬:
璨	王(玉)	17획	옥빛 찬:
瓚	王(玉)	23획	옥잔 찬
鑽	金	27획	뚫을 찬
昶	日	9획	해 길 창:
敞	攵(攴)	12획	시원할 창
采	采	8획	풍채 채:
埰	土	11획	사패지 채:
蔡	艹(艸)	15획	성(姓) 채:
陟	阝(阜)	10획	오를 척
釧	金	11획	팔찌 천
喆	口	12획	밝을·쌍길 철
澈	氵(水)	15획	맑을 철
瞻	目	18획	볼 첨
楚	木	13획	초나라 초
蜀	虫	13획	나라이름 촉
崔	山	11획	성(姓)·높을 최:
楸	木	13획	가래 추
鄒	阝(邑)	13획	추나라 추
椿	木	13획	참죽나무 춘
沖	氵(水)	7획	화할 충
聚	耳	14획	모을 취:
峙	山	9획	언덕 치
雉	隹	13획	꿩 치
灘	氵(水)	25획	여울 탄
耽	耳	10획	즐길 탐
台	口	5획	별 태
兌	儿	7획	바꿀·기쁠 태
坡	土	8획	언덕 파
阪	阝(阜)	7획	언덕 판
彭	彡	12획	성(姓) 팽

漢字	부수 / 획수	훈음
扁	부수 戶, 9획	작을 편
鮑	부수 魚, 16획	절인 물고기 포
葡	부수 艹, 13획	포도 포
杓	부수 木, 7획	북두자루 표
馮	부수 馬, 12획	성(姓) 풍 / 탈 빙
泌	부수 氵(水), 8획	스며흐를 필 / 분비할 비:
弼	부수 弓, 12획	도울 필
陜	부수 阝(阜), 10획	땅이름 합 / 좁을 협
亢	부수 亠, 4획	높을 항
沆	부수 氵(水), 7획	넓을 항
杏	부수 木, 7획	살구 행:
赫	부수 赤, 14획	빛날 혁
爀	부수 火, 18획	불빛 혁
炫	부수 火, 9획	밝을 현
鉉	부수 金, 13획	솥귀 현
峴	부수 山, 10획	고개 현:
邢	부수 阝(邑), 7획	성(姓) 형
炯	부수 火, 9획	빛날 형
瀅	부수 氵(水), 18획	물 맑을 형:
馨	부수 香, 20획	꽃다울 형
滸	부수 氵(水), 15획	넓을 호:
壕	부수 土, 17획	해자 호
晧	부수 日, 11획	밝을 호:
皓	부수 白, 12획	흴 호
扈	부수 戶, 11획	따를 호:
昊	부수 日, 8획	하늘 호
祜	부수 示, 10획	복 호
鎬	부수 金, 18획	호경 호:
泓	부수 氵(水), 8획	물 깊을 홍
嬅	부수 女, 9획	탐스러울 화
樺	부수 木, 16획	벚나무·자작나무 화
桓	부수 木, 10획	굳셀 환
煥	부수 火, 13획	빛날 환
晃	부수 日, 10획	밝을 황
滉	부수 氵(水), 13획	깊을 황
淮	부수 氵(水), 11획	물이름 회
檜	부수 木, 17획	전나무 회:
后	부수 口, 6획	임금·왕후 후:
熏	부수 灬(火), 14획	불길 훈
壎	부수 土, 17획	질나팔 훈
薰	부수 艹, 18획	향풀 훈
徽	부수 彳, 17획	아름다울 휘
烋	부수 灬(火), 10획	아름다울 휴
匈	부수 勹, 6획	오랑캐 흉
欽	부수 欠, 12획	공경할 흠
嬉	부수 女, 15획	아름다울 희
憙	부수 心, 16획	기뻐할 희
禧	부수 示, 17획	복 희
熹	부수 灬(火), 16획	빛날 희
羲	부수 羊, 16획	복희 희

1급 배정한자

한자	부수	획수	훈음
哥	口	10획	성(姓) 가
嫁	女	13획	시집갈 가
嘉	口	14획	아름다울 가
呵	口	8획	꾸짖을 가:
稼	禾	15획	심을 가
苛	艸	9획	가혹할 가:
袈	衣	11획	가사 가
駕	馬	15획	멍에 가(:)
恪	心	9획	삼갈 각
殼	殳	12획	껍질 각
墾	土	16획	개간할 간
奸	女	6획	간사할 간
揀	手	12획	가릴 간:
澗	水	15획	산골물 간
癇	疒	17획	간질 간(:)
竿	竹	9획	낚싯대 간
艱	艮	17획	어려울 간
諫	言	16획	간할 간:
喝	口	12획	꾸짖을 갈
竭	立	14획	다할 갈
褐	衣	14획	갈색·굵은베 갈
勘	力	11획	헤아릴 감
堪	土	12획	견딜 감
柑	木	9획	귤 감
疳	疒	10획	감질 감
瞰	目	17획	굽어볼 감
紺	糸	11획	감색·연보라 감
匣	匸	7획	갑 갑
閘	門	13획	수문 갑
慷	心	14획	슬플 강:
糠	米	17획	겨 강
腔	肉	12획	속빌 강
薑	艸	17획	생강 강
箇	竹	14획	낱 개(:)
凱	几	12획	개선할 개:
愾	心	13획	성낼 개:
漑	水	14획	물댈 개:
芥	艸	8획	겨자 개
羹	羊	19획	국 갱
渠	水	12획	개천 거
倨	人	10획	거만할 거:
醵	酉	20획	추렴할 거:·갹
巾	巾	3획	수건 건
腱	肉	13획	힘줄 건
虔	虍	10획	공경할 건:
劫	力	7획	위협할 겁
怯	心	8획	겁낼 겁
偈	人	11획	불시(佛詩) 게:
覡	見	14획	박수 격
檄	木	17획	격문 격

膈 부수 月(肉) 14획	繭 부수 糸 19획	譴 부수 言 21획	鵑 부수 鳥 18획	憬 부수 忄(心) 15획
가슴 격	고치 견:	꾸짖을 견:	두견새 견	깨달을·동경할 경:

梗 부수 木 11획	磬 부수 石 16획	莖 부수 艹(艸) 11획	痙 부수 疒 12획	頸 부수 頁 16획
줄기·막힐 경:	경쇠 경:	줄기 경	경련 경	목 경

脛 부수 月(肉) 11획	勁 부수 力 9획	鯨 부수 魚 19획	悸 부수 忄(心) 11획	呱 부수 口 8획
정강이 경	굳셀 경	고래 경	두근거릴 계:	울 고

拷 부수 扌(手) 9획	敲 부수 攴 5획	辜 부수 辛 12획	叩 부수 口 5획	痼 부수 疒 13획
칠 고	두드릴 고	허물 고	두드릴 고	고질 고

股 부수 月(肉) 8획	膏 부수 月(肉) 14획	袴 부수 衤(衣) 11획	錮 부수 金 16획	鵠 부수 鳥 18획
넓적다리 고	기름 고	바지 고:	막을 고	고니·과녁 곡

梏 부수 木 11획	昆 부수 日 8획	棍 부수 木 12획	袞 부수 衣 11획	汨 부수 氵(水) 7획
수갑 곡	맏 곤	몽둥이 곤	곤룡포 곤:	골몰할 골/물이름 멱

拱 부수 扌(手) 9획	鞏 부수 革 15획	顆 부수 頁 17획	廓 부수 广 14획	槨 부수 木 15획
팔장낄 공:	굳을 공	낱알 과	둘레 곽/클 확	외관 곽

藿 부수 艹(艸) 20획	灌 부수 氵(水) 21획	棺 부수 木 12획	顴 부수 頁 27획	刮 부수 刂(刀) 8획
콩잎·미역 곽	물댈 관	널 관	광대뼈 관	긁을 괄

括 부수 扌(手) 9획	匡 부수 匚 6획	壙 부수 土 18획	曠 부수 日 19획	胱 부수 月(肉) 10획
묶을 괄	바를 광	뫼 구덩이 광:	빌 광:	오줌통 광

卦 부수 卜 8획	罫 부수 罒(网) 13획	乖 부수 丿 8획	拐 부수 扌(手) 8획	魁 부수 鬼 14획
점괘 괘	줄 괘	어그러질 괴	후릴 괴	괴수 괴

1급 배정한자

한자	부수	획수	훈음
宏	宀	7획	클 굉
肱	月(肉)	8획	팔뚝 굉
轟	車	21획	울릴·수레소리 굉
咬	口	9획	물·새소리 교
喬	口	12획	높을 교
嬌	女	15획	아리따울 교
攪	扌(手)	23획	흔들 교
狡	犭(犬)	9획	교활할 교
皎	白	11획	닭 밝을 교
蛟	虫	12획	교룡 교
轎	車	19획	가마 교
驕	馬	22획	교만할 교
仇	亻(人)	4획	원수 구
枸	木	9획	구기자 구
駒	馬	15획	망아지 구
嘔	口	14획	게울 구(:)
垢	土	9획	때 구
寇	宀	11획	도적 구
嶇	山	14획	험할 구
柩	木	9획	널 구
毆	殳	15획	때릴 구
溝	氵(水)	13획	도랑 구
灸	火	7획	뜸 구:
矩	矢	10획	모날·법 구
臼	臼	6획	절구 구
舅	臼	13획	시아비·외삼촌 구
衢	行	24획	네거리 구
謳	言	18획	노래 구
軀	身	18획	몸 구
鉤	金	13획	갈고리 구
廐	广	14획	마구 구
鳩	鳥	13획	비둘기 구
窘	穴	12획	군색할 군:
穹	穴	8획	하늘 궁
躬	身	10획	몸 궁
倦	亻(人)	10획	게으를 권:
眷	目	11획	돌볼 권:
捲	扌(手)	11획	거둘·말 권
蹶	足	11획	일어설·넘어질 궐
几	几	2획	안석 궤:
机	木	6획	책상 궤:
櫃	木	18획	궤짝 궤:
潰	氵(水)	15획	무너질 궤:
詭	言	13획	속일 궤:
硅	石	11획	규소 규
逵	辶(辵)	12획	길거리 규
窺	穴	16획	엿볼 규
葵	艹(艸)	13획	아욱·해바라기 규
橘	木	16획	귤 귤
剋	刂(刀)	9획	이길 극

戟 부수 戈 12획	棘 부수 木 12획	隙 부수 阝(阜) 13획	覲 부수 見 18획	饉 부수 食 20획
창 극	가시 극	틈 극	뵐 근	주릴 근:

衾 부수 衣 10획	擒 부수 扌(手) 16획	襟 부수 衤 18획	扱 부수 扌(手) 7획	汲 부수 氵(水) 7획
이불 금:	사로잡을 금	옷깃 금:	거둘급/꽂을 삽	물길을 급

矜 부수 矛 7획	亘 부수 二 6획	嗜 부수 口 13획	伎 부수 亻(人) 6획	妓 부수 女 7획
자랑할 긍:	뻗칠 긍:/베풀 선	즐길 기	재간 기	기생 기:

朞 부수 月 12획	杞 부수 木 7획	崎 부수 山 11획	綺 부수 糸 14획	畸 부수 田 13획
돌 기	구기자 기	험할 기	비단 기	뙈기밭·불구 기

羈 부수 罒(网) 24획	肌 부수 月(肉) 11획	譏 부수 言 19획	拮 부수 扌(手) 9획	喫 부수 口 12획
굴레·나그네 기	살 기	비웃을 기	일할 길	먹을 끽

儺 부수 亻(人) 21획	懦 부수 忄(心) 17획	拏 부수 手 9획	拿 부수 手 10획	煖 부수 火 13획
푸닥거릴 나	나약할 나:	잡을 나:	잡을 나:	더울 난

捏 부수 扌(手) 10획	捺 부수 扌(手) 11획	衲 부수 衤(衣) 9획	囊 부수 口 22획	撚 부수 扌(手) 15획
꾸밀 날	누를 날	기울 납	주머니 낭	비틀 년

涅 부수 氵(水) 10획	弩 부수 弓 8획	駑 부수 馬 15획	膿 부수 月(肉) 17획	撓 부수 扌(手) 15획
열반 녈	쇠뇌 노	둔한 말 노	고름 농	흴 뇨:

訥 부수 言 11획	紐 부수 糸 10획	匿 부수 匸 11획	簞 부수 竹 18획	緞 부수 糸 15획
말 더듬거릴 눌	맺을 뉴	숨길 닉	소쿠리 단	비단 단

蛋 부수 虫 11획	撻 부수 扌(手) 16획	疸 부수 疒 10획	痰 부수 疒 13획	憺 부수 忄(心) 16획
새알 단:	때릴 달	황달 달	가래 담	참담할 담

1급 배정한자

한자	부수/획수	훈음
澹	氵(水) 16획	맑을 담
譚	言 19획	클·말씀 담
曇	日 16획	흐릴 담
遝	辶(辵) 14획	뒤섞일 답
撞	扌(手) 15획	칠 당
棠	木 12획	아가위 당
螳	虫 17획	버마재비(사마귀) 당
擡	扌(手) 17획	들 대
袋	衣 11획	자루 대
掉	扌(手) 11획	흔들 도
堵	土 12획	담 도
屠	尸 12획	죽일 도
搗	扌(手) 13획	찧을 도
淘	氵(水) 11획	쌀일 도
萄	艹(艸) 12획	포도 도
滔	氵(水) 13획	물 넘칠 도
濤	氵(水) 17획	물결 도
睹	目 14획	볼 도
禱	示 19획	빌 도
賭	貝 16획	내기 도
蹈	足 17획	밟을 도
鍍	金 17획	도금할 도:
瀆	氵(水) 18획	도랑·더럽힐 독
禿	禾 7획	대머리 독
沌	氵 7획	엉길 돈
憧	忄(心) 15획	동경할 동:
疼	疒 10획	아플 동:
瞳	目 17획	눈동자 동:
胴	月(肉) 10획	큰창자·몸통 동
兜	儿 11획	투구 두/도솔천 도
痘	疒 12획	역질 두
臀	月(肉) 17획	볼기 둔
遁	辶(辵) 13획	숨을 둔:
橙	木 16획	귤·걸상 등
懶	忄(心) 19획	게으를 라:
癩	疒 21획	문둥이 라:
邏	辶(辵) 23획	순라 라
螺	虫 17획	소라 라
烙	火 10획	지질 락
酪	酉 13획	쇠젖 락
駱	馬 16획	낙타 락
鸞	鳥 30획	난새 란
瀾	氵(水) 20획	물결 란
剌	刂(刀) 9획	발랄할 랄/수라 라
辣	辛 14획	매울 랄
籃	竹 20획	대바구니 람
臘	月(肉) 19획	섣달 랍
蠟	虫 21획	밀 랍
狼	犭(犬) 10획	이리 랑:
倆	亻(人) 10획	재주 량

1급 배정한자

釐 부里 18획	俐 부忄(心) 10획	痢 부疒 12획	籬 부竹 25획	罹 부罒(网) 16획
다스릴 리	영리할 리	이질 리:	울타리 리	걸릴 리

裡 부衤(衣) 12획	吝 부口 7획	鱗 부魚 23획	躪 부足 27획	燐 부火 16획
속 리:	아낄 린	비늘 린	짓밟을 린	도깨비불 린

淋 부氵(水) 11획	笠 부竹 11획	粒 부米 11획	寞 부宀 14획	卍 부十 6획
임질 림	삿갓 립	낟알 립	고요할 막	만 만:

彎 부弓 22획	挽 부扌(手) 10획	瞞 부目 16획	饅 부食 20획	鰻 부魚 22획
굽을 만	당길 만:	속일 만	만두 만	뱀장어 만

蔓 부艹(艸) 15획	輓 부車 14획	抹 부扌(手) 8획	沫 부氵(水) 8획	襪 부衤(衣) 20획
덩굴 만	끌·애도할 만:	지울 말	물거품 말	버선 말

惘 부忄(心) 11획	芒 부艹(艸) 7획	昧 부日 9획	寐 부宀 12획	煤 부火 13획
멍할 망	까끄라기 망	어두울 매	잘 매:	그을음 매

罵 부罒(网) 15획	邁 부辶(辵) 17획	呆 부口 7획	萌 부艹(艸) 12획	棉 부木 12획
꾸짖을 매:	갈 매	어리석을 매	움 맹	목화 면

緬 부糸 15획	眄 부目 9획	麵 부麥 15획	酩 부酉 13획	溟 부氵(水) 13획
멀 면:	곁눈질할 면:	국수 면	술취할 명:	바다 명

皿 부皿 5획	暝 부日 14획	螟 부虫 16획	袂 부衤(衣) 9획	摸 부扌(手) 14획
그릇 명:	저물 명	멸구 명	소매 몌	더듬을 모

牡 부牛 7획	耗 부耒 10획	糢 부米 17획	歿 부歹 8획	描 부扌(手) 12획
수컷 모	소모할 모	모호할 모	죽을 몰	그릴 묘:

猫 부수犭(犬) 12획	杳 부수木 8획	渺 부수氵(水) 12획	畮 부수田 10획	母 부수母 4획
고양이 묘:	아득할 묘	아득할·물질펀할 묘:	이랑 무:/묘:	말 무

巫 부수工 7획	憮 부수忄(心) 15획	拇 부수扌(手) 8획	撫 부수扌(手) 15획	蕪 부수艹(艸) 16획
무당 무:	어루만질 무:	엄지손가락 무:	어루만질 무(:)	거칠 무

誣 부수言 14획	蚊 부수虫 10획	媚 부수女 12획	薇 부수艹(艸) 17획	靡 부수非 19획
속일 무:	모기 문	아첨할·예쁠 미	장미 미	쓰러질 미

悶 부수心 12획	謐 부수言 17획	剝 부수刂(刀) 10획	搏 부수扌(手) 13획	撲 부수扌(手) 15획
답답할 민	고요할 밀	벗길 박:	두드릴 박	칠 박

樸 부수木 16획	珀 부수王(玉) 9획	箔 부수竹 14획	粕 부수米 11획	縛 부수糸 16획
순박할 박	호박 박	발 박	지게미 박	얽을 박

膊 부수月(肉) 14획	駁 부수馬 14획	拌 부수扌(手) 8획	攀 부수手 11획	斑 부수文 12획
팔뚝 박	논박할 박	버릴 반	더위 잡을 반	아롱질 반

蟠 부수虫 18획	礬 부수石 20획	畔 부수田 10획	絆 부수糸 11획	頒 부수頁 13획
서릴 반	백반 반	밭두둑 반	얽어맬 반	나눌 반

槃 부수木 14획	勃 부수力 9획	潑 부수氵(水) 15획	撥 부수扌(手) 15획	跋 부수足 12획
쟁반 반	노할 발	물뿌릴 발	다스릴 발	밟을 발

醱 부수酉 19획	魃 부수鬼 15획	坊 부수土 7획	尨 부수尢 7획	幇 부수巾 12획
술괼 발	가물 발	동네 방	삽살개 방(:)	도울 방

彷 부수彳 7획	枋 부수木 8획	榜 부수木 14획	昉 부수日 8획	肪 부수月(肉) 8획
헤맬 방(:)	다목 방	방붙일 방	밝을 방	기름 방

1급 배정한자

한자	부수	획수	훈음
膀	月(肉)	14획	오줌통 방
謗	言	17획	헐뜯을 방:
徘	彳	11획	어정거릴 배
湃	氵(水)	12획	물결칠 배
胚	月(肉)	9획	아기밸 배
陪	阝(阜)	11획	모실 배:
帛	巾	8획	비단 백
魄	鬼	15획	넋 백
蕃	艹(艸)	16획	불을 번
藩	艹(艸)	19획	울타리 번
帆	巾	6획	돛 범
梵	木	11획	불경 범:
氾	氵(水)	5획	넘칠 범:
泛	氵(水)	8획	뜰 범:
劈	刀	15획	쪼갤 벽
擘	手	17획	엄지손가락 벽
璧	玉	18획	구슬 벽
癖	疒	18획	버릇 벽
闢	門	21획	열 벽
瞥	目	17획	눈 깜짝할 별
鱉	黽	25획	자라 별
瓶	瓦	13획	병 병
餅	食	17획	떡 병
堡	土	12획	작은 성 보
洑	氵(水)	9획	보 보/스며흐를 복
菩	艹(艸)	12획	보살 보
僕	亻(人)	14획	종 복
匐	勹	11획	길 복
輻	車	16획	바퀴살 복·폭
鰒	魚	20획	전복 복
捧	扌(手)	11획	받들 봉
棒	木	12획	막대 봉
烽	火	11획	봉화 봉
鋒	金	15획	칼날 봉
俯	亻(人)	10획	구부릴 부:
剖	刂(刀)	10획	쪼갤 부:
咐	口	8획	분부할·불 부
埠	土	11획	부두 부
孵	子	14획	알 깔 부
斧	斤	8획	도끼 부
腑	月(肉)	12획	육부 부
芙	艹(艸)	8획	연꽃 부
訃	言	9획	부고 부:
賻	貝	17획	부의 부:
駙	馬	15획	부마 부:
吩	口	7획	분부할 분:
噴	口	15획	뿜을 분
忿	心	8획	성낼 분:
扮	扌(手)	7획	꾸밀 분
焚	火	12획	불사를 분

盆 부皿 9획	糞 부米 17획	雰 부雨 12획	彿 부彳 8획	棚 부木 12획
동이 분	똥 분	눈날릴 분	비슷할 불	사다리 붕
硼 부石 13획	繃 부糸 17획	憊 부心 16획	扉 부戶 12획	妣 부女 7획
붕사 붕	묶을 붕	고단할 비:	사립문 비	죽은어미 비
匕 부匕 2획	庇 부广 7획	沸 부氵 8획	琵 부王(玉) 12획	痺 부广 13획
비수 비:	덮을 비:	끓을 비:/용솟음할 불	비파 비	저릴 비
砒 부石 9획	秕 부禾 9획	緋 부糸 14획	脾 부月(肉) 12획	臂 부月(肉) 17획
비상 비:	쭉정이 비:	비단 비:	지라 비(:)	팔 비:
蜚 부虫 14획	裨 부衤(衣) 13획	誹 부言 15획	翡 부羽 14획	譬 부言 20획
바퀴·날 비	도울 비	헐뜯을 비	물총새 비:	비유할 비:
鄙 부阝(邑) 14획	嚬 부口 19획	嬪 부女 17획	殯 부歹 18획	濱 부氵(水) 17획
더러울 비:	찡그릴 빈	궁녀 벼슬이름 빈	빈소 빈	물가 빈
瀕 부氵(水) 19획	憑 부心 16획	蓑 부艹 14획	些 부二 7획	嗣 부口 13획
물가·가까울 빈	비길 빙	도롱이 사	적을 사	이을 사:
奢 부大 12획	娑 부女 10획	徙 부彳 11획	瀉 부氵(水) 18획	獅 부犭(犬) 13획
사치할 사	춤출·사바세상 사	옮길 사	쏟을 사(:)	사자 사(:)
祠 부示 10획	紗 부糸 10획	麝 부鹿 21획	刪 부刂(刀) 7획	珊 부王(玉) 9획
사당 사	비단 사	사향노루 사:	깎을 산	산호 산
疝 부疒 8획	撒 부扌(手) 15획	煞 부灬(火) 13획	薩 부艹 18획	渗 부氵(水) 14획
산증 산	뿌릴 살	죽일 살	보살 살	스밀 삼

1급 배정한자

澁 부수水 15획 — 떫을 삽	孀 부수女 20획 — 홀어미 상	爽 부수爻 11획 — 시원할 상:	翔 부수羽 12획 — 날 상	觴 부수角 18획 — 잔 상
璽 부수玉 19획 — 옥새 새	嗇 부수口 13획 — 아낄 색	牲 부수牛 9획 — 희생 생	甥 부수生 12획 — 생질 생	嶼 부수山 17획 — 섬 서(:)
抒 부수扌(手) 7획 — 풀 서	曙 부수日 18획 — 새벽 서	棲 부수木 12획 — 깃들일 서:	犀 부수牛 12획 — 무소 서:	胥 부수月(肉) 9획 — 서로 서
壻 부수士 12획 — 사위 서:	薯 부수艹(艸) 18획 — 감자 서:	黍 부수黍 12획 — 기장 서:	鼠 부수鼠 13획 — 쥐 서:	潟 부수氵(水) 15획 — 개펄 석
扇 부수戶 10획 — 부채 선	煽 부수火 14획 — 부채질할 선	羨 부수羊 13획 — 부러워할 선/무덤길 연	腺 부수月(肉) 13획 — 샘 선	膳 부수月(肉) 16획 — 선물·반찬 선:
銑 부수金 14획 — 무쇠 선	屑 부수尸 10획 — 가루 설	洩 부수氵(水) 8획 — 샐 설/퍼질 예	泄 부수氵(水) 9획 — 샐 설	渫 부수氵(水) 12획 — 파낼 설
殲 부수歹 21획 — 다죽일 섬	閃 부수門 10획 — 번쩍일 섬	醒 부수酉 16획 — 깰 성	塑 부수土 13획 — 흙 빚을 소	宵 부수宀 10획 — 밤 소
疎 부수疋 12획 — 성길 소	搔 부수扌(手) 13획 — 긁을 소	梳 부수木 11획 — 얼레빗 소	甦 부수生 12획 — 깨어날 소	瘙 부수疒 15획 — 피부병 소
簫 부수竹 19획 — 통소 소	蕭 부수艹(艸) 17획 — 쓸쓸할 소	逍 부수辶(辵) 11획 — 노닐 소	遡 부수辶(辵) 14획 — 거스를 소	贖 부수貝 22획 — 속죄할 속
遜 부수辶(辵) 14획 — 겸손할 손:	悚 부수忄(心) 10획 — 두려울 송:	灑 부수氵(水) 22획 — 뿌릴 쇄:	碎 부수石 13획 — 부술 쇄:	嫂 부수女 13획 — 형수 수

戍 부:戈 6획	狩 부:犭(犬) 9획	瘦 부:疒 15획	穗 부:禾 17획	竪 부:立 13획
수자리 수	사냥할 수	여윌 수	이삭 수	세울 수
粹 부:米 14획	繡 부:糸 19획	羞 부:羊 11획	蒐 부:艹(艸) 14획	讎 부:言 23획
순수할 수	수놓을 수:	부끄러울 수	모을 수	원수 수
袖 부:衤(衣) 10획	酬 부:酉 13획	髓 부:骨 23획	塾 부:土 14획	夙 부:夕 6획
소매 수	갚을 수	뼛골 수	글방 숙	이를 숙
菽 부:艹(艸) 12획	筍 부:竹 12획	醇 부:酉 15획	馴 부:馬 13획	膝 부:月(肉) 15획
콩 숙	죽순 순	전국술 순	길들일 순	무릎 슬
丞 부:一 6획	匙 부:匕 11획	媤 부:女 12획	弑 부:弋 12획	柿 부:木 9획
정승 승	숟가락 시:	시집 시	윗사람 죽일 시:	감 시:
猜 부:犭(犬) 11획	諡 부:言 16획	豺 부:豸 10획	拭 부:扌(手) 9획	熄 부:火 14획
시기할 시	시호 시:	승냥이 시:	씻을 식	불꺼질 식
蝕 부:虫 15획	呻 부:口 8획	娠 부:女 10획	燼 부:火 18획	薪 부:艹(艸) 17획
좀먹을 식	읊조릴 신	아이밸 신	불탄끝 신:	섶 신
蜃 부:虫 13획	宸 부:宀 10획	訊 부:言 10획	迅 부:辶(辵) 7획	悉 부:心 11획
큰조개 신	대궐 신	물을 신:	빠를 신	다 실
俄 부:亻 9획	訝 부:言 11획	啞 부:口 11획	衙 부:行 13획	顎 부:頁 18획
아까 아	의심할 아	벙어리 아(:)	마을 아	턱 악
堊 부:土 11획	愕 부:忄(心) 12획	按 부:扌(手) 9획	晏 부:日 10획	鞍 부:革 15획
흰흙 악	놀랄 악	누를 안(:)	늦을 안:	안장 안:

1급 배정한자

한자	부수/획수	훈음
軋	車 8획	삐걱거릴 알
斡	斗 14획	돌 알
庵	广 11획	암자 암
闇	門 17획	숨을 암:
怏	忄(心) 8획	원망할 앙
昻	日 9획	높을 앙
秧	禾 10획	모 앙
鴦	鳥 16획	원앙 앙
曖	日 17획	희미할 애:
崖	山 11획	언덕 애
隘	阝(阜) 13획	좁을 애
靄	雨 24획	아지랑이 애
扼	扌(手) 7획	잡을 액
縊	糸 16획	목맬 액
腋	月 12획	겨드랑이 액
櫻	木 21획	앵두 앵
鶯	鳥 21획	꾀꼬리 앵
冶	冫 7획	풀무 야:
揶	扌(手) 12획	야유할 야
爺	父 13획	아비 야
葯	艹(艸) 13획	꽃밥 약
瘍	疒 14획	헐 양
攘	扌(手) 20획	물리칠 양:
釀	酉 24획	술빚을 양
恙	心 10획	병·근심할 양:
痒	疒 20획	가려울 양:
圄	囗 10획	옥 어
瘀	疒 13획	어혈질 어
禦	示 16획	막을 어
臆	月(肉) 17획	가슴 억
堰	土 12획	둑 언
諺	言 16획	언문·속담 언:
儼	亻 22획	엄연할 엄
奄	大 8획	문득 엄:
掩	扌(手) 11획	가릴 엄:
繹	糸 19획	풀 역
捐	扌(手) 10획	버릴 연:
椽	木 13획	서까래 연
鳶	鳥 14획	솔개 연
筵	竹 13획	대자리 연
焰	火 12획	불꽃 염
艶	色 19획	고울 염:
嬰	女 17획	어린아이 영
裔	衣 13획	후손 예:
曳	日 6획	끌 예:
穢	禾 18획	더러울 예:
詣	言 13획	이를 예:
奧	大 13획	깊을 오(:)
寤	宀 14획	잠깰 오
懊	忄	한할 오:

70

한자	부수/획수	훈음
伍	亻(人) 6획	다섯사람 오:
蘊	艹(艸) 20획	쌓을 온:
壅	土 16획	막을 옹
渦	氵(水) 12획	소용돌이 와
蝸	虫 15획	달팽이 와
訛	言 11획	그릇될 와:
婉	女 11획	순할·아름다울 완:
宛	宀 8획	완연할 완
琓	王(玉) 11획	즐길 완
腕	月(肉) 11획	팔뚝 완(:)
頑	頁 13획	완고할 완
阮	阝(阜) 7획	성(姓) 완:
柱	木 8획	굽을 왕
矮	矢 13획	난쟁이 왜
猥	犭(犬) 12획	외람할 외
巍	山 21획	높고 클 외
僥	亻(人) 14획	요행 요
凹	凵 5획	오목할 요
拗	扌(手) 8획	우길 요
夭	大 4획	일찍 죽을 요:
擾	扌(手) 18획	시끄러울 요
窈	穴 10획	고요할 요:
窯	穴 15획	기와가마 요
邀	辶(辵) 17획	맞을 요
饒	食 21획	넉넉할 요
涌	氵(水) 10획	물 솟을 용:
聳	耳 17획	솟을 용:
茸	艹(艸) 10획	풀날 용/버섯 이
蓉	艹(艸) 14획	연꽃 용
踊	足 14획	뛸 용:
嵎	山 12획	산굽이 우
寓	宀 12획	부칠 우:
虞	虍 13획	염려할·나라이름 우
迂	辶(辵) 7획	에돌 우
隅	阝(阜) 12획	모퉁이 우
殞	歹 14획	죽을 운:
耘	耒 10획	김맬 운
隕	阝(阜) 13획	떨어질 운:
冤	冖 10획	원통할 원(:)
猿	犭(犬) 13획	원숭이 원
鴛	鳥 16획	원앙 원
萎	艹(艸) 12획	시들 위
喩	口 12획	깨우칠 유
宥	宀 9획	너그러울 유
愉	忄(心) 12획	즐거울 유
揄	扌(手) 12획	야유할 유
柚	木 9획	유자 유
癒	疒 18획	병나을 유
諛	言 16획	아첨할 유
諭	言 16획	타이를 유

1급 배정한자

한자	부수/획수	훈음
蹂	足 16획	밟을 유
鍮	金 17획	놋쇠 유
游	氵(水) 12획	헤엄칠 유
戎	戈 6획	병장기·오랑캐 융
絨	糸 12획	가는 베 융
蔭	艹(艸) 15획	그늘 음
揖	扌(手) 12획	읍할 읍
膺	月(肉) 17획	가슴 응:
擬	扌(手) 17획	비길 의:
椅	木 12획	의자 의
毅	殳 15획	굳셀 의
誼	言 15획	정 의
痍	疒 11획	상처 이
姨	女 9획	이모 이
弛	弓 6획	늦출 이:
爾	爻 14획	너 이:
餌	食 15획	미끼 이:
翌	羽 11획	다음날 익
咽	口 9획	목구멍 인/목멜 열/삼킬 연
靭	革 12획	질길 인
湮	氵(水) 12획	묻힐 인
蚓	虫 10획	지렁이 인
佚	亻(人) 7획	편안 일
溢	氵(水) 13획	넘칠 일
剩	刂(刀) 12획	남을 잉:
孕	子 5획	아이밸 잉:
仔	亻(人) 5획	자세할 자
炙	火 8획	구울 자·적
煮	灬(心) 13획	삶을 자(:)
瓷	瓦 11획	사기그릇 자
疵	疒 11획	허물 자
蔗	艹(艸) 15획	사탕수수 자
藉	艹(艸) 18획	깔·핑계할 자:
綽	糸 14획	너그러울 작
勺	勹 3획	구기 작
灼	火 7획	불사를 작
炸	火 9획	터질 작
芍	艹(艸) 7획	함박꽃 작
嚼	口 21획	씹을 작
鵲	鳥 19획	까치 작
雀	隹 11획	참새 작
棧	木 12획	사다리 잔
盞	皿 13획	잔 잔
箴	竹 15획	경계 잠
簪	竹 18획	비녀 잠
仗	亻(人) 5획	의장 장
匠	匚 6획	장인 장
杖	木 7획	지팡이 장(:)
檣	木 17획	돛대 장
漿	水 15획	즙 장

薔 부수艹(艸) 10획 장미 장	醬 부수酉 11획 장 장	滓 부수氵(水) 2획 찌끼 재	齋 부수齊 11획 재계할·집 재	錚 부수金 16획 쇳소리 쟁
咀 부수口 8획 씹을 저:	狙 부수犭(犬) 8획 원숭이·엿볼 저:	箸 부수竹 15획 젓가락 저	豬 부수豕 16획 돼지 저	詛 부수言 12획 저주할 저:
躇 부수足 20획 머뭇거릴 저	邸 부수阝(邑) 8획 집 저	觝 부수角 12획 씨름 저:	嫡 부수女 14획 정실 적	狄 부수犭(犬) 7획 오랑캐 적
謫 부수言 18획 귀양갈 적	迹 부수辶(辵) 10획 자취 적	剪 부수刀 11획 가위 전(:)	塡 부수土 13획 메울 전	奠 부수大 12획 정할·제사 전:
廛 부수广 15획 가게 전:	悛 부수忄(心) 10획 고칠 전:	栓 부수木 10획 마개 전	氈 부수毛 17획 담 전	澱 부수氵(水) 16획 앙금 전:
煎 부수灬(火) 13획 달일 전(:)	癲 부수广 24획 미칠 전	箋 부수竹 14획 기록할 전	箭 부수竹 15획 살 전(:)	篆 부수竹 15획 전자 전
纏 부수糸 21획 얽을 전	輾 부수車 17획 돌아누울 전	銓 부수金 14획 사람가릴 전(:)	顚 부수頁 19획 엎드러질·이마 전:	顫 부수頁 22획 떨 전:
餞 부수食 17획 보낼 전:	截 부수戈 14획 끊을 절	粘 부수米 11획 붙을 점	霑 부수雨 16획 젖을 점	幀 부수巾 12획 그림족자 정
挺 부수扌(手) 10획 빼어날 정	町 부수田 7획 밭두둑 정	睛 부수目 13획 눈동자 정	碇 부수石 13획 닻 정	穽 부수穴 9획 함정 정
酊 부수酉 9획 술취할 정	釘 부수金 10획 못 정	錠 부수金 16획 덩이 정	靖 부수靑 13획 편안할 정(:)	啼 부수口 12획 울 제

1급 배정한자

한자	부수	획수	훈음
悌	忄(心)	10획	공손할 제:
梯	木	11획	사다리 제
蹄	足	16획	굽 제
凋	冫	10획	시들 조
嘲	口	15획	비웃을 조
曹	日	11획	무리 조
棗	木	12획	대추 조
槽	木	15획	구유 조
漕	氵(水)	14획	배로 실어 나를 조
爪	爪	4획	손톱 조
眺	目	11획	볼 조:
稠	禾	13획	빽빽할 조
粗	米	11획	거칠 조
糟	米	17획	지게미 조
繰	糸	19획	고치 켤 조
藻	艹(艸)	20획	마름 조:
詔	言	12획	조서 조:
躁	足	20획	조급할 조
肇	聿	14획	비롯할 조:
遭	辶(辵)	15획	만날 조
阻	阝(阜)	8획	막힐 조
簇	竹	17획	가는 대 족
猝	犭(犬)	11획	갑자기 졸
慫	心	15획	권할 종
腫	月(肉)	13획	종기 종
踵	足	16획	발꿈치 종
踪	足	15획	자취 종
挫	扌	10획	꺾을 좌:
做	亻(人)	11획	지을 주
呪	口	8획	빌 주:
喉	口	14획	부추길 주
廚	广	15획	부엌 주
紬	糸	11획	명주 주
註	言	12획	글뜻 풀 주:
誅	言	13획	벨 주
躊	足	21획	머뭇거릴 주:
輳	車	16획	몰려들 주
紂	糸	9획	주임금 주
胄	月(肉)	9획	자손 주
樽	木	16획	술통 준
竣	立	12획	마칠 준:
蠢	虫	21획	꾸물거릴 준:
櫛	木	19획	빗 즐
汁	氵(水)	5획	즙 즙
葺	艹(艸)	13획	기울 즙
咫	口	9획	여덟치 지
摯	手	15획	잡을 지
祉	示	9획	복 지
肢	月(肉)	8획	팔다리 지
枳	木	9획	탱자 지·기

嗔 부口 13획	痧 부疒 10획	叱 부口 5획	帙 부巾 8획	桎 부木 10획
성낼 진	마마 진	꾸짖을 질	책권차례 질	차꼬 질
膣 부月(肉) 15획	跌 부足 12획	迭 부辶 9획	嫉 부女 13획	斟 부斗 13획
음도 질	거꾸러질 질	갈마들 질	미워할 질	짐작할 짐
朕 부月(肉) 10획	什 부亻(人) 4획	澄 부氵(水) 15획	叉 부又 3획	嗟 부口 13획
나 짐:	세간 집/열사람 십	맑을 징	갈래 차	탄식할 차
蹉 부足 17획	搾 부扌(手) 13획	窄 부穴 10획	鑿 부金 28획	撰 부扌(手) 15획
미끄러질 차	짤 착	좁을 착	뚫을 착	지을 찬:
篡 부竹 17획	纂 부糸 20획	饌 부食 21획	擦 부扌(手) 17획	僭 부亻(人) 14획
빼앗을 찬:	모을 찬:	반찬 찬:	문지를 찰	주제넘을 참:
塹 부土 14획	懺 부忄(心) 20획	站 부立 10획	讒 부言 24획	讖 부言 24획
구덩이 참	뉘우칠 참	역마을 참(:)	참소할 참	예언 참
倡 부亻(人) 10획	娼 부女 11획	廠 부广 15획	愴 부忄(心) 13획	槍 부木 14획
광대 창:	창녀 창(:)	공장 창	슬플 창	창 창
漲 부氵(水) 14획	猖 부犭(犬) 11획	瘡 부疒 15획	脹 부月(肉) 12획	艙 부舟 16획
넘칠 창:	미쳐날뛸 창	부스럼 창	부을 창:	부두 창
菖 부艹(艸) 12획	寨 부宀 14획	柵 부木 9획	凄 부冫 10획	擲 부扌(手) 18획
창포 창	목책 채	울타리 책	쓸쓸할 처	던질 척
滌 부氵(水) 14획	瘠 부疒 15획	脊 부月(肉) 10획	喘 부口 12획	擅 부扌(手) 16획
씻을 척	여윌 척	등마루 척	숨찰 천:	멋대로할 천:

1급 배정한자

穿 부穴 9획 뚫을 천:	闡 부門 20획 밝힐 천:	凸 부凵 5획 볼록할 철	綴 부糸 14획 엮을 철	轍 부車 19획 바퀴자국 철
僉 부人 13획 다·여러 첨	籤 부竹 23획 제비(점대) 첨	諂 부言 15획 아첨할 첨:	帖 부巾 8획 문서 첩	捷 부扌(手) 11획 빠를 첩
牒 부片 13획 편지 첩	疊 부田 22획 거듭 첩	貼 부貝 12획 붙일 첩	涕 부氵(水) 10획 눈물 체	諦 부言 16획 살필 체
憔 부忄(心) 15획 파리할 초	梢 부木 11획 나무끝 초	樵 부木 16획 나무할 초	炒 부火 8획 볶을 초	硝 부石 12획 화약 초
礁 부石 17획 암초 초	稍 부禾 12획 점점 초	蕉 부艹(艸) 16획 파초 초	貂 부豸 12획 담비 초	醋 부酉 15획 초 초
囑 부口 24획 부탁할 촉	忖 부忄(心) 6획 헤아릴 촌	叢 부又 18획 모일·떨기 총	塚 부土 13획 무덤 총	寵 부宀 19획 사랑할 총:
撮 부扌(手) 15획 모을·사진찍을 촬	墜 부土 15획 떨어질 추	樞 부木 15획 지도리 추	芻 부艸 10획 꼴 추	酋 부酉 9획 우두머리 추
鰍 부魚 20획 미꾸라지 추	椎 부木 12획 쇠몽치·쇠골 추	錐 부金 16획 송곳 추	錘 부金 16획 저울추 추	鎚 부金 18획 쇠망치 추
黜 부黑 17획 내칠 출	悴 부忄(心) 11획 파리할 췌:	萃 부艹(艸) 12획 모을 췌:	贅 부貝 18획 혹 췌:	膵 부月(肉) 16획 췌장 췌:
翠 부羽 14획 푸른·물총새 취:	娶 부女 11획 장가들 취:	脆 부月(肉) 10획 연할 취:	惻 부忄(心) 12획 슬플 측	侈 부亻(人) 8획 사치할 치

幟 부수巾 15획	熾 부수火 16획	痔 부수疒 11획	嗤 부수口 13획	痴 부수疒 19획
기 치	성할 치	치질 치	비웃을 치	어리석을 치

緻 부수糸 16획	馳 부수馬 13획	勅 부수力 9획	砧 부수石 10획	鍼 부수金 17획
빽빽할 치	달릴 치	칙서 칙	다듬잇돌 침:	침 침

蟄 부수虫 17획	秤 부수禾 10획	唾 부수口 11획	惰 부수忄(心) 12획	椿 부수木 13획
숨을 칩	저울 칭	침 타:	게으를 타:	길고 둥글 타:

舵 부수舟 11획	陀 부수阝(阜) 8획	駝 부수馬 15획	擢 부수扌(手) 17획	鐸 부수金 21획
키 타	비탈질·부처 타	낙타 타	뽑을 탁	방울 탁

呑 부수口 7획	坦 부수土 8획	憚 부수忄(心) 15획	綻 부수糸 14획	眈 부수目 9획
삼킬 탄	평탄할 탄:	꺼릴 탄	터질 탄	노려볼 탐

搭 부수扌(手) 13획	宕 부수宀 8획	蕩 부수艹(艸) 16획	汰 부수氵(水) 7획	笞 부수竹 11획
탈 탑	호탕할 탕:	방탕할 탕:	일 태	볼기칠 태

苔 부수艹(艸) 12획	跆 부수足 12획	撑 부수扌(手) 15획	攄 부수扌(手) 18획	慟 부수忄(心) 14획
이끼 태	밟을 태	버틸 탱	펼 터:	서러워할 통

桶 부수木 11획	筒 부수竹 12획	堆 부수土 11획	槌 부수木 14획	褪 부수衤(衣) 15획
통 통	통 통	쌓을 퇴:	방망이 퇴/칠 추	바랠 퇴:

腿 부수月(肉) 14획	頹 부수頁 16획	套 부수大 10획	妬 부수女 8획	慝 부수心 15획
넓적다리 퇴:	무너질 퇴	씌울 투	샘낼 투	사특할 특

婆 부수女 11획	巴 부수己 4획	爬 부수爪 8획	琶 부수王(玉) 12획	芭 부수艹(艸) 8획
할미 파	꼬리 파	긁을 파	비파 파	파초 파

1급 배정한자

跛 부足 12획 절름발이 파/비스듬이 설 피	愎 부忄(心) 12획 강퍅할 퍅	辦 부辛 16획 힘들일 판	佩 부亻(人) 8획 찰 패	唄 부口 10획 염불소리 패:
悖 부忄(心) 10획 거스를 패	沛 부氵(水) 7획 비 쏟아질 패:	牌 부片 12획 패 패	稗 부禾 13획 피 패:	澎 부氵(水) 15획 물소리 팽
膨 부月(肉) 16획 불을 팽	鞭 부革 18획 채찍 편	騙 부馬 19획 속일 편	貶 부貝 12획 낮출 폄:	萍 부艹(艸) 12획 부평초 평
斃 부攵(攴) 18획 죽을 폐:	陛 부阝(阜) 10획 대궐섬돌 폐:	匍 부勹 9획 길 포	咆 부口 8획 고함지를 포	哺 부口 10획 먹일 포
圃 부囗 10획 채마밭 포	庖 부广 8획 부엌 포	泡 부氵(水) 8획 거품 포	疱 부疒 10획 물집 포:	脯 부月(肉) 11획 포 포
蒲 부艹(艸) 14획 부들 포	袍 부衤(衣) 10획 도포 포	褒 부衣 15획 기릴 포	逋 부辶(辵) 11획 도망갈 포	曝 부日 19획 쪼일 폭·포
瀑 부氵(水) 18획 폭포 폭/소나기 포	剽 부刂(刀) 13획 겁박할 표	慓 부忄(心) 14획 급할 표	豹 부豸 10획 표범 표	飄 부風 20획 나부낄 표
稟 부禾 13획 여쭐 품:	諷 부言 16획 풍자할 풍	披 부扌(手) 8획 헤칠 피	疋 부疋 5획 필 필	乏 부丿 5획 모자랄 핍
逼 부辶(辵) 13획 핍박할 핍	瑕 부王(玉) 13획 허물 하	蝦 부虫 15획 두꺼비·새우 하	遐 부辶(辵) 13획 멀 하	霞 부雨 17획 노을 하
瘧 부疒 14획 학질 학	謔 부言 16획 희롱할 학	壑 부土 17획 구렁 학	澣 부氵(水) 16획 빨래할·열흘 한	悍 부忄(心) 10획 사나울 한:

한자	부수	획수	훈음
罕	穴	7획	드물 한:
轄	車	17획	다스릴 할
函	凵	8획	함 함
喊	口	12획	소리칠 함:
檻	木	18획	난간 함:
涵	氵(水)	11획	젖을 함
緘	糸	15획	봉할 함
銜	金	14획	재갈 함
鹹	鹵	20획	짤 함
盒	皿	11획	합 합
蛤	虫	12획	조개 합
缸	缶	9획	항아리 항
肛	月(肉)	7획	항문 항
偕	亻(人)	11획	함께 해
咳	口	9획	기침 해
懈	忄(心)	16획	게으를 해:
楷	木	13획	본보기 해
諧	言	16획	화할 해
邂	辶(辵)	13획	우연히 만날 해
駭	馬	16획	놀랄 해
骸	骨	16획	뼈 해
劾	力	8획	꾸짖을 핵
嚮	口	19획	길잡을 향
饗	食	22획	잔치할 향:
噓	口	15획	불 허
墟	土	15획	터 허
歇	欠	13획	쉴 헐
眩	目	10획	어지러울 현:
絢	糸	12획	무늬 현:
衒	行	11획	자랑할 현
俠	亻(人)	9획	의기로울 협
挾	扌(手)	10획	낄 협
狹	犭(犬)	10획	좁을 협
頰	頁	16획	뺨 협
荊	艹(艸)	10획	가시 형
彗	彐	11획	살별 혜
醯	酉	19획	식혜 혜
弧	弓	8획	활 호
狐	犭(犬)	8획	여우 호
琥	王(玉)	12획	호박 호:
瑚	王(玉)	13획	산호 호
糊	米	15획	풀칠할 호
渾	氵(水)	12획	흐릴 혼:
笏	竹	10획	홀 홀
惚	忄(心)	11획	황홀할 홀
虹	虫	9획	무지개 홍
哄	口	9획	떠들썩할 홍
訌	言	10획	어지러울 홍
喚	口	12획	부를 환
宦	宀	9획	벼슬 환:

1급 배정한자

鰥 부魚 21획	驩 부馬 28획	猾 부犭(犬) 13획	闊 부門 17획	凰 부几 11획
홀아비 환	기뻐할 환	교활할 활	넓을 활	봉황 황

煌 부火 13획	遑 부辶(辵) 13획	徨 부彳 12획	恍 부忄(心) 9획	惶 부忄(心) 12획
빛날 황	급할 황	헤맬 황	황홀할 황	두려울 황

慌 부忄(心) 13획	恢 부忄(心) 9획	晦 부日 11획	繪 부糸 19획	膾 부月(肉) 17획
어리둥절할 황	넓을 회	그믐 회	그림 회:	회 회:

徊 부彳 9획	蛔 부虫 12획	誨 부言 14획	賄 부貝 13획	哮 부木 11획
머뭇거릴 회	회충 회	가르칠 회	재물·뇌물 회	성낼 효

嚆 부口 17획	爻 부爻 4획	酵 부酉 14획	吼 부口 7획	嗅 부口 10획
울릴 효	사귈·가로그을 효	삭힐 효	울부짖을 후:	맡을 후

朽 부木 6획	逅 부辶(辵) 10획	暈 부日 13획	喧 부口 12획	卉 부十 5획
썩을 후:	만날 후:	무리 훈:	지껄일 훤	풀 훼

喙 부口 12획	彙 부彐 13획	諱 부言 16획	麾 부麻 15획	恤 부忄(心) 9획
부리 훼	무리 휘	꺼릴·숨길 휘	기 휘	불쌍할 휼

兇 부儿 6획	洶 부氵(水) 9획	欣 부欠 8획	痕 부疒 11획	欠 부欠 4획
흉악할 흉	용솟음칠 흉	기쁠 흔	흔적 흔	하품 흠:

歆 부欠 13획	恰 부忄(心) 9획	洽 부氵(水) 9획	犧 부牛 20획	詰 부言 13획
흠향할 흠	흡사할 흡	흡족할 흡	희생 희	꾸짖을 힐

유형별 한자 학습

유의자・**유**의어 | 類義字・類義語

반대자・**반**대어 | 反對字・反對語

동음이의어 | 同音異義語

동자다음어 | 同字多音語

약자・**속**자 | 略字・俗字

사자성어 | 四字成語

전의어 | 轉義語

유의자 · 유의어 | 類義字 · 類義語

유의자

- 家 집 가 — 屋 집 옥
- 歌 노래 가 — 樂 노래 악
- 街 거리 가 — 路 길 로
- 加 더할 가 — 添 더할 첨
- 駕 멍에 가 — 御 거느릴 어
- 呵 꾸짖을 가 — 責 꾸짖을 책
- 苛 가혹할 가 — 酷 심할 혹
- 可 옳을 가 — 義 옳을 의
- 加 더할 가 — 益 더할 익
- 價 값 가 — 値 값 치
- 歌 노래 가 — 謠 노래 요
- 街 거리 가 — 道 길 도
- 假 거짓 가 — 僞 거짓 위
- 覺 깨달을 각 — 悟 깨달을 오
- 覺 깨달을 각 — 寤 잠 깰 오
- 却 물리칠 각 — 斥 물리칠 척
- 恪 삼갈 각 — 謹 삼갈 근
- 殼 껍질 각 — 皮 가죽 피
- 間 사이 간 — 隔 사이뜰 격
- 間 사이 간 — 隙 틈 극
- 艱 어려울 간 — 苦 쓸 고
- 奸 간사할 간 — 慝 사특할 특
- 揀 가릴 간 — 選 가릴 선
- 懇 간절할 간 — 誠 정성 성
- 姦 간음할 간 — 淫 음란할 음
- 間 사이 간 — 隔 사이뜰 격
- 干 방패 간 — 盾 방패 순
- 監 볼 감 — 督 감독할 독
- 看 볼 간 — 覽 볼 람
- 幹 줄기 간 — 脈 줄기 맥
- 簡 간략할 간 — 略 간략할 략
- 竭 다할 갈 — 盡 다할 진
- 減 덜 감 — 縮 줄일 축
- 感 느낄 감 — 覺 깨달을 각
- 鑑 거울 감 — 鏡 거울 경
- 柑 귤 감 — 橘 귤 귤
- 憾 섭섭할 감 — 恨 한 한
- 慷 슬플 강 — 慨 슬플 개
- 疆 지경 강 — 境 지경 경
- 疆 지경 강 — 域 지경 역
- 剛 굳셀 강 — 健 굳셀 건
- 康 편안 강 — 寧 편안 녕
- 介 낄 개 — 擁 낄 옹
- 改 고칠 개 — 更 고칠 경
- 皆 다 개 — 總 다 총

82

個 낱 개	—	枚 낱 매
開 열 개	—	啓 열 계
蓋 덮을 개	—	覆 덮을 부
慨 슬퍼할 개	—	悼 슬퍼할 도
客 손 객	—	賓 손 빈
更 다시 갱	—	復 다시 부
更 다시 갱	—	覆 다시 복
拒 막을 거	—	絶 끊을 절
居 살 거	—	住 살 주
巨 클 거	—	大 큰 대
車 수레 거·차	—	輛 수레 량
擧 들 거	—	揭 높이들·걸 게
距 상거할 거	—	離 떠날 리
倨 거만할 거	—	慢 거만할 만
倨 거만할 거	—	傲 거만할 오
乾 하늘 건	—	旻 하늘 민
建 세울 건	—	設 베풀 설
健 굳셀 건	—	康 편안 강
傑 뛰어날 걸	—	杰 뛰어날 걸
劍 칼 검	—	刀 칼 도
檢 검사할 검	—	查 조사할 사
檢 검사할 검	—	察 살필 찰
劫 위협할 겁	—	迫 핍박할 박
怯 겁낼 겁	—	怖 두려워할 포
偈 불시 게	—	頌 기릴 송

隔 사이뜰 격	—	阻 막을 조
牽 이끌 견	—	曳 끌 예
譴 꾸짖을 견	—	責 꾸짖을 책
牽 끌 견	—	引 끌 인
堅 굳을 견	—	固 굳을 고
犬 개 견	—	狗 개 구
遣 보낼 견	—	送 보낼 송
絹 비단 견	—	錦 비단 금
結 맺을 결	—	約 맺을 약
潔 깨끗할 결	—	淨 깨끗할 정
結 맺을 결	—	紐 맺을 뉴
決 결단할 결	—	判 판단할 판
訣 이별할 결	—	別 나눌 별
缺 이지러질 결	—	乏 모자랄 핍
謙 겸손할 겸	—	遜 겸손할 손
謙 겸손할 겸	—	讓 사양할 양
傾 기울 경	—	斜 비낄 사
傾 기울 경	—	倒 넘어질 도
梗 막힐 경	—	塞 막힐 색
驚 놀랄 경	—	愕 놀랄 악
驚 놀랄 경	—	駭 놀랄 해
更 고칠 경	—	迭 갈마들 질
慶 경사 경	—	賀 하례할 하
庚 별 경	—	辰 별 신
卿 벼슬 경	—	尉 벼슬 위

유의자

- 硬 굳을 경 — 確 굳을 확
- 敬 공경 경 — 欽 공경할 흠
- 傾 기울 경 — 歪 기울 왜·외
- 經 지날 경 — 過 지날 과
- 競 다툴 경 — 爭 다툴 쟁
- 境 지경 경 — 界 지경 계
- 儆 경계할 경 — 戒 경계할 계
- 階 섬돌 계 — 層 층 층
- 繼 이을 계 — 續 이을 속
- 計 셀 계 — 算 셈 산
- 系 이어맬 계 — 係 맬 계
- 癸 북방 계 — 壬 북방 임
- 溪 시내 계 — 川 내 천
- 鷄 닭 계 — 酉 닭 유
- 繫 맬 계 — 縛 얽을 박
- 繫 맬 계 — 束 묶을 속
- 契 맺을 계 — 約 맺을 약
- 悸 두근거릴 계 — 慄 떨릴 률
- 枯 마를 고 — 渴 목마를 갈
- 顧 돌아볼 고 — 眄 곁눈질할 면
- 雇 품팔 고 — 傭 품팔 용
- 膏 기름 고 — 油 기름 유
- 古 옛 고 — 舊 옛 구
- 庫 곳집 고 — 庾 곳집 유
- 孤 외로울 고 — 獨 홀로 독

- 考 생각할 고 — 慮 생각할 려
- 谷 골 곡 — 洞 골 동
- 哭 울 곡 — 鳴 울 명
- 穀 곡식 곡 — 糧 양식 량
- 坤 따 곤 — 地 따 지
- 困 곤할 곤 — 難 어려울 난
- 困 곤할 곤 — 乏 모자랄 핍
- 棍 몽둥이 곤 — 棒 막대 봉
- 棍 몽둥이 곤 — 杖 지팡이 장
- 汨 골몰할 골 — 沒 빠질 몰
- 鞏 굳을 공 — 固 굳을 고
- 恐 두려울 공 — 惶 두려울 황
- 空 빌 공 — 虛 빌 허
- 恭 공손할 공 — 敬 공경 경
- 貢 바칠 공 — 獻 드릴 헌
- 攻 칠 공 — 擊 칠 격
- 功 공 공 — 勳 공 훈
- 共 한가지 공 — 同 한가지 동
- 恐 두려울 공 — 怖 두려워할 포
- 戈 창 과 — 矛 창 모
- 寡 적을 과 — 少 적을 소
- 過 지날 과 — 去 갈 거
- 果 실과 과 — 實 열매 실
- 過 지날 과 — 誤 그르칠 오
- 過 지날 과 — 剩 남을 잉

- 誇 자랑할 과 — 矜 자랑할 긍
- 顆 낟알 과 — 粒 낟알 립
- 灌 물 댈 관 — 漑 물댈 개
- 關 관계할 관 — 鍵 열쇠 건
- 觀 볼 관 — 望 바랄 망
- 冠 갓 관 — 帽 모자 모
- 慣 익숙할 관 — 習 익힐 습
- 管 대롱 관 — 轄 다스릴 할
- 光 빛 광 — 彩 빛날 채
- 光 빛 광 — 輝 빛날 휘
- 匡 바를 광 — 矯 바로잡을 교
- 廣 넓을 광 — 闊 넓을 활
- 貫 꿸 관 — 撤 통할 철
- 觀 볼 관 — 覽 볼 람
- 光 빛 광 — 色 빛 색
- 廣 넓을 광 — 漠 넓을 막
- 掛 걸 괘 — 揭 걸 게
- 塊 흙덩이 괴 — 壤 흙덩이 양
- 愧 부끄러울 괴 — 慙 부끄러울 참
- 怪 괴이할 괴 — 訝 의심할 아
- 乖 어그러질 괴 — 戾 어그러질 려
- 乖 어그러질 괴 — 愎 강퍅할 퍅
- 傀 허수아비 괴 — 儡 꼭두각시 뢰
- 愧 부끄러울 괴 — 羞 부끄러울 수
- 愧 부끄러울 괴 — 慙 부끄러울 참

- 攪 흔들 교 — 亂 어지러울 란
- 橋 다리 교 — 梁 돌다리 량
- 驕 교만할 교 — 慢 거만할 만
- 驕 교만할 교 — 傲 거만할 오
- 狡 교활할 교 — 猾 교활할 활
- 郊 들 교 — 野 들 야
- 校 학교 교 — 庠 학교 상
- 敎 가르칠 교 — 訓 가르칠 훈
- 區 구분할 구 — 域 지경 역
- 具 갖출 구 — 備 갖출 비
- 救 구원할 구 — 濟 건널 제
- 口 입 구 — 舌 혀 설
- 久 오랠 구 — 彌 오랠 미
- 丘 언덕 구 — 阜 언덕 고
- 溝 도랑 구 — 渠 개천 거
- 溝 도랑 구 — 壑 구렁 학
- 寇 도적 구 — 掠 노략질할 략
- 苟 구차할 구 — 且 또 차
- 嘔 게울 구 — 吐 토할 토
- 群 무리 군 — 黨 무리 당
- 窘 군색할 군 — 迫 핍박할 박
- 君 임금 군 — 后 임금 후
- 群 무리 군 — 衆 무리 중
- 君 임금 군 — 主 임금·주인 주
- 屈 굽힐 굴 — 折 꺾을 절

• 窮 다할 궁	—	極 다할·극진할 극	• 急 급할 급	—	迫 닥칠 박
• 宮 집 궁	—	闕 대궐 궐	• 急 급할 급	—	躁 조급할 조
• 勸 권할 권	—	勵 힘쓸 려	• 矜 불쌍히여길 긍	—	恤 불쌍할 휼
• 勸 권할 권	—	獎 장려할 장	• 肯 즐길 긍	—	耽 즐길 탐
• 蹶 일어설 궐	—	起 일어설 기	• 祈 빌 기	—	祝 빌 축
• 潰 무너질 궤	—	瘍 헐 양	• 豈 어찌 기	—	奈 어찌 내
• 潰 무너질 궤	—	裂 찢어질 렬	• 基 터 기	—	址 터 지
• 軌 바퀴자국 궤	—	轍 바퀴자국 철	• 旗 기 기	—	旌 기 정
• 歸 돌아갈 귀	—	還 돌아올 환	• 畿 경기 기	—	甸 경기 전
• 糾 규명할 규	—	彈 탄핵할 탄	• 器 그릇 기	—	甄 질그릇 견
• 叫 부르짖을 규	—	喚 부를 환	• 技 재주 기	—	藝 재주 예
• 叫 부를짖을 규	—	吼 울부짖을 후	• 飢 주릴 기	—	餓 주릴 아
• 規 법 규	—	律 법칙 률	• 基 터 기	—	底 밑 저
• 閨 안방 규	—	房 방 방	• 記 기록할 기	—	錄 기록할 록
• 均 고를 균	—	等 무리 등	• 寄 부칠 기	—	與 더불·줄 여
• 極 다할·극진할 극	—	端 끝 단	• 技 재주 기	—	術 재주 술
• 劇 심할 극	—	酷 심할 혹	• 祈 빌 기	—	禱 빌 도
• 謹 삼갈 근	—	毖 삼갈 비	• 伎 재간 기	—	倆 재주 량
• 根 뿌리 근	—	源 근원 원	• 耆 늙을 기	—	老 늙을 로
• 根 뿌리 근	—	本 근본 본	• 麒 기린 기	—	麟 기린 린
• 覲 뵐 근	—	謁 뵐 알	• 欺 속일 기	—	瞞 속일 만
• 禁 금할 금	—	錮 막을 고	• 旗 기 기	—	幟 기 치
• 琴 거문고 금	—	瑟 큰 거문고 슬	• 忌 꺼릴 기	—	憚 꺼릴 탄
• 禽 새 금	—	鵬 새 붕	• 忌 꺼릴 기	—	諱 꺼릴 휘
• 給 줄 급	—	與 더불·줄 여	• 緊 긴할 긴	—	要 요긴할 요

- 懦 나약할 나 — 弱 약할 약
- 娘 계집 낭 — 姬 계집 희
- 年 해 년 — 齡 나이 령
- 年 해 년 — 歲 해 세
- 念 생각 념 — 慮 생각 려
- 寧 편안 녕 — 穩 편안할 온
- 旦 아침 단 — 朝 아침 조
- 但 다만 단 — 只 다만 지
- 團 둥글 단 — 圓 둥글 원
- 端 끝 단 — 末 끝 말
- 單 홀 단 — 獨 홀로 독
- 斷 끊을 단 — 絶 끊을 절
- 達 통달할 달 — 成 이룰 성
- 談 말씀 담 — 話 말씀 화
- 潭 못 담 — 塘 못 당
- 沼 못 소 — 淵 못 연
- 擔 멜 담 — 荷 멜 하
- 答 대답할 답 — 兪 대답할 유
- 當 마땅 당 — 宜 마땅 의
- 撞 칠 당 — 突 부딪칠 돌
- 道 길 도 — 路 길 로
- 盜 도둑 도 — 賊 도둑 적
- 到 이를 도 — 着 붙을 착
- 逃 도망할 도 — 避 피할 피
- 到 이를 도 — 達 이를 달
- 屠 죽일 도 — 戮 죽일 륙
- 賭 내기 도 — 博 넓을 박
- 島 섬 도 — 嶼 섬 서
- 敦 도타울 돈 — 篤 도타울 독
- 桐 오동 동 — 梧 오동 오
- 憧 동경할 동 — 憬 깨달을 경
- 頭 머리 두 — 首 머리 수
- 等 무리 등 — 級 등급 급
- 謄 베낄 등 — 寫 베낄 사
- 懶 게으를 라 — 慢 거만할 만
- 懶 게으를 라 — 惰 게으를 타
- 駱 낙타 락 — 駝 낙타 타
- 爛 빛날 란 — 炅 빛날 경
- 朗 밝을 랑 — 亮 밝을 량
- 掠 노략질 략 — 侵 침노할 침
- 良 어질 량 — 仁 어질 인
- 梁 들보 량 — 樑 들보 량
- 麗 고울 려 — 姸 고울 연
- 鍊 쇠불릴 련 — 鍛 쇠불릴 단
- 連 이을 련 — 續 이을 속
- 憐 불쌍히 여길 련 — 憫 불쌍히 여길 민
- 憐 불쌍히 여길 련 — 恤 불쌍할 휼
- 列 벌릴 렬 — 羅 벌릴 라
- 烈 매울 렬 — 辛 매울 신
- 嶺 고개 령 — 峴 고개 현

- 零 떨어질 령 — 落 떨어질 락
- 玲 옥소리 령 — 瓏 옥소리 롱
- 囹 옥 령 — 圄 옥 어
- 擄 노략질할 로 — 掠 노략질할 략
- 老 늙을 로 — 耆 늙을 기
- 祿 녹 록 — 俸 녹 봉
- 雷 우레 뢰 — 震 우레 진
- 牢 우리 뢰 — 獄 옥 옥
- 遼 멀 료 — 遠 멀 원
- 漏 샐 루 — 洩 샐 설
- 留 머무를 류 — 駐 머무를 주
- 輪 바퀴 륜 — 廻 돌 회
- 隆 높을 륭 — 盛 성할 성
- 凌 업신여길 릉 — 蔑 업신여길 멸
- 離 떠날 리 — 別 다를 별
- 里 마을 리 — 閻 마을 염
- 吝 아낄 린 — 嗇 아낄 색
- 魔 마귀 마 — 鬼 귀신 귀
- 磨 갈 마 — 耗 소모할 모
- 痲 저릴 마 — 痺 저릴 비
- 摩 문지를 마 — 擦 문지를 찰
- 蔓 덩굴 만 — 延 늘일 연
- 滿 찰 만 — 盈 찰 영
- 慢 거만할 만 — 傲 거만할 오
- 末 끝 말 — 尾 꼬리 미
- 末 끝 말 — 端 끝 단
- 望 바랄 망 — 冀 바랄 기
- 買 살 매 — 購 살 구
- 煤 그을음 매 — 煙 연기 연
- 邁 갈 매 — 進 나아갈 진
- 麥 보리 맥 — 牟 보리 모
- 孟 맏 맹 — 允 맏 윤
- 萌 움 맹 — 芽 싹 아
- 勉 힘쓸 면 — 勵 힘쓸 려
- 滅 꺼질·멸할 멸 — 亡 망할 망
- 冥 어두울 명 — 暗 어두울 암
- 酩 술취할 명 — 酊 술취할 정
- 侮 업신여길 모 — 蔑 업신여길 멸
- 摸 더듬을 모 — 擬 헤아릴 의
- 謀 꾀 모 — 策 꾀 책
- 模 본뜰 모 — 範 법 범
- 毛 털 모 — 髮 터럭 발
- 睦 화목할 목 — 穆 화목할 목
- 沐 머리감을 목 — 浴 목욕할 욕
- 沒 빠질 몰 — 溺 빠질 닉
- 描 그릴 묘 — 寫 베낄 사
- 茂 무성할 무 — 郁 성할 욱
- 問 물을 문 — 諮 물을 자
- 門 집 문 — 戶 집 호
- 文 글월 문 — 章 글 장

- 紊 어지러울 문 — 亂 어지러울 란
- 物 물건 물 — 件 물건 건
- 美 아름다울 미 — 徽 아름다울 휘
- 微 작을 미 — 扁 작을 편
- 微 작을 미 — 細 가늘 세
- 美 아름다울 미 — 麗 고울 려
- 敏 민첩할 민 — 捷 빠를 첩
- 飯 밥 반 — 餐 밥 찬
- 返 돌이킬 반 — 還 돌아올 환
- 發 필 발 — 敷 펼 부
- 芳 꽃다울 방 — 馨 꽃다울 형
- 傍 곁 방 — 旁 곁 방
- 背 등 배 — 後 뒤 후
- 胚 아이밸 배 — 胎 아이밸 태
- 白 흰 백 — 皓 흴 호
- 煩 번거로울 번 — 悶 답답할 민
- 蕃 불을 번 — 殖 불릴 식
- 法 법 법 — 規 법 규
- 法 법 법 — 式 법 식
- 變 변할 변 — 化 될 화
- 變 변할 변 — 更 고칠 경
- 變 변할 변 — 革 고칠 혁
- 倂 아우를 병 — 合 합할 합
- 兵 병사 병 — 卒 마칠 졸
- 保 지킬 보 — 護 도울 호
- 報 갚을·알릴 보 — 告 고할 고
- 報 갚을·알릴 보 — 酬 갚을 수
- 寶 보배 보 — 鈺 보배 옥
- 堡 작은성 보 — 壘 보루 루
- 保 지킬 보 — 衛 지킬 위
- 福 복 복 — 祐 복 우
- 奉 받들 봉 — 獻 드릴 헌
- 否 아닐 부 — 弗 아닐 불
- 扶 도울 부 — 助 도울 조
- 副 버금 부 — 次 버금 차
- 附 붙을 부 — 屬 붙일 속
- 附 붙을 부 — 着 붙을 착
- 賦 부세 부 — 與 더불·줄 여
- 憤 분할 분 — 愾 성낼 개
- 墳 무덤 분 — 墓 무덤 묘
- 扮 꾸밀 분 — 裝 꾸밀 장
- 紛 어지러울 분 — 紊 어지러울 문
- 崩 무너질 붕 — 壞 무너질 괴
- 批 비평할 비 — 評 비평할 평
- 毘 도울 비 — 襄 도울 양
- 緋 비단 비 — 緞 비단 단
- 鄙 더러울 비 — 陋 더러울 루
- 誹 헐뜯을 비 — 謗 헐뜯을 방
- 悲 슬플 비 — 慘 참혹할 참
- 琵 비파 비 — 琶 비파 파

유의자

- 貧 가난할 빈 — 窮 궁할 궁
- 憑 기댈 빙 — 依 의지할 의
- 憑 기댈 빙 — 藉 깔 자
- 思 생각 사 — 慕 그릴 모
- 辭 말씀 사 — 說 말씀 설
- 辭 사양할 사 — 讓 사양할 양
- 査 조사할 사 — 察 살필 찰
- 舍 집 사 — 宅 집 택
- 奢 사치할 사 — 侈 사치할 치
- 沙 일 사 — 汰 일 태
- 邪 간사할 사 — 慝 사특할 특
- 削 깎을 삭 — 減 덜 감
- 士 선비 사 — 彦 선비 언
- 寺 절 사 — 刹 절 찰
- 師 스승 사 — 傅 스승 부
- 産 낳을 산 — 娩 낳을 만
- 殺 죽일 살 — 劉 죽일 류
- 森 수풀 삼 — 林 수풀 림
- 滲 스밀 삼 — 透 사무칠 투
- 喪 잃을 상 — 失 잃을 실
- 爽 시원할 상 — 快 쾌할 쾌
- 商 장사 상 — 賈 장사 고
- 祥 상서 상 — 瑞 상서 서
- 辭 말씀 사 — 說 말씀 설
- 思 생각 사 — 念 생각 념
- 事 일 사 — 務 힘쓸 무
- 思 생각 사 — 考 생각할 고
- 傷 다칠 상 — 害 해할 해
- 塞 막힐 색 — 窒 막힐 질
- 索 찾을 색 — 搜 찾을 수
- 色 빛 색 — 彩 채색 채
- 甥 생질 생 — 姪 조카 질
- 索 노 삭 — 繩 노끈 승
- 恕 용서할 서 — 赦 용서할 사
- 署 마을 서 — 閻 마을 염
- 書 글 서 — 册 책 책
- 逝 갈 서 — 去 갈 거
- 胥 벼슬아치 서 — 吏 벼슬 리
- 選 가릴 선 — 拔 뽑을 발
- 旋 돌 선 — 回 돌 회
- 釋 풀 석 — 放 놓을 방
- 選 가릴 선 — 擇 가릴 택
- 旋 돌 선 — 廻 돌 회
- 船 배 선 — 舶 배 박
- 泄 샐 설 — 瀉 쏟을 사
- 纖 가늘 섬 — 細 가늘 세
- 攝 다스릴 섭 — 理 다스릴 리
- 盛 성할 성 — 旺 왕성할 왕
- 省 살필 성 — 察 살필 찰
- 洗 씻을 세 — 濯 씻을 탁

- 消 사라질 소 — 耗 소모할 모
- 素 본디 소 — 質 바탕 질
- 騷 떠들 소 — 擾 시끄러울 요
- 召 부를 소 — 喚 부를 환
- 損 덜 손 — 害 해할 해
- 損 덜 손 — 失 잃을 실
- 孫 손자 손 — 胤 자손 윤
- 讎 원수 수 — 仇 원수 구
- 收 거둘 수 — 撤 거둘 철
- 隨 따를 수 — 扈 따를 호
- 樹 나무 수 — 木 나무 목
- 受 받을 수 — 納 들일 납
- 授 줄 수 — 與 더불·줄 여
- 收 거둘 수 — 斂 거둘 렴
- 狩 사냥할 수 — 獵 사냥 렵
- 瘦 여윌 수 — 瘠 여윌 척
- 淑 맑을 숙 — 晶 맑을 정
- 純 순수할 순 — 潔 깨끗할 결
- 崇 높을 숭 — 高 높을 고
- 承 이을 승 — 繼 이을 계
- 濕 젖을 습 — 潤 불을 윤
- 猜 시기할 시 — 忌 꺼릴 기
- 試 시험 시 — 驗 시험 험
- 施 베풀 시 — 說 베풀 설
- 息 쉴 식 — 憩 쉴 게
- 植 심을 식 — 栽 심을 재
- 宸 대궐 신 — 闕 대궐 궐
- 訊 물을 신 — 問 물을 문
- 呻 읊조릴 신 — 吟 읊을 음
- 身 몸 신 — 體 몸 체
- 心 마음 심 — 性 성품 성
- 深 깊을 심 — 濬 깊을 준
- 尋 찾을 심 — 訪 찾을 방
- 阿 언덕 아 — 諂 아첨할 첨
- 按 누를 안 — 撫 어루만질 무
- 按 살필 안 — 察 살필 찰
- 眼 눈 안 — 目 눈 목
- 暗 어두울 암 — 黑 검을 흑
- 斡 돌 알 — 旋 돌 선
- 曖 희미할 애 — 昧 어두울 매
- 愛 사랑 애 — 好 좋을 호
- 涯 물가 애 — 洙 물가 수
- 藥 약 약 — 劑 약제 제
- 養 기를 양 — 飼 기를 사
- 樣 모양 양 — 態 모습 태
- 言 말씀 언 — 語 말씀 어
- 業 일 업 — 務 힘쓸 무
- 輿 수레 여 — 軻 수레 가
- 餘 남을 여 — 暇 겨를 가
- 燃 탈 연 — 燒 사를 소

유의자

- 燃 탈 연 — 焦 탈 초
- 連 잇달을 연 — 絡 이을 락
- 緣 인연 연 — 由 말미암을 유
- 研 갈 연 — 究 연구할 구
- 悅 기쁠 열 — 怡 기쁠 이
- 悅 기쁠 열 — 樂 즐길 락·노래 악·좋아할 요
- 炎 불꽃 염 — 燮 불꽃 섭
- 映 비칠 영 — 燾 비칠 도
- 永 길 영 — 遠 멀 원
- 詠 읊을 영 — 唱 부를 창
- 裔 후손 예 — 孫 손자 손
- 裔 후손 예 — 胄 자손 주
- 藝 재주 예 — 術 재주 술
- 誤 그르칠 오 — 謬 그르칠 류
- 傲 거만할 오 — 慢 자만할 만
- 玉 구슬 옥 — 瓊 구슬 경
- 溫 따뜻할 온 — 暖 따뜻할 난
- 壅 막을 옹 — 塞 막힐 색 / 변방 새
- 訛 그릇될 와 — 謬 그르칠 류
- 頑 완고할 완 — 固 굳을 고
- 完 완전할 완 — 全 온전 전
- 旺 왕성할 왕 — 盛 성할 성
- 猥 외람할 외 — 濫 넘칠 람
- 搖 흔들 요 — 動 움직일 동
- 妖 요사할 요 — 艶 고울 염
- 要 요긴할 요 — 求 구할 구
- 遙 멀 요 — 遼 멀 료
- 勇 날랠 용 — 猛 사나울 맹
- 迂 에돌 우 — 廻 돌 회
- 憂 근심 우 — 愁 근심 수
- 運 옮길 운 — 搬 운반 반
- 運 옮길 운 — 移 옮길 이
- 元 으뜸 원 — 覇 으뜸 패
- 園 동산 원 — 苑 나라동산 원
- 怨 원망할 원 — 恨 한 한
- 越 넘을 월 — 踰 넘을 유
- 偉 클 위 — 大 큰 대
- 委 맡길 위 — 任 맡길 임
- 悠 멀 유 — 久 오랠 구
- 蹂 밟을 유 — 躪 짓밟을 린
- 油 기름 유 — 脂 기름 지
- 融 녹을 융 — 通 통할 통
- 融 녹을 융 — 和 화할 화
- 隱 숨을 은 — 遁 숨을 둔
- 恩 은혜 은 — 惠 은혜 혜
- 音 소리 음 — 聲 소리 성
- 議 의논할 의 — 論 논할 논
- 意 뜻 의 — 旨 뜻 지
- 衣 옷 의 — 服 옷 복
- 宜 마땅 의 — 當 마땅 당

- 醫 의원 의 — 療 병고칠 료
- 疑 의심할 의 — 訝 의심할 아
- 弛 늦출 이 — 緩 느릴 완
- 利 이할 리 — 益 더할 익
- 仁 어질 인 — 慈 사랑 자
- 認 알 인 — 識 알 식
- 引 끌 인 — 導 인도할 도
- 咽 목구멍 인 — 喉 목구멍 후
- 刃 칼날 인 — 斤 날 근
- 一 한 일 — 壹 한·갖은한 일
- 剩 남을 잉 — 餘 남을 여
- 孕 아이밸 잉 — 胎 아이밸 태
- 姿 모양 자 — 貌 모양 모
- 疵 허물 자 — 痕 흔적 흔
- 殘 남을 잔 — 餘 남을 여
- 帳 장막 장 — 幕 장막 막
- 財 재물 재 — 貨 재물 화
- 貯 쌓을 저 — 蓄 모을 축
- 抵 막을 저 — 抗 겨룰 항
- 笛 피리 적 — 琯 피리 관
- 績 길쌈 적 — 紡 길쌈 방
- 戰 싸울 전 — 爭 다툴 쟁
- 癲 미칠 전 — 狂 미칠 광
- 霑 젖을 점 — 潤 불을 윤
- 粘 붙을 점 — 着 붙을 착

- 店 가게 점 — 鋪 가게 포
- 接 이을 접 — 續 이을 속
- 淨 깨끗할 정 — 潔 깨끗할 결
- 停 머무를 정 — 駐 머무를 주
- 靜 고요할 정 — 謐 고요할 밀
- 偵 염탐할 정 — 探 찾을 탐
- 靜 고요할 정 — 寂 고요할 적
- 政 정사 정 — 治 다스릴 치
- 淨 깨끗할 정 — 潔 깨끗할 결
- 正 바를 정 — 直 곧을 직
- 停 머무를 정 — 止 그칠 지
- 製 지을 제 — 作 지을 작
- 帝 임금 제 — 王 임금 왕
- 調 고를 조 — 和 화할 화
- 組 짤 조 — 織 짤 직
- 彫 새길 조 — 刻 새길 각
- 眺 볼 조 — 覽 볼 람
- 眺 볼 조 — 望 바랄 망
- 嘲 비웃을 조 — 弄 희롱할 롱
- 稠 빽빽할 조 — 密 빽빽할 밀
- 糟 지게미 조 — 粕 지게미 박
- 遭 만날 조 — 遇 만날 우
- 尊 높을 존 — 貴 귀할 귀
- 存 있을 존 — 在 있을 재
- 拙 졸할 졸 — 劣 못할 렬

- 腫 종기 종 — 瘍 헐 양
- 終 마칠 종 — 末 끝 말
- 終 마칠 종 — 了 마칠 료
- 住 살 주 — 居 살 거
- 駐 머무를 주 — 停 머무를 정
- 駐 머무를 주 — 留 머무를 류
- 躊 머뭇거릴 주 — 躇 머뭇거릴 저
- 峻 준엄할 준 — 嚴 엄할 엄
- 峻 준엄할 준 — 險 험할 험
- 俊 준걸 준 — 傑 뛰어날 걸
- 重 무거울 중 — 厚 두터울 후
- 中 가운데 중 — 央 가운데 앙
- 增 더할 증 — 加 더할 가
- 憎 미울 증 — 惡 악할 악 / 미워할 오
- 知 알 지 — 識 알 식 / 기록할 지
- 進 나아갈 진 — 就 나아갈 취
- 進 나아갈 진 — 陟 오를 척
- 嗔 성낼 진 — 怒 성낼 노
- 窒 막힐 질 — 塞 막힐 색 / 변방 새
- 斟 짐작할 짐 — 酌 잔질할 작
- 什 세간 집 — 器 그릇 기
- 懲 징계할 징 — 戒 경계할 계
- 疾 병 질 — 病 병 병
- 秩 차례 질 — 序 차례 서
- 錯 어긋날 착 — 誤 그르칠 오
- 纂 모을 찬 — 輯 모을 집
- 簒 빼앗을 찬 — 奪 빼앗을 탈
- 懺 뉘우칠 참 — 悔 뉘우칠 회
- 參 참여할 참 — 與 더불·줄 여
- 慘 참할 참 — 酷 심할 혹
- 倉 곳집 창 — 庫 곳집 고
- 漲 넘칠 창 — 溢 넘칠 일
- 菜 나물 채 — 蔬 나물 소
- 採 캘 채 — 擇 가릴 택
- 凄 쓸쓸할 처 — 涼 서늘할 량
- 撤 거둘 철 — 收 거둘 수
- 添 더할 첨 — 加 더할 가
- 貼 붙일 첩 — 付 부칠 부
- 淸 맑을 청 — 潔 깨끗할 결
- 締 맺을 체 — 結 맺을 결
- 替 바꿀 체 — 換 바꿀 환
- 醋 초 초 — 酸 실 산
- 憔 파리할 초 — 悴 파리할 췌
- 促 재촉할 촉 — 迫 다그칠 박
- 囑 부탁할 촉 — 託 부탁할 탁
- 寵 사랑할 총 — 愛 사랑 애
- 墜 떨어질 추 — 落 떨어질 락
- 贅 혹 췌 — 瘤 혹 류
- 充 채울 충 — 滿 찰 만
- 測 헤아릴 측 — 量 헤아릴 량

- 層 층 층 — 階 섬돌 계
- 癡 어리석을 치 — 呆 어리석을 매
- 緻 빽빽할 치 — 密 빽빽할 밀
- 親 친할 친 — 族 겨레 족
- 侵 침노할 침 — 犯 범할 범
- 浸 잠길 침 — 透 사무칠 투
- 打 칠 타 — 擊 칠 격
- 墮 떨어질 타 — 落 떨어질 락
- 彈 탄핵할 탄 — 劾 꾸짖을 핵
- 搭 탈 탑 — 乘 탈 승
- 搭 탈 탑 — 載 실을 재
- 土 흙 토 — 地 땅 지
- 慟 서러워할 통 — 哭 울 곡
- 退 물러날 퇴 — 却 물리칠 각
- 鬪 싸움 투 — 爭 다툴 쟁
- 投 던질 투 — 抛 던질 포
- 妬 샘낼 투 — 忌 꺼릴 기
- 把 잡을 파 — 握 쥘 악
- 波 물결 파 — 漣 잔물결 련
- 販 팔 판 — 賣 팔 매
- 澎 물소리 팽 — 湃 물결칠 배
- 貶 낮출 폄 — 下 아래 하
- 廢 폐할·버릴 폐 — 棄 버릴 기
- 包 쌀 포 — 容 얼굴 용
- 抛 던질 포 — 棄 버릴 기

- 庖 부엌 포 — 廚 부엌 주
- 咆 고함지를 포 — 哮 성낼 효
- 捕 잡을 포 — 獲 얻을 획
- 皮 가죽 피 — 韋 가죽 위
- 皮 가죽 피 — 膚 살갗 부
- 逼 핍박할 핍 — 迫 핍박할 박
- 畢 마칠 필 — 竟 마침내 경
- 河 물 하 — 川 내 천
- 下 아래 하 — 降 내릴 강
- 瑕 허물 하 — 疵 허물 자
- 學 배울 학 — 習 익힐 습
- 寒 찰 한 — 冷 찰 랭
- 恨 한 한 — 歎 탄식할 탄
- 銜 재갈 함 — 勒 굴레 륵
- 艦 큰배 함 — 艇 큰배 정
- 航 배 항 — 船 배 선
- 項 항목 항 — 款 항목 관
- 海 바다 해 — 滄 큰바다 창
- 幸 다행 행 — 福 복 복
- 骸 뼈 해 — 骨 뼈 골
- 該 마땅 해 — 當 마땅 당
- 解 풀 해 — 消 사라질 소
- 解 풀 해 — 弛 늦출 이
- 諧 농담할 해 — 謔 희롱할 학
- 香 향기 향 — 闇 향기 은

- 虛 빌 허 — 空 빌 공
- 虛 빌 허 — 無 없을 무
- 許 허락할 허 — 諾 허락할 낙
- 獻 드릴 헌 — 納 들일 납
- 憲 법 헌 — 法 법 법
- 險 험할 험 — 峻 높을 준
- 懸 매달 현 — 隔 사이뜰 격
- 顯 나타날 현 — 著 나타날 저
- 穴 굴 혈 — 窟 굴 굴
- 嫌 싫어할 혐 — 忌 꺼릴 기
- 脅 위협할 협 — 迫 핍박할 박
- 狹 좁을 협 — 窄 좁을 착
- 荊 가시 형 — 棘 가시 극
- 刑 형벌 형 — 罰 벌할 벌
- 慧 슬기 혜 — 睿 슬기 예
- 琥 호박 호 — 珀 호박 박
- 昊 하늘 호 — 天 하늘 천
- 酷 심할 혹 — 毒 독 독
- 混 섞을 혼 — 亂 어지러울 란
- 鴻 기러기 홍 — 雁 기러기 안
- 貨 재물 화 — 幣 화폐 폐
- 和 화할 화 — 睦 화목할 목
- 確 굳을 확 — 固 굳을 고
- 歡 기쁠 환 — 喜 기쁠 희
- 惶 두려울 황 — 悚 두려울 송

- 恍 황홀할 황 — 惚 황홀할 홀
- 懷 품을 회 — 孕 아이밸 잉
- 繪 그림 회 — 畫 그림 화
- 會 모일 회 — 社 모일 사
- 休 쉴 휴 — 息 쉴 식
- 携 가질 휴 — 帶 두를 대
- 欠 하품 흠 — 缺 이지러질 결
- 欠 하품 흠 — 乏 모자랄 핍
- 興 일 흥 — 隆 높을 륭
- 希 바랄 희 — 望 바랄 망
- 稀 드물 희 — 少 적을 소
- 犧 희생 희 — 牲 희생 생
- 詰 꾸짖을 힐 — 責 꾸짖을 책

유의어

- 架空 가공 — 虛構 허구
- 佳約 가약 — 婚約 혼약
- 家敎 가교 — 家訓 가훈
- 各別 각별 — 特別 특별
- 覺悟 각오 — 決心 결심
- 角逐 각축 — 逐鹿 축록
- 艱難 간난 — 苦楚 고초
- 干城 간성 — 棟梁 동량
- 看做 간주 — 置簿 치부
- 間諜 간첩 — 五列 오열

- 干戈 간과 — 兵戈 병과
- 感染 감염 — 傳染 전염
- 講士 강사 — 演士 연사
- 改札 개찰 — 改標 개표
- 改良 개량 — 改善 개선
- 改作 개작 — 改造 개조
- 古刹 고찰 — 古寺 고사
- 居間 거간 — 仲介 중개
- 巨商 거상 — 大賈 대고
- 去就 거취 — 進退 진퇴
- 乞身 걸신 — 乞骸 걸해
- 激勵 격려 — 鼓舞 고무
- 缺乏 결핍 — 不足 부족
- 缺陷 결함 — 瑕疵 하자
- 驚蔘 경삼 — 長蘆 장로
- 傾向 경향 — 動向 동향
- 境界 경계 — 區劃 구획
- 傾國 경국 — 國色 국색
- 經驗 경험 — 體驗 체험
- 高名 고명 — 有名 유명
- 高見 고견 — 尊意 존의
- 鼓吹 고취 — 鼓舞 고무
- 古稀 고희 — 從心 종심
- 姑息策 고식책 — 彌縫策 미봉책
- 苦心 고심 — 苦衷 고충

- 苦楚 고초 — 艱難 간난
- 故鄉 고향 — 鄉里 향리
- 古稀 고희 — 稀壽 희수
- 功績 공적 — 業績 업적
- 空前 공전 — 曠前 광전
- 貢獻 공헌 — 寄與 기여
- 過激 과격 — 急進 급진
- 骨肉 골육 — 血肉 혈육
- 共鳴 공명 — 首肯 수긍
- 瓜年 과년 — 瓜滿 과만
- 瓜年 과년 — 破瓜 파과
- 寡妻 과처 — 荊妻 형처
- 匡正 광정 — 廓正 확정
- 觀點 관점 — 見解 견해
- 交涉 교섭 — 折衝 절충
- 驅迫 구박 — 虐待 학대
- 九泉 구천 — 黃泉 황천
- 國香 국향 — 傾國 경국
- 貴家 귀가 — 尊宅 존택
- 根幹 근간 — 基礎 기초
- 根源 근원 — 源泉 근천
- 給料 급료 — 給與 급여
- 急所 급소 — 要點 요점
- 矜持 긍지 — 自負 자부
- 器量 기량 — 才能 재능

- 旣述 기술 — 前述 전술
- 寄贈 기증 — 贈呈 증정
- 企圖 기도 — 企劃 기획
- 基礎 기초 — 根底 근저
- 氣質 기질 — 性格 성격
- 吉凶 길흉 — 慶弔 경조
- 落膽 낙담 — 失望 실망
- 難澁 난삽 — 難解 난해
- 納得 납득 — 了解 요해
- 冷靜 냉정 — 沈着 침착
- 籠絡 농락 — 牢籠 뇌롱
- 短命 단명 — 薄命 박명
- 達成 달성 — 成就 성취
- 達辯 달변 — 能辯 능변
- 遝至 답지 — 殺到 쇄도
- 對立 대립 — 對峙 대치
- 同甲 동갑 — 同齒 동치
- 董役 동역 — 監役 감역
- 同意 동의 — 贊成 찬성
- 凍梨 동리 — 拙壽 졸수
- 等閑 등한 — 疎忽 소홀
- 登極 등극 — 卽位 즉위
- 落心 낙심 — 落膽 낙담
- 濫用 남용 — 誤用 오용
- 雷同 뇌동 — 附同 부동

- 累卵 누란 — 風燭 풍촉
- 旅館 여관 — 客舍 객사
- 榮落 영락 — 衰落 쇠락
- 禮物 예물 — 幣物 폐물
- 留級 유급 — 落第 낙제
- 倫理 윤리 — 道德 도덕
- 利潤 이윤 — 利文 이문
- 晩年 만년 — 老年 노년
- 罵倒 매도 — 詰責 힐책
- 面相 면상 — 容貌 용모
- 明晳 명석 — 聰明 총명
- 謀略 모략 — 中傷 중상
- 模範 모범 — 龜鑑 귀감
- 謀反 모반 — 反逆 반역
- 目睹 목도 — 目擊 목격
- 沒頭 몰두 — 專心 전심
- 夢想 몽상 — 妄想 망상
- 無視 무시 — 黙殺 묵살
- 問責 문책 — 叱責 질책
- 未然 미연 — 事前 사전
- 彌滿 미만 — 充滿 충만
- 未熟 미숙 — 幼稚 유치
- 尾行 미행 — 追跡 추적
- 薄情 박정 — 冷情 냉정
- 反省 반성 — 改悛 개전

• 發端 발단	—	始作 시작	• 事前 사전	—	未然 미연
• 發送 발송	—	郵送 우송	• 散策 산책	—	散步 산보
• 拔萃 발췌	—	選擇 선택	• 象徵 상징	—	表徵 표징
• 放念 방념	—	安堵 안도	• 狀況 상황	—	情勢 정세
• 傍觀 방관	—	坐視 좌시	• 書簡 서간	—	書翰 서한
• 妨害 방해	—	障碍 장애	• 先哲 선철	—	先賢 선현
• 背恩 배은	—	亡德 망덕	• 先輩 선배	—	前輩 전배
• 白眉 백미	—	出衆 출중	• 仙境 선경	—	仙鄕 선향
• 白眉 백미	—	壓卷 압권	• 盛衰 성쇠	—	興亡 흥망
• 汎愛 범애	—	博愛 박애	• 所望 소망	—	念願 염원
• 普遍 보편	—	一般 일반	• 所願 소원	—	希望 희망
• 伏龍 복용	—	鳳兒 봉아	• 昭詳 소상	—	仔細 자세
• 本末 본말	—	首尾 수미	• 束縛 속박	—	拘束 구속
• 本源 본원	—	淵源 연원	• 刷新 쇄신	—	革新 혁신
• 部門 부문	—	分野 분야	• 衰盡 쇠진	—	衰退 쇠퇴
• 負約 부약	—	食言 식언	• 手段 수단	—	方法 방법
• 分毫 분호	—	毫釐 호리	• 瘦瘠 수척	—	憔悴 초췌
• 不運 불운	—	悲運 비운	• 瞬間 순간	—	刹那 찰나
• 鵬圖 붕도	—	雄圖 웅도	• 承諾 승낙	—	許諾 허락
• 非命 비명	—	橫死 횡사	• 視野 시야	—	眼界 안계
• 鼻祖 비조	—	始祖 시조	• 始祖 시조	—	鼻祖 비조
• 比翼 비익	—	琴瑟 금슬	• 示唆 시사	—	暗示 암시
• 氷人 빙인	—	月老 월로	• 食言 식언	—	負約 부약
• 使嗾 사주	—	敎唆 교사	• 食言 식언	—	違約 위약
• 寺院 사원	—	寺刹 사찰	• 食言 식언	—	僞言 위언

유의어 99

- 信音 신음 — 雁書 안서
- 實施 실시 — 實行 실행
- 室女 실녀 — 處女 처녀
- 失望 실망 — 落膽 낙담
- 握沐 악목 — 握髮 악발
- 安心 안심 — 放念 방념
- 安心 안심 — 安堵 안도
- 雁札 안찰 — 信音 신음
- 雁札 안찰 — 雁書 안서
- 斡旋 알선 — 周旋 주선
- 業績 업적 — 功績 공적
- 抑壓 억압 — 壓迫 압박
- 廉價 염가 — 低價 저가
- 營養 영양 — 滋養 자양
- 逆戰 역전 — 反戰 반전
- 緩急 완급 — 遲速 지속
- 夭逝 요서 — 夭折 요절
- 運營 운영 — 運用 운용
- 優待 우대 — 厚待 후대
- 威壓 위압 — 壓迫 압박
- 流離 유리 — 漂迫 표박
- 唯美 유미 — 眈美 탐미
- 幼稚 유치 — 未熟 미숙
- 潤澤 윤택 — 豊富 풍부
- 隱匿 은닉 — 隱蔽 은폐
- 認可 인가 — 許可 허가
- 任意 임의 — 恣意 자의
- 一毫 일호 — 秋毫 추호
- 一律 일률 — 劃一 획일
- 一致 일치 — 合致 합치
- 蔗境 자경 — 佳境 가경
- 資産 자산 — 財産 재산
- 自負 자부 — 自信 자신
- 自然 자연 — 天然 천연
- 自稱 자칭 — 自讚 자찬
- 沮害 저해 — 障碍 장애
- 制壓 제압 — 鎭壓 진압
- 嫡出 적출 — 嫡子 적자
- 切感 절감 — 痛感 통감
- 情勢 정세 — 狀況 상황
- 尊稱 존칭 — 敬稱 경칭
- 從心 종심 — 稀壽 희수
- 卽位 즉위 — 登極 등극
- 櫛雨 즐우 — 櫛風 즐풍
- 指彈 지탄 — 詰難 힐난
- 進步 진보 — 向上 향상
- 支配 지배 — 統治 통치
- 質問 질문 — 質疑 질의
- 贊助 찬조 — 協贊 협찬
- 刹那 찰나 — 瞬間 순간

- 天地 천지 — 乾坤 건곤
- 天賦 천부 — 天稟 천품
- 淸濁 청탁 — 好惡 호오
- 滯留 체류 — 滯在 체재
- 招請 초청 — 招待 초대
- 寸土 촌토 — 尺土 척토
- 囑望 촉망 — 期待 기대
- 出衆 출중 — 白眉 백미
- 推測 추측 — 推量 추량
- 聰明 총명 — 明晳 명석
- 治粧 치장 — 裝飾 장식
- 沈着 침착 — 冷靜 냉정
- 快活 쾌활 — 活潑 활발
- 他界 타계 — 永眠 영면
- 脫獄 탈옥 — 破獄 파옥
- 奪胎 탈태 — 換骨 환골
- 怠慢 태만 — 懶怠 나태
- 痛感 통감 — 切感 절감
- 統治 통치 — 支配 지배
- 推敲 퇴고 — 潤文 윤문
- 頹落 퇴락 — 朽落 후락
- 破産 파산 — 倒産 도산
- 片刻 편각 — 瞬間 순간
- 評論 평론 — 批評 비평
- 平凡 평범 — 尋常 심상
- 抱負 포부 — 雄志 웅지
- 漂流 표류 — 漂迫 표박
- 抗爭 항쟁 — 抗戰 항전
- 海外 해외 — 異域 이역
- 虛頭 허두 — 冒頭 모두
- 革新 혁신 — 鼎新 정신
- 脅迫 협박 — 威脅 위협
- 好惡 호오 — 淸濁 청탁
- 護國 호국 — 衛國 위국
- 毫末 호말 — 分毫 분호
- 換骨 환골 — 奪胎 탈태
- 回覽 회람 — 轉照 전조
- 劃一 획일 — 一律 일률
- 效用 효용 — 效能 효능
- 訓戒 훈계 — 勸戒 권계
- 欽慕 흠모 — 悅慕 열모
- 興亡 흥망 — 盛衰 성쇠
- 喜樂 희락 — 喜悅 희열
- 詰責 힐책 — 罵倒 매도

반대자·상대자 | 反對字·相對字

반대자 · 상대자

- 加 더할 가 ↔ 減 덜 감
- 可 옳을 가 ↔ 否 아닐 부
- 干 방패 간 ↔ 矛 창 모
- 艱 어려울 간 ↔ 易 쉬울 이
- 甘 달 감 ↔ 苦 쓸 고
- 剛 굳셀 강 ↔ 柔 부드러울 유
- 降 내릴 강 ↔ 陟 오를 척
- 江 강 강 ↔ 山 메 산
- 强 강할 강 ↔ 弱 약할 약
- 開 열 개 ↔ 閉 닫을 폐
- 皆 다 개 ↔ 枚 낱 매
- 慨 슬퍼할 개 ↔ 怡 기쁠 이
- 巨 클 거 ↔ 扁 작을 편
- 去 갈 거 ↔ 來 올 래
- 乾 하늘 건 ↔ 坤 땅 곤
- 經 지날 경 ↔ 緯 씨 위
- 輕 가벼울 경 ↔ 重 무거울 중
- 慶 경사 경 ↔ 弔 조상할 조
- 京 서울 경 ↔ 鄕 시골 향
- 高 높을 고 ↔ 低 낮을 저
- 苦 쓸 고 ↔ 樂 즐거울 락
- 姑 시어미 고 ↔ 婦 며느리 부
- 辜 허물 고 ↔ 功 공 공
- 曲 굽을 곡 ↔ 直 곧을 직
- 昆 맏 곤 ↔ 弟 아우 제
- 坤 따 곤 ↔ 旻 하늘 민
- 空 빌 공 ↔ 盈 찰 영
- 功 공 공 ↔ 過 지날 과
- 公 공적인 공 ↔ 私 사사 사
- 空 빌 공 ↔ 陸 뭍 륙
- 供 이바지할 공 ↔ 需 쓰일 수
- 攻 칠 공 ↔ 防 막을 방
- 攻 칠 공 ↔ 守 지킬 수
- 官 벼슬 관 ↔ 民 백성 민
- 寬 너그러울 관 ↔ 猛 사나울 맹
- 廣 넓을 광 ↔ 陜 좁을 협
- 敎 가르칠 교 ↔ 學 배울 학
- 購 살 구 ↔ 販 팔 판
- 舅 시아비 구 ↔ 姑 시어미 고
- 舅 외삼촌 구 ↔ 甥 생질 생
- 君 임금 군 ↔ 臣 신하 신
- 貴 귀할 귀 ↔ 賤 천할 천
- 戟 창 극 ↔ 盾 방패 순
- 勤 부지런할 근 ↔ 惰 게으를 타
- 勤 부지런할 근 ↔ 怠 게으를 태
- 急 미칠 급 ↔ 落 떨어질 락
- 擒 사로잡을 금 ↔ 縱 놓아줄 종
- 起 일어날 기 ↔ 結 맺을 결
- 肌 살 기 ↔ 骨 뼈 골
- 飢 주릴 기 ↔ 飽 배부를 포
- 起 일어날 기 ↔ 伏 업드릴 복

- 起 일어날 기 ↔ 寢 잘 침
- 吉 길할 길 ↔ 凶 흉할 흉
- 難 어려울 난 ↔ 易 쉬울 이
- 男 사내 남 ↔ 女 계집 녀
- 南 남녘 남 ↔ 北 북녘 북
- 內 안 내 ↔ 外 밖 외
- 奴 종 노 ↔ 婢 계집종 비
- 冷 찰 냉 ↔ 熱 뜨거울 렬
- 駑 둔한말 노 ↔ 驥 천리마 기
- 濃 짙을 농 ↔ 淡 맑을 담
- 溺 빠질 닉 ↔ 浮 뜰 부
- 多 많을 다 ↔ 少 적을 소
- 斷 끊을 단 ↔ 續 이을 속
- 單 홀 단 ↔ 複 겹칠 복
- 當 마땅 당 ↔ 否 아닐 부
- 答 대답 답 ↔ 問 물을 문
- 大 큰 대 ↔ 扁 작을 편
- 大 큰 대 ↔ 小 작을 소
- 貸 빌려줄 대 ↔ 借 빌 차
- 悼 슬퍼할 도 ↔ 兌 기쁠 태
- 凍 얼 동 ↔ 熔 녹을 용
- 東 동녘 동 ↔ 西 서녘 서
- 動 움직일 동 ↔ 靜 고요할 정
- 頭 머리 두 ↔ 尾 꼬리 미
- 鈍 둔할 둔 ↔ 敏 민첩할 민
- 得 얻을 득 ↔ 失 잃을 실
- 得 얻을 득 ↔ 喪 잃을 상
- 登 오를 등 ↔ 落 떨어질 락

- 裸 벗을 라 ↔ 着 붙을 착
- 拉 끌 랍 ↔ 推 밀 추
- 郞 사내 랑 ↔ 媛 계집 원
- 冷 찰 랭 ↔ 熱 더울 열
- 斂 거둘 렴 ↔ 散 흩을 산
- 老 늙을 로 ↔ 童 아이 동
- 老 늙을 로 ↔ 少 젊을 소
- 勞 일할 로 ↔ 使 부릴 사
- 陸 뭍 륙 ↔ 海 바다 해
- 離 떠날 리 ↔ 合 합할 합
- 漠 넓을 막 ↔ 陜 좁을 협
- 漫 흩어질 만 ↔ 綜 모을 종
- 晩 늦을 만 ↔ 早 이를 조
- 輓 끌 만 ↔ 推 밀 추
- 忙 바쁠 망 ↔ 閑 한가할 한
- 賣 팔 매 ↔ 買 살 매
- 枚 낱 매 ↔ 總 다 총
- 俛 힘쓸·구푸릴 면 ↔ 仰 우러를 앙
- 明 밝을 명 ↔ 暗 어두울 암
- 矛 창 모 ↔ 盾 방패 순
- 夢 꿈 몽 ↔ 醒 깰 성
- 巫 무당 무 ↔ 覡 박수 격
- 問 물을 문 ↔ 兪 대답할 유
- 問 물을 문 ↔ 答 대답 답
- 文 글월 문 ↔ 武 호반 무
- 物 물건 물 ↔ 心 마음 심
- 美 아름다울 미 ↔ 醜 추할 추
- 微 작을 미 ↔ 碩 클 석

- 民 백성 민 ↔ 官 벼슬 관
- 博 넓을 박 ↔ 陜 좁을 협
- 班 나눌 반 ↔ 綜 모을 종
- 班 양반 반 ↔ 常 떳떳할 상
- 發 필 발 ↔ 着 붙을 착
- 放 놓을 방 ↔ 秉 잡을 병
- 煩 번거로울 번 ↔ 簡 간략할 간
- 汎 넓을 범 ↔ 陜 좁을 협
- 普 넓을 보 ↔ 陜 좁을 협
- 腹 배 복 ↔ 背 등 배
- 俯 구부릴 부 ↔ 仰 우러를 앙
- 浮 뜰 부 ↔ 沈 잠길 침
- 本 근본 본 ↔ 末 끝 말
- 夫 지아비 부 ↔ 婦 지어미 부
- 分 나눌 분 ↔ 綜 모을 종
- 糞 똥 분 ↔ 尿 오줌 뇨
- 臂 팔 비 ↔ 脚 다리 각
- 誹 헐뜯을 비 ↔ 譽 기릴 예
- 飛 날 비 ↔ 踊 뛸 용
- 肥 살찔 비 ↔ 瘠 여윌 척
- 妃 왕비 비 ↔ 后 임금 후
- 卑 낮을 비 ↔ 亢 높을 항
- 悲 슬플 비 ↔ 兌 기쁠 태
- 悲 슬플 비 ↔ 悅 기쁠 열
- 貧 가난할 빈 ↔ 富 부자 부
- 氷 얼음 빙 ↔ 炭 숯 탄
- 師 스승 사 ↔ 弟 제자 제
- 死 죽을 사 ↔ 活 살 활
- 邪 간사할 사 ↔ 正 바를 정
- 死 죽을 사 ↔ 活 살 활
- 朔 초하루 삭 ↔ 晦 그믐 회
- 山 메 산 ↔ 川 내 천
- 山 메 산 ↔ 河 물 하
- 山 메 산 ↔ 海 바다 해
- 散 흩을 산 ↔ 綜 모을 종
- 賞 상줄 상 ↔ 罰 벌할 벌
- 上 윗 상 ↔ 下 아래 하
- 翔 날 상 ↔ 踊 뛸 용
- 孀 홀어미 상 ↔ 鰥 홀아비 환
- 生 날 생 ↔ 殺 죽일 살
- 暑 더울 서 ↔ 寒 찰 한
- 壻 사위 서 ↔ 婦 며느리 부
- 序 차례 서 ↔ 跋 밟을 발
- 析 쪼갤 석 ↔ 合 합할 합
- 碩 클 석 ↔ 扁 작을 편
- 善 착할 선 ↔ 惡 악할 악
- 先 먼저 선 ↔ 後 뒤 후
- 盛 성할 성 ↔ 衰 쇠할 쇠
- 成 이룰 성 ↔ 敗 패할 패
- 醒 깰 성 ↔ 醉 취할 취
- 疏 소통할 소 ↔ 阻 막힐 조
- 宵 밤 소 ↔ 晨 새벽 신
- 小 작을 소 ↔ 奭 클 석
- 紹 이을 소 ↔ 絶 끊을 절
- 損 덜 손 ↔ 益 더할 익
- 受 받을 수 ↔ 給 줄 급

• 受 받을 수	↔	與 줄 여
• 授 줄 수	↔	受 받을 수
• 手 손 수	↔	足 발 족
• 守 지킬 수	↔	毆 때릴 구
• 叔 아재비 숙	↔	姪 조카 질
• 勝 이길 승	↔	負 질 부
• 乘 곱할 승	↔	除 나눌 제
• 昇 오를 승	↔	降 내릴 강
• 勝 이길 승	↔	敗 패할 패
• 是 옳을 시	↔	非 아닐 비
• 始 시작 시	↔	終 마칠 종
• 匙 숟가락 시	↔	箸 젓가락 저
• 伸 펼 신	↔	縮 줄일 축
• 新 새 신	↔	舊 예 구
• 新 새 신	↔	古 예 고
• 臣 신하 신	↔	后 임금 후
• 心 마음 심	↔	身 몸 신
• 深 깊을 심	↔	淺 얕을 천
• 雅 맑을 아	↔	俗 속될 속
• 安 편안 안	↔	否 아닐 부
• 安 편할 안	↔	危 위태할 위
• 殃 재앙 앙	↔	祐 복 우
• 哀 슬플 애	↔	怡 기쁠 이
• 愛 사랑 애	↔	惡 미워할 오
• 愛 사랑 애	↔	憎 미울 증
• 哀 슬플 애	↔	歡 기쁠 환
• 哀 슬플 애	↔	樂 즐길 락
• 抑 누를 억	↔	揚 날릴 양
• 言 말씀 언	↔	行 다닐 행 / 항렬 항
• 爺 아비 야	↔	孃 어미 양
• 逆 거스를 역	↔	順 순할 순
• 悅 기쁠 열	↔	悽 슬퍼할 처
• 厭 싫어할 염	↔	好 좋을 호
• 榮 영화 영	↔	枯 마를 고
• 盈 찰 영	↔	虛 빌 허
• 豫 미리 예	↔	決 결단할 결
• 銳 날카로울 예	↔	鈍 둔할 둔
• 玉 구슬 옥	↔	石 돌 석
• 溫 따뜻할 온	↔	冷 찰 랭
• 穩 편안할 온	↔	危 위태할 위
• 翁 늙은이 옹	↔	幼 어릴 유
• 往 갈 왕	↔	復 돌아올 복
• 夭 일찍죽을 요	↔	壽 목숨 수
• 凹 오목할 요	↔	凸 볼록할 철
• 用 쓸 용	↔	捨 버릴 사
• 緩 느릴 완	↔	急 급할 급
• 往 갈 왕	↔	來 올 래
• 愚 어리석을 우	↔	賢 어질 현
• 雄 수컷 웅	↔	雌 암컷 자
• 遠 멀 원	↔	近 가까울 근
• 有 있을 유	↔	無 없을 무
• 陸 뭍 륙	↔	海 바다 해
• 隱 숨을 은	↔	顯 나타날 현
• 恩 은혜 은	↔	讎 원수 수
• 陰 그늘 음	↔	陽 볕 양
• 任 맡길 임	↔	免 면할 면

반대자 • 상대자

• 離 떠날 리	↔	合 합할 합
• 利 이로울 리	↔	害 해할 해
• 因 인할 인	↔	果 결과 과
• 日 날 일	↔	月 달 월
• 入 들 입	↔	出 날 출
• 姉 손윗누이 자	↔	妹 손아래 누이 매
• 諮 물을 자	↔	答 대답 답
• 自 스스로 자	↔	他 남 타
• 雌 암컷 자	↔	雄 수컷 웅
• 昨 어제 작	↔	今 이제 금
• 將 장수 장	↔	士 선비 사
• 將 장수 장	↔	兵 병사 병
• 長 길 장	↔	短 짧을 단
• 將 장수 장	↔	卒 병사 졸
• 災 재앙 재	↔	祜 복 호
• 低 낮을 저	↔	峻 높을 준
• 低 낮을 저	↔	昂 높을 앙
• 嫡 정실 적	↔	庶 여러 서
• 炙 구울 적	↔	膾 회 회
• 戰 싸움 전	↔	和 화할 화
• 前 앞 전	↔	後 뒤 후
• 絶 끊을 절	↔	嗣 이을 사
• 正 바를 정	↔	邪 간사할 사
• 精 정할 정	↔	粗 거칠 조
• 正 바를 정	↔	誤 그르칠 오
• 淨 깨끗할 정	↔	汚 더러울 오
• 弟 아우 제	↔	昆 맏 곤
• 祖 할아비 조	↔	孫 손자 손

• 燥 마를 조	↔	濕 젖을 습
• 早 이를 조	↔	晚 늦을 만
• 朝 아침 조	↔	夕 저녁 석
• 存 있을 존	↔	亡 망할 망
• 存 있을 존	↔	廢 버릴 폐
• 存 있을 존	↔	無 없을 무
• 縱 세로 종	↔	橫 가로 횡
• 左 왼 좌	↔	右 오른 우
• 坐 앉을 좌	↔	臥 누울 와
• 罪 허물 죄	↔	刑 형벌 형
• 主 주인 주	↔	客 손님 객
• 主 주인 주	↔	從 좇을 종
• 晝 낮 주	↔	夜 밤 야
• 晝 낮 주	↔	宵 밤 소
• 增 더할 증	↔	削 깎을 삭
• 增 더할 증	↔	刪 깎을 산
• 增 더할 증	↔	減 덜 감
• 遲 더딜 지	↔	速 빠를 속
• 地 땅 지	↔	旻 하늘 민
• 智 지혜 지	↔	愚 어리석을 우
• 眞 참 진	↔	假 거짓 가
• 眞 참 진	↔	僞 거짓 위
• 進 나아갈 진	↔	退 물러날 퇴
• 桎 차꼬 질	↔	梏 수갑 곡
• 集 모을 집	↔	配 나눌 배
• 集 모을 집	↔	散 흩어질 산
• 贊 찬성할 찬	↔	反 반대할 반
• 悽 슬퍼할 처	↔	兌 기쁠 태

- 隻 외짝 척 ↔ 雙 두 쌍
- 陟 오를 척 ↔ 降 내릴 강
- 天 하늘 천 ↔ 壤 흙덩이 양
- 淺 얕을 천 ↔ 濬 깊을 준
- 天 하늘 천 ↔ 地 땅 지
- 添 더할 첨 ↔ 削 깎을 삭
- 晴 갤 청 ↔ 曇 흐릴 담
- 淸 맑을 청 ↔ 濁 흐릴 탁
- 初 처음 초 ↔ 終 마칠 종
- 推 밀 추 ↔ 惹 이끌 야
- 醜 추할 추 ↔ 徽 아름다울 휘
- 春 봄 춘 ↔ 秋 가을 추
- 出 날 출 ↔ 缺 빠질 결
- 出 날 출 ↔ 納 들일 납
- 出 날 출 ↔ 入 들 입
- 忠 충성 충 ↔ 奸 간사할 간
- 娶 장가들 취 ↔ 嫁 시집갈 가
- 取 가질 취 ↔ 捨 버릴 사
- 聚 모을 취 ↔ 散 흩을 산
- 親 친할 친 ↔ 疎 성길 소
- 沈 잠길 침 ↔ 浮 뜰 부
- 呑 삼길 탄 ↔ 吐 토할 토
- 投 던질 투 ↔ 打 칠 타
- 廢 폐할 폐 ↔ 立 설 립
- 褒 기릴 포 ↔ 貶 낮출 폄
- 表 겉 표 ↔ 裏 속 리
- 豊 풍년 풍 ↔ 凶 흉할 흉
- 彼 저 피 ↔ 此 이 차
- 閑 한가할 한 ↔ 忙 바쁠 망
- 鹹 짤 함 ↔ 淡 맑을 담
- 噓 불 허 ↔ 吸 마실 흡
- 虛 빌 허 ↔ 實 열매 실
- 虛 빌 허 ↔ 盈 찰 영
- 玄 검을 현 ↔ 皓 흴 호
- 玄 검을 현 ↔ 素 흴 소
- 賢 어질 현 ↔ 愚 어리석을 우
- 兄 맏 형 ↔ 弟 아우 제
- 好 좋을 호 ↔ 惡 미워할 오
- 浩 넓을 호 ↔ 陜 좁을 협
- 弧 활 호 ↔ 矢 화살 시
- 呼 부를 호 ↔ 應 응할 응
- 呼 숨내쉴 호 ↔ 吸 숨 들이쉴 흡
- 昏 어두울 혼 ↔ 曙 새벽 서
- 弘 클 홍 ↔ 扁 작을 편
- 禍 재앙 화 ↔ 祚 복 조
- 禍 재앙 화 ↔ 福 복 복
- 活 살 활 ↔ 殺 죽일 살
- 黑 검을 흑 ↔ 白 흰 백
- 厚 두터울 후 ↔ 薄 엷을 박
- 胸 가슴 흉 ↔ 背 등 배
- 興 흥할 흥 ↔ 亡 망할 망
- 喜 기쁠 희 ↔ 怒 성낼 노
- 喜 기쁠 희 ↔ 悲 슬플 비

반대어 · 상대어 | 反對語 · 相對語

- 可決 가결 ↔ 否決 부결
- 架空 가공 ↔ 實在 실재
- 加害 가해 ↔ 被害 피해
- 可溶 가용 ↔ 不溶 불용
- 假象 가상 ↔ 實際 실제
- 加熱 가열 ↔ 冷却 냉각
- 加重 가중 ↔ 輕減 경감
- 幹線 간선 ↔ 支線 지선
- 干涉 간섭 ↔ 放任 방임
- 簡單 간단 ↔ 複雜 복잡
- 干潮 간조 ↔ 滿潮 만조
- 感情 감정 ↔ 理性 이성
- 減退 감퇴 ↔ 增進 증진
- 强大 강대 ↔ 弱小 약소
- 强靭 강인 ↔ 懦弱 나약
- 降臨 강림 ↔ 昇天 승천
- 減俸 감봉 ↔ 增俸 증봉
- 剛健 강건 ↔ 柔弱 유약
- 減少 감소 ↔ 增加 증가
- 改革 개혁 ↔ 保守 보수
- 個別 개별 ↔ 全體 전체
- 蓋然 개연 ↔ 必然 필연
- 開放 개방 ↔ 閉鎖 폐쇄
- 開會 개회 ↔ 閉會 폐회
- 客觀 객관 ↔ 主觀 주관
- 客體 객체 ↔ 主體 주체
- 拒否 거부 ↔ 承認 승인
- 巨大 거대 ↔ 微小 미소
- 拒否 거부 ↔ 承諾 승낙
- 建設 건설 ↔ 破壞 파괴
- 乾燥 건조 ↔ 濕潤 습윤
- 傑作 걸작 ↔ 拙作 졸작
- 儉約 검약 ↔ 浪費 낭비
- 揭揚 게양 ↔ 下旗 하기
- 結婚 결혼 ↔ 離婚 이혼
- 缺席 결석 ↔ 出席 출석
- 缺勤 결근 ↔ 出勤 출근
- 結果 결과 ↔ 動機 동기
- 結果 결과 ↔ 原因 원인
- 決裂 결렬 ↔ 合意 합의
- 結合 결합 ↔ 分離 분리
- 輕率 경솔 ↔ 愼重 신중
- 輕視 경시 ↔ 重視 중시
- 繼續 계속 ↔ 中斷 중단
- 高雅 고아 ↔ 卑俗 비속
- 高尙 고상 ↔ 低俗 저속
- 故意 고의 ↔ 過失 과실
- 故痛 고통 ↔ 快樂 쾌락
- 困難 곤란 ↔ 容易 용이
- 供給 공급 ↔ 需要 수요
- 空腹 공복 ↔ 滿腹 만복
- 共用 공용 ↔ 專用 전용

- 共鳴 공명 ↔ 反駁 반박
- 空想 공상 ↔ 現實 현실
- 公的 공적 ↔ 私的 사적
- 公平 공평 ↔ 偏頗 편파
- 公翰 공한 ↔ 私翰 사한
- 過激 과격 ↔ 穩健 온건
- 貫徹 관철 ↔ 挫折 좌절
- 光明 광명 ↔ 暗黑 암흑
- 巧妙 교묘 ↔ 拙劣 졸렬
- 求心 구심 ↔ 遠心 원심
- 舊派 구파 ↔ 新派 신파
- 拘束 구속 ↔ 釋放 석방
- 舊型 구형 ↔ 新型 신형
- 君子 군자 ↔ 小人 소인
- 權利 권리 ↔ 義務 의무
- 歸納 귀납 ↔ 演繹 연역
- 均霑 균점 ↔ 獨占 독점
- 均等 균등 ↔ 差等 차등
- 急性 급성 ↔ 慢性 만성
- 急行 급행 ↔ 緩行 완행
- 肯定 긍정 ↔ 否定 부정
- 旣決 기결 ↔ 未決 미결
- 吉兆 길조 ↔ 凶兆 흉조
- 樂觀 낙관 ↔ 悲觀 비관
- 濫用 남용 ↔ 節約 절약
- 納稅 납세 ↔ 徵用 징용
- 朗讀 낭독 ↔ 默讀 묵독
- 內容 내용 ↔ 型式 형식
- 冷房 냉방 ↔ 暖房 난방
- 老鍊 노련 ↔ 未熟 미숙
- 駑馬 노마 ↔ 駿馬 준마
- 濃色 농색 ↔ 淡色 담색
- 濃粧 농장 ↔ 淡粧 담장
- 濃厚 농후 ↔ 稀薄 희박
- 弄談 농담 ↔ 眞談 진담
- 訥辯 눌변 ↔ 達辯 달변
- 能動 능동 ↔ 被動 피동
- 單式 단식 ↔ 複式 복식
- 短篇 단편 ↔ 長篇 장편
- 單純 단순 ↔ 複雜 복잡
- 短縮 단축 ↔ 延長 연장
- 曇天 담천 ↔ 晴天 청천
- 淡色 담색 ↔ 濃色 농색
- 當番 당번 ↔ 非番 비번
- 對話 대화 ↔ 獨白 독백
- 大型 대형 ↔ 小型 소형
- 貸邊 대변 ↔ 借邊 차변
- 獨創 독창 ↔ 模倣 모방
- 同居 동거 ↔ 別居 별거
- 動機 동기 ↔ 結果 결과
- 杜絶 두절 ↔ 聯繫 연계
- 鈍濁 둔탁 ↔ 銳利 예리
- 得點 득점 ↔ 失點 실점
- 得勢 득세 ↔ 失勢 실세
- 登場 등장 ↔ 退場 퇴장
- 樂天 낙천 ↔ 厭世 염세

- 漠然 막연 ↔ 確然 확연
- 忘却 망각 ↔ 記憶 기억
- 埋沒 매몰 ↔ 發掘 발굴
- 明朗 명랑 ↔ 憂鬱 우울
- 滅亡 멸망 ↔ 隆盛 융성
- 名譽 명예 ↔ 恥辱 치욕
- 模型 모형 ↔ 原型 원형
- 模倣 모방 ↔ 創造 창조
- 冒頭 모두 ↔ 末尾 말미
- 無能 무능 ↔ 有能 유능
- 文語 문어 ↔ 口語 구어
- 文明 문명 ↔ 野蠻 야만
- 物質 물질 ↔ 精神 정신
- 未備 미비 ↔ 完備 완비
- 敏感 민감 ↔ 鈍感 둔감
- 門外漢 문외한 ↔ 專門家 전문가
- 薄畓 박답 ↔ 沃畓 옥답
- 薄土 박토 ↔ 沃土 옥토
- 搬入 반입 ↔ 搬出 반출
- 反託 반탁 ↔ 贊託 찬탁
- 反抗 반항 ↔ 服從 복종
- 發信 발신 ↔ 受信 수신
- 背恩 배은 ↔ 報恩 보은
- 保守 보수 ↔ 進步 진보
- 普遍 보편 ↔ 特殊 특수
- 複雜 복잡 ↔ 單純 단순
- 本業 본업 ↔ 副業 부업
- 不當 부당 ↔ 妥當 타당
- 部分 부분 ↔ 全體 전체
- 富裕 부유 ↔ 貧窮 빈궁
- 敷衍 부연 ↔ 省略 생략
- 分析 분석 ↔ 綜合 종합
- 紛爭 분쟁 ↔ 和解 화해
- 不運 불운 ↔ 幸運 행운
- 不允 불윤 ↔ 允許 윤허
- 非凡 비범 ↔ 平凡 평범
- 死後 사후 ↔ 生前 생전
- 辭任 사임 ↔ 就任 취임
- 死藏 사장 ↔ 活用 활용
- 削減 삭감 ↔ 添加 첨가
- 相對 상대 ↔ 絕對 절대
- 上昇 상승 ↔ 下降 하강
- 上廻 상회 ↔ 下廻 하회
- 相剋 상극 ↔ 相生 상생
- 詳述 상술 ↔ 略述 약술
- 生家 생가 ↔ 養家 양가
- 生成 생성 ↔ 消滅 소멸
- 生産 생산 ↔ 消費 소비
- 碩學 석학 ↔ 淺學 천학
- 仙界 선계 ↔ 紅塵 홍진
- 禪尼 선니 ↔ 禪門 선문
- 先天 선천 ↔ 後天 후천
- 先祖 선조 ↔ 後裔 후예
- 善意 선의 ↔ 惡意 악의
- 成熟 성숙 ↔ 未熟 미숙
- 性急 성급 ↔ 悠長 유장

- 消極 소극 ↔ 積極 적극
- 所得 소득 ↔ 損失 손실
- 騷亂 소란 ↔ 靜肅 정숙
- 束縛 속박 ↔ 自由 자유
- 受賂 수뢰 ↔ 贈賂 증뢰
- 守節 수절 ↔ 毀節 훼절
- 羞恥 수치 ↔ 榮光 영광
- 淑女 숙녀 ↔ 紳士 신사
- 順行 순행 ↔ 逆行 역행
- 瞬間 순간 ↔ 永劫 영겁
- 順坦 순탄 ↔ 險難 험난
- 拾得 습득 ↔ 遺失 유실
- 濕潤 습윤 ↔ 乾燥 건조
- 勝利 승리 ↔ 敗北 패배
- 媤宅 시댁 ↔ 親家 친가
- 雙手 쌍수 ↔ 隻手 척수
- 愼重 신중 ↔ 輕率 경솔
- 實質 실질 ↔ 形式 형식
- 惡化 악화 ↔ 好轉 호전
- 暗示 암시 ↔ 明示 명시
- 安靜 안정 ↔ 興奮 흥분
- 野圈 야권 ↔ 與圈 여권
- 安定 안정 ↔ 動搖 동요
- 昂騰 앙등 ↔ 下落 하락
- 語幹 어간 ↔ 語尾 어미
- 嚴格 엄격 ↔ 寬大 관대
- 逆境 역경 ↔ 順境 순경
- 連勝 연승 ↔ 連敗 연패

- 延長 연장 ↔ 短縮 단축
- 劣惡 열악 ↔ 優良 우량
- 靈魂 영혼 ↔ 肉體 육체
- 玉碎 옥쇄 ↔ 瓦全 와전
- 永劫 영겁 ↔ 刹那 찰나
- 完納 완납 ↔ 未納 미납
- 緩和 완화 ↔ 緊縮 긴축
- 緩慢 완만 ↔ 急激 급격
- 往復 왕복 ↔ 片道 편도
- 王道 왕도 ↔ 覇道 패도
- 溶解 용해 ↔ 凝固 응고
- 優待 우대 ↔ 虐待 학대
- 憂鬱 우울 ↔ 明朗 명랑
- 友好 우호 ↔ 敵對 적대
- 優越 우월 ↔ 劣等 열등
- 迂廻 우회 ↔ 捷徑 첩경
- 遠洋 원양 ↔ 近海 근해
- 原告 원고 ↔ 被告 피고
- 流動 유동 ↔ 固定 고정
- 萎縮 위축 ↔ 潑剌 발랄
- 隆起 융기 ↔ 陷沒 함몰
- 隆起 융기 ↔ 沈降 침강
- 融解 융해 ↔ 凝固 응고
- 隱蔽 은폐 ↔ 公開 공개
- 依存 의존 ↔ 自立 자립
- 陰氣 음기 ↔ 陽氣 양기
- 異端 이단 ↔ 正統 정통
- 離陸 이륙 ↔ 着陸 착륙

- 引上 인상 ↔ 引下 인하
- 引受 인수 ↔ 引繼 인계
- 一般 일반 ↔ 特殊 특수
- 入港 입항 ↔ 出港 출항
- 入闕 입궐 ↔ 退闕 퇴궐
- 入隊 입대 ↔ 除隊 제대
- 自動 자동 ↔ 手動 수동
- 自律 자율 ↔ 他律 타율
- 長篇 장편 ↔ 短篇 단편
- 咀呪 저주 ↔ 祝賀 축하
- 低價 저가 ↔ 高價 고가
- 貯蓄 저축 ↔ 消費 소비
- 嫡子 적자 ↔ 庶子 서자
- 轉入 전입 ↔ 轉出 전출
- 絶讚 절찬 ↔ 酷評 혹평
- 漸進 점진 ↔ 急進 급진
- 定着 정착 ↔ 漂流 표류
- 正午 정오 ↔ 子正 자정
- 精密 정밀 ↔ 粗雜 조잡
- 粗製 조제 ↔ 精製 정제
- 弔客 조객 ↔ 賀客 하객
- 存續 존속 ↔ 廢止 폐지
- 縱斷 종단 ↔ 橫斷 횡단
- 重厚 중후 ↔ 輕薄 경박
- 直系 직계 ↔ 傍系 방계
- 進化 진화 ↔ 退化 퇴화
- 支出 지출 ↔ 收入 수입
- 眞實 진실 ↔ 虛僞 허위
- 陳腐 진부 ↔ 斬新 참신
- 質疑 질의 ↔ 應答 응답
- 集合 집합 ↔ 解散 해산
- 差別 차별 ↔ 平等 평등
- 着帽 착모 ↔ 脫帽 탈모
- 着席 착석 ↔ 起立 기립
- 讚評 찬평 ↔ 酷評 혹평
- 贊成 찬성 ↔ 反對 반대
- 斬新 참신 ↔ 陳腐 진부
- 彰善 창선 ↔ 彰惡 창악
- 瘠薄 척박 ↔ 肥沃 비옥
- 天干 천간 ↔ 地支 지지
- 淺學 천학 ↔ 碩學 석학
- 聰明 총명 ↔ 愚鈍 우둔
- 就任 취임 ↔ 辭任 사임
- 縮小 축소 ↔ 擴大 확대
- 就職 취직 ↔ 退職 퇴직
- 就寢 취침 ↔ 起床 기상
- 沈降 침강 ↔ 隆起 융기
- 稱讚 칭찬 ↔ 詰難 힐난
- 稱讚 칭찬 ↔ 非難 비난
- 快樂 쾌락 ↔ 苦痛 고통
- 快調 쾌조 ↔ 不調 부조
- 濁音 탁음 ↔ 淸音 청음
- 脫黨 탈당 ↔ 入黨 입당
- 脫色 탈색 ↔ 染色 염색
- 統一 통일 ↔ 分裂 분열
- 退嬰 퇴영 ↔ 進取 진취

- 退院 퇴원 ↔ 入院 입원
- 投降 투항 ↔ 抵抗 저항
- 破婚 파혼 ↔ 約婚 약혼
- 閉幕 폐막 ↔ 開幕 개막
- 暴騰 폭등 ↔ 暴落 폭락
- 豊足 풍족 ↔ 不足 부족
- 豊年 풍년 ↔ 凶年 흉년
- 下旗 하기 ↔ 揭揚 게양
- 夏至 하지 ↔ 冬至 동지
- 鹹水 함수 ↔ 淡水 담수
- 合理 합리 ↔ 矛盾 모순
- 合法 합법 ↔ 不法 불법
- 合體 합체 ↔ 分離 분리
- 向上 향상 ↔ 低下 저하
- 解弛 해이 ↔ 緊張 긴장
- 許可 허가 ↔ 禁止 금지
- 許多 허다 ↔ 稀貴 희귀
- 現實 현실 ↔ 理想 이상
- 好況 호황 ↔ 不況 불황
- 好戰 호전 ↔ 逆戰 역전
- 好材 호재 ↔ 惡材 악재
- 酷暑 혹서 ↔ 酷寒 혹한
- 混沌 혼돈 ↔ 秩序 질서
- 確然 확연 ↔ 漠然 막연
- 歡待 환대 ↔ 冷待 냉대
- 厚待 후대 ↔ 薄待 박대
- 吸煙 흡연 ↔ 禁煙 금연
- 興奮 흥분 ↔ 鎭靜 진정
- 犧牲 희생 ↔ 利己 이기

동음이의어 | 同音異義語

- 가계 　家系　대대로 내려온 한 집안의 계통.
　　　　　家計　한 집 살림의 수입과 지출의 상태.
- 가구 　家口　집안 식구.
　　　　　家具　집안 살림에 쓰는 기구.
- 가공 　可恐　두려워할 만함.
　　　　　加工　천연물이나 덜된 물건에 인공을 더함.
- 가옥 　假玉　인공으로 만든 가짜 옥.
　　　　　假屋　임시로 지은 허술한 집.
- 가설 　假說　어떤 사실을 설명하기 위해 설정한 가정.
　　　　　架設　전깃줄, 전화선, 교량 따위를 공중에 건너질러 설치함.
- 감사 　感謝　고마움을 나타내는 인사.
　　　　　監査　감독하고 검사함.
- 가세 　加勢　힘을 보태거나 거듦.
　　　　　家勢　집안의 운수나 살림살이 따위의 형세.
- 가장 　家長　한 가정을 이끌어 나가는 사람.
　　　　　假裝　태도를 거짓으로 꾸밈.
- 가정 　家庭　한 가족이 생활하는 집.
　　　　　假定　사실인지 아닌지 분명하지 않은 것을 임시로 인정함.
- 간단 　間斷　잠깐 그치는 것.
　　　　　簡單　간략하고 단순함.
- 감상 　感想　마음 속 일어난 느낌이나 생각.
　　　　　鑑賞　주로 예술 작품을 이해하여 즐기고 평가함.
- 감수 　監修　책의 저술이나 편찬 따위를 지도하고 감독함.
　　　　　甘受　책망이나 괴로움 따위를 달갑게 받아들임.
- 강도 　強度　센 정도.
　　　　　強盜　폭행이나 협박으로 남의 재물을 빼앗는 도둑. 또는 그런 행위.
- 개량 　改良　나쁜 점을 보완하여 좋게 고침.
　　　　　改量　다시 측량함.
- 개장 　開場　업무를 시작함.
　　　　　改葬　무덤을 옮겨 다시 장사를 지냄.
　　　　　改裝　꾸밈을 다시 함.
- 개정 　改正　주로 문서의 내용 따위를 고쳐 바르게 함.
　　　　　改定　이미 정하였던 것을 고쳐 다시 정함.
- 거부 　拒否　요구나 제의 따위를 받아들이지 않고 물리침.
　　　　　巨富　부자 가운데서도 특히 큰 부자.
- 걸인 　乞人　거지.
　　　　　傑人　걸출한 사람.
- 검사 　檢査　사실이나 일의 상태 또는 물질의 구성 성분 따위를 조사하여 옳고 그름과 낫고 못함을 판단.
　　　　　劍士　검객.
- 결단 　決斷　결정적 판단을 내림.
　　　　　結團　단체를 결성함.
- 경구 　警句　기발한 글을 간단히 표현한 글귀.
　　　　　驚句　놀랄만큼 잘 지은 글귀.
- 경계 　境界　지역이 구분되는 한계.
　　　　　警戒　뜻밖의 사고가 생기지 않도록 조심하여 단속함.
- 경기 　景氣　매매나 거래에 나타나는 호황·불황 따위의 경제 활동 상태.
　　　　　競技　일정한 규칙 아래 기량과 기술을 겨룸.
- 경로 　敬老　노인을 공경함.
　　　　　經路　지나는 길.
- 경비 　經費　어떤 일을 진행하는 데 드는 비용.
　　　　　警備　위험을 대비해 경계하고 지키는 것.

- 경향 　京鄕　서울과 시골.
　　　　傾向　사상, 행동 따위가 어떤 방향으로 기울어짐.
- 계류 　溪流　산골짜기에서 흐르는 시냇물
　　　　繫留　사건이 풀리지 않고 걸려 있음.
- 고가 　高價　비싼 가격.
　　　　古家　지은 지 오래된 집.
- 고대 　古代　옛 시대
　　　　苦待　몹시 기다림.
- 고려 　考慮　생각하고 헤아려 봄.
　　　　高麗　중세의 통일 왕조.
- 고문 　古文　갑오개혁 이전의 옛 글.
　　　　顧問　전문적인 지식으로 의견을 펼치는 직책.
- 고사 　考査　자세히 생각하고 조사함.
　　　　故事　유래가 있는 옛날의 일.
- 고수 　固守　굳게 지킴.
　　　　鼓手　북이나 장구를 치는 사람.
　　　　高手　바둑, 장기 등에서 수가 높음.
- 고인 　故人　죽은 사람.
　　　　古人　옛날 사람.
- 공과 　工科　대학에서, 공업 생산에 필요한 과학 기술을 전공하는 학과.
　　　　公課　국가나 공공 단체가 국민에게 부과하는 금전상의 부담이나 육체적인 일.
- 공기 　空氣　대기를 둘러싸고 있는 기체.
　　　　空器　아무것도 담겨있지 않은 그릇.
- 공동 　共同　두 사람 이상이 일을 같이 함.
　　　　空洞　아무것도 없이 텅 비어 있는 굴.
- 공로 　公路　많은 사람과 차가 다니는 큰길.
　　　　功勞　노력과 수고.
- 공론 　公論　여럿이 의논함.
　　　　空論　실속이 없는 빈 논의를 함.
- 공모 　公募　일반에게 널리 공개하여 모집함.
　　　　共謀　공동 모의.
- 공사 　工事　토목이나 건축 따위의 일.
　　　　公事　공공에 관계된 일.
- 공약 　公約　정치인 등이 국민에게 실행할 것을 약속함.
　　　　空約　헛되게 약속함.
- 공인 　公人　공적인 일에 종사하는 사람.
　　　　共認　함께 인정함.
- 공전 　公田　국가 소유의 밭.
　　　　公轉　한 천체가 다른 천체를 주기적으로 도는 일.
- 공중 　公衆　사회의 여러 사람.
　　　　空中　하늘과 땅 사이 공간.
- 공포 　公布　일반에게 널리 알림.
　　　　恐怖　두렵고 무서움.
- 공해 　空海　하늘처럼 끝이 없는 바다.
　　　　公害　사람이나 생물이 입게 되는 피해.
- 과거 　科擧　옛날 관리를 뽑기 위하여 보던 시험.
　　　　過去　이미 지나간 때.
- 과실 　果實　과일.
　　　　過失　잘못이나 허물.
- 과정 　過程　일이 되어가는 경로.
　　　　課程　해야 할 일의 정도.
- 관리 　管理　어떤 일의 사무를 맡아 처리함.
　　　　官吏　관직에 있는 사람.
- 관례 　冠禮　아이가 성인이 되는 예식.
　　　　慣例　관습이 된 전례.
- 관철 　觀徹　사물을 속속들이 꿰뚫어 봄.
　　　　貫徹　끝까지 밀고 나가 목표를 이룸.
- 교감 　交感　서로 접촉하여 움직이는 느낌.
　　　　校監　학교에서 교무를 감독하고 지휘하는 직책.

- 교정 校庭 학교의 마당이나 운동장.
  教正 가르쳐서 바르게 함.
- 교착 交錯 엇갈려 뒤섞임.
  膠着 조금의 변동이나 진전이 없음.
- 구설 口舌 시비하거나 헐뜯는 말.
  舊說 이전에 있던 이론이나 이야기.
- 구조 救助 재난 따위를 당하여 어려운 처지에 빠진 사람을 구하여 줌.
  構造 부분이나 요소가 어떤 전체를 짜 이룸.
- 구전 口傳 입으로 전해 내려옴.
  舊典 옛날 법전.
- 구축 驅逐 어떤 세력 따위를 몰아서 쫓아냄.
  構築 어떤 시설물을 쌓아 올려 만듦.
- 구호 口號 요구나 주장 따위를 간결한 형식으로 표현한 문구.
  救護 재해나 재난 따위로 어려움에 처한 사람을 도와 보호함.
- 귀중 貴中 편지 등을 보낼 때 받는 쪽의 이름 뒤에 쓰는 높임 말.
  貴重 매우 소중한 것.
- 극단 極端 한쪽으로 크게 치우침.
  劇團 연극을 전문으로 공연하는 단체.
- 근간 根幹 사물의 바탕이나 중심이 되는 중요한 것.
  近間 요사이.
- 금수 禁輸 수입이나 수출을 금함.
  禽獸 날짐승과 길짐승.
- 급수 級數 우열에 따라 매기는 등급.
  給水 물을 대어 줌.
- 기계 器械 동력을 써서 움직이거나 일을 하는 장치.
  奇計 기묘한 꾀.
- 기관 奇觀 기이한 광경.
  氣管 숨을 쉴 때 공기가 통하는 관.
  機關 어떤 목적을 위해 만든 조직.
- 기원 祈願 바라는 일이 이루어지기를 빎.
  起源 사물이 처음으로 생김.
- 기한 期限 한정한 시기.
  飢寒 굶주리고 추움.
- 기행 奇行 기이한 행동.
  紀行 여행하는 동안 보고, 듣고, 느끼고, 겪은 것을 적음.
- 내용 內用 집안 살림에 드는 비용.
  內容 사물의 속 또는 실속.
  耐用 장기간의 사용에 견디는 일.
- 노숙 老宿 학식이 높고 견문이 넓은 사람.
  露宿 한데서 잠을 잠.
  老熟 오랜 경험으로 익숙함.
- 노후 老後 늙고 난 후.
  老朽 오래되어 쓸모가 없음.
- 녹음 綠陰 푸른 잎이 우거진 나무나 수풀. 또는 그 나무의 그늘.
  錄音 테이프나 판 또는 영화 필름 따위에 소리를 기록함.
- 농담 弄談 희롱하는 우스갯소리.
  濃淡 짙음과 옅음.
- 누적 漏籍 호적 등의 기록에서 빠짐.
  累積 포개져 쌓임.
- 단결 團結 여러 사람이 뭉침.
  斷決 확실히 결정함.
- 단신 單身 혼자의 몸.
  短身 작은 키의 몸.
- 단정 斷定 딱 잘라서 판단하고 결정함.
  端整 깔끔하고 가지런한 것.
- 답사 答謝 보답으로 사례를 함.
  踏査 현장에 가서 직접 보고 조사함.
- 당도 當到 어떤 곳에 이름.
  糖度 음식에 들어 있는 당분의 양을 백분율로 나타낸 것.

- 대기 　大氣　대기를 둘러싼 기체의 층.
　　　　待期　때나 기회를 기다림.
　　　　大器　큰 그릇.
- 대비 　對比　차이를 밝히기 위해 비교함.
　　　　對備　미리 준비함.
- 대서 　大暑　매우 심한 더위.
　　　　大書　표나게 크게 쓰는 것.
- 대지 　大地　크고 넓은 땅.
　　　　臺地　평평하고 높은 곳.
- 독자 　獨子　외아들.
　　　　讀者　책, 신문 등 글을 읽는 사람.
- 독주 　毒酒　독한 술.
　　　　獨奏　자신이 혼자 주체가 되어 악기를 연주하는 것.
- 동기 　同期　같은 기간.
　　　　動機　어떤 일을 일으키게 하는 계기.
- 동요 　童謠　어린이의 감정을 살린 노래.
　　　　動搖　흔들리고 움직임.
- 동시 　同時　같은 때.
　　　　童詩　어린이를 독자로 한 시나 어린이가 지은 시.
- 동심 　同心　같은 마음.
　　　　童心　어린 아이의 마음.
- 동지 　冬至　이십사절기의 하나. 12월22일경.
　　　　同志　목적이나 뜻이 서로 같은 것.
- 동향 　同鄉　같은 고향.
　　　　東向　동쪽을 향함.
　　　　動向　정세가 움직이는 방향.
- 동화 　同化　다르던 것이 서로 같게 됨.
　　　　童畫　아동이 그린 그림.
- 매장 　埋葬　시체나 유골 등을 땅 속에 묻음.
　　　　賣場　물건을 파는 곳.
- 맹아 　盲兒　눈이 먼 아이.
　　　　盲啞　소경과 벙어리.
　　　　萌芽　새로 트는 싹.
- 무기 　無期　정해놓은 기한이 없음.
　　　　武器　전쟁에 쓰이는 기구.
- 문호 　文豪　뛰어난 문학가.
　　　　門戶　문.
- 미명 　微明　희미하게 밝음.
　　　　未明　날이 채 밝지 않음.
- 미수 　米壽　여든 여덟 살.
　　　　未遂　목적한 바를 이루지 못함.
- 반감 　反感　반대하거나 반항하는 감정.
　　　　半減　절반으로 줆.
- 발전 　發展　더 낫고 좋은 상태로 나아감.
　　　　發電　전기를 일으킴.
- 방문 　房門　방으로 드나드는 문.
　　　　訪問　사람을 만나러 장소를 찾아가 만나 봄.
- 방한 　防寒　추위를 막음.
　　　　訪韓　한국을 방문함.
- 방직 　房直　바르고 곧음.
　　　　紡織　기계를 이용해 실로 천을 짜는 일.
- 부양 　扶養　생활능력이 없는 사람의 생계를 돌봄.
　　　　浮揚　가라앉은 것이 떠오름.
- 보수 　保守　보전하여 지킴.
　　　　補修　낡은 것을 수선함.
　　　　報酬　일을 한 대가로 주는 돈.
- 보고 　報告　일에 관한 내용이나 결과를 말이나 글로 알림.
　　　　寶庫　귀중품을 간수해 두는 창고.
- 보도 　步道　보행자의 통행에 사용되는 길.
　　　　報道　대중매체를 통해 새 소식을 알리는 것.
- 보안 　保安　안전을 유지함.
　　　　保眼　눈을 보호함.
- 봉사 　奉仕　사회를 위해 자신을 돌보지 않고 힘을 바쳐 애씀.
　　　　奉事　맹인.

- 부인 否認 인정하지 않는 것.
  婦人 결혼한 여자.
- 부자 父子 아버지와 아들.
  富者 돈이 많은 사람.
- 부정 不正 바르지 않는 것.
  否定 그렇지 않다고 하는 것.
- 분탄 粉炭 가루 모양의 석탄.
  憤歎 분개하고 탄식함.
- 비명 非命 제명대로 다 살지 못하고 죽음.
  悲鳴 슬피 욺. 또는 그런 울음소리.
- 비보 悲報 슬픈 기별이나 소식.
  飛報 아주 빨리 보고함.
- 비행 非行 잘못되거나 그릇된 행위.
  飛行 공중으로 날아가거나 날아다님.
- 사감 私憾 사적인 일로 품은 유감.
  私感 사적인 감정.
  舍監 기숙사 생활을 감독하는 사람.
- 사경 四經 시경, 서경, 역경, 춘추의 네 경서.
  死境 죽음에 임박한 경지.
- 사고 事故 뜻밖에 일어난 불행한 일.
  思考 생각하고 궁리함.
- 사기 士氣 의욕이나 자신감 따위로 충만하여 굽힐 줄 모르는 기세.
  史記 역사적 사실들을 기록한 책.
- 사료 思料 생각하여 헤아림.
  飼料 가축에게 주는 먹이.
  史料 역사 기술의 소재가 되는 문헌 등의 자료.
- 사면 四面 네 개의 면.
  辭免 죄를 용서하여 형벌을 면제함.
  赦免 죄를 용서하여 형벌을 면제, 감소, 변경하여 주는 일.
- 사명 寺名 사찰이름.
  死命 죽을 목숨.
  使命 맡은 임무.
  師命 스승의 명령.
- 사설 私設 개인이 사사로이 설립함.
  社說 신문이나 잡지에서 글쓴이의 주장이나 의견을 써내는 논설.
- 사수 死守 죽음을 무릅쓰고 지킴.
  射手 총이나 활 따위를 쏘는 사람.
- 사신 四神 천지 사방을 다스리는 신.
  使臣 외국에 사절로 가는 신하.
- 사원 社員 회사원.
  寺院 불교적 건물의 총칭.
- 사유 私有 개인이 사사로이 소유함.
  事由 일의 까닭.
- 사은 師恩 스승의 은혜.
  謝恩 은혜를 감사하게 생각하여 사례함.
  私恩 사적으로 입은 은혜.
- 사인 死因 죽게 된 원인.
  使人 심부름꾼.
- 사전 事前 일이 일어나기 전.
  辭典 낱말을 모아 일정한 순서로 배열하여 싣고 그 각각의 발음, 뜻, 용법 등을 해설한 책.
- 사정 私情 사사로운 정.
  事情 일의 형편이나 까닭.
- 사지 私地 개인 소유의 땅.
  死地 살아날 길이 없는 매우 위험한 곳.
- 산수 山水 산과 물. 경치를 이르는 말.
  算數 수의 성질. 셈의 기초, 초보적인 기하 따위를 가르치는 학과목.
- 산발 散發 때때로 일어남.
  散髮 머리를 풀어 헤침.
- 산성 山城 산에 쌓은 성.
  酸性 산의 성질.
- 상가 商家 물건을 사서 파는 집.

	商街	상점들이 죽 늘어서 있는 거리.
• 상기	上氣	흥분하여 얼굴이 붉어짐.
	想起	지난 일을 돌이켜 생각하여 냄.
• 상술	商術	장사하는 재주나 꾀.
	詳述	자세하게 설명하여 말함.
• 상품	商品	사고파는 물품.
	賞品	상으로 주는 물품.
• 상호	相互	서로.
	商號	상점의 이름.
• 선전	宣傳	잘 설명하여 널리 알리는 것.
	善戰	있는 힘을 다하여 잘 싸움.
• 설화	舌禍	말로 입은 화.
	雪花	눈꽃.
	雪禍	큰 눈으로 인한 재화.
	說話	예부터 전해오는 이야기.
• 성대	盛大	아주 성하고 큼.
	聲帶	소리를 내는 기관.
• 성인	成人	성년이 된 사람.
	聖人	지혜와 덕이 매우 뛰어나 길이 우러러 본받을 만한 사람.
• 소재	所在	있는 곳.
	素材	바탕이 되는 재료.
• 소화	消化	먹은 음식을 분해하는 것.
	消火	불을 태우거나 사름.
• 속성	屬性	사물의 성질.
	速成	빨리 이룸.
• 수도	首都	한 나라의 중앙정부가 있는 도시.
	修道	도를 닦음.
• 수리	修理	고장난 데를 손보아 고침.
	受理	서류를 받아서 처리함.
• 수면	睡眠	잠을 자는 일.
	水面	물의 표면.
• 수상	受賞	상을 받음.
	首相	내각의 우두머리.
• 수석	水石	물과 돌.
	首席	등급이나 직위에서 맨 윗자리.
• 수신	受信	우편, 전보 따위의 통신을 받음.
	修身	악을 물리치고 선을 북돋아 마음과 행실을 바르게 수양함.
• 숙원	宿怨	오랫동안 품고 있는 원한.
	宿願	오래전부터 품어 온 소망.
• 습득	習得	배워서 익힘.
	拾得	주워서 얻음.
• 시가	市街	도시의 큰 길거리.
	詩歌	시와 노래.
• 시상	施賞	상장이나 상품 따위를 줌.
	詩想	시에 나타난 사상이나 감정.
• 시인	是認	옳다고 인정함.
	詩人	시를 전문적으로 짓는 사람.
• 시장	市長	시를 대표하는 책임자.
	市場	물건을 사고 파는 일정한 장소.
• 식수	食水	먹는 물.
	植樹	나무를 심음.
• 신축	伸縮	늘이고 줄임.
	新築	새로 건축함.
• 실례	失禮	언행이 예의에 벗어남.
	實例	실제의 예.
• 실수	失手	부주의로 잘못을 한 것.
	實數	추측이 아닌 실제로 확인된 수.
• 약자	弱子	세력이 약한 사람.
	略字	글자의 획수를 간략하게 한 글.
• 양식	糧食	생존을 위해 필요한 먹을거리.
	樣式	일정한 모양이나 형식.
• 양호	良好	매우 좋음.
	養護	기르고 보호함.
• 역사	力士	뛰어나게 힘이 센 사람.

	歷史	인류 사회의 변천과 흥망의 과정 또는 기록.
• 역전	驛前	역 앞.
	逆轉	형세가 뒤집혀짐.
• 연기	延期	정해진 기한을 뒤로 물림.
	演技	배우가 배역의 인물, 성격, 행동 따위를 표현해 내는 일.
	煙氣	불에 탈 때 생겨나는 기체.
• 연소	年少	나이가 어림.
	燃燒	불에 탐.
• 연장	年長	서로 비교해 보아 나이가 많음.
	延長	시간이나 거리를 본래보다 늘림.
• 연주	聯珠	구슬을 꿴.
	演奏	기악을 연주함.
• 용기	容器	그릇.
	勇氣	씩씩하고 굳센 기운.
• 우수	雨水	24절기의 하나. 입춘과 경칩 사이로 생물을 소생시키는 봄비가 내리기 시작.
	優秀	여럿 중에서 뛰어나고 빼어난 것.
• 원형	原形	본디의 꼴.
	圓形	둥근 모양.
• 위장	僞裝	본래의 모습이 드러나지 않도록 꾸밈.
	胃腸	위와 장을 아울러 이르는 말.
• 위기	危機	위험한 고비.
	圍棋	바둑을 두는 일.
• 유도	誘導	목적한 장소나 방향으로 이끎.
	柔道	일본 무술의 한 가지.
• 유언	流言	근거없이 떠도는 말.
	遺言	죽기 전 남기는 말.
• 육성	肉聲	사람의 입에서 직접 나온 소리.
	育成	길러 자라게 함.
• 의사	醫師	의술로 병을 고치는 일을 직업으로 하는 사람.
	意思	무엇을 하고자 하는 생각.
• 이성	異姓	성(姓)이 다른 것.
	理性	개념적으로 사유하는 능력.
• 이전	以前	오래 전.
	移轉	다른 곳으로 옮김.
• 이해	利害	이익과 손해.
	理解	사리를 분별하여 해석함.
• 인가	人家	사람이 사는 집.
	認可	허락하여 인정함.
• 인도	人道	보도.
	引導	이끌어서 지도함.
• 인정	人情	남을 동정하는 따뜻한 마음.
	認定	확실히 그렇다고 여김.
• 일정	一定	바뀌는 것이 없이 한결 같은 것.
	日程	그 날에 해야 할 일.
• 자신	自身	자기.
	自信	자신의 능력을 믿는 것.
• 자제	子弟	남의 아들을 높여 부르는 말.
	自制	욕망 등을 스스로 억제함.
• 장관	壯觀	보기에 매우 훌륭한 경치.
	長官	정부 내의 행정 각부의 장.
• 재고	再考	다시 생각함.
	在庫	창고에 있음.
• 재배	再拜	두 번 절함.
	栽培	식물을 기름.
• 재화	財貨	재물.
	災禍	재앙과 화난.
• 재수	再修	배웠던 과정을 다시 배움.
	財數	좋은 일이 생길 운수.
• 저속	低俗	성품이나 인격이 낮고 속됨.
	低速	낮은 속도.
• 제약	制約	어떤 사물의 성립에 필요한 조건과 규정.
	製藥	약을 제조함.

- 전경 　全景　전체의 경치.
　　　　前景　눈 앞에 펼쳐져 보이는 경치.
- 전공 　專攻　전문적으로 연구함.
　　　　戰功　전쟁에서 세운 공로.
- 전기 　傳記　훌륭한 인물의 생애를 적은 기록.
　　　　電氣　전자의 이동으로 생기는 에너지의 한 형태.
- 전력 　前歷　과거의 경력.
　　　　戰力　전쟁 등을 치르는 힘.
- 전례 　典例　전거(典據)가 되는 선례.
　　　　前例　이전부터 있던 사례.
- 전문 　全文　글의 전체.
　　　　傳聞　오가는 사람을 통해 들음.
- 전반 　前半　앞의 절반.
　　　　全般　통틀어 모두.
- 전시 　展示　물품을 한곳에 펼쳐놓고 보임.
　　　　戰時　전쟁이 벌어진 때.
- 전업 　專業　전문으로 하는 직업이나 사업.
　　　　轉業　직업을 바꿈.
- 전원 　田園　논밭과 동산.
　　　　全員　전체 인원.
- 전후 　前後　앞과 뒤.
　　　　戰後　전쟁이 끝난 후.
- 정당 　政堂　정치상의 당파.
　　　　正當　바르고 옳음.
- 정숙 　貞淑　여자로서 행실이 곧음.
　　　　靜肅　조용하고 엄숙함.
- 정원 　定員　정해진 인원.
　　　　庭園　뜰.
- 정도 　正道　바른 길이나 정당한 도리.
　　　　政道　정치의 방도.
　　　　定道　저절로 정해진 도리.
　　　　程度　알맞은 한도.
- 정지 　停止　도중에 멈추거나 그침.
　　　　靜止　조용히 멈춤.
　　　　整地　땅을 고르게 다듬음.
- 조선 　造船　배를 설계하여 만듦.
　　　　朝鮮　우리 나라의 옛 이름.
- 조화 　造花　종이나 천 등으로 사람이 만든 가짜 꽃.
　　　　調和　서로 잘 어울림.
- 주간 　晝間　낮 동안.
　　　　週間　한 주일 동안.
- 주장 　主張　자신의 의견을 굳게 내세움.
　　　　主將　팀을 대표하는 선수.
- 중점 　中點　가운데 점.
　　　　重點　가장 중요하게 여겨야 할 점.
- 중지 　中止　일을 중간에서 그만두는 것.
　　　　中指　손의 가운데 손가락.
- 지각 　遲刻　정해진 시간에 늦음.
　　　　知覺　스스로 깨닫는 능력.
- 지급 　至急　매우 급함.
　　　　支給　돈이나 물건을 줌.
- 지도 　地圖　어떤 지역을 일정한 축척에 따라 평면 위에 나타낸 그림.
　　　　指導　어떤 목적에 따라 가르쳐 이끎.
- 지성 　至誠　지극한 정성.
　　　　知性　지혜로운 성품.
- 지원 　支援　지지하여 도움.
　　　　志願　뜻이 있어 지망함.
- 천재 　天才　선천적으로 타고난 뛰어난 재주.
　　　　天災　자연 현상으로 일어나는 재난.
- 청산 　靑山　나무가 무성하여 푸른 산.
　　　　淸算　채무 관계를 깨끗이 정리함.
- 초대 　初代　어떤 계통의 최초의 사람.
　　　　招待　사람을 불러서 대접함.

- 총기 銃器 권총 등의 무기.
  聰氣 총명한 기운.
- 최고 最古 가장 오래됨.
  最高 가장 높음.
- 축전 祝典 축하하는 행사
  祝電 축하하는 전보.
- 취사 炊事 밥 등의 음식을 장만하는 일.
  取捨 취함과 버림.
- 치부 致富 재물을 모아 부자가 됨.
  恥部 숨기고 싶은 부끄러운 부분.
  置簿 돈이나 물건의 출납 기록.
- 타도 他道 행정구역상 다른 도.
  打倒 때리고 부숨.
- 탈모 脫毛 털이 빠짐.
  脫帽 모자를 벗음.
- 택일 擇一 하나를 고름.
  擇日 날을 고름.
- 통상 通常 특별하지 않고 보통.
  通商 나라끼리 교통하며 상업을 함.
- 통화 通貨 나라 안에서 통용되는 화폐.
  通話 말을 서로 주고받음.
- 특수 特殊 아주 다름.
  特需 특별한 수요.
  特秀 특별히 빼어남.
- 파다 頗多 매우 많음.
  播多 소문 등이 두루 퍼짐.
- 파지 把持 물건이나 권력을 움켜짐.
  破紙 찢어진 종이.
- 포대 布帶 베로 만든 띠.
  砲隊 포병 부대.
  砲臺 군대의 화포 진지.
- 표지 表紙 책의 겉면.
  標識 다른 것과 구별하는 표시나 특징.

- 폭주 暴酒 한꺼번에 많이 마시는 술.
  暴走 난폭하게 달림.
- 항구 港口 바닷가에 배가 머무르는 곳.
  恒口 변치않고 오래 가는 것.
- 해독 解讀 알기 쉽게 풀어서 읽는 것.
  解毒 독성을 풀어서 없애는 것.
- 해산 解散 모인 사람들이 흩어짐.
  解産 아이를 낳음.
- 향수 鄕愁 고향을 그리워함.
  香水 향이 나는 액체.
- 현상 現象 눈으로 볼 수 있는 사물의 형상.
  現狀 현재 상태.
  懸賞 어떠한 목적으로 돈을 거는 일.
- 호기 好期 좋은 시기.
  好機 좋은 기회.
- 혼수 昏睡 의식이 없어진 상태.
  婚需 혼인에 드는 씀씀이.
- 회기 回忌 해마다 돌아오는 기일.
  回期 돌아올 시기.
  會期 회의가 열리는 시기.
- 훈장 訓長 서당의 스승.
  勳章 공을 세운 사람에게 주는 휘장.
- 흡수 吸收 무언가를 빨아들임.
  吸水 물을 빨아들임.

동자다음어 | 同字多音語

한자	훈	음	예
賈	성 장사	가 고	賈島(가도) 商賈(상고)
降	내릴 항복할	강 항	降等(강등) 降服(항복)
車	수레 수레	거 차	人力車(인력거) 車庫(차고)
乾	하늘 마를	건 간	乾坤(건곤) 乾物(간물)
更	다시 고칠	갱 경	更新(갱신) 變更(변경)
見	볼 뵈올	견 현	見學(견학) 謁見(알현)
汨	골몰할 물이름	골 멱	汨沒(골몰) 汨水(멱수)
廓	둘레 클	곽 확	城廓(성곽) 廓大(확대)
串	꿸 땅이름	관 곶	魚串(어관) 長山串(장산곶)
龜	거북 땅이름 터질	귀 구 균	龜趺(귀부) 龜浦(구포) 龜裂(균열)
金	쇠 성(姓)	금 김	金庫(금고) 金氏(김씨)
內	안 궁궐	내 나	室內(실내) 內人(나인)
茶	차 차	다 차	茶房(다방) 綠茶(녹차)
丹	붉을 꽃이름	단 란	丹靑(단청) 牡丹(모란)
宅	집 집	댁 택	宅內(댁내) 住宅(주택)
單	홑 오랑캐임금	단 선	簡單(간단) 單于氏(선우씨)
洞	골 구멍 밝을	동 동 통	洞穴(동혈) 洞窟(동굴) 洞察(통찰)
度	법도 헤아릴	도 탁	制度(제도) 度支(탁지)
讀	읽을 구절	독 두	讀書(독서) 句讀(구두)
兜	투구 도솔천	두 도	兜轎(두교) 兜率(도솔)
率	비율 거느릴	률 솔	比率(비율) 統率(통솔)
樂	즐길 좋아할 노래	락 요 악	娛樂(오락) 樂山(요산) 音樂(음악)

驪	검은 말	려	驪州(여주)
	검은 말	리	驪珠(이주)
畝	이랑	무	頃畝法(경무법)
	이랑	묘	田畝(전묘)
反	돌아올·돌이킬	반	反擊(반격)
	어려울	번	反沓(번답)
洑	보	보	洑主(보주)
	스며흐를	복	洑流(복류)
復	회복할	복	復舊(복구)
	다시	부	復活(부활)
否	아닐	부	否定(부정)
	막힐	비	否運(비운)
北	북녘	북	南北(남북)
	달아날	배	敗北(패배)
馮	탈	빙	馮氣(빙기)
	성	풍	馮氏(풍씨)
寺	절	사	寺刹(사찰)
	관청	시	內侍(내시)
狀	형상	상	狀態(상태)
	문서	장	賞狀(상장)
索	찾을	색	搜索(수색)
	노(새끼줄)	삭	索道(삭도)
塞	막힐	색	閉塞(폐색)
	변방	새	要塞(요새)
羨	부러워할	선	羨望(선망)
	무덤길	연	羨門(연문)

食	먹을	식	食事(식사)
	밥	사	簞食(단사)
殺	죽일	살	殺人(살인)
	감할, 빠를	쇄	相殺(상쇄)
說	말씀	설	說明(설명)
	달랠	세	遊說(유세)
	기쁠	열	說樂(열락)
什	열 사람	십	什長(십장)
	세간	집	什器(집기)
省	살필	성	反省(반성)
	덜	생	省略(생략)
宿	잘	숙	宿泊(숙박)
	별자리	수	星宿(성수)
拾	주울	습	拾得(습득)
	열	십	拾萬(십만)
識	알	식	識見(식견)
	기록할	지	標識(표지)
辰	때	신	生辰(생신)
	별	진	辰宿(진수)
惡	악할	악	惡魔(악마)
	미워할	오	憎惡(증오)
若	같을	약	若干(약간)
	반야	야	般若(반야)
於	어조사	어	於是乎(어시호)
	탄식할	오	於乎(오호)

葉	잎 고을이름	엽 섭	落葉(낙엽) 迦葉(가섭)
宛	완연할 나라이름	완 원	宛然(완연) 大宛(대원)
莞	빙그레할 왕골	완 관	莞島(완도) 莞蒲(관포)
歪	기울 기울	왜 외	舌歪(설왜) 歪調(외조)
易	쉬울 바꿀	이 역	容易(용이) 貿易(무역)
咽	목구멍 목멜	인 열	咽喉(인후) 嗚咽(오열)
佚	편안 질탕	일 질	佚樂(일락) 佚蕩(질탕)
抵	막을 칠	저 지	抵抗(저항) 抵掌(지장)
刺	찌를 찌를 수라	자 척 라	刺客(자객) 刺殺(척살) 水刺(수라)
著	지을 나타날 붙을	저 저 착	著述(저술) 顯著(현저) 附著(부착)
切	끊을 온통	절 체	切斷(절단) 一切(일체)
參	참여할 석	참 삼	參加(참가) 參拾(삼십)

提	끌 깨달을	제 리	提携(제휴) 菩提樹(보리수)
拓	넓힐 박을	척 탁	開拓(개척) 拓本(탁본)
則	법칙 곧	칙 즉	規則(규칙) 然則(연즉)
沈	잠길 성(姓)	침 심	沈沒(침몰) 沈氏(심씨)
推	밀 밀	퇴 추	推敲(퇴고) 推進(추진)
跛	절름발이 비스듬히 설	파 피	跛行(파행) 跛立(피립)
便	편할 똥오줌	편 변	便利(편리) 便所(변소)
暴	드러날 사나울 모질	폭 폭 포	暴露(폭로) 暴風(폭풍) 暴惡(포악)
邯	조나라 서울 사람이름	한 감	邯鄲之夢(한단지몽) 姜邯贊(강감찬)
合	합할 홉	합 홉	合同(합동) 五合(오홉)
行	다닐 항렬	행 항	行軍(행군) 行列(항렬)

동자다음어

약자 • 속자 | 略字 • 俗字

- 假 거짓 가   仮
- 價 값 가   価
- 覺 깨달을 각   覚
- 蓋 덮을 개   盖
- 擧 들 거   挙
- 據 근거 거   拠
- 傑 뛰어날 걸   杰
- 儉 검소할 검   倹
- 檢 검사할 검   検
- 劍 칼 검   剣
- 堅 굳을 견   坚
- 徑 지름길 · 길 경   径
- 經 지날 · 글 경   経
- 輕 가벼울 경   軽
- 鷄 닭 계   鶏
- 繼 이을 계   継
- 皐 언덕 고   皋
- 觀 볼 관   観, 观
- 關 관계할 관   関
- 館 집 관   館, 舘
- 廣 넓을 광   広
- 鑛 쇳돌 광   鉱
- 敎 가르칠 교   教
- 舊 예 구   旧
- 驅 몰 구   駆
- 龜 거북 구, 귀 / 터질 균   亀
- 區 구분할 · 지경 구   区
- 歐 구라파 · 칠 구   欧
- 鷗 갈매기 구   鸥
- 國 나라 국   国
- 勸 권할 권   劝, 勧
- 權 권세 권   权, 権
- 歸 돌아갈 귀   帰
- 棄 버릴 기   弃
- 氣 기운 기   気
- 緊 긴할 긴   紧
- 惱 번뇌할 뇌   悩
- 腦 골 · 뇌수 뇌   脳
- 團 둥글 단   団
- 單 홑 단   単
- 斷 끊을 단   断
- 擔 멜 담   担
- 膽 쓸개 담   胆
- 黨 무리 당   党
- 當 마땅 당   当
- 對 대할 대   対
- 臺 대 대   台, 臺
- 擡 들 대   抬
- 帶 띠 대   帯
- 德 큰 덕   徳

- 都 도읍 도 　　　都
- 圖 그림 도 　　　図
- 燾 비칠 도 　　　焘
- 獨 홀로 독 　　　独
- 讀 읽을 독 / 구절 두 　　　読
- 燈 등 등 　　　灯
- 樂 즐길 락 / 노래 악 / 좋아할 요 　　　楽
- 亂 어지러울 란 　　　乱
- 覽 볼 람 　　　覧, 览
- 籃 대바구니 람 　　　篮
- 藍 쪽 람 　　　蓝
- 來 올 래 　　　来, 耒
- 兩 두 량 　　　両
- 勵 힘쓸 려 　　　励
- 廬 농막집 려 　　　廬
- 歷 지날 력 　　　歴, 厂
- 戀 그리워할·그릴 련 　　　恋
- 聯 연이을 련 　　　联
- 靈 신령 령 　　　霊, 灵
- 禮 예도 례 　　　礼
- 勞 일할 로 　　　労
- 爐 화로 로 　　　炉
- 錄 기록할 록 　　　録, 录
- 籠 대바구니 롱 　　　篭
- 龍 용 룡 　　　竜
- 樓 다락 루 　　　楼
- 萬 일만 만 　　　万
- 滿 찰 만 　　　満
- 灣 물굽이 만 　　　湾
- 蠻 오랑캐 만 　　　蛮
- 賣 팔 매 　　　売
- 脈 맥 맥 　　　脉
- 麥 보리 맥 　　　麦
- 覓 찾을 멱 　　　覔
- 無 없을 무 　　　无, 旡
- 發 필 발 　　　発
- 變 변할 변 　　　変
- 邊 가 변 　　　辺, 边
- 竝 나란히 병 　　　並
- 寶 보배 보 　　　宝
- 敷 펼 부 　　　旉
- 佛 부처 불 　　　仏
- 拂 떨칠 불 　　　払
- 氷 얼음 빙 　　　冰
- 寫 베낄 사 　　　写
- 師 스승 사 　　　师
- 絲 실 사 　　　糸
- 辭 말씀 사 　　　辞
- 滲 스밀 삼 　　　渗
- 挿 꽂을 삽 　　　挿
- 嘗 맛볼 상 　　　甞
- 狀 형상 상, 문서 장 　　　状
- 釋 풀 석 　　　釈
- 纖 가늘 섬 　　　繊

- 聲 소리 성 声
- 歲 해 세 岁
- 屬 붙일 속 属
- 續 이을 속 続
- 壽 목숨 수 寿
- 收 거둘 수 収
- 數 셈 수 数
- 獸 짐승 수 獣
- 隨 따를 수 随
- 肅 엄숙할 숙 粛, 甫
- 濕 젖을 습 湿
- 乘 탈 승 乗
- 腎 콩팥 신 肾
- 實 열매 실 実
- 雙 두·쌍 쌍 双
- 兒 아이 아 児
- 亞 버금 아 亜
- 惡 악할 악 / 미워할 오 悪
- 巖 바위 암 岩
- 壓 누를 압 圧
- 礙 거리낄 애 碍
- 藥 약 약 薬
- 孃 아가씨 양 嬢
- 嚴 엄할 엄 厳
- 餘 남을 여 余
- 與 더불·줄 여 与
- 譯 번역할 역 訳

- 驛 역 역 駅
- 硏 갈 연 研
- 鉛 납 연 鈆
- 淵 못 연 渊, 渕
- 鹽 소금 염 塩
- 營 경영할 영 営
- 榮 영화 영 栄
- 藝 재주 예 芸
- 豫 미리 예 予
- 譽 기릴·명예 예 誉
- 溫 따뜻할 온 温
- 鬱 답답할 울 欝
- 圍 에워쌀 위 囲
- 衛 지킬 위 卫
- 爲 하·할 위 為
- 僞 거짓 위 偽
- 隱 숨을 은 隠
- 應 응할 응 応
- 醫 의원 의 医
- 貳 두·갖은두 이 弍, 弐
- 益 더할 익 益
- 壹 한·갖은한 일 壱
- 殘 남을 잔 残
- 棧 사다리 잔 桟
- 蠶 누에 잠 蚕
- 雜 섞일 잡 雑
- 裝 꾸밀 장 装

• 將 장수 장	将, 将		• 慘 참혹할 참	惨	
• 奬 장려할 장	奨, 奬		• 僭 주제넘을 참	僣	
• 壯 장할 장	壮		• 處 곳 처	処	
• 爭 다툴 쟁	争		• 淺 얕을 천	浅, 浅	
• 豬 돼지 저	猪		• 賤 천할 천	賎, 賎	
• 傳 전할 전	伝		• 踐 밟을 천	践	
• 戰 싸움 전	戦, 战		• 鐵 쇠 철	鉄	
• 轉 구를 전	転		• 廳 관청 청	庁	
• 錢 돈 전	銭		• 聽 들을 청	聴	
• 點 점 점	点, 奌		• 體 몸 체	体	
• 靜 고요할 정	静		• 觸 닿을 촉	触	
• 情 뜻 정	情		• 總 다 총	総, 緫	
• 定 정할 정	㝎		• 蟲 벌레 충	虫	
• 濟 건널 제	済		• 醉 취할 취	酔	
• 齊 가지런할 제	斉		• 齒 이 치	歯	
• 劑 약제 제	剤		• 癡 어리석을 치	痴	
• 條 가지 조	条		• 漆 옻 칠	柒	
• 卒 마칠 졸	卆		• 稱 일컬을 칭	称	
• 從 좇을 종	従, 从		• 彈 탄알 탄	弾	
• 晝 낮 주	昼		• 擇 가릴 택	択	
• 增 더할 증	増		• 澤 못 택	沢	
• 曾 일찍 증	曽		• 霸 으뜸 패	覇	
• 證 증거 증	証		• 廢 폐할·버릴 폐	廃	
• 珍 보배 진	珎		• 鋪 펼·가게 포	舗	
• 盡 다할 진	尽		• 艦 큰 배 함	艦	
• 眞 참 진	真		• 鹹 짤 함	醎	
• 參 참여할 참 / 석 삼	参		• 學 배울 학	学	

- 解 풀 해 　　　　解
- 虛 빌 허 　　　　虚
- 獻 드릴 헌 　　　献
- 險 험할 험 　　　険
- 驗 시험 험 　　　験
- 縣 고을 현 　　　県
- 賢 어질 현 　　　賢
- 顯 나타날 현 　　顕
- 峽 골짜기 협 　　峡
- 螢 반딧불 형 　　蛍
- 號 이름 호 　　　号
- 畫 그림 화 / 그을 획 　画
- 擴 넓힐 확 　　　拡
- 歡 기쁠 환 　　　歓, 欢
- 會 모일 회 　　　会
- 勳 공 훈 　　　　勲
- 興 일 흥 　　　　兴
- 戱 놀이 희 　　　戯, 戏

사자성어 | 四字成語

- 家家戶戶(가가호호) : 집집마다, 즉 모든 집을 말함.
- 街談巷說(가담항설) : '길거리나 마을에 떠도는 이야기'로서 근거 없이 나도는 말들.
- 街頭示威(가두시위) : 길거리에서 행하는 시위.
- 家和萬事成(가화만사성) : 집안이 잘 되야 모든 일이 잘 된다는 뜻.
- 苛斂誅求(가렴주구) : 세금을 가혹하게 거두고 재물을 무리하게 빼앗음.
- 家貧落魄(가빈낙백) : 집안이 가난하여 뜻을 얻지 못하고 실의에 빠짐.
- 刻骨難忘(각골난망) : 뼈에 새기고 잊지 않는다는 뜻으로 입은 은혜에 대한 고마움이 뼈에 깊이 사무쳐 결코 잊혀지지 아니함. =白骨難忘(백골난망), 結草報恩(결초보은)
- 刻骨銘心(각골명심) : 뼈에 새기고 마음에 새겨 잊지 아니함.
- 刻骨之痛(각골지통) : 뼈를 깎는 듯이 아픈 것.
- 刻骨痛恨(각골통한) : 뼈에 사무칠 만큼 원통하고 한스러움.
- 各人各色(각인각색) : 사람은 각각이 전부 다르다는 뜻.
- 各自圖生(각자도생) : 제각기 살길을 도모함.
- 角者無齒(각자무치) : 뿔이 있는 자는 이가 없다는 뜻으로, 한 사람이 모든 재주나 복을 다 가질 수 없음을 이르는 말.
- 刻舟求劍(각주구검) : 배에서 칼을 떨어뜨리고 떨어진 자리에 표시를 하였다가 배가 정박한 뒤에 칼을 찾는다는 뜻으로 판단력이 둔하여 세상일에 어둡고 어리석다는 의미. =緣木求魚(연목구어), 隔靴搔痒(격화소양), 守株待兔(수주대토)
- 間於齊楚(간어제초) : '제나라와 초나라 사이'라는 뜻으로, 약한 사람이 강한 사람의 사이에 끼어 괴로움을 받음.
- 竿頭之勢(간두지세) : 대막대기 끝에 선 형세라는 뜻으로 매우 위태로운 형세.
- 渴而穿井(갈이천정) : 목이 말라야 비로소 우물을 팜.
- 甘井先竭(감정선갈) : 우물 맛이 좋으면 먼저 마른다는 뜻으로, 재능있는 사람은 일찍 쇠함을 비유하는 말.
- 感慨無量(감개무량) : 마음에 사무치는 느낌이 한이 없음.
- 敢不生心(감불생심) : 감히 엄두를 내지 못함. = 焉敢生心(언감생심), 敢不生意(감불생의)

- 甘言利說(감언이설) : 남의 비유에 맞도록 꾸민 달콤한 말과 이로운 조건을 붙여 꾀는 말.
- 感之德之(감지덕지) : 매우 고맙게 여김.
- 甲男乙女(갑남을녀) : 평범한 보통 사람들.
- 江湖煙波(강호연파) : 강이나 호수 위에 안개처럼 보얗게 이는 기운, 또는 그 수면의 잔물결.
- 强弩之末(강노지말) : 강대한 힘이라도 마지막에는 쇠약해짐.
- 蓋棺事定(개관사정) : 시체를 관에 넣고 뚜껑을 덮은 후에야 일을 결정한다는 뜻으로, 사람이 죽은 후에야 비로소 그 사람에 대한 평가가 제대로 됨.
- 改過遷善(개과천선) : 허물을 고쳐 착하게 됨.
- 蓋世之才(개세지재) : 온 세상을 덮을 만큼 뛰어난 재주.
- 坑儒焚書(갱유분서) : 선비를 구덩이에 묻고 책을 불태움.
- 去頭截尾(거두절미) : 머리와 꼬리를 자름. 어떠한 일의 요점만 간단히 말함.
- 巨家大族(거가대족) : 대대로 번창하고 문벌이 좋은 집안.
- 居家之樂(거가지락) : 세속의 영화에 마음을 두지 않고 집에서 시나 서도 따위로 세월을 보내는 즐거움.
- 居安思危(거안사위) : 편안한 때 닥쳐올 위태로움을 생각함.
- 擧案齊眉(거안제미) : 밥상을 눈 높이로 받들어 올린다는 뜻으로, 아내가 남편을 극진히 공경함.
- 去者必反(거자필반) : 떠난 자는 반드시 돌아옴.
- 乾坤一擲(건곤일척) : 하늘과 땅에 한번 던져본다는 뜻으로, 주사위를 던져 승패를 걺.
- 乞人憐天(걸인연천) : 거지가 하늘을 가엽게 여긴다는 뜻으로, 격에 맞지 않는 걱정을 이름.
- 格物致知(격물치지) : 사물의 이치를 구명하여 자기의 지식을 확고하게 함.
- 激化一路(격화일로) : 격렬하게 되는 과정.
- 隔靴爬癢(격화파양) : 신을 신고 발바닥을 긁음.
- 見蚊拔劍(견문발검) : 모기를 보고 칼을 뺀다는 뜻으로, 사소한 일에 크게 성냄을 이르는 말.
- 牽强附會(견강부회) : 말을 억지로 끌어다가 이치에 맞도록 함.
- 見利思義(견리사의) : 이익을 보면 의에 맞는가 안 맞는가의 여부를 잘 생각하여 취하고 안 취함을 결정함.
- 犬馬之勞(견마지로) : '개나 말 정도의 하찮은 힘'이라는 뜻으로, 윗사람(임금 또는 나라)을 위하여 바치는 자기의 노력을 낮춰 하는 말.
- 見聞一致(견문일치) : 보고 들은 바가 꼭 같음.
- 見物生心(견물생심) : 물건을 보고 욕심이 생김.

- 堅如金石(견여금석) : 굳기가 금이나 돌 같음.
- 見危致命(견위치명) : 나라가 위급할 때 자기 목숨을 나라에 바침.
- 堅忍不拔(견인불발) : 굳게 참고 견디어 마음이 흔들리지 않음.
- 犬兔之爭(견토지쟁) : 개와 토끼가 싸우다가 둘 다 죽어 농부가 주워감을 뜻하는 것으로, 서로 싸우다가 제3자가 이익을 보는 싸움을 이름.
- 結者解之(결자해지) : 맺은 사람이 풀어야 한다는 뜻으로, 처음에 일을 벌려놓은 사람이 끝을 맺어야 함을 이르는 말.
- 結草報恩(결초보은) : '풀을 묶어 은혜에 보답함'이라는 의미로 죽어서까지라도 은혜를 잊지 않고 갚음.
- 兼人之勇(겸인지용) : 홀로 두 사람 이상의 몫을 하는 뛰어난 용기를 뜻함.
- 輕擧妄動(경거망동) : 깊이 생각해보지 않고 가볍게 마구 행동함.
- 經國濟世(경국제세) : 나라를 잘 다스려 도탄에 빠진 백성을 구제함을 이르는 말.
- 傾國之色(경국지색) : '나라가 기울어지게 할 정도로 빼어난 미녀'라는 뜻으로, 한 나라 안에서 제일가는 미인. =傾城之色(경성지색), 絶世佳人(절세가인), 花容月態(화용월태), 丹脣皓齒(단순호치), 月下佳人(월하가인)
- 經世濟民(경세제민) : 세상을 다스리고 백성을 구제함.
- 敬天勤民(경천근민) : 하늘을 공경하고 백성을 다스림에 부지런히 함.
- 驚天動地(경천동지) : 하늘이 놀라고 땅이 흔들림. 세상을 놀라게 함.
- 敬天愛人(경천애인) : 하늘을 숭배하고 인간을 사랑함.
- 經天緯地(경천위지) : 하늘을 날줄로 삼고 땅을 씨줄로 삼아 천하를 다스림.
- 鷄卵有骨(계란유골) : 달걀에도 뼈가 있다는 뜻으로, 일이 방해됨을 이르는 말. 또는 일이 안 되는 사람은 좋은 기회가 와도 역시 일이 안됨을 이름.
- 鷄口牛後(계구우후) : 큰 조직의 말단보다는 작은 조직의 지도자가 되는 것이 나음을 뜻함.
- 鷄鳴狗盜(계명구도) : 닭의 울음소리를 내거나 개처럼 기어들어가 도둑질을 한다는 뜻으로, 얕은 꾀로 남을 속이거나 학자가 배워서는 안 되는 하찮은 재주.
- 季札掛劍(계찰괘검) : 계찰이 검을 걸어 놓는다는 뜻으로, 신의를 중히 여김.
- 孤軍奮鬪(고군분투) : 적고 외로운 군대가 힘에 겨운 적과 용감하게 싸움을 뜻함.
- 古今東西(고금동서) : 동양과 서양, 과거와 지금을 통틀어 일컬음.
- 高臺廣室(고대광실) : 규모가 꽤 크고 잘 지은 집.
- 叩頭謝罪(고두사죄) : 머리를 조아리며 잘못을 빎.

- 膏粱珍味(고량진미) : 기름진 고기와 좋은 곡식으로 만든 맛있는 음식.
- 孤立無援(고립무원) : 고립되어 구원받을 데가 없음.
- 鼓腹擊壤(고복격양) : 배를 두드리고 발을 구르며 흥겨워한다는 뜻으로, 정치가 잘 되어 백성들이 평안을 누리는 태평성대를 이름.
- 故事成語(고사성어) : 옛날부터 전해 오는 의미 있는 일을 나타낸 글귀.
- 姑息之計(고식지계) : 임시변통으로 일시적인 안정을 얻기 위한 계책을 뜻함.
- 苦肉之策(고육지책) : 적을 속이기 위해 자신의 희생을 무릅쓰고 꾸미는 계책.
- 孤掌難鳴(고장난명) : 외손뼉은 울릴 수 없다는 뜻으로, 상대없이 싸울 수 없고, 혼자서는 일을 이룰 수 없다는 말.
- 股掌之臣(고장지신) : 다리와 손같이 필요한 신하.
- 高低長短(고저장단) : 높고 낮음과 길고 짧음.
- 苦盡甘來(고진감래) : 쓴 것이 다하면 단 것이 온다는 뜻으로, 고생 끝에 즐거움이 옴을 이르는 말.
- 高枕安眠(고침안면) : 베게를 높이하여 편히 잔다는 뜻으로, 근심없이 편안히 잘 지냄을 이르는 말.
- 曲學阿世(곡학아세) : 배운 학문을 왜곡시켜 시류나 이익에 영합함.
- 曲突徙薪(곡돌사신) : 굴뚝을 구부리고 땔나무를 다른 곳으로 옮긴다는 뜻으로, 화근을 미리 제거함을 이름.
- 骨肉相殘(골육상잔) : 같은 민족끼리 해치며 싸우는 일. =骨肉相爭(골육상쟁)
- 骨肉之親(골육지친) : 부자와 형제 또는 가까운 친척.
- 公明正大(공명정대) : 마음이 공평하고 사심이 없으며 밝고 큼.
- 公平無私(공평무사) : 어느 한 쪽에도 치우치지 않고 공평하며 사사로움이 없음.
- 誇大妄想(과대망상) : 자신의 현재 모습을 실제보다 크게 평가하여 사실인 것처럼 믿는 것.
- 過大評價(과대평가) : 실제보다 훨씬 높게 평가함.
- 過失相規(과실상규) : 나쁜 행실을 하지 못하도록 서로 규제함.
- 過猶不及(과유불급) : 모든 사물이 정도를 지나치면 도리어 안 한 것만 못함.
- 管鮑之交(관포지교) : 친구 사이의 매우 다정하고 허물없는 교제.
- 管中窺豹(관중규표) : 대롱 속으로 표범을 엿본다는 뜻으로, 시야가 매우 좁음을 이르는 말.
- 曠日彌久(광일미구) : 헛되게 세월을 보내며 일을 오래 끎.
- 曠前絶後(광전절후) : 앞에는 비었고 뒤에는 끊어짐.

- 廣大無邊(광대무변) : 넓고 커서 끝이 없음.
- 矯角殺牛(교각살우) : 쇠뿔을 바로잡으려다 소를 죽인다는 뜻으로, 결점이나 흠을 고치려다 수단이 지나쳐 도리어 일을 그르침.
- 巧言令色(교언영색) : 말을 교묘하게 하고 안색을 예쁘게 꾸민다는 뜻으로, 다른 사람의 환심을 사기 위해 말을 교묘하게 하고 표정을 좋게 꾸밈.
- 交友以信(교우이신) : 세속 오계의 하나로, 벗은 믿음으로써 사귀어야 한다는 것.
- 膠柱鼓瑟(교주고슬) : 거문고의 기러기발을 아교로 붙여 놓고 거문고를 탄다는 뜻으로, 고지식하여 융통성이 전혀 없음. 또는 규칙에 얽매여 변통할 줄 모르는 사람.
- 膠漆之交(교칠지교) : 아교풀로 붙이고 그 위에 옻칠을 하면 서로 떨어지지 않고 벗겨지지도 않는다는 뜻으로, 서로 떨어지지 않는 두터운 우정을 이름.
- 敎學相長(교학상장) : 가르치고 배우면서 서로 성장함.
- 狡兔三窟(교토삼굴) : 교활한 토끼는 세 개의 굴을 판다는 뜻으로, 사람이 교묘하게 잘 숨어 재난을 피함을 이르는 말.
- 狗尾續貂(구미속초) : 담비 꼬리가 모자라 개의 꼬리로 잇는다는 뜻으로, 훌륭한 것 뒤에 보잘것없는 것이 뒤따름.
- 救火投薪(구화투신) : 불을 끄려고 섶나무를 집어 던진다는 뜻으로, 잘못된 일의 근본을 다스리지 않고 성급하게 행동하다 오히려 그 해를 더 크게 함.
- 九曲肝腸(구곡간장) : '아홉 번 구부러진 간과 창자'라는 뜻으로, 굽이굽이 사무친 마음속, 또는 깊은 마음속을 나타냄.
- 口蜜腹劍(구밀복검) : 입으로는 달콤함을 말하나 뱃속에는 칼을 감추고 있다는 뜻으로, 겉으로는 친절하나 마음속은 음흉함.
- 求不得苦(구부득고) : 팔고(八苦)의 하나. 구하여도 얻지 못하는 괴로움.
- 九死一生(구사일생) : '아홉 번 죽으려다가 한번 살아남'이라는 뜻으로, 여러 차례 죽을 고비를 넘기고 겨우 살아남.
- 口尙乳臭(구상유취) : 입에서 아직 젖내가 난다는 뜻으로, 말과 하는 짓이 아직 유치함.
- 九牛一毛(구우일모) : '아홉 마리 소에 한 가닥의 털'이라는 뜻으로, 썩 많은 가운데 섞인 아주 적은 것을 이름. =滄海一粟(창해일속)
- 九折羊腸(구절양장) : '아홉 번 꺾인 양의 창자'란 뜻으로, 세상살이가 복잡하여 살아가기 어려움을 비유하는 말.
- 舊態依然(구태의연) : 조금도 변하거나 발전한 데 없이 예전 모습 그대로임.
- 國泰民安(국태민안) : 나라가 태평하고 백성이 편안함.

- 群鷄一鶴(군계일학) : 무리지어 있는 닭 가운데 있는 한 마리의 학, 즉 여러 평범한 사람들 가운데 있는 뛰어난 한 사람.
- 群盲撫象(군맹무상) : '장님 여럿이 코끼리를 만진다'는 뜻으로, 좁은 소견으로 잘못 판단함.
- 君臣有義(군신유의) : 임금과 신하는 의가 있어야 함.
- 群雄割據(군웅할거) : 영웅들이 서로 자신의 땅을 근거지로 삼아 서로 뺏고 빼앗는 혼란한 상황.
- 君爲臣綱(군위신강) : 임금은 신하의 모범이 되어야 함.
- 窮寇勿追(궁구물추) : 피할 곳이 없는 도적을 쫓지 말라는 뜻.
- 窮餘之策(궁여지책) : 궁한 나머지 생각다 못하여 짜낸 계책.
- 窮日之力(궁일지력) : 아침부터 저녁까지 온종일 일함.
- 權謀術數(권모술수) : 남을 속이는 교묘한 술책.
- 權不十年(권불십년) : 아무리 높은 권세라도 10년을 가지 못함. =花無十日紅(화무십일홍)
- 勸善懲惡(권선징악) : 착한 것을 권하고 악을 징계함.
- 橘化爲枳(귤화위지) : 귤이 변하여 탱자가 됨.
- 克己復禮(극기복례) : 자기의 사욕을 이기고 예로 돌아옴.
- 極樂往生(극락왕생) : 죽어서 극락세계에 다시 태어남.
- 近墨者黑(근묵자흑) : 먹을 가까이하면 검어진다는 뜻으로, 나쁜 사람을 가까이하면 그 버릇에 물들기 쉬움.
- 近朱者赤(근주자적) : 붉은 것 옆에 있으면 붉게 됨.
- 金蘭之契(금란지계) : 둘이 합심하면 그 굳기가 쇠를 자를 수 있고, 우정의 아름다움이 난초의 향기와 같다는 뜻으로, 친구 사이의 우정이 두터움을 이르는 말.
- 金城湯池(금성탕지) : 방비가 견고한 성을 뜻함.
- 錦上添花(금상첨화) : 비단 위에 꽃을 보탠다는 뜻으로, 말로 좋은 일에 또 좋은 일이 더함.
- 今始初聞(금시초문) : 바로 지금 처음으로 들음.
- 琴瑟之樂(금슬지락) : 부부사이의 다정하고 화목한 즐거움.
- 金蘭之誼(금란지의) : 쇠처럼 단단하고 난초같이 향기로운 벗과의 사귐.
- 金石牢約(금석뇌약) : 금과 돌같이 굳고 단단하여 변함없는 약속.
- 錦衣夜行(금의야행) : 비단옷을 입고 밤길을 가면 남들이 알아주지 않는다는 뜻으로, 출세를 하고 부귀를 얻어도 남들이 알아주지 않으면 쓸데없음.

- 錦衣玉食(금의옥식) : 비단옷과 흰 쌀밥, 사치스러운 의식이나 부유한 생활을 이르는 말.
- 錦衣還鄕(금의환향) : 비단 옷을 입고 고향에 돌아온다는 뜻으로 성공하여 고향으로 돌아옴.
- 金枝玉葉(금지옥엽) : '금 가지에 옥 잎사귀'라는 뜻으로, 임금의 자손이나 매우 귀한 집의 자손, 혹은 귀여운 자손을 뜻함.
- 氣高萬丈(기고만장) : 우쭐하여 기세가 대단함.
- 起死回生(기사회생) : 중병으로 죽을 뻔하다가 다시 살아남.
- 奇想天外(기상천외) : 기이한 생각이 하늘 밖에까지 미침.
- 氣盡脈盡(기진맥진) : 기운과 의지력이 다하여 스스로 가누지 못할 지경이 됨.
- 吉凶禍福(길흉화복) : 길함과 흉함과 재앙과 행복, 곧 사람의 운수.
- 落花流水(낙화유수) : 세월의 영락함 또는 남녀가 서로 그리워하는 정을 이름.
- 落穽下石(낙정하석) : 함정에 빠진 사람에게 돌을 던진다는 뜻으로, 어려운 처지에 놓인 사람을 돕기는커녕 오히려 괴롭힘을 이름.
- 難攻不落(난공불락) : 공격하기가 어려워 쉽사리 함락되지 아니함.
- 難兄難弟(난형난제) : 형인지 아우인지 분간하기 어렵다는 뜻으로, 누가 낫다고 할 수 없을 정도로 둘이 서로 비슷함을 이르는 말. =伯仲之間(백중지간), 伯仲之勢(백중지세), 莫上莫下(막상막하)
- 南柯之夢(남가지몽) : 남쪽 가지 밑에서 꾼 한 꿈. 일생과 부귀영화가 한낱 꿈에 지나지 않음.
- 男女有別(남녀유별) : 유교 사상에서, 남자와 여자 사이에 분별이 있어야 함을 이르는 말.
- 男負女戴(남부여대) : 남자는 지고 여자는 인다는 뜻으로, 가난한 사람들이 살기 위해 이리저리 떠도는 것을 이름.
- 狼子野心(낭자야심) : 이리의 야성 즉, 길들여지지 아니함.
- 囊中之錐(낭중지추) : '주머니 속의 송곳'이라는 뜻으로, 재능이 뛰어난 사람은 숨어 있어도 저절로 사람들에게 알려짐을 이르는 말.
- 內憂外患(내우외환) : 국내의 걱정스러운 사태와 외국과의 사이에 일어난 어려운 사태. 안팎의 근심거리.
- 怒氣衝天(노기충천) : 화난 기색이 하늘을 찌를 정도로 잔뜩 성이 나 있음.
- 怒發大發(노발대발) : 몹시 크게 성을 냄.
- 勞心焦思(노심초사) : 무슨 일을 할 때 매우 속을 태우고 애를 씀.
- 綠水靑山(녹수청산) : 푸른 물과 푸른 산.
- 綠衣紅裳(녹의홍상) : 젊은 여자의 고운 옷차림.

- 論功行賞(논공행상) : 공적의 크고 작음 따위를 논의하여 그에 알맞은 상을 줌.
- 弄瓦之慶(농와지경) : '질그릇을 가지고 노는 경사'라는 뜻으로, 딸을 낳은 기쁨.
- 弄璋之喜(농장지희) : '구슬을 가지고 노는 기쁨'라는 뜻으로, 아들을 낳은 기쁨.
- 累卵之勢(누란지세) : 포개 놓은 알처럼 몹시 위태로운 형세.
- 累卵之危(누란지위) : 쌓아 놓은 알과 같이 매우 위태로운 형세.
- 訥言敏行(눌언민행) : 말은 느려도 실제 행동은 재빠르고 능란함.
- 能小能大(능소능대) : 모든 일에 두루 능함.
- 陵遲處斬(능지처참) : 대역죄를 범한 경우 머리, 몸, 팔, 다리를 잘라서 죽이는 극형.
- 多岐亡羊(다기망양) : 달아난 양을 찾으려 할 때 갈림길이 많아 끝내 양을 잃었다는 뜻으로, 학문의 길이 다방면이면 진리를 얻기 어렵다는 뜻임.
- 多多益善(다다익선) : 많으면 많을수록 좋음.
- 多聞多讀(다문다독) : 많은 것에 귀를 기울이고 많은 것을 읽으라는 뜻.
- 多才多能(다재다능) : 재주와 능력이 여러 가지로 많음.
- 斷機之敎(단기지교) : 학문을 중도에 그만두는 것은 짜던 베의 날을 끊는 것과 같다는 가르침.
- 單刀直入(단도직입) : 한 칼로 바로 적진에 쳐들어간다는 뜻으로, 문장, 언론 등에서 바로 본론으로 들어감을 말함. =去頭截尾(거두절미)
- 簞食豆羹(단사두갱) : '대나무 밥그릇의 밥과 제기에 떠놓은 국 한 그릇'이라는 뜻으로, 변변치 못한 음식을 이르는 말.
- 堂狗風月(당구풍월) : 서당 개 삼 년이면 풍월을 읊는다는 뜻으로, 어리석은 사람이라 할지라도 오랫동안 늘 보고 들은 일은 쉽게 해낼 수 있음.
- 黨同伐異(당동벌이) : 일의 옳고 그름은 따지지 않고 뜻이 같은 무리끼리는 서로 돕고 그렇지 않은 무리는 배척함.
- 大驚失色(대경실색) : 크게 놀라서 낯빛을 잃음을 의미함.
- 大器晩成(대기만성) : 남달리 뛰어난 큰 인물은 보통 사람보다 늦게 대성함.
- 大同小異(대동소이) : 작은 부분만 다르고 전체적으로는 같음.
- 大明天地(대명천지) : 매우 밝은 세상.
- 代代孫孫(대대손손) : 대대로 이어오는 자손.
- 戴盆望天(대분망천) : 머리에 동이를 이고 하늘을 바라보려 한다는 뜻으로, 한 번에 두 가지 일을 하기가 어렵다는 뜻.

- 戴天之讐(대천지수) : 하늘을 이고 살지 못할 원수.
- 徒勞無益(도로무익) : 애만 쓰고 이로움이 없음. =徒勞無功(도로무공)
- 道聽塗說(도청도설) : 길에서 들은 일을 곧바로 길에서 이야기 한다는 뜻으로, 깊이 생각하지 않고 예사로 듣고 말하는 것을 이르는 말.
- 塗炭之苦(도탄지고) : '진흙이나 숯불에 떨어진 것과 같은 고통'을 뜻하는 것으로, 가혹한 정치로 인해 백성들이 심한 고통을 겪는 것.
- 棟梁之材(동량지재) : 한 집안이나 나라를 맡아 다스릴 만한 인재.
- 東問西答(동문서답) : 동쪽에서 묻는데 서쪽에서 대답한다는 뜻으로, 묻는 말에 대하여 아주 딴판인 엉뚱한 대답을 함.
- 同苦同樂(동고동락) : 괴로움과 즐거움을 함께 함.
- 同價紅裳(동가홍상) : '같은 값이면 다홍치마'라는 뜻으로, 같은 조건이면 좀 더 나은 것을 택함.
- 同病相憐(동병상련) : '같은 병자끼리 가엾게 여긴다'는 말로 어려운 처지에 있는 사람끼리 서로 불쌍히 여겨 동정하고 서로 도움.
- 東奔西走(동분서주) : 사방으로 이리저리 바삐 돌아다님.
- 同床異夢(동상이몽) : 같은 잠자리에서 다른 꿈을 꿈. 곧 겉으로는 같이 행동하면서 속으로는 딴 생각을 가짐. ↔同病相憐(동병상련)
- 同時多發(동시다발) : 어떤 일이 같은 시기에 한꺼번에 많이 일어나는 것.
- 凍足放尿(동족방뇨) : '언 발에 오줌 누기'라는 뜻으로, 임시방편적인 행동을 비유함.
- 冬扇夏爐(동선하로) : '겨울 부채와 여름 화로'라는 뜻으로, 사용 시기와 맞지 않아 쓸모없이 된 사물을 이름.
- 東馳西走(동치서주) : 동쪽으로 달리고 서쪽으로 달림.
- 杜漸防萌(두점방맹) : 싹이 나오지 못하게 막는다는 뜻으로, 좋지 못한 일의 조짐이 보였을 때는 바로 그것을 제거해야 더 큰 해가 되지 않음을 이름.
- 杜門不出(두문불출) : 1. 집에만 있고 바깥출입을 하지 않음. 2. 집에서 은거하면서 벼슬을 하지 않음.
- 斗酒不辭(두주불사) : 술을 사양하지 않음.
- 登高自卑(등고자비) : 낮은 곳에서부터 높은 곳으로 오른다는 뜻으로, 모든 일은 차례를 밟아서 해야 함.
- 燈下不明(등하불명) : 등잔 밑이 어둡다는 뜻으로, 가까이에 있는 것을 오히려 잘 모름을 이르는 말.
- 馬耳東風(마이동풍) : 말의 귀에 동풍이 불어도 전혀 느끼지 못한다는 뜻으로, 남의 비평이나 의견을 조금도 귀담아 듣지 않고 곧 흘려버림. =牛耳讀經(우이독경), 對牛彈琴(대우탄금)

- 麻中之蓬(마중지봉) : 구부러진 쑥도 삼밭에 나면 자연히 꼿꼿하게 자란다는 뜻으로, 환경에 따라 악도 선도 고쳐진다.
- 麻姑搔痒(마고소양) : 마고 선녀가 긴 손톱으로 가려운 데를 긁는다는 뜻으로, 바라던 일이 뜻대로 잘됨을 이름.
- 莫上莫下(막상막하) : 어느 것이 위고 아래인지 분간할 수 없음.
- 莫逆之友(막역지우) : 서로의 뜻을 거스리지 않는 친한 벗.
- 萬頃蒼波(만경창파) : '만 이랑의 푸른 물결'이라는 뜻으로, 한없이 넓고 푸른 바다.
- 萬古不變(만고불변) : 오랜 세월이 지나도 전혀 변하지 않음.
- 萬事休矣(만사휴의) : 모든 일이 다 끝나서 더 이상 해 볼 도리가 없음.
- 滿場一致(만장일치) : 회장에 모인 사람의 뜻이 완전히 일치함.
- 罔極之恩(망극지은) : 부모나 임금에게 받은 지극한 은혜.
- 亡羊之歎(망양지탄) : 잃은 양을 여러 갈래의 길에서 찾지 못하듯, 학문의 길이 여러 갈래여서 못 미침을 탄식함. =多岐亡羊(다기망양)
- 茫然自失(망연자실) : 멍하니 정신을 잃음.
- 望雲之情(망운지정) : 구름을 바라보며 그리워한다는 뜻으로, 타향에 있는 자식이 고향의 부모를 그리워함.
- 亡牛補牢(망우보뢰) : 소를 잃고 우리를 고침.
- 梅蘭菊竹(매란국죽) : 매화, 난초, 국화, 대나무, 즉 사군자를 말함.
- 麥秀之嘆(맥수지탄) : 보리만 무성히 자란 것을 보며 탄식한다는 뜻으로, 고국의 멸망을 한탄함.
- 面從腹背(면종복배) : 겉으로는 복종하는 체하면서 속으로는 배반함.
- 滅私奉公(멸사봉공) : 사적인 것을 버리고 공적인 것을 위하여 힘써 일함.
- 明鏡止水(명경지수) : '맑은 거울과 고요한 물'이라는 뜻으로, 잡념이나 허욕이 없이 맑고 조용한 마음을 이름.
- 明明白白(명명백백) : 아주 명백함.
- 名實相符(명실상부) : 이름과 실상이 서로 들어맞음 또는, 알려진 것과 실제의 상황이나 능력에 차이가 없음.
- 明哲保身(명철보신) : 총명하고 사리에 밝아 자기 몸을 보존함.
- 牧民之官(목민지관) : '백성을 기르는 벼슬아치'라는 뜻으로, 원이나 수령 등 외직 문관을 통칭하는 말.

- 目不識丁(목불식정) : 글자를 전혀 모름. 또는 그러한 사람을 비유하여 이르는 말.
- 目不忍見(목불인견) : 몹시 딱하여 차마 볼 수 없음.
- 木人石心(목인석심) : 나무 인형에 돌같은 마음이라는 뜻으로, ①감정이 전혀 없는 사람 ②의지가 굳어 마음이 흔들리지 않는 사람.
- 夢寐之間(몽매지간) : 잠을 자며 꿈꾸는 사이.
- 無念無想(무념무상) : 일체의 생각이 없다는 뜻으로, 무아의 경지에 이르러 일체의 상념이 없음을 이르는 말.
- 無不通知(무불통지) : 무슨 일이든 모르는 것이 없음. =無所不知(무소부지)
- 無所不爲(무소불위) : 못할 일이 없음.
- 務實力行(무실역행) : 참되고 실속 있도록 힘써 실행함.
- 無爲徒食(무위도식) : 아무 하는 일없이 먹기만 함.
- 無爲自然(무위자연) : 사람의 힘을 더하지 않은 그대로의 자연. 또는 그런 이상적인 경지.
- 文房四友(문방사우) : 종이. 붓. 먹. 벼루의 네 문방구. =文房四寶(문방사보)
- 門前乞食(문전걸식) : 이집 저집을 돌며 빌어먹는 것.
- 門前成市(문전성시) : 문 앞에 저자를 이룬다는 뜻으로, 찾아오는 사람이 많음.
- 門前沃畓(문전옥답) : 집 가까이에 있는 기름진 논.
- 勿失好機(물실호기) : 좋은 기회를 놓치지 않음.
- 物我一體(물아일체) : 물질과 자아, 객관과 주관, 또는 물질계와 정신계가 어울려 하나가 됨.
- 聞一知十(문일지십) : 한 가지를 듣고 열 가지를 미루어 앎.
- 美辭麗句(미사여구) : 아름다운 말과 글귀.
- 美風良俗(미풍양속) : 아름답고 좋은 풍속.
- 博覽强記(박람강기) : 동서 고금의 서적을 널리 읽고, 그 내용을 잘 기억하고 있는 것.
- 拍掌大笑(박장대소) : 손뼉을 치면서 크게 웃음.
- 博學多識(박학다식) : 학문이 넓고 식견이 많음. =博覽强記(박람강기)
- 拔本塞源(발본색원) : 폐단의 근원을 뽑아서 아주 없애버림.
- 傍若無人(방약무인) : 곁에 아무도 없는 것같이 거리낌없이 함부로 행동함.
- 背水之陣(배수지진) : '물을 등지고 진을 침'을 뜻하는 것으로, 어떤 일을 이루기 위해 죽기를 각오해 맞서는 것을 이름.

- 杯盤狼藉(배반낭자) : 잔과 접시들이 어지럽게 흩어져 있다는 뜻으로, 잔치가 파할 무렵이나 파한 뒤의 어지러운 술자리라는 뜻.
- 百折不撓(백절불요) : 어떠한 난관에도 결코 굽히지 않음.
- 伯牙絶鉉(백아절현) : 백아가 거문고 줄을 끊었다는 뜻으로, 친한 친구의 죽음을 슬퍼하는 말이며 마음으로 통하는 친구.
- 白衣民族(백의민족) : 예부터 흰옷을 즐겨 입은 데서 한민족을 이름.
- 背恩忘德(배은망덕) : 입은 은덕을 저버리고 배반함. 또는 그런 태도가 있음.
- 白骨難忘(백골난망) : 죽어 백골이 된다 해도 은혜를 잊을 수 없음.
- 白面書生(백면서생) : 글만 읽고 세상일에 경험이 없는 사람. 풋내기.
- 百發百中(백발백중) : 백 번 쏘아 백 번 맞힌다는 뜻으로, 계획이나 예측이 생각대로 잘 들어맞음을 이르는 말.
- 百年大計(백년대계) : 먼 장래를 내다보고 세우는 계획. =百年之計(백년지계).
- 百年河淸(백년하청) : 황허 강의 물이 맑기를 기다린다는 뜻으로, 아무리 바라고 기다려도 실현될 가망이 없음.
- 百戰百勝(백전백승) : 싸울 때마다 반드시 이김.
- 百戰老將(백전노장) : 많은 전생에서 싸움을 치른 노련한 장수를 이름.
- 百折不屈(백절불굴) : 백 번 꺾어도 굴하지 않는다는 뜻으로, 어떠한 어려움에도 굽히지 않음을 이르는 말. =百折不撓(백절불요)
- 伯仲之勢(백중지세) : 세력이 엇비슷해 우열을 가릴 수 없는 형세.
- 百害無益(백해무익) : 조금의 이로움 없이 해롭기만 함.
- 兵家常事(병가상사) : 실패는 흔히 있는 일이니 낙심할 것 없다는 것.
- 步武堂堂(보무당당) : 걸음걸이가 씩씩하고 버젓함.
- 覆水不收(복수불수) : 엎질러진 물은 다시 담지 못한다는 뜻으로, 한 번 저지른 일은 다시 어찌 할 수 없음을 이름.
- 富貴功名(부귀공명) : 재물이 많고 지위가 높으며 공을 세워 이름을 떨침.
- 夫婦有別(부부유별) : 남편과 아내는 분별이 있어야 함.
- 父爲子綱(부위자강) : 아버지는 아들의 모범이 되어야 함. 부모는 자식에게 모범이 되어야 함.
- 父子有親(부자유친) : 오륜의 하나. 아버지와 아들 사이의 도는 친애에 있음.
- 父傳子傳(부전자전) : 대대로 아버지가 아들에게 전함.

- 不知其數(부지기수) : 그 수를 알 수 없을 만큼 아주 많음.
- 不知不識間(부지불식간) : 자기가 생각하지도 못하고 알지도 못하는 사이.
- 夫唱婦隨(부창부수) : 남편이 주장하고 아내가 이에 따른다는 로, 부부 화합의 도리를 이름.
- 附和雷同(부화뇌동) : 우렛소리에 맞춰 함께한다는 뜻으로, 자신의 뚜렷한 소신 없이 남의 의견이나 행동에 덩달아 따름을 이름.
- 駙馬都尉(부마도위) : 천자가 타는 수레에 딸린 말을 타는 사람에게 주는 칭호로, 공주의 부군(임금의 사위)을 이름.
- 粉骨碎身(분골쇄신) : 뼈가 가루가 되고 몸이 부서지도록 노력함.
- 不可抗力(불가항력) : 사람의 힘으로서는 어찌할 도리가 없는 거대한 힘을 뜻함.
- 不俱戴天(불구대천) : '한 하늘 아래서는 같이 살 수가 없는 원수'라는 뜻으로, 원한이 깊이 사무친 원수를 이름.
- 不立文字(불립문자) : 불도의 깨달음은 마음에서 마음으로 전해지는 것이지, 문자나 말로 전해지는 것이 아니라는 말.
- 不問可知(불문가지) : 묻지 않아도 능히 알 수 있음.
- 不問曲直(불문곡직) : 옳고 그름을 묻지 않고 다짜고짜로 행함.
- 不遠千里(불원천리) : 천리 길도 멀어하지 않고 찾아감.
- 鵬程萬里(붕정만리) : '붕새가 날아갈 길이 만 리'라는 뜻으로, 머나먼 노정. 또는 사람의 앞날이 매우 전도양양함을 이름.
- 不撤晝夜(불철주야) : 어떤 일을 그치지 않고 밤낮으로 계속하는 것을 이름.
- 不恥下問(불치하문) : 아랫사람에게 묻기를 부끄러워하지 않음.
- 不偏不黨(불편부당) : 어느 편으로나 치우치지 않는 공평한 태도.
- 朋友有信(붕우유신) : 벗 사이의 도리는 믿음에 있음.
- 非一非再(비일비재) : 같은 일이 한두 번이 아님.
- 氷山一角(빙산일각) : '얼음산의 한 모서리'라는 뜻으로, 커다란 것 중에 드러난 작은 부분을 뜻함.
- 氷炭之間(빙탄지간) : 성질이 반대여서 전혀 어울릴 수 없는 사이.
- 四顧無親(사고무친) : 사방을 돌아보아도 친척이 없음. 의지할 만한 사람이 도무지 없음.
- 士農工商(사농공상) : 선비, 농부, 장인, 상인을 함께 이르는 말.
- 四面楚歌(사면초가) : 사방에서 초나라의 노랫소리가 들린다는 뜻으로, 사방에 도와주는 이 없이 적들만 있는 경우를 이름.

- 四分五裂(사분오열) : 여러 갈래로 찢어짐.
- 事事件件(사사건건) : 모든 일. 온갖 사건.
- 沙上樓閣(사상누각) : '모래 위에 세운 누각'으로, 기초가 튼튼하지 못해 무너지기 쉬움.
- 死生決斷(사생결단) : 살고 죽음을 돌보지 않고 끝장을 내는 것을 말함.
- 四書三經(사서삼경) : 유교의 경전으로 사서는 논어·맹자·대학·중용 삼경은 시경·서경·역경.
- 事親以孝(사친이효) : 삼국 통일의 원동력이 된 화랑의 세속오계의 하나. 어버이를 섬김에 효도로써 함.
- 事必歸正(사필귀정) : 무슨 일이나 결국 옳은 이치대로 돌아감.
- 山川草木(산천초목) : 산과 물과 나무와 풀이라는 뜻으로, 자연을 일컫는 말.
- 山戰水戰(산전수전) : 산에서의 전투와 물에서의 전투를 다 겪음. 세상일에 경험이 많음.
- 散之四方(산지사방) : 사방으로 흩어져 없어짐.
- 山海珍味(산해진미) : 산과 바다에서 나는 물건으로 만든 맛좋은 음식.
- 殺生有擇(살생유택) : 삼국 통일의 원동력이 된 화랑의 세속오계의 하나. 산 것을 죽일 때는 가려서 죽일 것.
- 殺身成仁(살신성인) : 목숨을 버려 어진 일을 이룸.
- 森羅萬象(삼라만상) : 우주 속에 존재하는 온갖 사물과 모든 현상.
- 三顧草廬(삼고초려) : 유비가 제갈량의 초옥으로 세 번이나 찾아갔다는 데서 인재를 맞아들이기 위해 수고를 아끼지 않음을 이름.
- 三旬九食(삼순구식) : '한달 동안 아홉 번 식사함'을 뜻하는 것으로, 매우 가난하여 먹을 것이 적음을 이름.
- 桑田碧海(상전벽해) : 뽕나무 밭이 푸른 바다가 된다는 뜻으로, 세상의 변화가 심하거나 인생이 덧없음.
- 霜楓高節(상풍고절) : 고난을 당하여도 굴하지 않는 높은 절개를 뜻함.
- 塞翁之馬(새옹지마) : '변방에 사는 노인의 말'이라는 뜻으로, 세상 만사가 변화가 많아 어느 것이 화(禍)가 되고, 어느 것이 복(福)이 될지 예측하기 어렵다는 말 또는 인생의 '길·흉·화·복'은 늘 바뀌어 변화가 많음.
- 生面不知(생면부지) : 서로 한 번도 만난 적이 없어서 전혀 모르는 사람.
- 生死苦樂(생사고락) : 삶과 죽음, 괴로움과 즐거움을 통틀어 일컫는 말.
- 生不如死(생불여사) : 형편이 몹시 어려워서 사는 것이 오히려 죽느니만 못함.
- 生者必滅(생자필멸) : 생명이 있으면 반드시 죽게 마련임.

- 先見之明(선견지명) : 앞을 내다보는 안목. 장래를 미리 예측하는 날카로운 견식.
- 先公後私(선공후사) : 공적인 일을 먼저하고 사적인 일을 뒤로 미룸.
- 雪上加霜(설상가상) : 눈 위에 또 서리가 덮인 격. 어려운 일이 연거푸 일어남.
- 說往說來(설왕설래) : 시비를 따지는 말싸움.
- 雪泥鴻爪(설니홍조) : '눈 녹은 진창 위에 남긴 기러기의 발톱 자국'이라는 뜻으로, 얼마 안 가서 그 자국도 지워지고 날아간 방향도 알 길이 없어지듯, 인생의 덧없음이나 아련한 옛추억을 이르는 말.
- 世俗五戒(세속오계) : 事君以忠(사군이충), 事親以孝(사친이효), 交友以信(교우이신), 臨戰無退(임전무퇴), 殺生有擇(살생유택)의 다섯 가지 花郞預戒(화랑오계)를 말함.
- 騷人墨客(소인묵객) : 시문과 서화를 즐기는 사람을 뜻함.
- 小貪大失(소탐대실) : 작은 것을 탐내다가 큰 것을 잃음.
- 束手無策(속수무책) : (손이 묶인 듯이) 어찌할 도리가 없어 꼼짝 못함.
- 速戰速決(속전속결) : 싸움을 질질 끌지 않고 빠르게 끝냄을 뜻함.
- 送舊迎新(송구영신) : 묵은 해를 보내고 새해를 맞음.
- 松竹之節(송죽지절) : 소나무와 대나무 같이 곧은 절개.
- 松茂栢悅(송무백열) : 소나무가 무성하면 잣나무가 기뻐한다는 뜻으로, 벗이 잘되는 것을 기뻐한다는 말.
- 首鼠兩端(수서양단) : '구멍에 머리를 내밀고 어찌할 바를 몰라 하는 쥐'라는 뜻으로, 머뭇거리며 진로나 거취를 결정하지 못하는 상태를 말함.
- 袖手傍觀(수수방관) : 직접 손을 내밀어 간섭하지 않고 내버려 둠.
- 首丘初心(수구초심) : '여우가 죽을 때는 고향쪽으로 머리를 둔다'는 데서, 고향을 그리워하는 마음을 비유함.
- 手不釋卷(수불석권) : 손에서 책을 놓지 않고 늘 글을 읽음.
- 修身齊家(수신제가) : 자기의 몸을 닦고 집안 일을 잘 다스림.
- 水魚之交(수어지교) : 물과 고기의 사귐. 매우 친밀하게 사귀어 떨어질 수 없는 사이. 주로, 임금과 신하 사이의 친밀함을 이름.
- 守株待兔(수주대토) : 나뭇등걸에 걸려 죽은 토끼를 보고, 다시 토끼가 걸리기를 마냥 기다린단 뜻으로, 달리 변통할 줄 모르고 어리석게 한 가지만을 내내 고집함.
- 守節死義(수절사의) : 절개를 지키고 의롭게 죽음.
- 脣亡齒寒(순망치한) : 입술이 없으면 이가 시리다는 뜻으로, 이해 관계가 서로 밀접하여 한쪽이 망하면 다른 한쪽도 보전하기 어려움.

- 膝甲盜賊(슬갑도적) : 남의 글이나 저술을 베껴 마치 제가 지은 것처럼 하는 사람을 뜻함.
- 乘勝長驅(승승장구) : 싸움에 이긴 여세를 타고 계속 몰아침.
- 是非之心(시비지심) : 옳고 그름을 가릴줄 아는 마음.
- 食少事煩(식소사번) : 먹을 것은 적은데 일은 많다는 뜻으로, 수고는 많이 하지만 소득은 적음을 뜻함.
- 身土不二(신토불이) : '자기의 몸과 땅은 하나'라는 뜻으로, 태어난 땅에서 난 것이 자기 몸에 맞음.
- 十匙一飯(십시일반) : 여러 사람이 힘을 합하면 한 사람을 돕는 일은 쉬움.
- 善男善女(선남선녀) : 착하고 어진 사람들을 가리키는 말.
- 是是非非(시시비비) : 옳고 그름을 가리어 밝힘.
- 始終如一(시종여일) : 처음이나 나중이 한결같아서 변함없음.
- 識字憂患(식자우환) : 글자를 아는 것이 오히려 근심이 된다는 뜻으로, 알기는 알아도 똑바로 잘 알고 있지 못하기 때문에, 그 지식이 오히려 걱정거리가 됨.
- 信賞必罰(신상필벌) : 공이 있는 사람에게는 반드시 상을 주고, 죄가 있는 사람에게는 반드시 벌을 줌.
- 神出鬼沒(신출귀몰) : 귀신처럼 자유자재로 나타났다 사라졌다 함.
- 身邊雜記(신변잡기) : 자기 한 몸이 처해있는 주위에서 일상 일어나는 여러 가지 일을 적은 수필체의 글.
- 身言書判(신언서판) : 인물을 선택하는 네 가지 조건. 몸, 말씨, 글씨, 판단력.
- 實事求是(실사구시) : 사실에 근거하며 사물의 진상, 진리 등을 연구하는 일을 이르는 말.
- 十中八九(십중팔구) : 열이면 아홉은 그러함.
- 心機一轉(심기일전) : 어떤 일을 계기로 기분이 아주 달라짐.
- 深思熟考(심사숙고) : 깊이 생각하고 오래 살핌. 신중을 기하여 곰곰이 생각함.
- 我田引水(아전인수) : 자기 논에만 물을 끌어 넣는다는 뜻으로, 자기에게만 이롭게 되도록 생각하거나 행동함. =牽强附會(견강부회)
- 惡事千里(악사천리) : 나쁜 짓이나 못된 소문은 금세 세상에 퍼진다는 말.
- 安居危思(안거위사) : 편안할 때에 어려움이 닥칠 것을 잊지 말고 미리 대비해야 하는 것.
- 安分知足(안분지족) : 편안한 마음으로 분수를 지키며 만족할 줄 아는 것.
- 安貧樂道(안빈낙도) : 구차한 중에도 편한 마음으로 도를 즐김. =安分知足(안분지족)
- 眼下無人(안하무인) : '눈 아래 사람이 없음'이라는 뜻으로, 사람을 업신여기며 교만함. =傍若無人(방약무인)
- 哀乞伏乞(애걸복걸) : 애처롭게 사정하여 빌고 또 빎.

- 愛國愛族(애국애족) : 자기의 나라와 겨레를 사랑함.
- 弱肉強食(약육강식) : 약한 놈이 강한 놈에게 먹힘.
- 羊頭狗肉(양두구육) : 양 대가리를 걸어놓고 개고기를 판다는 뜻으로, 겉은 훌륭해 보이나 속은 그렇지 못함. 선전은 버젓하지만 내실이 따르지 못함.
- 良藥苦口(양약고구) : 좋은 약은 쓰다는 뜻으로, 충언(忠言)은 듣기 싫으나 받아들이면 자신에게 이로움. =忠言逆耳(충언역이)
- 兩者擇一(양자택일) : 둘 중 하나를 선택함.
- 魚頭肉尾(어두육미) : 물고기는 대가리 쪽이 맛이 있고, 짐승 고기는 꼬리 쪽이 맛이 있음.
- 漁父之利(어부지리) : 둘이 다투는 사이 엉뚱한 사람이 이익을 가로챔. 또는 그러한 이익.
- 語不成說(어불성설) : 말이 조금도 조리에 닿지 않음.
- 言語道斷(언어도단) : 어이가 없어 말로 나타낼 수 없음.
- 言中有骨(언중유골) : 예사로운 말속에 심상치 않은 뜻이 있는 것.
- 言行一致(언행일치) : 하는 말과 행동이 같음.
- 嚴妻侍下(엄처시하) : 아내에게 꼼짝 못하고 쥐어 사는 사람을 이르는 말.
- 掩耳盜鈴(엄이도령) : 귀를 막고 방울을 훔친다는 뜻으로, 모든 사람이 다 아는 잘못을 꾀를 부려 속이려 함을 이름.
- 與民同樂(여민동락) : 왕이 백성과 즐거움을 함께 나눔.
- 與世推移(여세추이) : 세상이 바뀌는 것에 따라 함께 변하는 것.
- 易地思之(역지사지) : 처지를 바꾸어 생각함.
- 連戰連勝(연전연승) : 싸울 때마다 번번이 이기는 것.
- 緣木求魚(연목구어) : 나무를 타고 올라가서 고기를 잡는다는 뜻으로, 되지도 않을 엉뚱한 소망을 비유하여 이르는 말.
- 榮枯盛衰(영고성쇠) : 인생이나 사물의 성함과 쇠함이 서로 바뀜.
- 五車之書(오거지서) : '다섯 수레에 실을 만한 책'이라는 뜻으로, 많은 장서를 이르는 말.
- 五里霧中(오리무중) : '5리에 걸친 짙은 안개 속'이라는 뜻으로, 무슨 일에 대하여 방향이나 상황을 알 길이 없음. 일의 갈피를 잡기 어려움.
- 吾鼻三尺(오비삼척) : '내 코가 석 자'라는 뜻으로, 내 사정이 급하여 남을 돌볼 겨를이 없음.
- 烏飛梨落(오비이락) : 까마귀 날자 배 떨어진다는 뜻으로, 공교롭게도 어떤 일이 같은 때에 일어나 남의 의심을 받게 됨.

- 傲霜孤節(오상고절) : 서릿발이 심한 추위 속에서도 굴하지 않고 홀로 꼿꼿하다는 뜻으로, 충신 또는 국화를 비유.
- 烏合之卒(오합지졸) : '까마귀가 모인 것 같은 무리'라는 뜻으로, 질서 없이 어중이떠중이가 모인 군중, 또는 제각기 보잘것없는 수많은 사람.
- 寤寐不忘(오매불망) : 자나 깨나 잊지 못함.
- 玉骨仙風(옥골선풍) : 뛰어난 풍채와 골격.
- 溫故知新(온고지신) : 옛 것을 익혀 새 것을 안다는 뜻으로, 옛 것을 연구하여 거기서 새로운 지식이나 도리를 찾아내는 일.
- 蝸牛角上(와우각상) : '달팽이의 더듬이 위'라는 뜻으로, 세상이 좁음을 이르는 말.
- 曰可曰否(왈가왈부) : 이러쿵저러쿵 말이 많음.
- 外華內貧(외화내빈) : 겉은 화려하나 실속이 없는 것.
- 樂山樂水(요산요수) : 山水(산수)를 좋아함. 원말:仁者樂山(인자요산) 知者樂水(지자요수)
- 搖之不動(요지부동) : 흔들어도 조금도 움직이지 않음.
- 欲速不達(욕속부달) : 일을 빠르게 하고자하면 도리어 이르지 못함.
- 龍頭蛇尾(용두사미) : 머리는 용이나, 꼬리는 뱀. 시작은 거창하나 뒤로 갈수록 흐지부지됨.
- 用意周到(용의주도) : 어떤 일을 할 마음이 두루 미친다는 뜻으로, 마음의 준비가 두루 미쳐 빈틈이 없음.
- 優柔不斷(우유부단) : 어물어물하기만 하고 딱 잘라 결단을 하지 못함. 결단력이 부족함을 이르는 말.
- 牛耳讀經(우이독경) : '소 귀에 경 읽기'라는 뜻으로, 아무리 일러도 알아듣지 못함을 이름. =馬耳東風(마이동풍), 對牛彈琴(대우탄금)
- 雨後竹筍(우후죽순) : '비가 온 후 여기 저기 솟는 죽순'이라는 뜻으로, 어떤 일이 한때에 많이 생겨남을 이르는 말.
- 流言蜚語(유언비어) : 사실 확인이 되지 않은 소문이 사람 사이에서 날아다니는 것.
- 危機一髮(위기일발) : 긴박하고 절박하며 위험한 순간.
- 威風堂堂(위풍당당) : 풍채가 의젓하고 떳떳함.
- 有口無言(유구무언) : 입은 있어도 말이 없다는 뜻으로, 변명할 말이 없거나 변명을 못함.
- 有名無實(유명무실) : 이름뿐이고 실속이 없음을 이르는 말.
- 唯我獨尊(유아독존) : 세상에서 자기만이 잘났다고 뽐내는 일.
- 類類相從(유유상종) : 비슷한 부류의 사람들끼리 모이는 것을 비유한 말.

- 悠悠自適(유유자적) : 속세를 떠나 아무것에도 얽매이지 않고 자유롭게 마음 편히 삶.
- 隱忍自重(은인자중) : 마음속으로 참으며, 몸가짐을 신중하게 함.
- 吟風弄月(음풍농월) : 맑은 바람과 밝은 달을 대하여 시를 지어 읊으며 즐김.
- 意味深長(의미심장) : 말이나 글의 뜻이 매우 깊음을 이르는 말.
- 以實直告(이실직고) : 사실을 있는 그대로 말함.
- 以心傳心(이심전심) : 말을 하지 않더라도 서로 마음이 통함을 이르는 말.=不立文字(불립문자), 拈華微笑(염화미소)
- 以熱治熱(이열치열) : 열로써 열을 다스림.
- 利用厚生(이용후생) : 편리한 기구 등을 잘 이용하여 살림에 부족함이 없게 함.
- 泥田鬪狗(이전투구) : 진창에서 싸우는 개. 강인한 성격. 볼썽사납게 서로 헐뜯거나 다투는 모양.
- 因果應報(인과응보) : 원인(原因)과 결과(結果)는 서로 물고 물린다는 뜻으로, 좋은 일에는 좋은 결과가, 나쁜 일에는 나쁜 결과가 따른다는 말.=惡因惡果(악인악과), 自業自得(자업자득), 種豆得豆(종두득두)
- 人面獸心(인면수심) : 얼굴은 사람의 모습을 하였으나 마음은 짐승과 같다는 뜻으로, 사람의 도리를 지키지 못하고 배은망덕하거나 행동이 흉악하고 음탕한 사람.
- 人命在天(인명재천) : 사람의 목숨은 하늘에 있다는 뜻으로, 사람이 살고 죽는 것은 어찌할 수 없음을 이르는 말.
- 人海戰術(인해전술) : 사람을 많이 차례로 투입하여 일을 성취하는 방법.
- 人事不省(인사불성) : 정신을 잃고 의식을 모른다는 뜻으로, 사람으로서의 예절(禮節)을 차리지 못하거나 의식을 잃어서 사람의 일을 알아차리지 못함을 이르는 말.
- 人死留名(인사유명) : 사람은 죽어서 이름을 남김.
- 人山人海(인산인해) : 사람이 아주 많이 모인 상태를 이르는 말.
- 仁者樂山(인자요산) : 인품이 어진 사람은 의리에 만족하여 몸가짐이 무겁고 덕이 두터워 그 마음이 산과 같아 자연히 산을 좋아함을 이르는 말.
- 一刻千金(일각천금) : 극히 짧은 시간도 귀중하고 아깝기가 천금과 같음.
- 一擧兩得(일거양득) : 한 가지 일을 하여 두 가지 이익을 봄. 일석이조.
- 日久月深(일구월심) : 날이 오래고 달이 깊어 간다는 뜻으로, 세월이 흐를수록 바라는 마음이 더욱 간절해짐.
- 一口二言(일구이언) : 한 입으로 두 말을 한다는 뜻으로, 한 번 내뱉은 말을 바꿈.

- 一網打盡(일망타진) : 한 그물에 물고기를 다 잡듯 한꺼번에 모두 다 잡음.
- 一脈相通(일맥상통) : 생각, 성질, 처지 등이 어느 면에서 한 줄기로 서로 통하거나 비슷함을 이르는 말.
- 一絲不亂(일사불란) : 질서정연하여 조금도 어지러움이 없음.
- 一罰百戒(일벌백계) : 한 사람을 벌 주어 백 사람을 경계한다는 뜻으로, 한 사람을 벌하여 여러 사람에게 경각심을 불러일으킴.
- 一心同體(일심동체) : 마음을 하나로 만들어 한마음 한몸이 되는 것.
- 一魚濁水(일어탁수) : 물고기 한 마리가 큰 물을 흐리게 한다는 뜻으로, 한 사람의 악행으로 인하여 여러 사람이 그 해를 받게 되는 것.
- 一以貫之(일이관지) : 하나의 이치로서 모든 것을 꿰뚫음.
- 一日三秋(일일삼추) : 하루가 삼년 같다는 뜻으로, 뭔가를 초조히 기다림.
- 一長一短(일장일단) : 장점이 하나 있으면 단점도 하나 있음. 좋고 나쁨이 있음.
- 一場春夢(일장춘몽) : 한바탕의 봄꿈. 헛된 영화나 덧없는 일.
- 一觸卽發(일촉즉발) : 금방이라도 일이 크게 터질 듯한 아슬아슬한 긴장 상태.
- 日就月將(일취월장) : 날로 발전하여 나아감.=日進月步(일진월보)
- 一波萬波(일파만파) : 하나의 물결이 수많은 물결이 된다는 뜻으로, 하나의 사건이 여러 가지로 자꾸 확대되는 것을 이르는 말.
- 一片丹心(일편단심) : '한 조각의 붉은 마음'이라는 뜻으로, 변치 않는 참된 마음을 이르는 말.
- 一筆揮之(일필휘지) : 글씨를 단숨에 힘차고 시원하게 죽 써 내려감.
- 一喜一悲(일희일비) : 한 번 기쁘고 한 번 슬픔.
- 臨機應變(임기응변) : 그때그때의 형편에 따라 알맞게 일을 처리함.
- 立身出世(입신출세) : 성공해서 이름을 세상에 널리 알림.
- 一石二鳥(일석이조) : 한 개의 돌을 던져 두 마리의 새를 맞추어 떨어뜨린다는 뜻으로, 한 가지 일을 해서 두 가지 이익을 얻음을 이르는 말.
- 自強不息(자강불식) : 스스로 힘을 쓰고 가다듬어 쉬지 않음.
- 自激之心(자격지심) : 자기가 한 일에 대해 스스로 부족하다고 여기는 마음.
- 自問自答(자문자답) : 스스로 묻고 스스로 대답함.
- 自業自得(자업자득) : 자기가 저지른 일의 결과를 자기가 받음.
- 自由自在(자유자재) : 자기 마음대로 할 수 있음.

- 自手成家(자수성가) : 자기 손으로 스스로 이룬다는 뜻으로, 물려받은 재산 없이 스스로의 힘으로 어엿한 한 살림을 이룩하는 일
- 自初至終(자초지종) : 처음부터 끝까지의 과정.
- 自暴自棄(자포자기) : 스스로 자기 몸을 해치고 자기 몸을 버림.
- 自家撞着(자가당착) : 말이나 행동이 앞뒤가 맞지 않음.
- 自繩自縛(자승자박) : 자기의 줄로 자기 몸을 묶는다는 뜻으로, 자기가 한 말과 행동에 자기 자신이 묶여 곤란하게 됨을 이르는 말.
- 自：自讚(자화자찬) : 자기가 그린 그림을 자기가 칭찬한다는 뜻으로, 스스로 자랑함을 이르는 말.
- 作心三日(작심삼일) : 한 번 결심한 것이 사흘을 가지 않다는 뜻으로, 결심이 굳지 못함.
- 將計就計(장계취계) : 상대의 계략을 미리 알아채고 그것을 역이용하는 것.
- 張三李四(장삼이사) : '장씨의 셋째 아들과 이씨의 넷째 아들'이라는 뜻으로, 평범한 보통 사람을 이르는 말. =樵童汲婦(초동급부), 善男善女(선남선녀), 甲男乙女(갑남을녀)
- 適材適所(적재적소) : 어떤 일에 적합한 재능을 가진 자에게 적합한 지위나 임무를 맡기는 것.
- 賊反荷杖(적반하장) : 도둑이 도리어 몽둥이를 든다는 뜻으로, 잘못한 사람이 오히려 잘못 없는 사람을 나무람.
- 電光石火(전광석화) : 극히 짧은 시간이나 빠른 동작을 비유하는 말.
- 前代未聞(전대미문) : 이제까지 들어본 적이 없는 일.
- 前無後無(전무후무) : 전에도 없었고 앞으로도 있을 수 없음을 이르는 말.
  =空前絶後(공전절후)
- 轉禍爲福(전화위복) : 화가 바뀌어 오히려 복이 된다는 뜻으로, 어떤 불행한 일이라도 끊임없는 노력과 강인한 의지로 힘쓰면 불행을 행복으로 바꾸어 놓을 수 있음.
- 絶世佳人(절세가인) : 매우 뛰어난 미인.
- 切齒腐心(절치부심) : 몹시 분하여 이를 갈며 속을 썩임.
- 漸入佳境(점입가경) : 가면 갈수록 경치가 아름다워진다는 뜻으로, 일이 점점 더 재미있는 지경으로 돌아가는 것.
- 正正堂堂(정정당당) : 태도나 자세가 바르고 떳떳한 것.
- 朝令暮改(조령모개) : 아침에 영을 내리고 저녁에 다시 고친다는 뜻으로, 법령이나 명령이 자주 뒤바뀜.
- 朝三暮四(조삼모사) : 아침에 세 개, 저녁에 네 개라는 뜻으로. 당장 눈앞에 나타나는 것만을 알고 그 결과가 같은 것을 모르는 것 또는 간사한 꾀를 써서 남을 속임을 말함.

- 朝變夕改(조변석개) : 아침, 저녁으로 뜯어고친다는 말로, 계획이나 결정 따위를 자주 바꾸는 것을 이르는 말. =朝令暮改(조령모개)
- 早失父母(조실부모) : 일찍이 부모를 여의는 것.
- 鳥足之血(조족지혈) : '새 발의 피'라는 뜻으로, 극히 적은 분량이나 아주 적어서 비교(比較)가 안 되는 것을 이름.
- 糟糠之妻(조강지처) : '지게미와 쌀겨를 먹으며 살던 때의 아내'라는 뜻으로, 가난할 때 같이 고생을 한 아내를 이르는 말.
- 存亡之秋(존망지추) : 존속하느냐 멸망하느냐의 매우 위급한 때, 또는 죽느냐 사느냐의 중대한 경우를 이름.
- 種豆得豆(종두득두) : 콩 심은 데 콩 난다는 뜻으로, 원인에는 그에 따른 결과가 나오기 마련임. =因果應報(인과응보), 自業自得(자업자득)
- 縱橫無盡(종횡무진) : 행동이 마음 내키는 대로 자유자재임.
- 坐不安席(좌불안석) : 불안하거나 걱정스러워 한 곳에 오래 앉아 있지 못함.
- 坐井觀天(좌정관천) : 우물 속에 앉아 하늘을 본다는 뜻으로, 견문이 썩 좁음을 이름.
- 左之右之(좌지우지) : 제 멋대로 휘두름.
- 晝耕夜讀(주경야독) : 낮에는 농사짓고 밤에는 공부하며 어렵게 공부함.
- 走馬看山(주마간산) : 말을 타고 달리면서 산을 바라본다는 뜻으로, 바빠서 자세히 살펴보지 않고 대강 보고 지나감을 이름.
- 晝夜長川(주야장천) : 밤낮으로 쉬지 않고 흐르는 시냇물과 같이 계속 이어짐을 이르는 말.
- 酒池肉林(주지육림) : 술이 못을 이루고 고기가 수풀을 이룬다는 뜻으로, 매우 호화스럽고 방탕한 생활.
- 主客顚倒(주객전도) : 주인과 손님의 위치가 서로 바뀜.
- 竹馬故友(죽마고우) : '대나무 말을 타고 놀던 옛 친구'라는 뜻으로, 어릴 때부터 가까이 지내며 자란 친구를 이르는 말.
- 衆寡不敵(중과부적) : 적은 수효로 많은 수효를 대적하지 못함 또는, 적은 사람으로는 많은 사람을 이기지 못함.
- 衆口難防(중구난방) : 여러 사람의 입을 막기 어렵다는 뜻으로, 많은 사람들이 함부로 떠들어대는 것은 감당하기 어려우니, 행동을 조심해야 함.
- 重言復言(중언부언) : 한 말을 계속 반복하고 되풀이 하는 것.
- 志氣相合(지기상합) : 두 사람의 의지와 기개가 서로 잘 맞는 것.
- 指鹿爲馬(지록위마) : 사슴을 가리켜 말이라고 한다는 뜻으로, 사실이 아닌 것을 사실로 만들어 강압으

로 인정하게 됨. 웃사람을 농락하여 권세를 마음대로 함.

- 至誠感天(지성감천) : 지극한 정성에는 하늘도 감동한다는 뜻으로, 무엇이든 정성껏 하면 하늘이 움직여 좋은 결과를 맺음.
- 指呼之間(지호지간) : 손짓하여 부르면 대답할 수 있는 가까운 거리.
- 知行一致(지행일치) : 지식과 행동이 서로 맞는 것.
- 盡人事待天命(진인사대천명) : 사람으로서 할 수 있는 노력을 다한 후 천명을 기다림.
- 進退兩難(진퇴양난) : 나아가지도 물러서지도 못하는 궁지에 몰리는 것.
- 進退維谷(진퇴유곡) : '앞뒤가 모두 골짜기뿐'이라는 뜻으로, 꼼짝할 수 없는 궁지에 빠짐을 이름.
- 此日彼日(차일피일) : 약속이나 기한 등을 미적미적 미루는 모양.
- 天高馬肥(천고마비) : 하늘은 높고 말은 살찜, 곧 가을철을 이르는 말.
- 千軍萬馬(천군만마) : '천 명의 군사와 만 마리의 말'이라는 뜻으로, 많은 군사와 말을 이름.
- 千慮一得(천려일득) : 어리석은 사람일지라도 많은 생각을 하다 보면 한 가지 쯤은 좋은 생각을 얻음.
- 天生緣分(천생연분) : 하늘이 정해준 연분.
- 千辛萬苦(천신만고) : 온갖 어려움, 또는 그것을 겪음.
- 天壤之差(천양지차) : 하늘과 땅처럼 큰 차이. 사물이 서로 엄청나게 다름.
- 千載一遇(천재일우) : 천 년에 한 번 만난다는 뜻으로, 좀처럼 얻기 어려운 좋은 기회.
- 天災地變(천재지변) : 지진, 홍수, 태풍 따위와 같이, 자연 현상에 의해 일어나는 재앙.
- 千差萬別(천차만별) : 여러 가지 사물은 모두 구별이 있음.
- 千態萬象(천태만상) : 사물이 제각기 다른 모습을 함. =千差萬別(천차만별)
- 千篇一律(천편일률) : 여러 시문의 격조가 비슷하여 개별적 특성이 없음.
- 徹頭徹尾(철두철미) : 처음부터 끝까지 철저하게.
- 靑山流水(청산유수) : '푸른 산과 흐르는 물'이라는 뜻으로, 말을 거침없이 잘함을 비유함.
- 靑雲之志(청운지지) : 높고 큰 뜻.
- 淸風明月(청풍명월) : '맑은 바람과 밝은 달'이라는 뜻으로, 결백하고 온건한 성격을 이르는 말.
- 靑天白日(청천백일) : 환하고 밝은 대낮.
- 草家三間(초가삼간) : '세 칸짜리 초가'라는 뜻으로, 아주 보잘것없는 초가를 이르는 말.
- 草綠同色(초록동색) : '풀과 녹색은 서로 같은 벗'이라는 뜻으로, 같은 처지나 부류의 사람들끼리 함께 행동함을 이르는 말. =類類相從(유유상종)

- 初志一貫(초지일관) : 처음의 뜻을 이루기 위해 끝까지 밀고 나감.
- 寸鐵殺人(촌철살인) : 한 치밖에 안 되는 칼로 사람을 죽인다는 뜻으로, 간단한 경구나 단어로 사람을 감동시키거나 사물의 급소를 찌름의 비유.
- 秋風落葉(추풍낙엽) : '가을 바람에 우수수 떨어지는 잎'이란 뜻으로, 어느 한 순간에 권력 등을 잃어버리는 것.
- 忠言逆耳(충언역이) : 바른 말은 귀에 거슬린다는 뜻으로, 바르게 타이르는 말일수록 듣기 싫어함을 이르는 말. =良藥苦口(양약고구)
- 醉生夢死(취생몽사) : 술에 취하여 꿈을 꾸다가 죽는다는 뜻으로, 아무 의미나 이룬 일이 없이 한평생을 흐리멍덩히 보냄을 이르는 말.
- 治國安民(치국안민) : 나라를 잘 통치하고 백성을 평안하게 하는 것.
- 治山治水(치산치수) : 산과 물을 다스려 재해를 막는 일.
- 置之度外(치지도외) : 내버려두고 상대하지 않음.
- 他山之石(타산지석) : 다른 산에서 난 돌도 자기의 구슬을 가는 데에 소용이 된다는 뜻으로 다른 사람의 하찮은 언행일지라도 자기의 지덕(知德)을 연마하는데 도움이 됨.
- 卓上空論(탁상공론) : '탁자 위에서만 펼치는 헛된 논설'이란 뜻으로, 실현성이 없는 허황된 이론을 일컬음.
- 貪官汚吏(탐관오리) : 탐욕이 많고 행실이 깨끗하지 못한 벼슬아치.
- 泰山北斗(태산북두) : 세상 사람들이 존경하는 사람.
- 泰然自若(태연자약) : 어떤 충격에도 움직임이 없이 자연스러움을 뜻함.
- 太平聖代(태평성대) : 어질고 착한 임금이 잘 다스리어 태평한 세상.
- 破顔大笑(파안대소) : 얼굴이 찢어지도록 크게 웃음. 즐거운 표정으로 한바탕 크게 웃음.
- 破竹之勢(파죽지세) : '대나무를 쪼개는 기세'라는 뜻으로, 세력이 강대하여 적을 거침없이 물리치고 쳐들어가는 기세, 또는 걷잡을 수 없이 나아가는 모양을 이르는 말.
- 波瀾萬丈(파란만장) : '물결이 만 길'이라는 뜻으로, 사람의 생활이나 인생에 여러 가지 시련과 곡절이 있음을 이르는 말.
- 八方美人(팔방미인) : '어느 방향에서 보아도 아름다운 미인'이라는 뜻으로, 여러 방면의 일에 능통한 사람을 일컫는 말.
- 敗家亡身(패가망신) : 집안의 재산을 다 써 버리고 몸을 망침.
- 抱腹絶倒(포복절도) : 배를 움켜쥐고 기절할 정도로 웃음.
- 飽食暖衣(포식난의) : 따뜻하게 입고 배불리 먹음. 의식에 부족함이 없이 편안하게 지냄.

- 布衣寒士(포의한사) : 벼슬이 없는 가난한 선비.
- 暴惡無道(포악무도) : 몹시 사납고 악함.
- 表裏不同(표리부동) : 마음이 음충맞아서 겉과 속이 다름. 속 다르고 겉 다름.
- 風樹之嘆(풍수지탄) : 부모님이 돌아가셔서 효도할 수 없음을 탄식함.
- 風前燈火(풍전등화) : '바람 앞의 등불'이라는 뜻으로, 위기에 처함을 이름. =百尺竿頭(백척간두), 危機一髮(위기일발)
- 匹夫匹婦(필부필부) : 평범한 사람을 이름.
- 下石上臺(하석상대) : 아랫돌을 빼서 윗돌에 괴고, 윗돌을 빼서 아랫돌에 괸다는 뜻으로, 임시방편으로 이리저리 둘러맞춤.
- 鶴首苦待(학수고대) : 학처럼 목을 빼고 기다림. 몹시 기다림.
- 漢江投石(한강투석) : 한강에 돌을 던진다는 뜻으로, 전혀 가능성 없는 헛된 행동을 함을 이름.
- 閑話休題(한화휴제) : '불필요한 이야기는 그만 하고'라는 뜻으로, 글을 쓸 때, 한동안 본론에서 벗어난 이야기를 하다가 다시 본론으로 되돌아갈 때 쓰는 말.
- 咸興差使(함흥차사) : 심부름을 가서 아주 소식이 없거나 더디 옴.
- 虛無孟浪(허무맹랑) : 거짓되고 터무니없이 허황됨.
- 虛送歲月(허송세월) : 세월을 헛되이 보냄을 일컫는 말.
- 虛張聲勢(허장성세) : 헛되이 목소리의 기세만 높인다는 뜻으로, 실력(實力)은 없이 허세로만 떠벌리는 것.
- 虛心坦懷(허심탄회) : 마음속의 생각을 터놓고 말할 만큼 솔직함.
- 軒軒丈夫(헌헌장부) : 이목구비가 반듯하고 풍채가 좋고 의젓해 보이는 남자.
- 螢雪之功(형설지공) : 가난한 사람이 반딧불과 눈빛으로 글을 읽어가며 고생 속에서 공부함을 일컬음.
- 豪言壯談(호언장담) : 분수에 맞지 않게 큰소리로 자신있게 말함.
- 浩然之氣(호연지기) : 하늘과 땅 사이에 가득 찬 넓고 큰 정기 또는, 공명정대하여 조금도 부끄럼 없는 용기, 잡다한 일에서 벗어난 자유로운 마음.
- 好衣好食(호의호식) : 좋은 옷을 입고 좋은 음식을 먹는 것.
- 糊口之策(호구지책) : 입에 풀칠하는 계책.
- 虎視耽耽(호시탐탐) : 야심을 품고 날카로운 눈초리로 기회를 엿보는 모양.
- 呼兄呼弟(호형호제) : 서로 형, 아우라 부를 정도로 가까운 친구사이.
- 昏定晨省(혼정신성) : 자식이 아침저녁으로 부모의 안부를 물어서 살핌.

- 紅爐點雪(홍로점설) : '벌겋게 달아오른 화로에 떨어진 한 점 눈'이라는 뜻으로, 풀리지 않던 이치가 문득 깨쳐짐 또는, 큰 힘 앞에 맥을 못 추는 매우 작은 힘.
- 紅東白西(홍동백서) : 제사를 지낼 때에 신위를 중심으로, 붉은 과실은 동쪽에 흰 과실은 서쪽에 차리는 방법.
- 弘益人間(홍익인간) : 널리 인간세상을 이롭게 함.
- 花朝月夕(화조월석) : '꽃이 핀 아침과 달이 뜬 저녁'이란 뜻으로 경치가 좋은 시절을 이름.
- 畵蛇添足(화사첨족) : 뱀을 그리는 데 발까지 그려 넣는다는 뜻으로, 안 해도 될 쓸데없는 일을 덧붙여 하다가 도리어 일을 그르침.
- 厚顔無恥(후안무치) : 창피한 일을 하고도 얼굴에 기색이 나타나지 않음.
- 興亡盛衰(흥망성쇠) : 흥하고 망하고 성하고 쇠하는 일. = 榮枯盛衰(영고성쇠)
- 興盡悲來(흥진비래) : 즐거운 일이 다하면 슬픈 일이 온다는 뜻. ↔ 苦盡甘來(고진감래)
- 會者定離(회자정리) : 만나면 반드시 헤어지게 마련임. ↔ 去者必反(거자필반)
- 喜怒哀樂(희로애락) : 기쁨과 노여움과 슬픔과 즐거움. 인간이 갖고 있는 온갖 감정을 이르는 말.

전의어 | 轉義語

- 脚光(각광) : 무대 전면의 아래쪽에서 배우를 비추어 주는 광선. 사람이나 사물의 어떤 방면에 있어서의 등장이 눈부실 만큼 찬란히 빛남.
- 角逐(각축) : 겨루고 쫓는다는 뜻으로, 서로 이기려고 세력이나 재능을 다툼.
- 干城(간성) : 방패와 성. 나라의 밖을 막고 안을 지키는 것. 나라를 지키는 군인이나 인물.
- 揀擇(간택) : 분간하여 고름. 왕이나 왕자, 왕녀의 배우자를 고르는 일.
- 葛藤(갈등) : '칡과 등나무'라는 뜻으로, 일이나 사정이 서로 복잡하게 뒤얽혀 화합하지 못함의 비유. 서로 상치되는 견해·처지·이해 등의 차이로 생기는 충돌. 정신 내부에서 각기 틀린 방향의 힘과 힘이 충돌하는 상태.
- 堪輿(감여) : 하늘과 땅. 만물을 포용하여 싣고 있는 수레(물건)라는 뜻.
- 黔驢(검려) : 검주의 나귀. 보잘 것 없는 솜씨와 힘.
- 敬遠(경원) : 경이원지의 줄임말로 겉으로는 공경하는 체하면서 실제로는 꺼리어 멀리함. 표리부동한 태도.
- 更張(경장) : 거문고의 줄을 고치어 맴. 해이한 사물을 고치어 긴장하게 함. 사회적·정치적으로 부패한 모든 제도를 개혁함.
- 鷄肋(계륵) : 닭의 갈빗대라는 뜻으로, 먹기에는 너무 맛이 없고 버리기에는 아까워 이러지도 저러지도 못하는 형편 즉, 그리 도움은 못 되나 버리기에는 아까워서 이러지도 저러지도 못하는 난처한 상황.
- 股肱(고굉) : 다리와 팔이라는 뜻으로, 다리와 팔뚝에 비길 만한 신하, 임금이 가장 신임하는 중신.
- 膏粱(고량) : 살진 고기와 좋은 곡식으로 만든 맛있는 음식.
- 古稀(고희) : 드물다는 뜻. 70세.
- 關鍵(관건) : 빗장과 자물쇠. 사물의 가장 중요한 곳.
- 管見(관견) : 소견이 좁음, 대통 구멍으로 내다봄, 즉, 넓지못한 견문. 자기의 의견을 겸손하게 일컫는 말.
- 觀火(관화) : 명약관화의 준말. 분명함. 앞날이 훤히 들여다 보일 때를 일컫는 말.
- 刮磨(괄마) : 금, 보석 등을 갈고 닦아서 반질반질하게 함. 학문이나 지식 기능 등을 힘써 배우고 익힘.
- 光陰(광음) : 햇빛과 그늘. 흘러가는 시간. 세월, 때.
- 掛冠(괘관) : 갓을 벗어 성문에 건다는 뜻으로, 관직을 버리고 사퇴하는 것.

- 肱膂(굉려) : 팔과 등골뼈. 의지하기에 족한 것. 임금이 가장 신임하는 신하.
- 驅馳(구치) : 말이나 수레를 몰아 빨리 달림. 또는 남의 일을 위하여 힘을 다함.
- 溝壑(구학) : 구렁. 땅이 움쑥하게 팬 곳. 깊이 빠진 곳. 빠지면 헤어나기 어려운 환경을 비유하는 말.
- 國色(국색) : 한 나라를 통틀어 가장 아름다운 여자.
- 國香(국향) : '난초'를 달리 이르는 말. 나라에서 제일가는 미인. 국색.
- 權輿(권여) : 權은 저울대, 輿는 수레 바탕. 즉 저울을 만들 때는 저울대부터 만들고, 수레를 만들 때는 수레 바탕부터 만든다는 뜻으로, 사물의 시초.
- 閨秀(규수) : 남의 집 처녀를 점잖게 이르는 말 재주와 학문이 빼어난 부녀자 .미혼녀.
- 軌迹(궤적) : 수레바퀴가 지나간 자국. 선인의 언동의 자취 또는, 그 사람이나 어떤 일을 더듬어 온 흔적.
- 規矩(규구) : 지름이나 선의 거리를 재는 도구. 그림쇠.
- 琴瑟(금슬) : 거문고와 비파. 부부사이의 정 .
- 羈絆(기반) : 굴레를 씌운다는 뜻으로, 굴레를 씌우듯 자유를 구속하는 것을 뜻함.
- 旣望(기망) : 음력으로 16일, 이미 망월(望月:15일)이 지났다는 뜻에서 16일.
- 杞憂(기우) : 중국 기(杞)나라 사람이 하늘이 무너질까봐 침식을 잊고 근심 걱정했다는 데서 유래. 쓸데없는 걱정을 나타냄. [기인지우(杞人之憂)의 준말로 "杞國有人 憂天地崩墬 身亡無所倚 廢寢食者(기나라에 한 사람이 있었는데, 그는 하늘이 무너지고 땅이 꺼지면 몸둘 곳이 없음을 걱정한 나머지 침식을 전폐하였다)"고 한 데서 유래한다.
- 氣合(기합) : 호흡이 맞음. 적에게 덤비는 기세나 지르는 소리. 학교, 군대 등에서 잘못한 사람에게 육체적 정신적인 고통을 가하는 일.
- 落魄(낙백) : 혼이 떨어짐, 뜻을 얻지 못하고 실의에 빠짐. 현달하지 못하여 곤궁한 처지에 놓임.
- 落點(낙점) : 벼슬아치를 뽑을 때 임금이 뽑을 사람의 이름 위에 점을 찍던 일.
- 落穗(낙수) : 가을걷이 후에 논밭에 떨어져 있는 곡식의 이삭. 어떤 일의 뒷이야기를 비유하여 이르는 말.
- 南面(남면) : 예전에 임금이 남쪽을 향하여 앉아서 뭇 신하의 조례를 받았던 데서, 군주가 됨을 이르는 말. 얼굴을 남쪽으로 둠.
- 濫觴(남상) : 술잔에 겨우 넘칠 정도의 작은 물이라는 뜻으로, 큰 강물도 그 근원은 술잔이 넘칠 정도의 작은 물에서 시작함. 모든 사물이나 일의 처음 또는 근원을 일컬음.
- 濫吹(남취) : 함부로 엉터리로 부는 것. 무능한 사람이 재능이 있는 체하거나 실력이 없는 사람이 높은 자리를 차지하고 있음.
- 狼狽(낭패) : 뜻한 일이 실패하여 딱한 처지가 됨. 낭패란 전설의 동물로 뒷다리가 짧고 앞다리가 짧은 두 놈이 함께 가는데 힘들다는 것에서 유래함.

- 磊塊(뇌괴) : 돌덩어리. 가슴에 맺힌 불평.
- 綠林(녹림) : 푸른 숲이라는 뜻으로, 도둑의 소굴을 이르는 말.
- 隴斷(농단) : 깎아 세운 듯이 높이 솟은 언덕 (옛날 어떤 사람이 높은 곳에 올라가 시장을 살펴보고 자기 물건을 팔기에 적당한 곳으로 가서, 시리를 독점했다는 데서 유래) 이익을 독점함.
- 籠絡(농락) : (사람을) 교묘한 꾀로 휘어잡아 제 마음대로 이용하거나 다루는 것.
- 累卵(누란) : 쌓아 놓거나 포개 놓은 알이라는 뜻으로, (어떤 구성체 따위가)무너질 것처럼 몹시 위태로운 형편의 비유.
- 茶飯事(다반사) : 차를 마시고 밥을 먹듯 일상적으로 하는 일. 예사로운 일. 흔한 일.
- 斷末魔(단말마) : 임종시를 말함. 숨이 끊어질 때의 고통. 숨이 끊어질 때 내뱉는 짧은 비명.
- 螳螂力(당랑력) : 사마귀가 수레바퀴를 막는 힘이라는 뜻에서, 아주 미약한 힘, 또는 아주 미약한 병력을 비유함.
- 東郭履(동곽리) : 동곽의 신발이라는 뜻으로, 매우 가난함을 비유한 말. 동곽리는 집안 형편이 매우 어려운 동곽 선생의 신이 닳고 닳아 신의 윗면만 있고 밑면은 없어 발이 그대로 땅에 닿았다는 데서 유래함.
- 登龍門(등용문) : 용문에 오른다는 뜻으로, 입신 출세의 관문을 이르는 말. 또는 뜻을 펴서 크게 영달함을 비유한 말 .
- 斷腸(단장) : 창자가 끊어진다는 뜻으로, 창자가 끊어지는 듯하게 견딜 수 없는 심한 슬픔이나 괴로움.
- 簞瓢(단표) : 도시락과 표주박. 단사표음의 준말. 도시락과 표주박과 누추한 거리라는 뜻으로, 소박한 시골 생활을 비유해 이르는 말.
- 談判(담판) : 어떤 일의 是非를 가리거나 결말을 짓기 위하여 논의함. 부당한 일에 대하여 강력히 항의하여 시정하도록 함. 따짐.
- 圖南(도남) : 남쪽으로 가려고 기도함. 웅대한 일을 계획하고 있음.
- 塗炭(도탄) : 진흙탕에 빠지고 숯불에 탄다는 뜻으로. 생활이 몹시 곤궁하고 고통스러운 지경을 이르는 말.
- 豚犬(돈견) : 돼지와 개. 미련하고 못난 사람의 비유. 자기 아들을 겸손하게 일컫는 말.
- 棟梁(동량) : 마룻대와 들보. 기둥이 될 만한 인물.
- 凍梨(동리) : 서리를 맞아 얼어서 시든 배 또는, 그 배처럼 쇠하고 시들어 검버섯이 난 노인의 피부를 비유하여 90세의 노인을 이르는 말.
- 冬扇(동선) : 겨울의 부채라는 뜻으로, 시기에 맞지 아니하여 쓸모 없이 된 사물을 비유해 이르는 말.
- 銅臭(동취) : 동전에서 나는 냄새. 재화를 탐하여 그것을 자랑하거나, 재화로써 출세하는 등의 수전노 짓을 함.

- 頭角(두각) : 짐승의 머리에 있는 뿔. 뛰어난 학식이나 재능.
- 杜撰(두찬) : 두묵(杜默)이 시를 지음. 전거나 출처가 확실치 못한 저술. 틀린 곳이 많은 작품.
- 挽歌(만가) : 수레를 끌면서 부르는 노래라는 뜻으로, 즉 상여를 메고 갈때 죽은 사람을 애도하며 부르는 노래.
- 望八(망팔) : 팔십 살을 바라봄. 71세.
- 萌芽(맹아) : 식물에 새로 트는 싹. 사물의 시초가 되는 것.
- 矛盾(모순) : 창과 방패란 뜻으로 말이나 행동의 앞뒤가 서로 맞지 않는 것을 이름.
- 木鐸(목탁) : 절에서 불공이나 예불, 경을 읽을 때 또는 식사와 공사 때에 치는 나무로 만든 방울.
- 蒙塵(몽진) : 머리에 티끌을 뒤집어 쓴다는 뜻. 임금이 난리를 피해 나라 밖으로 도주함을 말함.
- 墨守(묵수) : 묵자가 끝까지 지킨다는 말로, 자기 의견이나 주장, 소신 따위를 굽히지 않고 끝까지 지키는 것을 뜻함.
- 巫山雲(무산운) : 무산의 구름. 남녀의 운우지정. 초나라 양왕이 낮잠을 자다 꿈속에서 무산의 신녀를 만나 즐거운 시간을 보냈다는 고사에서 유래함.
- 未亡人(미망인) : 남편과 함께 죽어야 할 것을, 아직 죽지 못하고 있는 사람이란 뜻으로, 과부가 스스로를 겸손하며 일컫는 말.
- 彌縫策(미봉책) : 꿰매어 깁는 계책이란 뜻으로, 결점이나 실패를 덮어 발각되지 않게 이리 저리 주선하여 감추기만 하는 계책. 임시방편의 계책.
- 米壽(미수) : 쌀의 나이. 농부가 모를 심어 추수할 때까지 88번 손질이 필요하다는 데서 유래했다는 설이 있음. 88세를 이름.
- 薄氷(박빙) : 얇은 얼음. 살얼음. 근소한 차이. 주로, '박빙의 승부'로 많이 쓰임.
- 拍車(박차) : 말을 탈 때 신는 신의 뒤축에 댄 쇠로 만든 물건. 그 끝에 톱니 바퀴가 달려 있어 말의 배를 차서 아프게 하여 말을 빨리 달리게 하는 기구임. 어떠한 일의 촉진을 위하여 더하는 힘.
- 反間(반간) : 거짓으로 적국 사람이 되어 적정을 탐지하여 본국에 알리거나 또는 그 일을 하는 사람. 이 밖에도 적국의 간첩을 역이용하여 적이 탐지한 책략과 반대가 되는 책략을 쓰는 것을 가리키기도 하고, 이간질을 뜻하기도 함.
- 半壽(반수) : 절반의 나이. 81세.
- 跋扈(발호) : 제 마음대로 날뛰며 행동함.
- 白眉(백미) : 중국 촉나라 마량의 5형제 중 흰 눈썹이 섞인 양(良)의 재주가 가장 뛰어나다는 데서 온 말로, 여럿 중에서 가장 뛰어난 사람이나 훌륭한 물건, 작품을 이르는 말.
- 魄散(백산) : 넋이 흩어짐. 매우 놀람.

- 白眼視(백안시) : 흰 눈으로 봄. 남을 업신여기거나 냉대하여 흘겨봄.
- 堡壘(보루) : 적의 접근을 막기 위하여 돌, 흙 등으로 만든 견고한 구축물. 어떤 일을 하기 위한 튼튼한 발판을 비유하여 이르는 말.
- 伏龍(복룡) : 엎드려 있는 용. 숨어서 세상에 나오지 않는 뛰어난 선비나 호걸.
- 覆轍(복철) : 수레가 뒤집힘. 앞서 가던 사람이 실패한 자취.
- 鳳兒(봉아) : 봉황의 새끼.장차 큰 인물이 될만한 소년.
- 鳳雛(봉추) : 봉황의 새끼. 아직 세상에 드러나지 않은 영웅. 지략이 뛰어난 젊은이.
- 駙馬(부마) : 천자가 타는 수레에 딸린 말. 한무제 때 공주의 남편을 부마도위란 관직에 임명한 데서 임금의 사위를 뜻함.
- 不肖(불초) : 못나고 어리석음, 또는 그런 사람. 어버이의 덕행이나 사업을 이을 만한 능력이 없음, 또는 그런 사람. 자기를 낮추어 이르는 말.
- 鵬圖(붕도) : 붕새의 도모. 한없이 큰 포부.
- 粃糠(비강) : 쭉정이와 겨. 변변치 못한 음식을 비유한 말. 쓰레기나 먼지처럼 소용없는 하찮은 물건을 비유한 말.
- 比翼(비익) : 두 마리의 새가 서로 날개를 가지런히 맞댐. 금슬이 좋음.
- 獅子吼(사자후) : 사자의 울부짖음이라는 뜻으로, 석가모니의 목소리를 사자의 우는 소리에 비유함. 열변을 토하는 연설. 질투심이 강한 아내가 남편에게 야무지게 떠드는 일.
- 蛇足(사족) : 뱀의 발을 그린다는 뜻으로, 쓸데없는 군일을 하다가 도리어 실패함을 이르는 말. 쓸데없는 일을 함.
- 師表(사표) : 학식과 인격이 높아 세상 사람의 모범이 되는 일, 또는 그런 사람.
- 三徙(삼사) : 맹자의 모친이 세 번이나 이사를 하여 맹자가 좋은 습성을 가지도록 하였던 일.
- 三昧境(삼매경) : 잡념을 버리고 오직 하나의 대상에만 정신을 집중하는 경지를 이르는 말로 이러한 경지에서 올바른 지혜를 얻고 대상을 올바르게 파악하게 됨.
- 嘗膽(상담) : 쓸개를 맛본다는 뜻으로, 원수를 갚거나 하고자 하는 일을 이루기 위해 온갖 어려움과 굴욕을 참고 견딤.
- 序幕(서막) : 연극의 시작이 되는 첫 막. 무슨 일의 시작.
- 鼠竊(서절) : 쥐나 개가 물건을 훔친다는 뜻으로, 좀도둑을 이르는 말.
- 首鼠(수서) : 구멍에 머리를 내밀고 엿보는 쥐라는 뜻으로, 진퇴나 거취를 정하지 못하고 망설이는 모양의 비유.
- 笑中刀(소중도) : 웃음 속에 칼이 있음. 겉으로는 웃고 있으나 속에는 해칠 마음을 품고 있음을 비유한 말.

- 酬酢(수작) : 술잔을 서로 주고받는다는 뜻에서 말을 서로 주고받음. 또는 엉큼한 속셈이나 속보이는 짓을 얕잡아 이르는 말.
- 守株(수주) : 융통성이 없는 어리석은 사람.
- 菽麥(숙맥) : 콩과 보리. 숙맥불변의 줄임말로 콩과 보리를 구분 못하는 어리석은 사람. 또는 사리분별을 못하는 사람을 이르는 말.
- 豺狼(시랑) : 승냥이와 이리. 탐욕이 많고 무자비한 사람을 비유한 말.
- 市虎(시호) : '저자의 호랑이'라는 뜻으로 여러 사람이 하는 거짓말은 쇠도 녹임.
- 食言(식언) : 한 번 입밖으로 냈던 말을 다시 입속에 넣어서 삼킴. 앞서 한 말을 번복하거나 약속을 지키지 않고 거짓말을 하는 경우를 말함.
- 宸襟(신금) : 임금의 마음. 대궐의 옷깃.
- 蜃氣樓(신기루) : 이무기가 토해낸 기운이 만들어 놓은 건물. 대기 속의 빛이 굴절 현상으로 인해 공중이나 땅에 어떤 것이 있는 것처럼 보이는 현상으로 갑자기 나타난 짧은 시간 동안 있다가 사라지는 신기하고 아름다운 현상을 이르는 말.
- 辛辣(신랄) : 맛이 몹시 쓰고 매움. 수단이 매우 가혹함.
- 薪米(신미) : 땔나무와 쌀. 생활의 재료
- 握髮(악발) : (주공(周公)이 한 번 머리를 씻을 동안 여러 번 머리카락을 잡은 채 방문한 인사를 면접했다는 옛일에서) 감고 있던 머리를 거머쥐고 손님을 맞는다는 뜻으로, 정사에 바쁜 것을 비유.
- 眼中釘(안중정) : '눈 속의 못'이라는 뜻으로, 눈엣가시. 또는 남에게 심한 해독을 끼치는 사람.
- 雁書(안서) : 기러기 편지. 철따라 이동하는 기러기가 먼 곳에 소식을 전한다는 뜻으로, 먼 곳에서 온 소식이나 편지를 일컬음.
- 軋轢(알력) : 수레바퀴의 삐걱거림. 의견이 서로 충돌됨.
- 壓卷(압권) : 위의 책이 아래 책을 누름. 제일 잘 된 책. 같은 책이나 글, 작품. 여럿 가운데 가장 우수한 것을 뜻함.
- 艾年(애년) : 머리털이 쑥처럼 희어진 나이. 50세.
- 粱肉(양육) : 좋은 곡식과 고기. 좋은 음식.
- 黎民(여민) : 관(冠)을 쓰지 않은 검은 머리를 지닌 백성이라는 뜻으로, 일반 백성. 서민.
- 如反掌(여반장) : 손바닥을 뒤집는 것과 같이 일이 쉬움.
- 連理枝(연리지) : 두 나무의 가지가 서로 맞닿아 결이 서로 통한다는 뜻으로, 화목한 부부 또는 남녀 사이를 비유한 말.

- 逆鱗(역린) : '거슬러 난 비늘'이라는 뜻으로, 용의 턱 아래에 거슬러 난 비늘을 건드리면 용이 화를 낸 다는 전설에서 나온 말로 임금님의 노여움을 이름.
- 燃眉(연미) : 눈썹에 불이 붙음. 눈썹이 탈 정도로 불에 가깝게 있다는데서, 위험이 닥친 것의 비유.
- 煙霞(연하) : 안개와 놀. 고요한 산수의 경치.
- 盈昃(영측) : 해와 달도 차면 기움. 흥함 뒤에는 쇠함이 따름.
- 五車書(오거서) : '다섯 수레에 실을 만한 책'이란 뜻으로, 많은 책을 일컫는 말.
- 甕算(옹산) : 독장수 셈과 그림의 떡. 헛된 생각으로, 실속이 없음을 이르는 말.
- 蝸角(와각) : '달팽이의 더듬이'라는 뜻으로, 아주 좁은 지경이나 지극히 작은 사물을 이르는 말.
- 搖籃(요람) : 젖먹이를 놀게 하거나 재우기 위하여 올려놓고 흔들도록 만든 물건.
- 容膝(용슬) : 무릎이나 간신히 넣는다는 뜻으로, 방이나 장소가 매우 비좁음.
- 蝸角觝(와각저) : 달팽이 더듬이 위에서 겨룸. 하찮은 일로 하는 싸움.
- 臥龍(와룡) : 누워 있는 용이란 뜻으로, 앞으로 큰 일을 할 사람을 비유함. 때를 만나지 못한 큰 인물.
- 完璧(완벽) : 흠이 없는 구슬 또는 구슬을 온전히 보전한다는 뜻으로 티끌만큼의 결점도 없이 완전함.
- 鴛鴦(원앙) : 원앙새 암컷과 수컷의 맺음으로 금실이 좋음을 이르는 말. 사이좋은 부부.
- 容喙(용훼) : 입을 놀림. 옆에서 말 참견을 함.
- 輪廓(윤곽) : 사물의 대강의 테두리. 겉모양. 얼굴의 모양.
- 衣鉢(의발) : 가사와 바리때. 곧 전법의 표시가 되는 물건으로서 스승으로부터 전수한 불법이나 불교의 깊은 뜻.
- 而立(이립) : 그리고 섬. 30세. 공자가 30에 자립했다는 데에서 유래함.
- 耳順(이순) : 귀가 순함. 60세. 공자가 60세가 되어 사물의 이치를 깨달아 남이 하는 말이 모두 이해가 되었다는 데에서 유래함.
- 泥醉(이취) : 술에 취해 진흙처럼 흐느적거림. 술에 몹시 취한 상태.
- 匿爪(익조) : 손톱을 감춤. 숨은 뜻이 있음.
- 一髮(일발) : 한 가닥의 머리털. 아주 작음을 가리킴.
- 一字師(일자사) : 한 글자를 가르쳐 준 스승. 핵심을 짚어주는 스승.
- 孕婦(잉부) : 임신한 부녀.
- 蔗境(자경) : '사탕수수가 나타나는 지경'이라는 뜻으로, 경치·이야기·문장 등이 점점 재미있어짐.
- 刺股(자고) : 송곳으로 허벅다리를 찔러서 잠을 깨운다는 뜻으로, 학업에 매우 힘씀을 이르는 말.

- 長川(장천) : 주야장천의 줄임말로, 밤낮으로 쉬지 않고 흐르는 시냇물과 같이 늘 잇따름.
- 電擊(전격) : 번개와 같이 갑자기 들이 침. 전류에 의하여 급격히 주어진 자극. 갑자기 적을 공격함.
- 折角(절각) : 뿔을 부러뜨린다는 뜻으로, 기세를 누르거나 콧대를 납작하게 만드는 것을 이름.
- 切磨(절마) : 옥돌을 자르고 줄로 쓸고, 끌로 쪼고 갈아 빛을 낸다는 뜻으로, 학문이나 인격을 갈고 닦음.
- 折箭(절전) : 화살을 부러뜨림. 힘을 한 곳에 모으면 강해짐.
- 折檻(절함) : 난간이 부러진다는 뜻으로, 전한의 주운이 성제에게 간하니 화난 임금이 그를 끌어내려 하자 어전의 난간을 계속 붙잡고 아뢰다가 그가 잡았던 난간이 부러졌다는 데에서 유래함. 부하가 상관에게 강경하게 간언함을 이르는 말.
- 點額(점액) : 이마에 점이 찍힘. 시험에 낙제하는 일. 용문을 올라간 잉어는 용이 되고, 그렇지 않은 것은 이마에 점이 찍혀서 돌아간다는 고사에서 유래함.
- 點睛(점정) : 점을 찍어 눈동자를 그린다는 뜻으로, 가장 중요한 부분을 완성함. 용을 그리고 난 후에 마지막으로 눈동자를 그려 넣어 완성하였더니 그 용이 실제로 용이 되어 하늘로 날아올라갔다는 고사에서 유래함.
- 正鵠(정곡) : 과녁의 한가운데 되는 점. 목표. 또는 핵심을 비유함.
- 井蛙(정와) : 우물안 개구리. 견문이 좁고 세상 물정에 어두운 사람을 비유한 말.
- 提孩(제해) : 손을 끌고 다닐 수 있는 어린아이. 2~3세의 아이.
- 糟糠(조강) : 지게미와 쌀겨라는 뜻으로 가난한 사람이 먹는 변변하지 못한 음식.
- 助長(조장) : 도와서 성장시킨다는 뜻으로, 급히 크게 하고자 무리하게 힘을 가하면 도리어 모든 것을 해치게 된다는 경계의 뜻으로 하는 말.
- 彫琢(조탁) : 보석 등을 새기거나 쪼는 일. 시문의 자구를 아름답게 다듬음을 비유함.
- 卒壽(졸수) : 마치는 나이. 90세.
- 踵武(종무) : 발자국을 따라 밟음. 뒤를 이음.
- 種玉(종옥) : 구슬을 심는다는 뜻으로, 아름다운 여인을 아내로 맞이하는 것을 이름.
- 左袒(좌단) : 왼쪽 소매를 벗음. 남을 편들어 동의함.
- 櫛雨(즐우) : 즐풍목우(櫛風沐雨)의 줄임말. 머리털을 바람으로 빗질하고 몸은 빗물로 목욕한다는 뜻으로, 오랜 세월을 객지에서 방랑하며 온갖 고생을 다 함을 이르는 말.
- 知音(지음) : 소리를 알아 줌. 마음이 통하는 친한 벗. 거문고 소리를 듣고 안다는 뜻으로, 자기의 속마음까지 알아주는 친구. 열자(列子)의 탕문편(湯問篇)에 나오는 말로, 중국 춘추 전국시대에 거문고의 명수인 백아(伯牙)의 거문고 소리를 잘 알아들은 사람은 오직 그 친구

종자기(鍾子期)뿐이었다는 고사에서 유래함.

- 咫尺(지척) : 아주 가까운 거리.
- 知天命(지천명) : 천명을 앎. 50세.
- 指呼間(지호간) : 손짓하여 부를만한 거리. 아주 가까운 거리.
- 桎梏(질곡) : 차꼬와 수갑이란 뜻으로, 자유가 없는 고통스런 상태.
- 蹉跌(차질) : 미끄러져서 넘어짐. 하던 일이나 계획이 틀어짐.
- 滄桑(창상) : 푸른 바다와 뽕나무밭. 뽕나무가 변하여 푸른 바다가 된다는 뜻으로 세상의 모든 일이 엄청나게 변해 버린것.
- 千里眼(천리안) : '천 리 밖을 보는 눈'이란 뜻으로, 먼 곳의 것을 볼 수 있는 안력. 사물을 꿰뚫어 보는 힘. 먼 데서 일어난 일을 직감적으로 감지하는 능력.
- 鐵面皮(철면피) : 쇠로 만든 낯가죽. 뻔뻔스럽고 염치없는 사람.
- 捷徑(첩경) : 지름길. 혹은 어떤 일에 이르기 쉬운 방법.
- 靑眼視(청안시) : 푸른 눈으로 봄. 좋게 보고 잘 대함.
- 楚歌(초가) : 초나라의 노래. 사방 어디에서 도울 사람이 없는 곤란한 지경을 뜻하는 사면초가(四面楚歌)의 줄임말.
- 焦眉(초미) : 눈썹에 불이 붙은 것 같이 매우 위급함의 비유.
- 錐囊(추낭) : 주머니 속에 있는 송곳이란 뜻으로, 재능이 아주 빼어난 사람은 숨어 있어도 저절로 남의 눈에 드러난다는 것을 비유함.
- 秋霜(추상) : 가을서리, 무서움의 상징.
- 秋扇(추선) : 가을의 부채는 쓸모가 없다는 뜻으로, 쓸모 없어진 물건을 이름.
- 秋毫(추호) : 가을 털. 가을철에 털을 갈아서 가늘어진 짐승의 털이란 뜻으로, 몹시 작음을 비유하여 이르는 말.
- 春秋(춘추) : 봄과 가을. 해. 나이를 높여 이르는 연세를 뜻함.
- 隻眼(척안) : 한 짝 눈. 외눈 한 쪽 눈이 찌그러진 것, 또는 그런 눈을 가진 사람. 특별한 식견.
- 逐鹿(축록) : 사슴을 쫓는다는 뜻으로, 정권 또는 지위를 얻기 위해 다툼을 이르는 말.
- 出藍(출남) : 쪽에서 난 푸른빛이 쪽보다 더 푸르다는 뜻으로 제자가 스승보다 나은 것을 말함. 청출어람(靑出於藍).
- 琢磨(탁마) : 옥 등을 갈고 닦음. 수행하여 학문·기예·정신 등을 향상 함.
- 濯足(탁족) : 발을 씻음. 세속을 떠남. 탁족회(濯足會).

- 偸香(투향) : 향을 훔친다는 뜻으로, 남녀간에 사사롭게 정을 통하는 것을 이름.
- 破鏡(파경) : 깨어진 거울. 이지러진 달을 비유하는 말로 부부의 금슬이 좋지 않아 이혼하게 되는 것.
- 破瓜(파과) : 외를 깸. 여자 나이 16세. 남자 나이 64세.
- 破天荒(파천황) : 천황을 깨뜨림. 천지개벽 이전의 혼돈한 상태를 깨뜨려 연다는 뜻으로, 이제까지 아무도 하지 않은 일을 행함을 이르는 말.
- 幣帛(폐백) : 비단. 예물. 선물. 신부가 혼례를 마치고 시댁에 와서 시부모를 비롯한 여러 시댁 어른들에게 드리는 첫인사.
- 蒲柳質(포류질) : 부들과 버들같은 바탕. 연약한 나무. 몸이 약해 병이 쉽게 걸리는 체질을 비유한 말.
- 風燈(풍등) : 풍전등화(風前燈火)의 줄임말.
- 披肝膽(피간담) : 간과 쓸개를 열어 보임. 서로 속마음을 털어 놓고 친하게 사귐.
- 旱魃(한발) : 가물을 맡은 귀신. 심한 가뭄을 뜻함.
- 獻喧(헌훤) : 따뜻한 것을 바친다는 말로, 남에게 크게 소용이 되지 않는 물건을 바치는 것을 이름. 또한 남에게 물건을 줄 때의 겸손한 말.
- 懸梁(현량) : 들보에 매닮. 졸음을 극복하고 열심히 공부함. 머리카락을 묶어 대들보에 매달아 졸음을 쫓았다는 고사에서 유래함.
- 血肉(혈육) : 피와 살. 겨레붙이. 골육
- 嫌疑(혐의) : 꺼리고 싫어함. 의심스러움.
- 形影(형영) : 형체와 그림자.
- 荊妻(형처) : '가시나무 비녀를 꽂은 아내'라는 뜻으로, 남에게 자기(自己)의 아내를 낮추어 이르는 말.
- 糊口(호구) : 입에 풀칠을 한다는 뜻으로, 겨우 끼니를 이어가는 일을 이르는 말.
- 狐鼠(호서) : 여우와 쥐. 간사하고 못됨.
- 戶裏(호리) : 집 뒤의 울타리 안.
- 狐狸(호리) : 여우와 이리라는 뜻으로, 소인배를 비유하여 이르는 말.
- 毫釐(호리) : 저울 눈금의 호와 리. 조금. 아주 적은 분량.
- 虎威(호위) : 범의 위세란 뜻으로, 권세있는 사람의 위력을 일컫는 말.
- 鴻鵠(홍곡) : 큰 기러기와 고니. 곧, 큰 인물을 비유한 말.
- 畵餠(화병) : 그림의 떡이라는 뜻으로, 그림속의 떡은 먹을 수가 없으므로 실용적이지 못함을 비유한 말. 아무 소용없는 것.

- 換骨(환골) : 뼈대를 바꿈. 더 좋게 바뀜.
- 黃口(황구) : 누런 입. 새 새끼의 주둥이가 노랗다는 뜻에서, 어린아이. 철없는 사람.
- 膾炙(회자) : 날고기와 구운 고기라는 뜻으로, 명성이나 평판이 널리 사람의 입에 오르내림.
- 效顰(효빈) : 찡그리는 것을 본받음. 자기분수를 모르고 함부로 남의 흉내를 내어 웃음거리가 됨을 이르는 말. 남의 결점을 장점인 줄 알고 본뜸. 초나라의 미인 서시가 병이 있어 눈을 찌푸리자 이것을 본 못생긴 여자들이 눈을 찌푸리면 아름답게 보이는 줄 알고 따라서 눈을 찌푸리지 더욱 못생겨 보였다는 고사에서 유래함.
- 嚆矢(효시) : 우는 살. 어떤 사물이나 현상이 시작되어 나온 맨 처음.
- 喜壽(희수) : 기쁜 나이. 77세.
- 解語花(해어화) : 말을 아는 꽃이라는 뜻으로, 미녀를 일컫는 말.
- 壺中天(호중천) : 항아리 속의 세상. 별천지. 별세계.
- 紅一點(홍일점) : 푸른 잎 가운데 한 송이의 꽃이 피어 있다는 뜻으로, 많은 남자 사이에 끼어 있는 한 사람의 여자를 이르는 말.

실전 모의고사

1급 문제지 20회

第1回 漢字能力檢定試驗 1級 問題紙

※ 다음 漢字語에 대하여 물음에 답하시오.

(1) 轉嫁 (2) 凱旋 (3) 粒子
(4) 拷打 (5) 瀕死 (6) 濫觴
(7) 塗炭 (8) 伏龍 (9) 完璧
(10) 輪廓 (11) 寂寞 (12) 片鱗
(13) 燐光 (14) 饅頭 (15) 覲親
(16) 肩臂 (17) 蔭德 (18) 藿羹
(19) 果汁 (20) 揭帖 (21) 炒麵
(22) 庵子 (23) 肥瘠 (24) 潰瘍
(25) 暮靄 (26) 全帙 (27) 廚房
(28) 炙膾 (29) 痔疾 (30) 肢端
(31) 蜜柑 (32) 直諫 (33) 蛋黃
(34) 玉璽 (35) 菩薩 (36) 龜鼈
(37) 棍棒 (38) 晴曇 (39) 奢侈
(40) 杜鵑 (41) 乾柿 (42) 竹筍
(43) 押釘 (44) 勤惰 (45) 凶慝
(46) 芭蕉 (47) 咆哮 (48) 噴水
(49) 酪酊 (50) 艱易

[問 1-50] 위 漢字語 [1-50]의 讀音을 쓰시오.

[問 51-55] 위 漢字語 [1-5]의 뜻을 쓰시오.

[問 56-60] 위 漢字語 [6-10]의 轉義(字義대로가 아닌 뜻)를 쓰시오.

例 : 矛盾 (轉義) - 앞뒤가 서로 맞지 않음

[問 61-65] 위 漢字語 [20-50] 가운데에서, 서로 상대되는 뜻을 지닌 글자끼리 結合된 것(加減… 등과 같이)을 5개 찾아 그 번호로 답하시오.

[66-90] 다음 漢字의 訓·音을 쓰시오.

(66) 摸 (67) 梳 (68) 嚼
(69) 熾 (70) 崖 (71) 雺
(72) 礫 (73) 烙 (74) 沌
(75) 袋 (76) 匿 (77) 跆
(78) 披 (79) 彗 (80) 拏
(81) 徘 (82) 慷 (83) 礁
(84) 昧 (85) 薔 (86) 芒
(87) 訊 (88) 癢 (89) 撚
(90) 緋

[問 91-100] 다음 漢字의 部首를 쓰시오.

(91) 嘉

(92) 駕

(93) 墾

(94) 匣

(95) 喝

(96) 兼

(97) 競

(98) 驚

(99) 卿

(100) 季

[問 101-105] 빈칸에 제시한 漢字를 넣어 漢字語로 성립하지 않는 것을 찾아 그 번호를 적으시오.

(101) 揀
① □擇 ② 分□ ③ 汰□ ④ □慝

(102) 堪
① □査 ② □耐 ③ □當 ④ 難□

(103) 膏
① □藥 ② □血 ③ 推□ ④ 軟□

(104) 括
① 包□ ② 總□ ③ □弧 ④ □目

(105) 軀
① 巨□ ② 體□ ③ 老□ ④ 鍼□

[問 106-110] 다음 한자어와 뜻이 가장 비슷한 한자어를 찾아 그 번호로 답하시오.

(106) 苛酷
① 至毒 ② 嬉笑 ③ 薰煙 ④ 姦慝

(107) 整頓
① 岐路 ② 關鍵 ③ 收拾 ④ 巢窟

(108) 明晳
① 悖信 ② 九旻 ③ 背叛 ④ 聰明

(109) 範疇
① 俊傑 ② 部類 ③ 販路 ④ 破裂

(110) 燦爛
① 潛哲 ② 玲瓏 ③ 峻嚴 ④ 瞭然

※ 다음 글을 읽고 물음에 답하시오.

○ 인접(111)한 이웃국가에서 부품과 원자재를 실어와 이 지역의 노동력으로 완성된 제품은 다시 이웃국가로 넘어간다. 전반적인 생산이 둔화(112)되고 있음에도 이 지역의 생산은 연 15%씩 늘고 있고 지난해 이 지역의 고용(113)은 8%가 늘었다. 노사 간의 갈등(114)을 줄이기 위한 획기적인 여러 조치(115)들이 취해졌다. 우수사원을 표창(116)하고, 결근과 지각(117)을 없애기 위한 여러 가지 방법을 동원했다. 교포(118) 실업인 김 사장은 이 지역의 상권을 장악(119)하고 구미(120) 각국으로 진출할 계획을 세우고 있다.

○ 과년(121)한 규수(122)가 대궐(123)에 침입하여 보초(124)를 쓰러뜨리고

보화를 약탈(125)하였을 뿐 아니라 세자를 납치(126)하는 만행(127)을 저질렀다는 너의 말을 믿을 수가 없다. 이는 분명 우리를 농락(128)하고자 하는 것이니 너를 참형(129)에 처하여 본을 보일 것이다.

○ 이라크 주둔(130) 미군과 이라크 보안군이 23일 새벽 1시 기습(131) 작전을 벌여 반군의 소굴(132)을 폭파한 것으로 전해지고 있다. 미군은 100여 명의 구금자를 석방(133)하였다. 이날 공격은 수뇌부(134) 체포(135)에 대한 보복으로 무단 처형이 이뤄질 것이라는 첩보(136)를 입수했기 때문에 감행된 것으로 전해진다.

○ ☆☆☆은 일본을 대표하는 미녀배우(137)다. 항상 미녀스타라는 수식어(138)가 붙는다. 하얀 피부(139)와 큰 눈, 이국적인 분위기. 그런데 얼마 전 발간(140)된 잡지에 ☆☆☆이 비밀 결혼을 했다는 보도가 나오면서 일본 연예계가 발칵 뒤집혔다. '◇◇◇ 사건'에 비견(141)될 만큼 충격(142)적이다. 보도에 따르면 ☆☆☆이 소속되어 있는 연예 기획(143)사를 운영하고 있는 부동산 재벌(144)과 1년여 전에 결혼식을 올렸다는 것이다. 상대남자로 지목된 부동산 재벌은 연예계 전반(145)에 막대한 영향력을 행사하는 재력가다.

[問 111-145] 윗글 밑줄 그은 漢字語를 漢字(正字)로 쓰시오.

[問 146-150] 윗글 밑줄 그은 漢字語 [119-142] 가운데에서 첫소리가 '긴소리'인 것을 가려 5개만 그 번호를 쓰시오(실제로는 5개 이상임).

[問 151-155] 다음에서 첫소리가 '긴소리'인 것을 그 번호로 답하시오.

(151) ① 降等 ② 賂物 ③ 壘堡 ④ 降伏

(152) ① 淪落 ② 凌駕 ③ 綾衾 ④ 狼狽

(153) ① 萌芽 ② 卍字 ③ 吝嗇 ④ 饅頭

(154) ① 麵類 ② 撫摩 ③ 邁進 ④ 模糊

(155) ① 氾濫 ② 登攀 ③ 醱酵 ④ 潑剌

[問 156-165] 다음 밑줄 친 同音異義語를 구별하여 漢字(正字)로 쓰시오.

○ 지은 지 100년 된 고가(156)가 고가(157)에 판매되었다.

○ 영상물등급위원회에서는 공포(158)영화 ○○○를 19세 미만 청소년들에게는 상영을 금지하도록 공포(159)하였다.

○ 공중부양(160)을 연마하고 있는 그 사람은 가족을 부양(161)할 능력이 없다.

○ 언덕 위에 지어진 신축(162)건물은 가벽을 설치해 평수를 신축(163)성 있게 조절할 수 있다.

○ 장마에 침수된 자동차를 무료로 수리

(164)하기 위해서는 자차보험에 가입되어 있어야 하며, 보험회사에서 서류를 수리(165)할 수 있도록 조건을 갖추어야 한다.

[問 166-170] 다음 漢字의 略字는 正字로 正字는 略字로 쓰시오.

(166) 斷
(167) 傑
(168) 戀
(169) 礼
(170) 売

[問 171-175] 類義字로 結合된 漢字語가 되도록 ( ) 안에 漢字를 쓰거나 類義語로 짝이 되도록 ( ) 안에 漢字를 쓰시오.

(171) ( )帶
(172) ( )隔
(173) 高見 - ( )( )
(174) 明皙 - ( )( )
(175) 中傷 - ( )( )

[問 176-180] 다음 漢字語의 反意語(또는 相對語)를 漢字로 쓰시오.

(176) 建設 ↔ ( )( )
(177) 愼重 ↔ ( )( )
(178) 節約 ↔ ( )( )
(179) 濃厚 ↔ ( )( )
(180) 記憶 ↔ ( )( )

[問 181-190] 다음 밑줄 친 漢字語를 漢字로 바르게 적으시오.

(181) 타협점을 찾기 전까지는 노사간의 갈등이 줄지 않을 것이다.

(182) 이렇게 불미스러운 일이 생기게 된 것을 유감으로 생각한다.

(183) 그녀는 몸은 약하지만 강단이 있어 끝까지 버틸 수 있을 것이다.

(184) 너무 졸리면 고속도로 휴게소에서 잠깐 눈을 붙여라.

(185) 현충일에는 조기를 게양한다.

(186) 태풍에 대비하기 위해 축대를 점검하십시오.

(187) 오미자차는 투명한 잔에 담아야 예쁘다.

(188) 그가 은퇴할 것이라는 소문이 파다하다.

(189) 서양 문명은 600년 동안 패권을 장악했다.

(190) 그의 여성 편력이 대선에 영향을 주었다.

[問 191-200] 다음 뜻풀이에 알맞은 漢字를 써넣어 故事成語를 완성하시오.

(191) 刮( )相( ) : 눈을 비비고 다

시 본다는 뜻으로 남의 학식이나 재주가 생각보다 부적 진보한 것을 이르는 말

(192) 竿( )之( ) : 대막대기 끝에 선 형세라는 뜻으로, 매우 위태로운 형세를 이르는 말

(193) ( )臣( )子 : 간사한 신하와 부모를 거스르는 자식

(194) ( )而穿( ) : 목이 말라야 비로소 샘을 판다. 미리 준비(準備)를 하지 않고 있다가 일이 지나간 뒤에는 아무리 서둘러 봐도 아무 소용(所用)이 없음, 또는 자기(自己)가 급해야 서둘러서 일을 함을 뜻함.

(195) 甘呑( )( ) : 달면 삼키고 쓰면 뱉는다. 자신의 비위에 따라서 사리의 옳고 그름을 판단함을 이르는 말.

(196) ( )衢( )月 : 번화한 큰 길거리에서 달빛이 연기에 은은하게 비치는 모습을 나타내는 말. 태평한 세상의 평화로운 풍경을 이름.

(197) ( )弩之( ) : 힘찬 활에서 튕겨나온 화살도 마지막에는 힘이 떨어져 비단(緋緞)조차 구멍을 뚫지 못한다는 뜻. 아무리 강한 힘도 마지막에는 결국 쇠퇴하고 만다.

(198) ( )毅( )訥 : 의지가 굳고 용기가 있으며 꾸밈이 없고 말수가 적은 사람을 비유하는 말.

(199) ( )棺事( ) : 시체를 관에 넣고 뚜껑을 덮은 후에야 일을 결정할 수 있다는 뜻으로, 사람이 죽은 후에야 비로소 그 사람에 대한 평가가 제대로 됨.

(200) ( )( )匡正 : 새롭게 잘못을 고치고 바로잡음

第2回 漢字能力檢定試驗 1級 問題紙

[問 1-50] 다음 밑줄 친 漢字語 또는 제시한 漢字語의 讀音을 쓰시오.

(1) 식당을 나선 그는 妙齡의 여인이 운전하는 차를 타고 어디론가 사라졌다.

(2) 적들을 모두 殲滅하기 전까지는 눈을 감을 수 없다.

(3) 그동안 隔阻하였습니다.

(4) 너에게만큼은 나의 前轍을 밟게 하고 싶지 않았다.

(5) 태어나 이렇게 恍惚한 광경은 처음이다.

(6) 膏藥

(7) 翠簾

(8) 邀擊

(9) 嗅覺

(10) 戍卒

(11) 眄視

(12) 寵兒

(13) 煖爐

(14) 遡及

(15) 爾汝

(16) 藻鑑

(17) 九逵

(18) 剽掠

(19) 羞恥

(20) 佚蕩

(21) 俠客

(22) 衲衣

(23) 波瀾

(24) 反撥

(25) 鳩杖

(26) 捕虜

(27) 邸宅

(28) 悸慄

(29) 俯瞰

(30) 汚穢

(31) 娼婦

(32) 瀉出

(33) 町步

(34) 攪拌

(35) 脯肉

(36) 宵火

(37) 粘膜

(38) 鐸鈴
(39) 水疱
(40) 枳塞
(41) 猖狂
(42) 芙蓉
(43) 竣工
(44) 爬行
(45) 猿臂
(46) 菖蒲
(47) 擢用
(48) 徘徊
(49) 蟄居
(50) 敬憚

[問 51-82] 다음 漢字의 訓과 音을 쓰시오.

(51) 斧   (52) 瞑   (53) 輦
(54) 憧   (55) 撻   (56) 枸
(57) 懶   (58) 聾   (59) 睠
(60) 稜   (61) 薇   (62) 菩
(63) 丞   (64) 懊   (65) 藉
(66) 窄   (67) 籃   (68) 矜
(69) 屠   (70) 疎   (71) 仇
(72) 藩   (73) 膝   (74) 皿
(75) 訛   (76) 繰   (77) 衢
(78) 閃   (79) 氾   (80) 梯

(81) 偕   (82) 錘

[問 83-112] 다음 글에서 밑줄 친 單語를 한자로 쓰시오.

(83) 매우 혹독한 훈련을 거쳐 최고의 선수가 되었다.

(84) 심한 부상을 입었으나 경기가 끝날 때까지 투혼을 발휘했다.

(85) 양국은 갈등의 역사를 청산하고 호혜적인 관계로 나아가고 있다.

(86) 대형 아파트보다는 중소형이 인기다.

(87) 이스탄불은 보스포러스 해협을 중심으로 서쪽은 유럽, 동쪽은 아시아에 속한다.

(88) 음식의 맛도 중요하지만 영양의 균형을 맞추는 것이 더 필요하다.

(89) 태풍에 현수막이 날아가 버렸다.

(90) 삼족오는 가공의 동물이다.

(91) 급속 냉각하여 신선함을 유지시켰다.

(92) 성리학은 유교 사상이 근간을 이룬다.

(93) 예산이 고갈되어 사업을 진행할 수 없다.

(94) 유명인들의 기부는 사회에 귀감이 된다.

(95) 상대방에게 강렬한 인상을 남기도록 자기를 소개하라.

(96) 이 일에 대해 더 이상 개의치 마십시오.

(97) 여직원 휴게실이 필요하다.

(98) 나의 글이 신문에 게재되었다.

(99) 매달 모이기는 힘드니, 격월로 모임을 가집시다.

(100) 행동이 너무 두드러지면 견제의 대상이 된다.

(101) 63빌딩에 비견할만한 건물이다.

(102) 지성과 미모를 겸비하다.

(103) 해당 사항 없음

(104) 그녀의 연설은 늘 반향을 불러 일으킨다.

(105) 그는 항상 먹을 것을 입에 달고 다닌다.

(106) 함몰된 상처는 치료하기 어렵다.

(107) 비타민이 함유된 음료

(108) 땀이 많이 난다고 발한억제제까지 쓸 필요가 있을까?

(109) 귀중한 시간을 할애해 주셔서 감사합니다.

(110) 초등학교 동창생이 내 동생의 배필이 되었다.

(111) 잔학하게 일을 부려먹는 팀장

(112) 지금은 힘들지만 필경 성공하게 될 것이다.

[問 113-122] 다음 뜻풀이에 알맞은 單語를 漢字로 쓰시오.

(113) 어떤 일에 직접 관여하지 않고 곁에서 지켜보기만 함

(114) 남의 권리를 침해한 사람이 그 사람에게 손해를 물어주는 일

(115) 쓴 잔. 쓰라린 경험

(116) 원작의 내용은 그대로 하고 인명, 지명 등을 시대나 풍토에 맞게 바꾸어 고침

(117) 큰 물이 흘러넘침

(118) 평안북도 벽동과 창성 지방의 소. 이 지방의 소가 유난히 크고 힘이 셌다고 하여 고집이 세고 무뚝뚝한 사람을 이름

(119) 외따로 떨어져 있는 궁벽한 땅. 도시에서 멀리 떨어져 있어 교통이 불편하고 문화의 혜택이 적은 곳

(120) 남에게 욕된 변을 당함

(121) 벌떼처럼 세차게 일어남

(122) 상처를 입음

[問 123-132] 다음 漢字의 部首를 쓰시오.

(123) 羹

(124) 腱

(125) 巾

(126) 劫

(127) 繭

(128) 衮

(129) 刮

(130) 喬

(131) 臼

(132) 衢

[問 133-142] 다음 각 문항에서 첫소리가 長音인 單語를 찾아 그 번호를 쓰시오.

(133) ① 哮吼 ② 繪畵 ③ 奸臣 ④ 稼事
(134) ① 艱苟 ② 鍵盤 ③ 褐色 ④ 惶悚
(135) ① 偈頌 ② 子孫 ③ 慌忙 ④ 堪耐
(136) ① 倡夫 ② 娼婦 ③ 倉府 ④ 昌符
(137) ① 酵母 ② 瞰視 ③ 栓木 ④ 劫奪
(138) ① 檄書 ② 饒居 ③ 頸椎 ④ 簒奪
(139) ① 檻車 ② 詰難 ③ 恰似 ④ 痕迹
(140) ① 僭濫 ② 膏血 ③ 擘指 ④ 痼疾
(141) ① 顆粒 ② 刮目 ③ 譴責 ④ 匡正
(142) ① 宏壯 ② 誦讀 ③ 一時 ④ 攪亂

[問 143-152] 다음 漢字語의 뜻을 간략히 써 보시오.

(143) 割增

(144) 時限

(145) 不汗黨

(146) 缺陷

(147) 巷間

(148) 該博

(149) 響應

(150) 獻身

(151) 懸隔

(152) 衡平

[問 153-155] 다음 글자의 略字를 쓰시오.

(153) 辭

(154) 壓

(155) 濕

[問 156-165] 다음 제시한 漢字의 類義字를 써 넣어 단어를 만들어 보시오.

(156) (　)隙

(157) (　)愕

(158) (　)乏

(159) 沮(　)

(160) (　)惶

(161) (　)鍵

(162) 蹶(　)

(163) 躁(　)

(164) 描(　)

(165) 萌(　)

[問 166-175] 다음 漢字語의 反意語(또는 相對語)를 漢字로 쓰시오.

(166) 服從 ↔ (　)(　)

(167) 相剋 ↔ (　)(　)

(168) 順坦 ↔ (　)(　)

(169) 寬大 ↔ (　)(　)

(170) 絶讚 ↔ (　)(　)

(171) 斬新 ↔ (　)(　)

(172) 縮小 ↔ (　)(　)

(173) 興奮 ↔ (　)(　)

(174) 許多 ↔ (　)(　)

(175) 直系 ↔ (　)(　)

[問 176-185] 다음 單語의 同音異義語를 제시된 뜻에 알맞은 漢字로 써 보시오.

(176) 正道 - (　)(　) : 알맞은 한도

(177) 聰氣 - (　)(　) : 권총 등의 무기

(178) 脫毛 - (　)(　) : 모자를 벗음

(179) 破紙 - (　)(　) : 물건이나 권력을 움켜쥠

(180) 表紙 - (　)(　) : 다른 것과 구별하는 표시나 특징

(181) 停止 - (　)(　) : 땅을 고르게 다듬음

(182) 天才 - (　)(　) : 자연 현상으로 일어나는 재난

(183) 港口 - (　)(　) : 변치 않고 오래 가는 것

(184) 靑山 - (　)(　) : 채무 관계를 깨끗이 정리함

(185) 昏睡 - (　)(　) : 혼인에 드는 씀씀이

[問 186-190] 알맞은 漢字를 써 넣어 다음 四字成語를 완성하시오.

(186) 不可(　)力

(187) 不(　)晝夜

(188) 伯(　)之勢

(189) (　)學多識

(190) 拔本(　)源

[問 191-200] 다음 뜻풀이에 알맞은 漢字를 써넣어 故事成語를 완성하시오.

(191) 焚(　)坑(　) : 책을 불태우고 선비를 구덩이에 묻음.

(192) 去(　)截(　) : 머리와 꼬리를 잘라 버림. 어떤 일의 요점만 간단히 말함

(193) (　)(　)一擲 : 주사위를 던져 승패를 건다. 운명을 걸고 단판걸이로 승부를 겨룸을 이르는 말

(194) (　)(　)搔癢 : 신을 신고 발바닥을 긁는다는 뜻. 성에 차지 않거나 철저하지 못한 안타까움을 이르는 말.

(195) 鯨( )蝦( ) : 고래 싸움에 새우 등 터진다는 뜻으로, 강한 자끼리 서로 싸우는 통에 아무 상관도 없는 약한 자가 해를 입음.

(196) 叩( )( )罪 : 머리를 조아리며 잘못을 빎.

(197) 股( )之( ) : 다리와 손같이 중요한 신하라는 뜻으로, 임금이 가장 신임하는 신하를 이르는 말

(198) ( )( )窺豹 : 대롱 구멍으로 표범을 보면 표범의 얼룩점 하나밖에 보이지 않음. 견문과 학식이 좁음을 이르는 말

(199) ( )壑之( ) : 시냇물이 흐르는 산골짜기의 욕심. 끝이 없는 욕심을 이르는 말

(200) 膏粱( )( ) : 기름진 고기와 좋은 곡식으로 만든 맛있는 음식

第3回 漢字能力檢定試驗 1級 問題紙

※ 다음 漢字語에 대하여 물음에 답하시오.

(1) 鄙陋　(2) 甚酌　(3) 鵠髮

(4) 叉路　(5) 恪虔　(6) 破鏡

(7) 秋毫　(8) 鷄肋　(9) 鵬圖

(10) 鼠竊　(11) 琵琶　(12) 硝藥

(13) 洋襪　(14) 譬喩　(15) 縊死

(16) 蘊蓄　(17) 啼泣　(18) 篆刻

(19) 曇天　(20) 骸骨　(21) 蝸室

(22) 饌盒　(23) 玉簪　(24) 巡邏

(25) 箴言　(26) 短簫　(27) 昆弟

(28) 憧憬　(29) 脂肪　(30) 孀婦

(31) 逍風　(32) 甦生　(33) 鹹淡

(34) 碎屑　(35) 器皿　(36) 購販

(37) 肋膜　(38) 冷麵　(39) 盈虛

(40) 政丞　(41) 鷺鷺　(42) 蜜蠟

(43) 搗精　(44) 笑罵　(45) 音癡

(46) 酋領　(47) 葡萄　(48) 駱駝

(49) 屠戮　(50) 渦流

[問 1-50] 위 漢字語 [1-50]의 讀音을 쓰시오.

[問 51-55] 위 漢字語 [1-5]의 뜻을 쓰시오.

[問 56-60] 위 漢字語 [6-10]의 轉義(字義대로가 아닌 뜻)를 쓰시오.

例 : 矛盾 (轉義) - 앞뒤가 서로 맞지 않음

[問 61-65] 위 漢字語 [20-50] 가운데에서, 서로 상대되는 뜻을 지닌 글자끼리 結合된 것(加減… 등과 같이)을 5개 찾아 그 번호로 답하시오.

[66-90] 다음 漢字의 訓·音을 쓰시오.

(66) 鎚　(67) 奧　(68) 奢

(69) 梵　(70) 憮　(71) 臀

(72) 躪　(73) 辣　(74) 枋

(75) 禱　(76) 嗜　(77) 曳

(78) 蔗　(79) 錠　(80) 沫

(81) 箪　(82) 籤　(83) 媚

(84) 鰥　(85) 凌　(86) 悴

(87) 荻　(88) 擅　(89) 捺

(90) 葵

[問 91-100] 다음 漢字의 部首를 쓰시오.

(91) 几

(92) 蹶

(93) 眷

(94) 戟

(95) 衾

(96) 矜

(97) 亘

(98) 囊

(99) 匿

(100) 疊

[問 101-105] 빈칸에 제시한 漢字를 넣어 漢字語로 성립하지 않는 것을 찾아 그 번호를 적으시오.

(101) 捺
① □印 ② □染 ③ □造 ④ □章

(102) 訥
① 語□ ② □辯 ③ □言 ④ 寢□

(103) 匿
① □名 ② 慘□ ③ 隱□ ④ □年

(104) 禱
① 默□ ② 祝□ ③ 祈□ ④ 舞□

(105) 齡
① □瓏 ② 妙□ ③ 年□ ④ 適□

[問 106-110] 다음 한자어와 뜻이 가장 비슷한 한자어를 찾아 그 번호로 답하시오.

(106) 喝采
① 稱讚 ② 炯眼 ③ 護衛 ④ 欽慕

(107) 徹底
① 呵責 ② 完璧 ③ 徽章 ④ 疳疾

(108) 龜鑑
① 灌漑 ② 釀出 ③ 倨慢 ④ 模範

(109) 推敲
① 輪廓 ② 包括 ③ 潤文 ④ 愛嬌

(110) 汨沒
① 集中 ② 矛盾 ③ 鞏固 ④ 刮目

※ 다음 글을 읽고 물음에 답하시오.

○ ☆☆☆은 4일 소속(111)사를 통해 성명을 발표한 데 이어 7일에는 경찰서(112)를 찾아 수사(113)를 의뢰(114)했고, 신문사에 200만 달러의 손해배상(115)을 청구했다. 이번 ☆☆☆의 소송(116)은 그 시사(117)하는 바가 크다. 이 소송이 연예계에 어떤 태풍(118)을 몰고 올지 기대가 된다.

○ 그가 기억(119)하는 유년(120) 시절은 암울(121)한 회색이다. "행복했던 추억이 별로 없어요" 김 회장의 회고(122)다. 좁은 골방에서 15명의 대식구가 잠을 청했다. 늘 허기(123)진 배를 물로 달랬다. 과묵(124)한 성격 탓에 친구도 별로 없었다.

그의 첫 번째 도전(125)은 실패였다. 상권(126) 분석도 제대로 하지 못하고 뛰어든 것이 패인이었다. '절치부심(127)'의 세월을 보내던 그에게 인생의 전환점(128)이 찾아왔다. 예식장 부설(129) 식당 사업을 시작하게 된 것이다. 하객(130)들의 요구사항을 면밀(131)하게 조사했다. 전문가의 자문을 구하고 매장을 확장(132)했다. 해당(133) 분야에 대한 식견을 넓혀 갔다. 염증(134)을 느낄 겨를이 없었다. 성공에 대한 갈망(135)은 그에게 끊임없이 영감(136)을 주었다.

○ 암을 정복(137)한 사람들의 치료(138) 과정을 눈여겨보자. 이들의 공통점은 절망을 극복(139)하고 긍정적(140)인 자세를 가졌다는 것이다. 과거의 식생활을 개선하여 산성(141) 식품을 멀리하고 알칼리 식품으로 대체(142)하여 면역(143)력 증진에 힘을 기울였다. 여야 한다. 편식(144)을 금하고 암세포 성장을 촉진(145)하는 동물성 식품이나 고칼로리 영양식을 삼가는 것이 좋다.

[問 111-145] 윗글 밑줄 그은 漢字語를 漢字(正字)로 쓰시오.

[問 146-150] 윗글 밑줄 그은 漢字語 [130-143] 가운데에서 첫소리가 '긴소리'인 것을 가려 5개만 그 번호를 쓰시오(실제로는 5개 이상임).

[問 151-155] 다음에서 첫소리가 '긴소리'인 것을 그 번호로 답하시오.

(151) ① 空瓶 ② 胚芽 ③ 徘徊 ④ 堡壘
(152) ① 扮裝 ② 陪席 ③ 孵化 ④ 芙蓉
(153) ① 俯瞰 ② 糞尿 ③ 盆栽 ④ 硼酸
(154) ① 蜚語 ② 殯所 ③ 賻儀 ④ 焚身
(155) ① 膳物 ② 煽動 ③ 閃光 ④ 甦生

[問 156-165] 다음 밑줄 친 同音異義語를 구별하여 漢字(正字)로 쓰시오.

○ 파파라치들은 현상(156)금을 타기 위해 쓰레기 투기 현상(157)이 만연한 지역을 배회하고 있다.

○ 재수(158)가 나빠 수능시험에서 재수(159)하게 되었다.

○ 편의점이나 슈퍼마켓에서 제약(160) 회사의 제품을 판매하려면 많은 제약(161)이 따른다.

○ 이번 축구 경기의 전반(162)전은 전반(163)적으로 저조하게 끝났다.

○ 1박 2일의 속성(164) 훈련으로 개들의 속성(165)을 바꿀 수는 없다.

[問 166-170] 다음 漢字의 略字는 正字로 正字는 略字로 쓰시오.

(166) 與

(167) 應

(168) 變

(169) 竝

(170) 双

[問 171-175] 類義字로 結合된 漢字語가 되도록 ( ) 안에 漢字를 쓰거나 類義語로 짝이 되도록 ( ) 안에 漢字를 쓰시오.

(171) 逝( )

(172) 悲( )

(173) 忌( )

(174) 背恩 - ( )( )

(175) 事前 - ( )( )

[問 176-180] 다음 漢字語의 反意語(또는 相對語)를 漢字로 쓰시오.

(176) 聯繫 ↔ ( )( )

(177) 活用 ↔ ( )( )

(178) 後裔 ↔ ( )( )

(179) 積極 ↔ ( )( )

(180) 昂騰 ↔ ( )( )

[問 181-190] 다음 밑줄 친 漢字語를 漢字로 바르게 적으시오.

(181) 고장차를 견인하려면 보험사에 연락하십시오.

(182) 연예인 공식 커플이었던 그들은 결별을 선언했다.

(183) 저 언덕은 자동차가 올라가기엔 경사가 심하다.

(184) 심훈의 상록수는 일제강점기 우리 지식인들의 농촌계몽운동을 소재로 하고 있다.

(185) 아직 탈고도 마치지 않은 소설을 벌써 홍보하고 있다.

(186) 가요계 명곡들을 편곡하여 다시 부르는 것이 유행이다.

(187) 사실을 은폐할수록 의혹이 커진다.

(188) 주가가 소폭 인상되었다.

(189) 온라인 점포들이 우후죽순 생겨나고 있다.

(190) 그렇게까지 자학할 필요는 없다.

[問 191-200] 다음 뜻풀이에 알맞은 漢字를 써넣어 故事成語를 완성하시오.

(191) ( )( )徙薪 : 굴뚝을 꼬불꼬불하게 만들고 아궁이 근처의 나무를 다른 곳으로 옮긴다는 뜻으로, 화근(禍根)을 미리 방지하라는 말

(192) 曠日( )( ) : 헛되이 세월을 보내며 일을 오래 끎

(193) 驕( )必( ) : 자기 군대의 힘만 믿고 교만하여 적에게 위엄을 보이려는 병정은 적의 군대에게 반드시 패함.

(194) ( )火( )薪 : 불을 끄려고 섶 나무를 집어 던진다는 뜻으로, 잘못

된 일의 근본을 다스리지 않고 성급하게 행동하다가 도리어 그 해를 더 크게 함

(195) 捲土( )( ) : 땅을 말아 일으킬 것 같은 기세로 다시 온다는 뜻. 어떤 일에 실패한 뒤에 힘을 가다듬어 다시 그 일에 착수함을 비유하여 이르는 말

(196) 橘( )( )枳 : 회남의 귤을 회북에 옮겨 심으면 탱자가 된다는 뜻으로, 환경에 따라 사람이나 사물의 성질이 변함

(197) 金( )牢( ) : 쇠나 돌처럼 굳고 변함없는 약속

(198) 杞人( )( ) : 기(杞)나라 사람의 걱정이란 뜻으로, 헛걱정, 무익한 근심을 말함

(199) 狼子( )( ) : 이리는 본래의 야성이 있어 좀처럼 길들여지지 아니한다는 뜻으로, 신의가 없는 사람은 쉽게 교화할 수 없음

(200) 簞( )( )羹 : 대그릇 하나에 담은 밥과 한 그릇의 국이라는 뜻으로, 변변치 못한 소량의 음식을 이름

第4回 漢字能力檢定試驗 1級 問題紙

[問 1-50] 다음 밑줄 친 漢字語 또는 제시한 漢字語의 讀音을 쓰시오.

(1) 부자인 우리 고모는 吝嗇하기로 유명하다.

(2) 剽竊 시비에 휘말린 가수

(3) 抒情적인 멜로디가 관객들을 사로잡았다.

(4) 癡情 사기극

(5) 창공을 향해 飛翔하는 저 독수리처럼!

(6) 圃田

(7) 惻隱

(8) 鴛鴦

(9) 餞別

(10) 貶下

(11) 叢論

(12) 套習

(13) 乖愎

(14) 代贖

(15) 褐色

(16) 駑鈍

(17) 爽實

(18) 斡旋

(19) 經綸

(20) 紗羅

(21) 根莖

(22) 薪炭

(23) 擅橫

(24) 膺受

(25) 開闢

(26) 酒酊

(27) 掘鑿

(28) 諦念

(29) 誅求

(30) 友誼

(31) 蜃氣樓

(32) 塹壕

(33) 梵唄

(34) 棲屑

(35) 陪席

(36) 肇國

(37) 黎明

(38) 頭陀

(39) 曠古

(40) 銓考

(41) 劫奪

(42) 嗟賞

(43) 猥濫

(44) 拭目

(45) 衰職

(46) 笞罪

(47) 臀部

(48) 閘門

(49) 溝瀆

(50) 鎗器

[問 51-82] 다음 漢字의 訓과 音을 쓰시오.

(51) 萎   (52) 荊   (53) 箸
(54) 苔   (55) 宥   (56) 糟
(57) 膊   (58) 魁   (59) 蠢
(60) 芥   (61) 彷   (62) 寞
(63) 腑   (64) 煽   (65) 懺
(66) 俄   (67) 砧   (68) 汁
(69) 猾   (70) 渠   (71) 帖
(72) 慝   (73) 掩   (74) 穿
(75) 蚓   (76) 躁   (77) 緻
(78) 冤   (79) 禦   (80) 倦
(81) 隘   (82) 飄

[問 83-112] 다음 글에서 밑줄 친 單語를 한자로 쓰시오.

(83) 참석해주신 하객 여러분께 감사말씀 드립니다.

(84) 형광물질이 없는 표백제

(85) 그는 자살이 아니라 피살된 것이다.

(86) 피로는 그때그때 풀어야 한다.

(87) 쌓인 회포가 많다.

(88) 창고에 물건이 더 이상 들어갈 수 없을 정도로 포화상태이다.

(89) 발소리만 들어도 공포가 시작된다.

(90) 주민들의 전폭적인 지지를 받으며 만들어진 도서관

(91) 이면지는 왼쪽에, 폐지는 오른쪽에 두십시오.

(92) 한 숨 자고났더니 생경한 풍경이 펼쳐져 있었다.

(93) 그 집은 고부갈등이 심하다.

(94) 공부하고자하는 마음이 한껏 고취되었다.

(95) 사연을 보내주시면 독자투고란에 실어드리겠습니다.

(96) 그 일은 고려할 가치도 없다.

(97) 그는 6월 1일자로 고용되었다.

(98) 제공된 식사는 무료입니다.

(99) 때로는 과묵할 필요가 있다.

(100) 재력을 과시하기 위해 그림을 사들

였다.

(101) 과년한 딸이 있어 걱정이다.

(102) 그녀는 또다시 동계올림픽에서 피겨스케이트를 제패했다.

(103) 과거의 기억을 잃었으나 단편적인 것은 기억할 수 있다.

(104) 장애인에 대한 편견이 없는 사회

(105) 5년마다 조직 개편이 있다.

(106) 허무주의 사상의 침투

(107) 업무 파악을 위해 최소 2주가 걸린다.

(108) 건강 식단을 전파하는 요리사

(109) 임금협상이 결렬되면 파업하게 될 것이다.

(110) 한 달 만에 초판에 이어 재판 인쇄에 들어갔다.

(111) 무료시음 판촉행사는 내일까지입니다.

(112) 진실을 실토할 때까지 기다릴 것이다.

[問 113-122] 다음 뜻풀이에 알맞은 單語를 漢字로 쓰시오.

(113) 힘을 다하여 떨쳐 일어남

(114) 가축이나 짐승을 먹여 기름

(115) 죄를 용서하여 형벌을 면제함

(116) 술을 마신 뒤에 하는 못된 버릇

(117) 아이를 낳을 달이 참

(118) 보호를 받고 있는 어떤 단체의 그늘

(119) 위쪽 끝

(120) 사람의 모습에서 가슴까지만 그린 조각이나 그림

(121) 책 속의 내용 중에서 중요한 단어나 항목, 인명 따위를 쉽게 찾아볼 수 있도록 일정한 순서에 따라 별도로 배열하여 놓은 목록

(122) 상서로운 빛. 좋은 징조

[問 123-132] 다음 漢字의 部首를 쓰시오.

(123) 爺

(124) 囹

(125) 奄

(126) 艶

(127) 曳

(128) 奧

(129) 頑

(130) 夭

(131) 凹

(132) 聳

[問 133-142] 다음 각 문항에서 첫소리가 長音인 單語를 찾아 그 번호를 쓰시오.

(133) ① 凄凉 ② 邂逅 ③ 謳吟 ④ 禾尺

(134) ① 脹症 ② 蹶起 ③ 隙駒 ④ 判決

(135) ① 蕪繁 ② 怩顔 ③ 彙類 ④ 嗟歎

(136) ① 蠢動 ② 媚笑 ③ 甫兒 ④ 諱談

(137) ① 磻石 ② 懈慢 ③ 卓子 ④ 搏動

(138) ① 脫落 ② 鳥獸 ③ 言辯 ④ 譴責

(139) ① 妹弟 ② 饌盒 ③ 忌避 ④ 釀母

(140) ① 麥芽 ② 磬折 ③ 額數 ④ 鶯歌

(141) ① 罕見 ② 憐憫 ③ 郵便 ④ 汁液

(142) ① 櫻草 ② 凱歌 ③ 企業 ④ 樽石

[問 143-152] 다음 漢字語의 뜻을 간략히 써 보시오.

(143) 亨通

(144) 外濠

(145) 秋毫

(146) 互換

(147) 酷暑

(148) 弘報

(149) 幻滅

(150) 圓滑

(151) 換節期

(152) 巡廻

[問 153-155] 다음 글자의 略字를 쓰시오.

(153) 藝

(154) 鹽

(155) 癡

[問 156-165] 다음 제시한 漢字의 類義字를 써 넣어 단어를 만들어 보시오.

(156) 蕃(　)

(157) 憑(　)

(158) 滲(　)

(159) 旺(　)

(160) 曖(　)

(161) 壅(　)

(162) (　)訝

(163) 剩(　)

(164) 嘲(　)

(165) (　)弛

[問 166-175] 다음 漢字語의 反意語(또는 相對語)를 漢字로 쓰시오.

(166) 困難 ↔ (　)(　)

(167) 供給 ↔ (　)(　)

(168) 共用 ↔ (　)(　)

(169) 公評 ↔ (　)(　)

(170) 挫折 ↔ (　)(　)

(171) 過激 ↔ (　)(　)

(172) 巧妙 ↔ (　)(　)

(173) 權利 ↔ (　)(　)

(174) 歸納 ↔ (　)(　)

(175) 急行 ↔ (　)(　)

[問 176-185] 다음 밑줄 친 同音異義語를 구별하여 漢字(正字)로 쓰시오.

○ 사설(176)학원에서는 신문의 사설(177)을 이용하여 논술수업을 하고 있다.

○ 지난 일들을 상기(178)하여 돌이켜 보니 얼굴이 상기(179)될 만큼 부끄러운 일들이 많았다.

○ 서울 소재(180)의 한옥집 중에는 드라마의 소재(181)가 되었던 장소가 많다.

○ 그 천재 바이올리니스트는 독주(182)를 마셔야 더욱 아름다운 독주(183)를 한다.

○ 사내 보수(184) 세력들은 노동자들의 보수를 인상시키는 것에 반대한다. 파업이 끝난 후에는 시설물을 보수(185)하는 것이 시급하다.

[問 186-190] 알맞은 漢字를 써 넣어 다음 四字成語를 완성하시오.

(186) 無爲(　)食

(187) 門前成(　)

(188) 同價紅(　)

(189) 同病相(　)

(190) 男負女(　)

[問 191-200] 다음 뜻풀이에 알맞은 漢字를 써넣어 故事成語를 완성하시오.

(191) 曠(　)絶(　) : 앞에는 비었고, 뒤에는 끊어짐. 이전에도 없었고 앞으로도 없음 = 前無後無

(192) 矯枉(　)(　) : 잘못을 바로 고치려다 지나쳐 오히려 나쁜 결과를 가져옴. 어떤 일이 극과 극인 모양을 말함

(193) 狡兔(　)(　) : 교활한 토끼는 세 개의 숨을 굴을 파 놓는다. 사람이 교묘하게 잘 숨어 재난을 피함을 이르는 말

(194) 群(　)撫(　) : 맹인(盲人) 여럿이 코끼리를 만진다는 뜻. 사물을 좁은 소견과 주관으로 잘못 판단함을 이르는 말

(195) (　)寇勿(　) : 피할 곳 없는 도적을 쫓지 말라는 뜻. 곤란한 지경에 있는 사람을 모질게 다루면 해를 입으니 건드리지 말라는 말

(196) (　)鵠賤(　) : 고니를 귀하게 여기고 닭을 천하게 여긴다는 뜻. 드문 것은 귀하게, 흔한 것은 천하게 여김

(197) 隙駒(　)(　) : 달리는 말을 문틈으로 보는 것과 같이 몹시 빨리 지나가는 세월을 비유적으로 이르는 말

(198) 汲( )功( ) : 목마른 사람에게 물을 길어다 주는 공덕. 쉽고도 대단치 않으나, 남을 위하여 일하는 것은 선행

(199) ( )穽下( ) : 함정에 빠진 사람에게 돌을 떨어뜨린다. 어려운 처지에 놓인 사람을 도와주기는커녕 도리어 괴롭힘을 비유적으로 이르는 말

(200) 囊( )( )錐 : 주머니 속의 송곳. 재능이 뛰어난 사람은 숨어 있어도 저절로 사람들에게 알려짐

第5回 漢字能力檢定試驗 1級 問題紙

※ 다음 漢字語에 대하여 물음에 답하시오.

(1) 旱魃   (2) 汨沒   (3) 賻儀
(4) 哄然   (5) 堵列   (6) 關鍵
(7) 錐囊   (8) 酬酢   (9) 堡壘
(10) 眼中釘 (11) 煎餅   (12) 盜癖
(13) 毋論   (14) 假寐   (15) 白虹
(16) 凌蔑   (17) 帖裡   (18) 瞳孔
(19) 珊瑚   (20) 賭博   (21) 懶怠
(22) 駙馬   (23) 朔晦   (24) 波濤
(25) 金箔   (26) 棉布   (27) 怨讐
(28) 陟降   (29) 乾薑   (30) 恐喝
(31) 手匣   (32) 脚絆   (33) 舅姑
(34) 宕巾   (35) 呑吐   (36) 麻袋
(37) 目睹   (38) 蔓延   (39) 卑怯
(40) 膀胱   (41) 鐵槌   (42) 匕首
(43) 雅俗   (44) 誹謗   (45) 彎曲
(46) 滲透   (47) 詰難   (48) 空瓶
(49) 幣帛   (50) 馴鹿

[問 1-50] 위 漢字語 [1-50]의 讀音을 쓰시오.

[問 51-55] 위 漢字語 [1-5]의 뜻을 쓰시오.

[問 56-60] 위 漢字語 [6-10]의 轉義(字義대로가 아닌 뜻)를 쓰시오.

例 : 矛盾 (轉義) - 앞뒤가 서로 맞지 않음

[問 61-65] 위 漢字語 [20-50] 가운데에서, 서로 상대되는 뜻을 지닌 글자끼리 結合된 것(加減… 등과 같이)을 5개 찾아 그 번호로 답하시오.

[66-90] 다음 漢字의 訓·音을 쓰시오.

(66) 螺   (67) 羹   (68) 欠
(69) 惻   (70) 雀   (71) 淬
(72) 詣   (73) 扉   (74) 徨
(75) 螟   (76) 賂   (77) 涕
(78) 掉   (79) 澎   (80) 嶇
(81) 鰲   (82) 杏   (83) 觝
(84) 拐   (85) 跋   (86) 嘉
(87) 嬪   (88) 轟   (89) 衙
(90) 吼

[問 91-100] 다음 漢字의 部首를 쓰시오.

(91) 禿

(92) 兜

(93) 黎

(94) 齡

(95) 囹

(96) 屢

(97) 灑

(98) 冀

(99) 卜

(100) 禹

[問 101-105] 빈칸에 제시한 漢字를 넣어 漢字語로 성립하지 않는 것을 찾아 그 번호를 적으시오.

(101) 陋
  ① □醜 ② 鄙□ ③ 固□ ④ 堡□

(102) 凌
  ① □線 ② □駕 ③ □辱 ④ □蔑

(103) 抹
  ① □殺 ② 泡□ ③ □消 ④ 一□

(104) 剖
  ① □檢 ② 解□ ③ □儀 ④ □析

(105) 焚
  ① □身 ② □水 ③ □書 ④ □蕩

[問 106-110] 다음 한자어와 뜻이 가장 비슷한 한자어를 찾아 그 번호로 답하시오.

(106) 狡猾
  ① 奸邪 ② 攪亂 ③ 毆打 ④ 嘔吐

(107) 矜持
  ① 席捲 ② 自負 ③ 饑饉 ④ 汲汲

(108) 滿喫
  ① 嗜好 ② 技倆 ③ 措置 ④ 飽食

(109) 崎嶇
  ① 險惡 ② 畸形 ③ 懦弱 ④ 語訥

(110) 捏造
  ① 捺印 ② 怪談 ③ 蹶起 ④ 歪曲

※ 다음 글을 읽고 물음에 답하시오.

○ 외환(111) 위기를 전후한 시기에 거래처 사장이 부도(112)를 내고 잠적(113)했다. 차 회장은 진솔(114)한 태도로 투자자들을 설득했다. 차용증(115) 하나를 믿고 긴급(116) 자금을 융통(117)해 준 투자자 덕분에 기사회생할 수 있었다. 차 회장은 자신의 성공 비결(118)을 다른 이들에게도 전파(119)하고 싶다고 했다. 부랑자(120)들을 고용해 일을 하게 만들었다. 홀대를 딛고 재기의 기회를 제대로 포착(121)할 수 있게 해 주고 싶다는 것이 그의 바람이다. 자금을 지원하기보다는 그들의 부족한 점을 보완(122)해 주는 조력자가 되고 싶다는 부연(123) 또한 잊지 않았다. 만학(124)의 열정을 불태우고 있는 그는 가난한 학생들에 대한 장학 사업과 산간 벽촌(125)에 대한 지원 사업도 계속해 나가고 있다.

○ 이 영화는 한일 병합(126) 조약으로 국권을 잃고 처참(127)한 삶을 영위했던 백성들의 모습을 다루고 있다. 치욕(128)적인 을사늑약 체결(129) 이후 태동(130)하기 시작한 독립운동과 항일 투쟁, 북간도 일대 주민들의 이주 과정, 군벌(131)과 비적(132), 부패한 정부 관리들의 학정(133), 아시아의 패권(134)으로 부족해 세계로 눈길을 돌리던 일본의 야욕. 멸시(135)받는 삶을 살면서도 포기(136)할 수 없었던 민족의 자존심 등을 다루고 있다.

○ 현대 사회에서 성공을 결정짓는 가장 중요한 조건 중에 매력(137)을 빼놓을 수 없다. 자석(138)처럼 사람을 끌어당기는 힘 매력. 외모(139)에 구애(140) 받지 않는 당당한 표정, 친절한 매너, 유려한 화술 등의 개발을 통해 매력적인 사람으로 변신해 보자.

○ 단돈 만원을 예금(141)하기 위해 은행을 찾은 노신사(142)는 상자(143) 위에 무심코 올려놓은 자신의 구멍 난 우산(144)이 그날의 엄청난 사태를 야기(145)할 줄은 꿈에도 모르고 있었다.

[問 111-145] 윗글 밑줄 그은 漢字語를 漢字(正字)로 쓰시오.

[問 146-150] 윗글 밑줄 그은 漢字語 [130-142] 가운데에서 첫소리가 '긴소리'인 것을 가려 5개만 그 번호를 쓰시오(실제로는 5개 이상임).

[問 151-155] 다음에서 첫소리가 '긴소리'인 것을 그 번호로 답하시오.

(151) ① 逍遙 ② 遡及 ③ 笑談 ④ 搔頭

(152) ① 狩獵 ② 純粹 ③ 猜忌 ④ 悚懼

(153) ① 訊問 ② 呻吟 ③ 薪木 ④ 宸襟

(154) ① 曖昧 ② 隘路 ③ 圄圉 ④ 渦流

(155) ① 壅拙 ② 訛傳 ③ 嬰兒 ④ 頑固

[問 156-165] 다음 밑줄 친 同音異義語를 구별하여 漢字(正字)로 쓰시오.

○ 집중호우로 테헤란로 보도(156)의 일부가 파손되었다고 보도(157)되었다.

○ 전쟁이 무기(158)한 연기되어 무기(169)들을 폐기처분했다.

○ 울릉도에 당도(160)하자마자 당도(161) 높은 호박엿을 먹기 시작했다

○ 이번 장마에는 미리 대비(162)하여 매출이 작년 대비(163) 크게 상승하였다.

○ 연인이었던 그들은 30년 만에 사업 동반자로 다시 만나게 되었다. 그러나 추억과 이별의 감정이 교착(164)되어 사업은 교착(165)상태에 빠지고 말았다.

[問 166-170] 다음 漢字의 略字는 正字로 正字는 略字로 쓰시오.

(166) 澤

(167) 盡

(168) 證

(169) 浅

(170) 処

[問 171-175] 類義字로 結合된 漢字語가 되도록 ( ) 안에 漢字를 쓰거나 類義語로 짝이 되도록 ( ) 안에 漢字를 쓰시오.

(171) 委( )

(172) ( )遁

(173) 刹那 - ( )( )

(174) 仔細 - ( )( )

(175) 平凡 - ( )( )

[問 176-180] 다음 漢字語의 反意語(또는 相對語)를 漢字로 쓰시오.

(176) 未熟 ↔ ( )( )

(177) 獨創 ↔ ( )( )

(178) 恥辱 ↔ ( )( )

(179) 文明 ↔ ( )( )

(180) 滅亡 ↔ ( )( )

[問 181-190] 다음 밑줄 친 漢字語를 漢字로 바르게 적으시오.

(181) 누구나 늑대가 나왔다고 소동을 벌일 때는 반드시 그 크기를 과장한다. 〈프랑스 속담〉

(182) 보험 가입 시에는 약관을 꼼꼼히 살펴야 한다.

(183) 그는 교포 3세들에게 한국어를 가르친다.

(184) 앞집의 공사 때문에 벽에 균열이 생겼다.

(185) 신문 구독자가 점점 줄고 있다.

(186) 식충식물은 소화액을 분비하여 잡은 먹이를 소화시킨다.

(187) 그의 치부가 적나라하게 드러났다.

(188) 산해진미가 가득한 가운데 아름다운 무희들이 춤을 추고 있었다.

(189) 서둘러 계약을 체결합시다.

(190) 공식적으로 항의 서한을 보내겠다.

[問 191-200] 다음 뜻풀이에 알맞은 漢字를 써넣어 故事成語를 완성하시오.

(191) 訥( )( )行 : 말은 느려도 실제 행동은 재빠르고 능란함

(192) 戴盆( )( ) : 머리에 동이를 이고 하늘을 바라보려 함. 한 번에 두 가지 일을 함께 하기 어려움

(193) 矯枉( )( ) : 굽은 것을 바로

잡으려다가 정도에 지나치게 곧게 함

(194) (　)尾(　)貂 : 담비 꼬리가 모자라 개의 꼬리로 이음. 훌륭한 것 뒤에 보잘것없는 것이 뒤따름

(195) (　)子豹(　) : 군자는 허물을 고쳐 올바로 행함이 아주 빠르고 뚜렷함

(196) 龜(　)刮(　) : 없는 거북 등의 털을 벗겨 뜯음. 없는 것을 애써 구하려고 하는 것

(197) (　)(　)之誼 : 우정의 아름다움은 난의 향기와 같음. 친구 사이의 매우 두터운 정을 이르는 말

(198) (　)焰(　)丈 : 기세가 대단히 높음

(199) 囊(　)(　)物 : 주머니 속의 물건을 얻음. 아주 쉬운 일

(200) (　)樓(　)梯 : 다락에 오르게 하고 사다리를 치움. 사람을 꾀어서 어려운 처지에 빠지게 함

第6回 漢字能力檢定試驗 1級 問題紙

[問 1-50] 다음 밑줄 친 漢字語 또는 제시한 漢字語의 讀音을 쓰시오.

(1) 고엽제를 <u>撒布</u>했다고 고백했다.

(2) 사진관에서 무료로 <u>影幀</u> 사진을 찍어 드리고 있습니다.

(3) 사회 곳곳에서 성금이 <u>遝至</u>하고 있습니다.

(4) 개혁의 <u>旗幟</u>를 높이 들고 앞으로 나아가자.

(5) 정말 <u>慘憺</u>할 뿐입니다.

(6) 攪亂

(7) 揶揄

(8) 渺然

(9) 繭絲

(10) 疸病

(11) 輓歌

(12) 脛骨

(13) 巫卜

(14) 狼顧

(15) 學寮

(16) 擄掠

(17) 毫釐

(18) 卍字

(19) 澹泊

(20) 捕鯨船

(21) 酪酊

(22) 戰歿

(23) 驕倨

(24) 一瞥

(25) 霓虹

(26) 京坊

(27) 疝症

(28) 炸裂

(29) 高捧

(30) 煮沸

(31) 曙光

(32) 貂皮

(33) 仗器

(34) 曠劫

(35) 纏足

(36) 慟哭

(37) 齋戒

(38) 胥吏

(39) 喧騷

(40) 咀嚼

(41) 蟈蟲

(42) 藩鎭

(43) 仔詳

(44) 袂別

(45) 彫塑

(46) 黙禱

(47) 絨緞

(48) 神昉

(49) 縛繩

(50) 蚊城

[問 51-82] 다음 漢字의 訓과 音을 쓰시오.

(51) 酵   (52) 裔   (53) 蹄
(54) 滲   (55) 凰   (56) 砒
(57) 臆   (58) 剖   (59) 菖
(60) 撫   (61) 幇   (62) 狐
(63) 撲   (64) 縊   (65) 宕
(66) 嚮   (67) 痘   (68) 隙
(69) 壅   (70) 妬   (71) 夙
(72) 辜   (73) 衒   (74) 曇
(75) 愎   (76) 呆   (77) 宵
(78) 膿   (79) 訃   (80) 瑕
(81) 凜   (82) 哺

[問 83-112] 다음 글에서 밑줄 친 單語를 한자로 쓰시오.

(83) 식탐을 줄여야 살을 뺄 수 있다.

(84) 온탕의 온도는 40℃입니다.

(85) 주차한 곳이 가팔라서 위태해 보인다.

(86) 속도위반 과태료가 미납되었다.

(87) 타협을 모르는 불도저 같은 성격

(88) 제 아이를 잘 부탁드립니다.

(89) 세탁을 두 번 했는데도 얼룩이 지워지지 않는다.

(90) 잉카 문명의 탄생

(91) 누구도 침착할 수 없는 상황

(92) 모범생이었던 사람이 타락의 길로 들어서다.

(93) 측근도 그의 근황을 모른다.

(94) 치기어린 행동으로 사람들을 당황케 했다.

(95) 염치없는 부탁이지만 꼭 들어주셨으면 좋겠습니다.

(96) 여름에는 빙과류 매출이 급증한다.

(97) 남자 나이 스무살을 약관이라 부른다.

(98) 어려움이 많더라도 뜻을 관철시키기 바랍니다.

(99) 낙관은 그림이나 글씨 옆에 작가의 이름 또는 호를 쓰고 도장을 찍는 것이다.

(100) 우리 회사는 한 해에 한 번씩 해외 출장을 가는 것이 관행이다.

(101) 휴가철이라 여관에 남은 방이 없다.

(102) 괘도를 사용하는 수업은 거의 없다.

(103) 한강에 괴물이 나타났다.

(104) 그녀의 업적이 매우 괴연하여 한 등급 승진시켰다.

(105) 목의 자국과 연골 손상으로 봐서 사인(死因)은 교살이다.

(106) 해외 교민들 역시 자녀 교육을 우선순위로 꼽는다.

(107) 정상회담이 교착상태에 빠져 더 이상 진전이 없다.

(108) 디자인보다는 내구성이 뛰어난 것을 고르는 사람이 많다.

(109) 사랑함에도 불구하고, 헤어질 수밖에 없다.

(110) 사무용품을 구입하려고 합니다.

(111) 푸른 바다에 하얀 해구들이 그림 같은 전망을 이룬다.

(112) 금값이 폭등하자 폐광촌에서 금을 채굴하는 사람들이 늘어나고 있다.

[問 113-122] 다음 뜻풀이에 알맞은 單語를 漢字로 쓰시오.

(113) 학식이 많고 깊은 사람

(114) 낡거나 헌 것을 고침

(115) 상대를 자기편으로 끌어들임

(116) 부동산의 소유자에게 일정한 금액을 맡기고 그 부동산을 일정 기간 동안 빌려 쓰는 일

(117) 어떤 현상이 사슬처럼 서로 이어짐

(118) 나쁜 습관이나 묵은 것을 버리고 새롭게 함

(119) 떠도는 소문을 찾아 살핌

(120) 충분히 앎

(121) 아주 짧은 동안

(122) 남이 타고 가는 차를 얻어 탐. 남의 세력을 이용하여 자신의 이익을 거둠

[問 123-132] 다음 漢字의 部首를 쓰시오.

(123) 耘

(124) 冤

(125) 戎

(126) 毅

(127) 弛

(128) 爾

(129) 瓮

(130) 煮

(131) 勺

(132) 匠

[問 133-142] 다음 각 문항에서 첫소리가 長音인 單語를 찾아 그 번호를 쓰시오.

(133) ① 呪文 ② 主文 ③ 朱門 ④ 廚門

(134) ① 櫻桃 ② 猖狂 ③ 喘急 ④ 緘口

(135) ① 肇業 ② 祚業 ③ 祖業 ④ 租稅

(136) ① 寤寐 ② 挫折 ③ 隘路 ④ 銜勒

(137) ① 櫛比 ② 蕉布 ③ 瘡毒 ④ 諫言

(138) ① 凄凉 ② 愴然 ③ 湮滅 ④ 囹圄

(139) ① 慷慨 ② 諦念 ③ 偕樂 ④ 橡端

(140) ① 筵席 ② 冶匠 ③ 閻羅 ④ 儼然

(141) ① 何者 ② 賀客 ③ 遐土 ④ 瑕疵

(142) ① 槍劍 ② 倨慢 ③ 骸骨 ④ 疊書

[問 143-152] 다음 漢字語의 뜻을 간략히 써 보시오.

(143) 戲弄

(144) 揀擇

(145) 堪耐

(146) 勘査

(147) 無辜

(148) 桎梏

(149) 汨沒

(150) 拱手

(151) 鞏固

(152) 輪廓

[問 153-155] 다음 글자의 略字를 쓰시오.

(153) 擴

(154) 廳

(155) 濟

[問 156-165] 다음 제시한 漢字의 類義字를 써 넣어 단어를 만들어 보시오.

(156) (　)効

(157) 促(　)

(158) 貶(　)

(159) 稀(　)

(160) 酷(　)

(161) 譴(　)

(162) (　)潔

(163) (　)傭

(164) 攪(　)

(165) 懦(　)

[問 166-175] 다음 漢字語의 反意語(또는 相對語)를 漢字로 쓰시오.

(166) 明朗 ↔ (　)(　)

(167) 引受 ↔ (　)(　)

(168) 賀客 ↔ (　)(　)

(169) 解弛 ↔ (　)(　)

(170) 冷待 ↔ (　)(　)

(171) 幹線 ↔ (　)(　)

(172) 開放 ↔ ( )( )

(173) 承諾 ↔ ( )( )

(174) 拙作 ↔ ( )( )

(175) 結婚 ↔ ( )( )

[問 176-185] 다음 밑줄 친 同音異義語를 구별하여 漢字(正字)로 쓰시오.

○ 대기(176)가 불안정할 때는 출발을 미루고 잠시 대기(177)하는 것이 좋다.

○ 친목회 운영진은 여행을 떠나기 전에 반드시 답사(178)를 다녀와야 합니다. 현지에서는 안내해주시는 분에게 반드시 답사(179)를 하고 돌아오시기 바랍니다.

○ 행정부처 장관(180)들은 제주도 일출의 장관(181)을 보기 위해 아침 일찍 숙소를 나섰다.

○ 대치동 학원가에서는 요즘 성적이 상위 1%인 학생들로 특수(182)반을 운영하는 것이 유행이다. 특수반은 방학 동안 운영되는데, 때문에 대치동 학원가는 요즘 방학 특수(183)를 누리고 있다.

○ 그는 출근길 지하철에서 꿈에 그리던 이상형을 만났다. 지각(184)했다는 것도 지각(185)하지 못한 채 그는 그녀를 쫓아가기 시작했다.

[問 186-190] 알맞은 漢字를 써 넣어 다음 四字成語를 완성하시오.

(186) 輕擧( )動

(187) ( )大妄想

(188) ( )餘之策

(189) 權( )術數

(190) 去頭( )尾

[問 191-200] 다음 뜻풀이에 알맞은 漢字를 써넣어 故事成語를 완성하시오.

(191) ( )斧爲( ) : 도끼를 갈아 바늘을 만든다. 아무리 이루기 힘든 일도 끊임없는 노력과 인내로 성공함

(192) ( )羊( )牢 : 양을 잃고 우리를 고친다. 이미 일을 실패한 뒤에 뉘우쳐도 아무 소용이 없음

(193) 猫( )( )鈴 : 고양이 목에 방울 달기. 실행할 수 없는 헛된 논의

(194) 董狐( )( ) : 사실을 숨기지 아니하고 그대로 씀. 춘추 시대 진(晉)나라의 사관(史官)이었던 동호(董狐)가 위세를 두려워하지 않고 사실을 사실대로 직필(直筆)하였다는 데서 유래.

(195) ( )( )搔痒 : 마고할미가 긴 손톱으로 가려운 데를 긁는다. 바라던 일이 뜻대로 잘됨

(196) ( )彙( )象 : 우주에 있는 온갖 사물과 현상. = 삼라만상(森羅萬象)

(197) 明(   )闇(   ) : 명주를 어둠 속에서 남에게 던져 줌. 귀중한 물건도 남에게 잘못 주면 오히려 원망을 듣게 됨

(198) 矛(   )撞(   ) : 같은 사람의 말이나 행동이 앞뒤가 서로 맞지 아니하고 모순됨

(199) 班(   )(   )斧 : 춘추시대(春秋時代) 노(魯)나라의 이름난 장인(匠人) 노반(魯班)의 집 문 앞에서 그를 흉내내어 도끼 솜씨를 자랑함. 자신의 실력도 헤아리지 아니하고 어떤 일을 하려고 당치 아니하게 덤비는 일

(200) (   )扇(   )爐 : 겨울의 부채와 여름의 화로. 격(格)이나 철에 맞지 아니함

第7回 漢字能力檢定試驗 1級 問題紙

※ 다음 漢字語에 대하여 물음에 답하시오.

(1) 澎湃　(2) 報酬　(3) 毁謗
(4) 撞着　(5) 反駁　(6) 咫尺
(7) 破瓜　(8) 蒙塵　(9) 薄氷
(10) 驅馳　(11) 庇護　(12) 食醯
(13) 狹小　(14) 頰骨　(15) 霑潤
(16) 海苔　(17) 褪色　(18) 絢爛
(19) 鹿茸　(20) 焚書　(21) 跆拳
(22) 陶窯　(23) 繃帶　(24) 愚昧
(25) 辛辣　(26) 塡塞　(27) 戟盾
(28) 鍍金　(29) 疏阻　(30) 拿捕
(31) 襃貶　(32) 剛弩　(33) 箭筒
(34) 寢囊　(35) 嘔吐　(36) 飛踊
(37) 鍼灸　(38) 殯所　(39) 迅速
(40) 花卉　(41) 飯匙　(42) 馬廐
(43) 腐蝕　(44) 島嶼　(45) 耕耘
(46) 隊伍　(47) 倦游　(48) 秕政
(49) 銳鈍　(50) 灌漑

[問 1-50] 위 漢字語 [1-50]의 讀音을 쓰시오.

[問 51-55] 위 漢字語 [1-5]의 뜻을 쓰시오.

[問 56-60] 위 漢字語 [6-10]의 轉義(字義대로가 아닌 뜻)를 쓰시오.

例 : 矛盾 (轉義) - 앞뒤가 서로 맞지 않음

[問 61-65] 위 漢字語 [20-50] 가운데에서, 서로 상대되는 뜻을 지닌 글자끼리 結合된 것(加減… 등과 같이)을 5개 찾아 그 번호로 답하시오.

[66-90] 다음 漢字의 訓·音을 쓰시오.

(66) 潑　(67) 鹹　(68) 炙
(69) 刪　(70) 剝　(71) 壟
(72) 錚　(73) 頹　(74) 劫
(75) 爺　(76) 彿　(77) 戎
(78) 讒　(79) 乏　(80) 秧
(81) 蝸　(82) 癲　(83) 疸
(84) 蛔　(85) 艶　(86) 櫻
(87) 搾　(88) 犀　(89) 橘

(90) 茸

[問 91-100] 다음 漢字의 部首를 쓰시오.

(91) 甫

(92) 鼎

(93) 冑

(94) 巴

(95) 套

(96) 麾

(97) 壘

(98) 戮

(99) 吝

(100) 卍

[問 101-105] 빈칸에 제시한 漢字를 넣어 漢字語로 성립하지 않는 것을 찾아 그 번호를 적으시오.

(101) 泄
① 漏□ ② 排□ ③ □瀉 ④ 浚□

(102) 疎
① □及 ② □外 ③ □忽 ④ 生□

(103) 悚
① □懼 ② 罪□ ③ □別 ④ 惶□

(104) 酬
① 報□ ② 應□ ③ □酌 ④ 怨□

(105) 蝕
① 腐□ ② 終□ ③ 月□ ④ 侵□

[問 106-110] 다음 한자어와 뜻이 가장 비슷한 한자어를 찾아 그 번호로 답하시오.

(106) 撞着
① 潰滅 ② 矛盾 ③ 慘憺 ④ 斬首

(107) 安堵
① 澹泊 ② 目睹 ③ 平安 ④ 舞蹈

(108) 淘汰
① 隱遁 ② 波瀾 ③ 沙汰 ④ 汰沙

(109) 潑剌
① 辛辣 ② 明朗 ③ 黎明 ④ 伴侶

(110) 鄙陋
① 卑俗 ② 堡壘 ③ 收斂 ④ 侵擄

※ 다음 글을 읽고 물음에 답하시오.

○ 인공식품이나 인스턴트 식품에는 발암(111) 물질인 방부제(112), 색소 등의 첨가(113)물과 설탕(114) 등이 과다하게 들어 있다. 이런 음식은 금기(115) 식품이라 할 수 있다. 라면, 빵, 과자(116) 등을 삼가고, 동물성 지방은 혈액순환(117)과 산소(118) 공급, 영양공급을 방해하므로 식물성 지방으로 대체한다. 조미료, 정제염 등의 사용을 피하고 천일염, 죽염(119) 등으로 대용한다. 과민(120) 반응을 보이는 식품이 있다면 의사의 진찰(121) 을 받은 후에 섭취(122)하도록 한다.

○ 합정동 대로변의 대형 점포(123)입니다. 업종은 음식점, 구판장(124) 등 강력 추천(125)합니다. 면적은 대지(126) 200평, 건평(127) 70평, 주차(128) 공간 충

분합니다. 임대(129)료는 보증금 6,000만 원, 월세(130) 700만원이며, 권리금은 절충(131) 가능합니다. 인근(132)에 지하철 역세권(133)이 위치하여 최고의 상권을 자랑합니다. 등기부(134) 등본(135) 및 기타 서류의 열람(136) 및 발급도 대행해 드립니다.

○ 대마의 줄기에서는 섬유(137)를 얻고, 씨에서는 유지(138)를 채취해 사용한다. 향신료(139)의 원료 또는 마취제(140) 등의 의료(141)용으로도 사용된다. 대마초는 잎과 꽃을 건조(142)시킨 것으로 환각(143) 성분을 포함(144)하고 있다. 흥분(145) 작용을 하기도 하고 억제 작용을 하기도 한다.

[問 111-145] 윗글 밑줄 그은 漢字語를 漢字(正字)로 쓰시오.

[問 146-150] 윗글 밑줄 그은 漢字語 [111-132] 가운데에서 첫소리가 '긴소리'인 것을 가려 5개만 그 번호를 쓰시오(실제로는 5개 이상임).

[問 151-155] 다음에서 첫소리가 '긴소리'인 것을 그 번호로 답하시오.

(151) ① 矮小 ② 凹凸 ③ 窈窕 ④ 擾亂

(152) ① 婉曲 ② 僥倖 ③ 虞犯 ④ 愉快

(153) ① 癒着 ② 蹂躪 ③ 姨母 ④ 膺手

(154) ① 蔗境 ② 剩餘 ③ 仔詳 ④ 蔭德

(155) ① 灼熱 ② 匠人 ③ 猪突 ④ 抵觸

[問 156-165] 다음 밑줄 친 同音異義語를 구별하여 漢字(正字)로 쓰시오.

○ 기차와 고속버스 중 어떤 것이 더 빠를까? 서울역에서 동시에 출발한 기차와 버스는 시내에서는 기차가 빨랐으나 대전 역전(156)에서 전세가 역전(157)되어 버스가 앞서기 시작했다.

○ 손님으로 위장(158)한 스파이는 임무를 거의 수행했으나, 위장(159)이 탈이나 결국 탄로가 나고 말았다.

○ 그 양호(160)실에는 항상 양호(161)한 환자들로 붐볐다.

○ 상품 선전(162)이 그 정도로만 되어도 선전(163)한 것이다.

○ 소에게 동물성 사료(164)는 광우병을 일으키는 원인이라고 사료(165)됩니다.

[問 166-170] 다음 漢字의 略字는 正字로 正字는 略字로 쓰시오.

(166) 廢

(167) 漆

(168) 畫

(169) 總

(170) 囲

[問 171-175] 類義字로 結合된 漢字語가 되도록 ( ) 안에 漢字를 쓰거나 類義語로 짝이 되도록 ( ) 안에 漢字를 쓰시오.

(171) 窒( )

(172) 撤( )

(173) 負約 - ( )( )

(174) 出衆 - ( )( )

(175) 吉凶 - ( )( )

[問 176-180] 다음 漢字語의 反意語(또는 相對語)를 漢字로 쓰시오.

(176) 敏感 ↔ ( )( )

(177) 專門家 ↔ ( )( )( )

(178) 普遍 ↔ ( )( )

(179) 本業 ↔ ( )( )

(180) 和解 ↔ ( )( )

[問 181-190] 다음 밑줄 친 漢字語를 漢字로 바르게 적으시오.

(181) 엔터테인먼트 회사들이 줄지어 인재 발굴에 나서고 있다.

(182) 원인 규명보다도 사태 수습이 급선무이다.

(183) 조선 시대 양반 부녀자들의 생활을 그린 문학을 규방문학이라고 한다.

(184) 회사가 파산할 조짐이 농후하다.

(185) 밤새 준비한 보고서를 두고 왔을까 봐 간담이 서늘해졌다.

(186) 여기 이 비옥한 땅을 네게 주겠다.

(187) 회장을 어떻게 감동시키느냐가 이번 일의 관건이다.

(188) 음식물 반입 금지

(189) 한의사는 신중하게 진맥을 했다.

(190) 월급의 인상 여부가 초미의 관심사이다.

[問 191-200] 다음 뜻풀이에 알맞은 漢字를 써넣어 故事成語를 완성하시오.

(191) 杜( )( )萌 : 애시당초 싹이 나오지 못하도록 막는다는 뜻. 좋지 못한 일의 조짐이 보였을 때 즉시 그 해로운 것을 제거해야 더 큰 해가 되지 않음

(192) 網( )呑( ) : 그물이 새면 배도 그 사이로 지나갈 수 있다. 법령이 관대하여 큰 죄를 짓고도 피할 수 있음

(193) 芒( )在( ) : 까끄라기와 가시를 등에 지고 있음. 마음이 아주 조마조마하고 편하지 아니함

(194) ( )寐之( ) : 잠을 자며 꿈을 꾸는 동안

(195) 毋( )之( ) : 뜻하지 않게 얻는 복

(196) ( )哺之( ) : 까마귀 새끼가 자라서 늙은 어미에게 먹이를 물어다 주는 효(孝). 자식이 자란 후에

어버이의 은혜를 갚는 효성을 이르는 말

(197) (　)尺竿(　) : 백 자나 되는 높은 장대 위에 올라섬. 몹시 어렵고 위태로운 지경.

(198) (　)車之(　) : 앞의 수레가 엎어지는 것을 보고 뒤의 수레는 미리 경계하여 엎어지지 않도록 한다는 뜻으로, 남의 실패를 거울삼아 자기를 경계함을 이름

(199) 焚(　)坑(　) : 중국 진(秦)나라의 시황제가 학자들의 정치적 비판을 막기 위하여 민간의 책 가운데 의약(醫藥), 복서(卜筮), 농업에 관한 것만을 제외하고 모든 서적을 불태우고 수많은 유생을 구덩이에 묻어 죽인 일.

(200) (　)泥(　)爪 : 눈 위에 난 기러기의 발자국이 눈이 녹으면 없어짐. 인생의 자취가 눈 녹듯이 사라져 무상함을 비유적으로 이르는 말

第8回 漢字能力檢定試驗 1級 問題紙

[問 1-50] 다음 밑줄 친 漢字語 또는 제시한 漢字語의 讀音을 쓰시오.

(1) 그는 문학과 예술에 造詣가 깊다.

(2) 자신이 만든 陷穽에 빠진 격이다.

(3) 신사는 外套를 벗어 걸인에게 덮어 주었다.

(4) 자신의 승리를 확신하며 氣焰을 토하고 있다.

(5) 너의 壅拙한 수작에 웃음만 나온다.

(6) 扮裝

(7) 田畝

(8) 聾啞

(9) 瀝滴

(10) 模糊

(11) 兜率歌

(12) 匿名

(13) 幇助

(14) 杞柳

(15) 撚紙

(16) 掌裡

(17) 生擒

(18) 溟海

(19) 運柩

(20) 登盆

(21) 糟粕

(22) 軀幹

(23) 蜚語

(24) 男覡

(25) 羨望

(26) 腔腸

(27) 埠頭

(28) 洩漏

(29) 聚斂

(30) 魁傑

(31) 緞子

(32) 琉球

(33) 葵藿

(34) 殪襲

(35) 劈開

(36) 無聊

(37) 乖戾

(38) 不逞

(39) 膈膜

(40) 猫兒

(41) 剝奪

(42) 消耗

(43) 畸形

(44) 涅槃

(45) 氣魄

(46) 浤稅

(47) 耄年

(48) 荒蕪地

(49) 忿怒

(50) 鞏固

[問 51-82] 다음 漢字의 訓과 音을 쓰시오.

(51) 觴 (52) 翌 (53) 擦
(54) 駝 (55) 膳 (56) 湮
(57) 賻 (58) 悛 (59) 簫
(60) 箴 (61) 辦 (62) 寨
(63) 綻 (64) 澁 (65) 遭
(66) 痺 (67) 町 (68) 蒐
(69) 盞 (70) 隅 (71) 稟
(72) 儉 (73) 嫡 (74) 渦
(75) 糞 (76) 妓 (77) 訌
(78) 揄 (79) 喙 (80) 叉
(81) 徙 (82) 腫

[問 83-112] 다음 글에서 밑줄 친 單語를 한자로 쓰시오.

(83) 궁궐 같은 집에 살다.

(84) 시내에 있는 회사들이 수도권으로 이전하고 있다.

(85) 뭉크의 '절규'를 패러디한 작품이 많다.

(86) 새 일을 도모하기 위해 뜻이 맞는 사람을 규합하고 있다.

(87) 안방 규수처럼 행동해라.

(88) 근근이 벌어먹고 살기도 힘들다.

(89) 일의 능력보다 긍정적인 마음가짐이 더 중요하다.

(90) 기혼 여성의 첫 출산 연령이 점점 높아진다.

(91) 직무 유기는 충분히 죄가 될 수 있다.

(92) 오랫동안 고민하던 기사는 천천히 바둑돌을 들기 시작했다.

(93) 배가 고픈 사람들만 간단히 요기하고 빨리 출발하자.

(94) 하루 중 배뇨 횟수는 사람마다 편차가 크다.

(95) 농도가 짙은 과일주스

(96) 여름철 물놀이시 익사 사고를 주의하세요.

(97) 나의 인생은 이제서야 정상 궤도로 진입한 느낌이다.

(98) 요즘 방송사들의 납량 특집은 전혀 무섭지가 않다.

(99) 화폐 개혁을 앞두고 은행가가 술렁이고 있다.

(100) 그의 얕잡아 보는듯한 시선에 모멸감을 느꼈다.

(101) 패션 장화가 유행이다.

(102) 어린 나에게 삼촌은 커다란 영향을 끼쳤다.

(103) 이제 제법 리더로서의 풍모가 느껴진다.

(104) 모두가 박장대소하였다.

(105) 세끼를 모두 케이크만 먹자니 이것도 고역이다.

(106) 이 부서로 발령난 것이 좌천은 아니라고 믿고 싶다.

(107) 후두염에 걸려 목소리가 나오지 않는다.

(108) 복채는 알아서 주시되 점괘가 어떻게 바뀔지 장담 못하오.

(109) 실천하는 지성이 필요한 때이다.

(110) 우리 가문이 이렇게 융성했던 적이 없었다.

(111) 나라 잃은 슬픔에 어르신은 밤새 대성통곡하셨습니다.

(112) 여름 보양식으로는 삼계탕이 최고다.

[問 113-122] 다음 뜻풀이에 알맞은 單語를 漢字로 쓰시오.

(113) 굳게 다짐한 말

(114) 옮겨심기. 살아 있는 조직이나 장기를 생체로부터 떼어 내어, 같은 개체의 다른 부분 또는 다른 개체에 옮겨 붙이는 일

(115) 너그럽고 속이 깊은 마음씨

(116) 손으로 잡아 줌. 무엇을 마음대로 할 수 있음

(117) 거리끼거나 얽매임

(118) 남의 딸에 대한 존칭

(119) 자신의 재산이나 물건을 남에게 넘겨줌

(120) 어떤 일을 무리해서 하려는 고집

(121) 전염병이 발생하거나 유행하는 것을 미리 막는 일

(122) 싫증

[問 123-132] 다음 漢字의 部首를 쓰시오.

(123) 齋

(124) 猪

(125) 靖

(126) 肇

(127) 棗

(128) 爪

(129) 蠢

(130) 斟

(131) 叉

(132) 脊

[問 133-142] 다음 각 문항에서 첫소리가 長音인 單語를 찾아 그 번호를 쓰시오.

(133) ① 詔勅 ② 淪落 ③ 瀕海 ④ 畢竟

(134) ① 肋骨 ② 篆書 ③ 疲困 ④ 河口

(135) ① 綾衾 ② 膵管 ③ 琵琶 ④ 必須

(136) ① 皮骨 ② 凌駕 ③ 菽麥 ④ 氈笠

(137) ① 膝下 ② 灸薑 ③ 稜線 ④ 匹馬

(138) ① 筆記 ② 勒葬 ③ 丞相 ④ 拱揖

(139) ① 詔事 ② 豊年 ③ 寞寞 ④ 醇朴

(140) ① 曠夫 ② 饅頭 ③ 猜忌 ④ 楓林

(141) ① 黜黨 ② 殯所 ③ 陷沒 ④ 奢侈

(142) ① 肢端 ② 嚬笑 ③ 遷都 ④ 獅子

[問 143-152] 다음 漢字語의 뜻을 간략히 써 보시오.

(143) 喬木

(144) 攪亂

(145) 匿名

(146) 屠戮

(147) 淘金

(148) 水剌

(149) 濾過

(150) 黎明

(151) 碌碌

(152) 罹災

[問 153-155] 다음 글자의 略字를 쓰시오.

(153) 邊

(154) 麥

(155) 寫

[問 156-165] 다음 제시한 漢字의 類義字를 써 넣어 단어를 만들어 보시오.

(156) (　)緊

(157) 幢(　)

(158) 鍛(　)

(159) 羅(　)

(160) (　)耗

(161) 蔓(　)

(162) 絭(　)

(163) 謟(　)

(164) 織(　)

(165) 猜(　)

[問 166-175] 다음 漢字語의 反意語(또는 相對語)를 漢字로 쓰시오.

(166) 靜肅 ↔ (　)(　)

(167) 羞恥 ↔ (　)(　)

(168) 永劫 ↔ (　)(　)

(169) 惡化 ↔ (　)(　)

(170) 肉體 ↔ (　)(　)

(171) 往復 ↔ (　)(　)

(172) 就任 ↔ (　)(　)

(173) 相對 ↔ (　)(　)

(174) 略述 ↔ (　)(　)

(175) 安定 ↔ (　)(　)

[問 176-185] 다음 밑줄 친 同音異義語를 구별하여 漢字(正字)로 쓰시오.

○ 시민단체들은 수해 이재민들에게 구호(176)물자를 보내자는 구호(177))를 외치고 있다.

○ 60년대에 가공(178)된 이 무기는 가공(179)할만한 위력을 가진 것으로 알려져 있다.

○ 이 변호사는 현재 법원에 계류(180)중인 사건을 뒤로 하고 지리산 계류(181) 옆 펜션으로 휴가를 떠났다.

○ 한 가정(182)에 아이가 10명이라고 가정(183)해보자.

○ 방직(184) 공장에서 일하는 그 청년은 성격이 방직(185)하다.

[問 186-190] 알맞은 漢字를 써 넣어 다음 四字成語를 완성하시오.

(186) 感(　)無量

(187) 孤軍(　)鬪

(188) 骨肉相(　)

(189) 過(　)不及

(190) 勸善(　)惡

[問 191-200] 다음 뜻풀이에 알맞은 漢字를 써넣어 故事成語를 완성하시오.

(191) 袖手(　)(　) : 팔짱을 끼고 보고만 있음.

(192) (　)(　)狼藉 : 술잔과 접시가 마치 이리에게 깔렸던 풀처럼 어지럽게 흩어져 있음. 술자리가 파할 무렵 또는 파한 뒤 술잔과 접시가 어지럽게 흩어져 있는 모양

(193) (　)年偕(　) : 부부가 되어 한평생을 사이좋게 지내고 함께 늙음

(194) 駙(　)(　)尉 : 임금의 사위에게 주던 칭호

(195) (　)荊(　)罪 : 가시나무를 짊어지고 죄를 청함. 잘못을 인정하고 처벌을 자청함

(196) 徙家(　)(　) : 이사를 갈 때 아내를 잊고 두고 감. 무엇을 잘 잊음

(197) (　)芒於(　) : 혀가 칼보다 날카로움

(198) 百(　)不(　) : 어떠한 난관에도 결코 굽히지 않음

(199) (　)(　)碎身 : 뼈가 가루가 되

고 몸이 부서지도록 노력함

(200) 徙(　)之(　) : 나라를 다스리는 사람은 백성을 속이지 않음. 중국 진(秦)의 상앙이 수도 남문의 큰 나무를 북문으로 옮기는 백성에게 상금을 걸었는데, 이를 옮기는 사람이 있자 약속대로 포상하였다는데서 유래

第9回 漢字能力檢定試驗 1級 問題紙

※ 다음 漢字語에 대하여 물음에 답하시오.

(1) 頒賜　　(2) 瞞着　　(3) 堪耐

(4) 執拗　　(5) 衒學　　(6) 蹉跌

(7) 葛藤　　(8) 跋扈　　(9) 櫛雨

(10) 羈絆　　(11) 同壻　　(12) 誘拐

(13) 玩具　　(14) 海濱　　(15) 舞扇

(16) 脾胃　　(17) 机上　　(18) 崎嶇

(19) 懦弱　　(20) 脊椎　　(21) 砒霜

(22) 俛仰　　(23) 撮影　　(24) 猝富

(25) 梢工　　(26) 穹蒼　　(27) 昏曙

(28) 孕胎　　(29) 髓腦　　(30) 憔悴

(31) 粉碎　　(32) 醒醉　　(33) 椅子

(34) 藝妓　　(35) 喫煙　　(36) 姨從

(37) 蒐輯　　(38) 癩病　　(39) 重疊

(40) 棗栗　　(41) 姸醜　　(42) 嗚咽

(43) 諺文　　(44) 福祉　　(45) 翌月

(46) 函蓋　　(47) 掩蔽　　(48) 狩獵

(49) 擒縱　　(50) 剩餘

[問 1-50] 위 漢字語 [1-50]의 讀音을 쓰시오.

[問 51-55] 위 漢字語 [1-5]의 뜻을 쓰시오.

[問 56-60] 위 漢字語 [6-10]의 **轉義**(字義대로가 아닌 뜻)를 쓰시오.

例 : 矛盾 (轉義) - 앞뒤가 서로 맞지 않음

[問 61-65] 위 漢字語 [20-50] 가운데에서, 서로 상대되는 뜻을 지닌 글자끼리 結合된 것(加減… 등과 같이)을 5개 찾아 그 번호로 답하시오.

[66-90] 다음 漢字의 訓·音을 쓰시오.

(66) 輚　　(67) 揖　　(68) 僥

(69) 悚　　(70) 焚　　(71) 截

(72) 儡　　(73) 匍　　(74) 魃

(75) 橙　　(76) 胴　　(77) 曖

(78) 硅　　(79) 瘀　　(80) 蛋

(81) 炸　　(82) 櫛　　(83) 慓

(84) 愴　　(85) 穢　　(86) 逼

(87) 嚬　　(88) 麝　　(89) 焰

(90) 腔

[問 91-100] 다음 漢字의 部首를 쓰시오.

(91) 麵

(92) 袂

(93) 猫

(94) 耗

(95) 杳

(96) 巫

(97) 毋

(98) 畝

(99) 剝

(100) 攀

[問 101-105] 빈칸에 제시한 漢字를 넣어 漢字語로 성립하지 않는 것을 찾아 그 번호를 적으시오.

(101) 艶
① □聞 ② □姿 ③ 傳□ ④ 妖□

(102) 腕
① □固 ② □力 ③ 手□ ④ □章

(103) 喩
① 比□ ② 隱□ ③ 直□ ④ 揶□

(104) 癒
① □着 ② □快 ③ 治□ ④ 快□

(105) 翌
① 右□ ② □日 ③ □年 ④ □夜

[問 106-110] 다음 한자어와 뜻이 가장 비슷한 한자어를 찾아 그 번호로 답하시오.

(106) 凌駕
① 壓倒 ② 腦裏 ③ 隣近 ④ 摩擦

(107) 凜凜
① 紛紛 ② 軒軒 ③ 呱呱 ④ 細細

(108) 纖弱
① 蹂躪 ② 片鱗 ③ 軟娟 ④ 微粒

(109) 吝嗇
① 欺瞞 ② 煤煙 ③ 愚昧 ④ 野薄

(110) 邁進
① 挽留 ② 注力 ③ 萌芽 ④ 模寫

※ 다음 글을 읽고 물음에 답하시오.

○ 긴장(111) 완화(112)로 인한 육체적 활동성을 저하 또는 억제(113)시키고 돌연(114)한 공포(115), 병적인 몰입(116), 불안 증상(117)을 보이는 것이 특징(118)이다.

○ 정부는 1000만 톤급의 정유설비 및 천연가스 운반(119) 설비 및 기술을 수입(120)할 경우에 대해 관세와 수입부가세(121)를 면제(122)해 주기로 했다. 면제 항목(123)에는 대형 선박(124) 장비, 방직(125) 설비 등도 포함된다. 이는 첨단(126) 기술 유입을 촉진시켜 산업을 발전시키기 위한 정책(127)으로 분석(128)된다.

○ 대지진(129)으로 인해 붕괴(130)된 건물에 매몰(131)된 실종자들에 대한 수

색(132) 작업이 교착(133) 상태에 빠지면서 관계 당국의 안이하고 인습(134)적인 대처 방안들이 적나라(135)하게 드러나고 있다. 따지고 보면 이번의 참상(136)은 당국이 미리 대비하지 못한 측면(137)이 있다고 보아야 할 것이다.

○ 이력서(138)에 첨부(139)하는 사진은 모자(140)를 탈의한 상태이어야 합니다.

○ 정부가 등록금 인하를 위해 정부 재정 지원에 앞서 대학의 자구 노력이 병행(141)돼야 한다는 의견을 제시하고 나섰다. 등록금 인하폭(142)과 구체적 방안에 대해 정치권의 합의가 먼저 이뤄져야 한다는 입장이다. 현재 여당은 재원 마련이라는 난관에 봉착(143)한 상황에서 국공립대에는 일반(144) 회계에서 재정을 지원하고 사립대에는 특별교부금(145)을 신설해 지원하겠다는 방안을 내놓은 상태다.

[問 111-145] 윗글 밑줄 그은 漢字語를 漢字(正字)로 쓰시오.

[問 146-150] 윗글 밑줄 그은 漢字語 [111-141] 가운데에서 첫소리가 '긴소리'인 것을 가려 5개만 그 번호를 쓰시오(실제로는 5개 이상임).

[問 151-155] 다음에서 첫소리가 '긴소리'인 것을 그 번호로 답하시오.

(151) ① 塵房 ② 粘土 ③ 截尾 ④ 碇泊
(152) ① 粗雜 ② 躁急 ③ 顚覆 ④ 錠劑
(153) ① 遭遇 ② 註書 ③ 猝富 ④ 咫尺
(154) ① 竣工 ② 嫉妬 ③ 跌宕 ④ 斟酌
(155) ① 搾取 ② 讖言 ③ 懺悔 ④ 簒位

[問 156-165] 다음 밑줄 친 同音異義語를 구별하여 漢字(正字)로 쓰시오.

○ 공공시설에서 타인에게 실례(156)를 범하는 경우가 종종 있다. 그 실례(157)를 들어보자.

○ 티벳은 불교국가로서 수도(158)인 라싸에도 수많은 수도(159)승이 있다.

○ 기념품 매장(160)을 지나 오른쪽으로 올라가면 고대의 매장(161) 풍속을 볼 수 있는 유적지가 나온다.

○ 영국의 문호(162) 조지오웰 등이 졸업한 이튼스쿨이 가난한 학생들에게 문호(163)를 개방하겠다고 선언했다.

○ 매출이 저조해지자 직원들의 수면(164)부족이 수면(165)위로 떠올랐다.

[問 166-170] 다음 漢字의 略字는 正字로 正字는 略字로 쓰시오.

(166) 續
(167) 屬
(168) 關
(169) 旧

(170) 独

[問 171-175] 類義字로 結合된 漢字語가 되도록 ( ) 안에 漢字를 쓰거나 類義語로 짝이 되도록 ( ) 안에 漢字를 쓰시오.

(171) (　)酬

(172) 邁(　)

(173) 換骨 - (　)(　)

(174) 囑望 - (　)(　)

(175) 贊助 - (　)(　)

[問 176-180] 다음 漢字語의 反意語(또는 相對語)를 漢字로 쓰시오.

(176) 虐待 ↔ (　)(　)

(177) 原告 ↔ (　)(　)

(178) 凝固 ↔ (　)(　)

(179) 公開 ↔ (　)(　)

(180) 咀呪 ↔ (　)(　)

[問 181-190] 다음 밑줄 친 漢字語를 漢字로 바르게 적으시오.

(181) 공정무역으로 세계 시민에게 추대 받는 CEO

(182) 안타까운 죽음에 애도의 눈물을 흘리다.

(183) 뉴욕 증시가 반등의 효과

(184) 지키지도 못할 약속을 하며 공수표를 남발하다.

(185) 무작위 전화로 자녀 납치 사기극을 벌이고 있다.

(186) 혹독한 시련을 이겨내다.

(187) 자네의 명석한 두뇌가 필요해.

(188) 성공의 문은 아직도 요원하기만 하다.

(189) 가끔 귀에서 환청이 들리곤 한다.

(190) 실물 크기의 모형을 만들어 놓고 연습을 했다.

[問 191-200] 다음 뜻풀이에 알맞은 漢字를 써넣어 故事成語를 완성하시오.

(191) (　)狐(　)鼠 : 성 안에 사는 여우와 사당에 사는 쥐. 임금 곁에 있는 간신의 무리나 관청의 세력에 기대어 사는 무리

(192) (　)鼠兩(　) : 구멍에서 머리를 내밀고 나갈까 말까 망설이는 쥐. 머뭇거리며 진퇴나 거취를 정하지 못하는 상태

(193) 膝甲(　)(　) : 남의 글이나 저술을 베껴 마치 제가 지은 것처럼 하는 사람. 슬갑은 겨울에 추위를 막기 위하여 바지 위로 무릎까지 내려오도록 껴입는 옷. 옛날에 한 도둑이 남의 슬갑을 훔쳐왔으나 그것을 어떻게 쓰는지 몰라 이마에다 붙이고 밖에 나오니 사람들이 모두

웃었다는 이야기에서 유래됨.

(194) 十匙( )( ) : 밥 열 술이 한 그릇이 됨. 여러 사람이 조금씩 힘을 합하면 한 사람을 돕기 쉬움

(195) 阿( )( )喚 : 여러 사람이 비참한 지경에 빠져 울부짖는 참상

(196) ( )中摸( ) : 물건 따위를 어둠 속에서 더듬어 찾음. 어림으로 무엇을 알아내거나 찾아내려 함. 은밀한 가운데 일의 실마리나 해결책을 찾아내려 함

(197) 掩( )( )雀 : 눈을 가리고 새를 잡음. 일을 건성으로 함

(198) ( )霞痼( ) : 안개와 노을, 즉 고요한 산수의 경치를 사랑하고 즐김

(199) 悟寐( )( ) : 자나 깨나 잊지 못함

(200) ( )( )俱焚 : 옥이나 돌이 모두 다 불에 탐. 옳은 사람이나 그른 사람이 구별 없이 모두 재앙을 받음

第10回 漢字能力檢定試驗 1級 問題紙

[問 1-50] 다음 밑줄 친 漢字語 또는 제시한 漢字語의 讀音을 쓰시오.

(1) 아낌없는 지도 鞭撻을 부탁드립니다.

(2) 왕이 弑害되는 사건이 일어났다.

(3) 하천의 氾濫으로 잦은 홍수 피해가 일어났다.

(4) 저번처럼 적당히 撫摩할 생각이라면 곤란하다.

(5) 적응하지 못하면 淘汰되기 마련이다.

(6) 誨諭

(7) 病斃

(8) 秤量

(9) 大哥

(10) 暈輪

(11) 倂吞

(12) 紺靑

(13) 襃賞

(14) 稍解

(15) 欣快

(16) 悌友

(17) 芻狗

(18) 道袍

(19) 瞰臨

(20) 綴字

(21) 嘲弄

(22) 偈頌

(23) 涕淚

(24) 失踪

(25) 頸椎

(26) 明紬

(27) 凸角

(28) 馳獵

(29) 三巴戰

(30) 挫氣

(31) 蕩減

(32) 奸臣

(33) 丹陛

(34) 稠密

(35) 鍼錐

(36) 靖難

(37) 沛然

(38) 錚盤

(39) 惶感

(40) 腱索

(41) 奠都

(42) 洗滌

(43) 敵愾

(44) 嗤點

(45) 菊胞

(46) 渾券

(47) 算筒

(48) 穿孔

(49) 個數

(50) 腿骨

[問 51-82] 다음 漢字의 訓과 音을 쓰시오.

(51) 腋   (52) 裨   (53) 俚
(54) 戮   (55) 闇   (56) 繃
(57) 牢   (58) 捧   (59) 瀝
(60) 拿   (61) 狼   (62) 迅
(63) 蝕   (64) 瞳   (65) 劈
(66) 亘   (67) 嫂   (68) 瞞
(69) 澹   (70) 萄   (71) 遜
(72) 醒   (73) 眄   (74) 湃
(75) 棘   (76) 曙   (77) 釅
(78) 舅   (79) 巫   (80) 煞
(81) 憑   (82) 樸

[問 83-112] 다음 글에서 밑줄 친 單語를 한자로 쓰시오.

(83) 일단, 시작해 보아라.

(84) 그는 체력 단련을 위해 매일 아침 우면산에 오른다.

(85) 그녀는 강남 지리에 통달했다.

(86) 날씨 운이 좋아야 백록담을 한 눈에 볼 수 있다.

(87) 선배들의 실수를 답습해서는 안된다.

(88) 갑자기 무슨 일이 일어나도 당황하지 마라.

(89) 수영모를 대여해드립니다.

(90) 왕세자 대관식에 초대받은 유명인사들

(91) 도서출납대장을 확인해보면 누가 빌려갔는지 알 수 있다.

(92) 세면도구 외에 별도의 준비물은 필요하지 않습니다.

(93) 올해는 제사 대신 추도식으로 대체하자.

(94) 고도가 높아질수록 귀가 먹먹하다.

(95) 각 반에서는 많은 어린이들이 전교 회장단 선거에 참여할 수 있도록 독려해주시기 바랍니다.

(96) 병환이 있던 할머니가 갑자기 위독하시다.

(97) 아이들은 돌발행동을 하기 쉬우니 항상 주시해야 한다.

(98) 신발장 냄새가 심하니 탈취제를 사오너라.

(99) 그는 군대시절 취사병이었다.

(100) 얼마나 마음이 불편했을지, 당신의 고충을 이해합니다.

(101) 반대 세력을 축출하기 위해 무력을 사용했다.

(102) 그녀의 등장은 해외도피설을 일축하기에 충분했다.

(103) 이번 행사는 우리 부서가 주축이 되어 치러야 한다.

(104) 일이 어떻게 돌아갈 지 귀추가 주목되는 순간이다.

(105) 아파트 각 동마다 경비원 초소가 있다.

(106) 발표 시간이 다가올수록 마음이 초조해진다.

(107) 계약을 체결하기 전까지 안심하면 안된다.

(108) 가을 하늘이 쾌청하다.

(109) 그는 두 나라의 이중간첩이었다.

(110) 악법을 철폐시키기 위해서 많은 희생이 뒤따랐다.

(111) 타문화를 수용하지 않고 배척하는 사회 분위기

(112) 5개 국어를 유창하게 구사하는 외교관

[問 113-122] 다음 뜻풀이에 알맞은 單語를 漢字로 쓰시오.

(113) 물건을 받기 전에 미리 값을 치르고 사 둠. 정하여진 때가 되기 전에 미리 삼

(113) 물건을 받기 전에 미리 값을 치르고 사 둠

(114) 조용하고 부드러움

(115) 임금으로 받들어 모심

(116) 기와가 깨짐. 계획이 무너져 흩어짐

(117) 사실과 다르게 해석함

(118) 적은 욕심

(119) 돈을 주고 고용한 병사

(120) 마음이 답답하고 쓸쓸함

(121) 건강을 보호, 증진함

(122) 본래의 모습이 드러나지 않도록 거짓으로 꾸밈

[問 123-132] 다음 漢字의 部首를 쓰시오.

(123) 凸

(124) 僉

(125) 牒

(126) 貊

(127) 叢

(128) 酋

(129) 勅

(130) 琶

(131) 爬

(132) 辨

[問 133-142] 다음 각 문항에서 첫소리가 長音인 單語를 찾아 그 번호를 쓰시오.

(133) ① 珊瑚 ② 仔細 ③ 含有 ④ 砥石

(134) ① 夭折 ② 些末 ③ 蔗糖 ④ 咸告

(135) ① 廛房 ② 疵痕 ③ 咳唾 ④ 蓑衣

(136) ① 灼骨 ② 鍍金 ③ 香氣 ④ 奢侈

(137) ① 仔詳 ② 鄕愁 ③ 組閣 ④ 癩病

(138) ① 輾轉 ② 虛空 ③ 租稅 ④ 祠堂

(139) ① 廚房 ② 賢良 ③ 殄襲 ④ 撒肥

(140) ① 榕合 ② 陋鄙 ③ 嫌惡 ④ 孀婦

(141) ① 瞳孔 ② 膣鏡 ③ 穴居 ④ 滲透

(142) ① 寵愛 ② 嫉視 ③ 弦琴 ④ 觴詠

[問 143-152] 다음 漢字語의 뜻을 간략히 써 보시오.

(143) 幇助

(144) 輻射

(145) 芙蓉

(146) 孵化

(147) 俯瞰

(148) 繃帶

(149) 瀕死

(150) 後嗣

(151) 些少

(152) 難澁

[問 153-155] 다음 글자의 略字를 쓰시오.

(153) 單

(154) 覺

(155) 廣

[問 156-165] 다음 제시한 漢字의 類義字를 써 넣어 단어를 만들어 보시오.

(156) 攝(　)

(157) (　)濯

(158) 連(　)

(159) 猥(　)

(160) 孕(　)

(161) 弛(　)

(162) 斟(　)

(163) (　)握

(164) (　)獲

(165) 脅(　)

[問 166-175] 다음 漢字語의 反意語(또는 相對語)를 漢字로 쓰시오.

(166) 優越 ↔ (　)(　)

(167) 固定 ↔ (　)(　)

(168) 隆起 ↔ ( )( )

(169) 自立 ↔ ( )( )

(170) 入隊 ↔ ( )( )

(171) 消費 ↔ ( )( )

(172) 嫡子 ↔ ( )( )

(173) 急進 ↔ ( )( )

(174) 粗雜 ↔ ( )( )

(175) 質疑 ↔ ( )( )

[問 176-185] 다음 밑줄 친 同音異義語를 구별하여 漢字(正字)로 쓰시오.

○ 그의 죽음에 관한 수많은 유언(176)비어가 떠돌고 있으나 전 재산을 사회에 환원하겠다고 말한 그의 유언(177)은 진실이다.

○ 화재로 집이 연소(178)될 위기에 있을 때 가장 중요한 것은 연소(179)자를 대피시키는 일이다.

○ 일정 양식(180)의 서류를 제출하시면 비상 양식(181)을 제공해 드립니다.

○ 충무공 이순신의 거북선에서도 알 수 있듯이 조선(182)은 조선(183) 기술에 뛰어났다.

○ 정숙(184)하게 생긴 여학생 한명이 하이힐 소리를 내며 정숙(185)한 도서관의 정막을 깼다.

[問 186-190] 알맞은 漢字를 써 넣어 다음 四字成語를 완성하시오.

(186) 勞心( )思

(187) 同床異( )

(188) 徒( )無益

(189) 不( )不黨

(190) 四( )無親

[問 191-200] 다음 뜻풀이에 알맞은 漢字를 써넣어 故事成語를 완성하시오.

(191) 曖昧( )糊 : 말이나 태도 따위가 희미하고 흐려 분명하지 않음

(192) 掩( )( )鈴 : 귀를 막고 방울을 훔친다. 모든 사람이 그 잘못을 다 알고 있는데 얕은 꾀를 써서 남을 속이려 함

(193) ( )( )同匱 : 옥과 돌이 같은 궤에 있음. 착한 사람이나 악한 사람이 한곳에 섞여 있음을 이르는 말

(194) 蝸( )之( ) : 달팽이의 더듬이 위에서 싸움. 하찮은 일로 벌이는 싸움 또는 작은 나라끼리의 싸움을 비유적으로 이르는 말

(195) 玩( )( )志 : 쓸데없는 물건을 가지고 노는데 팔려 소중한 자기의 본심을 잃음

(196) ( )( )鴻鵠 : 학업을 닦으면서 마음은 다른 곳에 씀. 바둑을 두면

223

서 마음은 기러기나 고니가 날아오면 쏘아 맞출 것만 생각함

(197) 鳶(　)魚(　) : 솔개가 날고 물고기가 뜀. 온갖 동물이 생을 즐김

(198) 吳(　)喘(　) : 간이 작아 공연한 일에 미리 겁부터 내고 허둥거리는 사람. 오나라는 몹시 더운 곳이기 때문에 더위에 지친 소가 달을 보고도 해인 줄 알고 크게 숨을 헐떡거리는데서 유래.

(199) (　)薪(　)膽 : 불편한 섶에 몸을 눕히고 쓸개를 맛본다. 원수를 갚거나 마음먹은 일을 이루기 위하여 온갖 어려움과 괴로움을 참고 견딤

(200) (　)(　)竹筍 : 비가 온 뒤에 여기저기 솟는 죽순. 어떤 일이 한 때 많이 생겨남

第11回 漢字能力檢定試驗 1級 問題紙

※ 다음 漢字語에 대하여 물음에 답하시오.

(1) 碇泊   (2) 攄得   (3) 考妣
(4) 宸襟   (5) 隘路   (6) 容膝
(7) 逐鹿   (8) 桎梏   (9) 掛冠
(10) 蔗境   (11) 釀出   (12) 胸襟
(13) 捺印   (14) 滔蕩   (15) 嗜好
(16) 薔薇   (17) 白礬   (18) 躬耕
(19) 大泛   (20) 伎倆   (21) 蕃盛
(22) 匍匐   (23) 熟鰒   (24) 犧牲
(25) 孀鰥   (26) 靑孀   (27) 急煞
(28) 殞命   (29) 隕石   (30) 彗星
(31) 增刪   (32) 倨慢   (33) 黍粟
(34) 饗宴   (35) 脆弱   (36) 序跋
(37) 浚渫   (38) 瓷器   (39) 寤寐
(40) 肌骨   (41) 囹圄   (42) 後嗣
(43) 姙娠   (44) 灑落   (45) 拇指
(46) 芒刺   (47) 搏殺   (48) 欣戚
(49) 袖納   (50) 民譚

[問 1-50] 위 漢字語 [1-50]의 讀音을 쓰시오.

[問 51-55] 위 漢字語 [1-5]의 뜻을 쓰시오.

[問 56-60] 위 漢字語 [6-10]의 轉義(字義대로가 아닌 뜻)를 쓰시오.

例 : 矛盾 (轉義) - 앞뒤가 서로 맞지 않음

[問 61-65] 위 漢字語 [20-50] 가운데에서, 서로 상대되는 뜻을 지닌 글자끼리 結合된 것(加減… 등과 같이)을 5개 찾아 그 번호로 답하시오.

[66-90] 다음 漢字의 訓·音을 쓰시오.

(66) 遝   (67) 胥   (68) 蚊
(69) 僕   (70) 昻   (71) 蹈
(72) 陋   (73) 稗   (74) 顎
(75) 靭   (76) 洽   (77) 邐
(78) 祠   (79) 麵   (80) 靖
(81) 哥   (82) 懦   (83) 扮
(84) 戾   (85) 籬   (86) 憶
(87) 繡   (88) 甕   (89) 瓏
(90) 牒

[問 91-100] 다음 漢字의 部首를 쓰시오.

(91) 斑

(92) 頌

(93) 魅

(94) 肪

(95) 尨

(96) 瓶

(97) 帮

(98) 擘

(99) 癖

(100) 鼇

[問 101-105] 빈칸에 제시한 漢字를 넣어 漢字語로 성립하지 않는 것을 찾아 그 번호를 적으시오.

(101) 瓷
① □器 ② □細 ③ 白□ ④ 靑□

(102) 匠
① □器 ② 巨□ ③ □人 ④ 名□

(103) 迹
① 痕□ ② 軌□ ③ 足□ ④ 靜□

(104) 粘
① □液 ② □土 ③ 採□ ④ □着

(105) 粗
① □雜 ② □惡 ③ □衣 ④ □密

[問 106-110] 다음 한자어와 뜻이 가장 비슷한 한자어를 찾아 그 번호로 답하시오.

(106) 杳然
① 稀微 ② 撫摩 ③ 苦悶 ④ 搏動

(107) 誣告
① 靜謐 ② 招虛 ③ 招待 ④ 毋論

(108) 剝奪
① 搏殺 ② 打撲 ③ 應募 ④ 沒收

(109) 論駁
① 議論 ② 論理 ③ 反論 ④ 逼迫

(110) 勃發
① 登攀 ② 尨大 ③ 發生 ④ 毁謗

※ 다음 글을 읽고 물음에 답하시오.

○ 중환자 병동(111) 보호자들을 위한 휴게(112) 공간을 새롭게 오픈합니다. 목욕(113)탕에는 충치 예방을 위한 불소(114) 치약과, 탁월(115)한 효과를 자랑하는 동백(116)꽃 추출(117) 성분 함유 비누가 준비되어 있습니다. 간단한 수선(118)을 위한 재봉(119) 시설도 준비되어 있으니 많은 이용 바랍니다. 각막(120) 보호를 위한 안약은 간호사에게 신청하시기 바랍니다. 프로 기사(121)를 초빙(122)하여 바둑 강좌도 열 예정입니다. 보다 자세한 사항(123)은 병원 게시판(124)을 참조(125)하시기 바랍니다.

○ 만경창파(126)를 헤치고 항만(127)에 도착한 함대(128)를 맞이하기 위해 대

위(129)는 쾌속정(130)에 올랐다.

○ 스페인에서 귀빈(131) 대접을 받는 등 인기 급상승(132) 중인 자랑스런 우리 축구(133) 대표팀. 그 중에서도 최근 팀의 주축(134)으로 도약(135)한 ☆☆☆ 선수를 태운 차량(136)이 내 곁을 스쳐갔다. 오늘 이 순간(137)을 위하여 얼마나 부단한 노력과 단련(138)의 시간을 견뎌 왔을까.

○ 쾌락에 탐닉(139)하여 타락(140)하고 문란(141)한 시대를 살아가는 그들의 오만(142)과 독선은 그들이 추구(143)하는 가치와 모순(144)되는 것으로 경멸(145)의 대상이 될 뿐이다.

[問 111-145] 윗글 밑줄 그은 漢字語를 漢字(正字)로 쓰시오.

[問 146-150] 윗글 밑줄 그은 漢字語 [125-142] 가운데에서 첫소리가 '긴소리'인 것을 가려 5개만 그 번호를 쓰시오(실제로는 5개 이상임).

[問 151-155] 다음에서 첫소리가 '긴소리'인 것을 그 번호로 답하시오.

(151) ① 凄凉 ② 闡明 ③ 槍劍 ④ 綴字
(152) ① 寵愛 ② 諦念 ③ 醋醬 ④ 囑望
(153) ① 綻露 ② 癡呆 ③ 搭乘 ④ 惻隱
(154) ① 緻密 ② 他人 ③ 惰性 ④ 頹廢
(155) ① 捷徑 ② 爬行 ③ 鞭撻 ④ 脆弱

[問 156-165] 다음 밑줄 친 同音異義語를 구별하여 漢字(正字)로 쓰시오.

○ 10년간 기록해놓은 치부(156)책이 공개되면서 김회장의 치부(157)가 드러났다.

○ 제대를 앞두고 있는 이병장은 취사(158)병 경력을 살려 음식점을 개업할 지, 일반 회사에 취업해야할 지, 대학원에 진학해야할 지, 취사(159)선택해야 한다.

○ 청학동 서당의 훈장(160)님은 대통령 훈장(161)을 받은 분이다.

○ 그녀는 유채꽃으로 만든 향수(162)를 뿌릴 때마다 고향인 제주에 대한 향수(163)에 젖곤 한다.

○ 탤런트 김모씨가 아이를 해산(164)하자 김씨 부부에 대한 불화설이 사라지고 모여있던 기자들도 해산(165)하기 시작했다.

[問 166-170] 다음 漢字의 略字는 正字로 正字는 略字로 쓰시오.

(166) 亂
(167) 譯
(168) 餘
(169) 対
(170) 党

[問 171-175] 類義字로 結合된 漢字語가 되도록 ( ) 안에 漢字를 쓰거나 類義語로 짝이 되도록 ( ) 안에 漢字를 쓰시오.

(171) (　)擬

(172) (　)屬

(173) 疎忽 - (　)(　)

(174) 登極 - (　)(　)

(175) 面相 - (　)(　)

[問 176-180] 다음 漢字語의 反意語(또는 相對語)를 漢字로 쓰시오.

(176) 定着 ↔ (　)(　)

(177) 存續 ↔ (　)(　)

(178) 縱斷 ↔ (　)(　)

(179) 集合 ↔ (　)(　)

(180) 起立 ↔ (　)(　)

[問 181-185] 다음 밑줄 친 漢字語를 漢字로 바르게 적으시오.

(181) 노련한 조련사가 돌고래를 더 높이 뛰어오르게 만들었다.

(182) 저렴하지만 고급스러운 물건

(183) 동서양의 의술을 두루 섭렵하다.

(184) 노지에서 재배한 친환경 딸기

(185) 오늘 진료시간은 오후 3시까지입니다.

(186) 가슴에 부착한 훈장은 명예로운 상징이다.

(187) 면과 나일론 혼방 섬유

(188) 아역 배우들의 연기가 성인 연기자를 능가하다.

(189) 호적 등본 한 통이 필요합니다.

(190) 그의 조각 같은 외모에 모두가 감탄했다.

[問 191-200] 다음 뜻풀이에 알맞은 漢字를 써넣어 故事成語를 완성하시오.

(191) 鴛鴦(　)(　) : 금실이 좋은 부부 사이

(192) (　)(　)淘汰 : 자연계에서 그 생활 조건에 적응하는 생물은 생존하고, 그렇지 못한 생물은 저절로 사라지는 일

(193) (　)(　)荷杖 : 도둑이 도리어 매를 든다는 뜻. 잘못한 사람이 아무 잘못도 없는 사람을 나무람

(194) 輾(　)反(　) : 누워서 몸을 이리저리 뒤척이며 잠을 이루지 못함

(195) 矮者(　)(　) : 키가 작은 사람이 큰 사람 틈에 끼여 구경은 못하고서 앞사람의 이야기만 듣고 자기가 본 체 함. 아무것도 모르면서 남이 그렇다고 하니까 덩달아서 그렇다고 하는 것.

(196) (　)入(　)髓 : 원한이 뼛속에 사무침

(197) (自)繩(自)縛 : 자기의 줄로 자기 몸을 옭아 묶음. 자기가 한 말과 행동에 자기 자신이 옭혀 곤란하게 됨

(198) 燎(原)之(火) : 벌판을 태우며 나가는 불. 세력이 매우 대단하여 막을 수 없음

(199) (流)言蜚(語) : 사실여부가 분명치 않은 흐르는 소문

(200) (意)(馬)心猿 : 생각은 말처럼 달리고 마음은 원숭이처럼 설렘. 사람의 마음이 세속의 번뇌와 욕정 때문에 항상 어지러움

第12回 漢字能力檢定試驗 1級 問題紙

[問 1–50] 다음 밑줄 친 漢字語 또는 제시한 漢字語의 讀音을 쓰시오.

(1) 천재의 재능을 <u>猜忌</u>한 음악가

(2) 제2차 세계대전의 <u>勃發</u>

(3) <u>鰍湯</u>에 막걸리 한 잔

(4) 그렇게 <u>深奧</u>한 뜻이 있었군요.

(5) <u>妖艷</u>한 자태에 잠시 넋이 나갔었다.

(6) 棺柩

(7) 碌碌

(8) 枸橘

(9) 吹噓

(10) 角觝

(11) 寥闊

(12) 木桶

(13) 窘塞

(14) 舵器

(15) 壟斷

(16) 枕肱

(17) 惰氣

(18) 擲殺

(19) 懇摯

(20) 樵軍

(21) 喉囑

(22) 潰決

(23) 眺覽

(24) 眼睛

(25) 技癢

(26) 簇生

(27) 崖略

(28) 沈澱

(29) 啞然

(30) 宦官

(31) 支撐

(32) 驚訝

(33) 鉤餌

(34) 醇醴

(35) 發穗

(36) 搔頭

(37) 勅令

(38) 叱罵

(39) 撰錄

(40) 芍藥

(41) 歇價

(42) 靭帶

(43) 蔗糖

(44) 比喩

(45) 寓居

(46) 中樞

(47) 宛轉

(48) 壓淬

(49) 箚記

(50) 毆擊

[問 51-82] 다음 漢字의 訓과 音을 쓰시오.

(51) 瘙　(52) 斂　(53) 箔

(54) 逎　(55) 薯　(56) 諏

(57) 鍍　(58) 煖　(59) 薩

(60) 淪　(61) 崎　(62) 糢

(63) 嗣　(64) 憺　(65) 拌

(66) 尅　(67) 脾　(68) 蹶

(69) 燎　(70) 嬰　(71) 吩

(72) 幀　(73) 魄　(74) 茸

(75) 埠　(76) 倆　(77) 煤

(78) 逵　(79) 腸　(80) 羅

(81) 褪　(82) 鬪

[問 83-112] 다음 글에서 밑줄 친 單語를 한자로 쓰시오.

(83) 소아병동에서 크리스마스 파티가 열렸다.

(84) 형제의 갈등은 쉽게 해소되지 않았다.

(85) 백합이 흐드러지게 난발했다.

(86) 김교수의 제자 중에는 청출어람한 인재들이 많다.

(87) 납치당했다고 거짓 신고하다.

(88) 현관 앞에 주차된 XXXX 차량은 즉시 이동조치 바랍니다.

(89) 팥빙수에는 연유를 넣어야 맛있다.

(90) 임금협상이 결렬되어 파업이 시작되었다.

(91) 밀렵꾼들이 야생동물을 위협하고 있다.

(92) 수비를 농락하며 교묘하게 빠져나가는 선수

(93) 폭우와 산사태 후 지뢰가 마을로 밀려 내려왔다.

(94) 노인 요양 병원이 급속하게 늘고있다.

(95) 국비 유학생 신분으로 미국에 가다.

(96) 계산상의 오류이니 수식을 바꿀 필요는 없다.

(97) 약속을 이행하시오.

(98) 지상 100층이 넘는 초고층빌딩들이 <u>마천루</u>를 이루고 있다.

(99) 그는 멋진 프로포즈를 위해 <u>마술</u>을 배우기로 결심했다.

(100) 진통제 중에 <u>마약</u> 성분이 들어있는 것이 있다.

(101) <u>삭막</u>한 도심 속에 생태공원을 만들다.

(102) 적군인지 아군인지 알 수 없게 하는 교묘한 말솜씨와 <u>연막</u>작전에 속아 넘어갔다.

(103) 콘택트렌즈를 끼고 자면 <u>각막</u>이 손상된다.

(104) 그녀는 수중 <u>분만</u>을 계획하고 있다.

(105) <u>항만</u> 시설은 미흡하나 드나드는 선박이 매우 많다.

(106) 용기와 <u>만용</u>의 차이는 무엇일까?

(107) 비상<u>연락</u>망에 반드시 집 전화번호를 기재해주십시오.

(108) 나는 허세 부리는 사람을 <u>경멸</u>한다.

(109) 가족을 부양하기 위해 이 회사에서 온갖 <u>수모</u>를 견뎌내었다.

(110) 어린이 영화중에 동물들의 <u>모험</u>을 다룬 애니메이션이 많다.

(111) 자전거를 탈 때도 <u>안전모</u>를 착용하는 것이 좋다.

(112) <u>문란</u>한 사생활을 청산하고 성직자가 되다.

[問 113-122] 다음 뜻풀이에 알맞은 單語를 漢字로 쓰시오.

(113) 어떤 일을 하도록 권함

(114) 바싹 가까이 다가붙음

(115) 돌아가는 일의 형편에 따라 적절하게 처리하는 재주

(116) 한 곳을 똑바로 봄

(117) 어떤 일을 전문가에게 물음

(118) 암컷과 수컷

(119) 이렇게 저렇게 생각하여 적당하게 고려함

(120) 점차로 조금씩 침략하여 먹어 들어감

(121) 어떤 단체나 합의체에 적을 두고 있음

(122) 어떤 일에 즐겨 빠짐

[問 123-132] 다음 漢字의 部首를 쓰시오.

(123) 麑

(124) 匍

(125) 褒

(126) 稟

(127) 疋

(128) 乏

(129) 函

(130) 鹹

(131) 銜

(132) 劫

[問 133-142] 다음 각 문항에서 첫소리가 長音인 單語를 찾아 그 번호를 쓰시오.

(133) ① 唾液 ② 伐木 ③ 連發 ④ 斟酌

(134) ① 罰則 ② 聯盟 ③ 象牙 ④ 孕胎

(135) ① 翻譯 ② 拿捕 ③ 輦車 ④ 傷心

(136) ① 贅客 ② 煩雜 ③ 挿入 ④ 獵銃

(137) ① 長短 ② 長壽 ③ 長孫 ④ 長技

(138) ① 杖幕 ② 杖鼓 ③ 杯盤 ④ 俳優

(139) ① 臟器 ② 場技 ③ 帳記 ④ 長期

(140) ① 繁盛 ② 森嚴 ③ 惰性 ④ 排斥

(141) ① 咀呪 ② 番地 ③ 常式 ④ 紡織

(142) ① 衲衣 ② 囊刀 ③ 煖房 ④ 捺染

[問 143-152] 다음 漢字語의 뜻을 간략히 써 보시오.

(143) 靑孀

(144) 島嶼

(145) 扇形

(146) 羨望

(147) 煽動

(148) 閃光

(149) 遡及

(150) 甦生

(151) 殲滅

(152) 弑害

[問 153-155] 다음 글자의 略字를 쓰시오.

(153) 鬱

(154) 譽

(155) 雜

[問 156-165] 다음 제시한 漢字의 類義字를 써 넣어 단어를 만들어 보시오.

(156) 詰(　)

(157) (　)著

(158) 抛(　)

(159) (　)陟

(160) 什(　)

(161) 峻(　)

(162) 迂(　)

(163) 爽(　)

(164) 辭(　)

(165) 遼(　)

[問 166-175] 다음 漢字語의 反意語(또는 相對語)를 漢字로 쓰시오.

(166) 瘠薄 ↔ (　)(　)

(167) 愚鈍 ↔ (　)(　)

(168) 起床 ↔ (　)(　)

(169) 詰難 ↔ ( )( )

(170) 苦痛 ↔ ( )( )

(171) 染色 ↔ ( )( )

(172) 退嬰 ↔ ( )( )

(173) 合體 ↔ ( )( )

(174) 禁煙 ↔ ( )( )

(175) 犧牲 ↔ ( )( )

[問 176-185] 다음 밑줄 친 同音異義語를 구별하여 漢字(正字)로 쓰시오.

○ 해수 온도가 상승하자 해파리들이 파다(176)해졌다. 독해파리가 출몰한다는 소문이 파다(177)해지자 피서객들의 발걸음이 뜸해졌다.

○ 우리 구청에서는 수해복구에 투입될 자원봉사자의 지원(178)을 받고 있습니다. 또한, 물품 지원(179)을 원하시는 분은 구청 정문에 임시 접수처로 물건을 가지고 오시면 됩니다. 구민 여러분들의 관심과 정성 부탁드립니다.

○ 독재 타도(180)를 외쳤던 광주 시민들은 하나둘씩 쓰러져갔다. 그러나, 1980년 5월 18일 당시 광주 외의 타도(181)에서는 이런 사실을 거의 모르고 있었다.

○ 지난 주 토요일에는 스승의 날을 맞아 조촐한 사은(182)회를 가졌다. 교수님 선물은 백화점에서 구입했는데, 마침 고객 사은(183)행사를 하고 있어 식품 전용 상품권을 받게 되었다.

○ 단정(184)한 겉모습만 보고 사람을 단정(185)지으면 안된다.

[問 186-190] 알맞은 漢字를 써 넣어 다음 四字成語를 완성하시오.

(186) 四面楚( )

(187) 沙上樓( )

(188) ( )之四方

(189) ( )羅萬象

(190) 三( )草廬

[問 191-200] 다음 뜻풀이에 알맞은 漢字를 써넣어 故事成語를 완성하시오.

(191) 一瀉( )( ) : 강물이 빨리 흘러 천리를 감. 어떤 일이 거침없이 빨리 진행됨

(192) ( )家撞( ) : 같은 사람의 말이나 행동이 앞뒤가 서로 맞지 않음

(193) 長袖( )( ) : 소매가 길면 춤을 잘 출 수 있다. 재물이 넉넉한 사람은 일을 하거나 성공하기가 쉽다는 말

(194) ( )( )一鍼 : 정수리에 침을 놓음. 따끔한 충고나 교훈

(195) ( )( )焚舟 : 적을 치러 가면서 배를 타고 물을 건너고 나서는 그 배를 태워버림. 필사의 각오로 싸움에 임함

(196) 糟糠( )( ) : 지게미와 쌀겨로 끼니를 이을 때의 아내. 몹시 가난하고 천할 때에 고생을 함께 겪어 온 아내.

(197) 七顚( )( ) : 일곱 번 구르고 여덟 번 거꾸러짐. 수없이 실패를 거듭하거나 매우 심하게 고생함

(198) 兎( )狐( ) : 토끼가 죽으니 여우가 슬퍼함. 남의 처지를 보고 자기 신세를 헤아려 동류의 불행을 슬퍼함

(199) 爪( )之( ) : 손톱과 어금니 같은 선비. 충성으로 임금을 모시는 신하

(200) 櫛風( )( ) : 머리털을 바람으로 빗질하고 몸은 빗물로 목욕함. 오랜 세월을 객지에서 방랑하며 온갖 고생을 다 함

第13回 漢字能力檢定試驗 1級 問題紙

※ 다음 漢字語에 대하여 물음에 답하시오.

(1) 婉曲 (2) 滿溢 (3) 擬古
(4) 厖大 (5) 訥辯 (6) 刺股
(7) 權輿 (8) 琴瑟 (9) 菽麥
(10) 彌縫策 (11) 糟糠 (12) 稟議
(13) 亘古 (14) 棠梨 (15) 青孀
(16) 衾枕 (17) 擡頭 (18) 爪角
(19) 伴侶 (20) 取扱 (21) 芳樽
(22) 舊臘 (23) 羇旅 (24) 註釋
(25) 膏粱 (26) 匙箸 (27) 捷徑
(28) 舅甥 (29) 苦悶 (30) 飄然
(31) 懷憮 (32) 靜謐 (33) 麾旗
(34) 出帆 (35) 制詔 (36) 豹變
(37) 補裨 (38) 曳網 (39) 巫覡
(40) 諡號 (41) 香餌 (42) 瀑布
(43) 兆朕 (44) 紹絶 (45) 容喙
(46) 沸騰 (47) 黜敎 (48) 夙宵
(49) 哺乳 (50) 矜恤

[問 1-50] 위 漢字語 [1-50]의 讀音을 쓰시오.

[問 51-55] 위 漢字語 [1-5]의 뜻을 쓰시오.

[問 56-60] 위 漢字語 [6-10]의 轉義(字義대로가 아닌 뜻)를 쓰시오.

例 : 矛盾 (轉義) - 앞뒤가 서로 맞지 않음

[問 61-65] 위 漢字語 [20-50] 가운데에서, 서로 상대되는 뜻을 지닌 글자끼리 結合된 것(加減… 등과 같이)을 5개 찾아 그 번호로 답하시오.

[66-90] 다음 漢字의 訓·音을 쓰시오.

(66) 蝦 (67) 寤 (68) 疋
(69) 姿 (70) 袂 (71) 轄
(72) 瞭 (73) 磊 (74) 鰍
(75) 螳 (76) 紺 (77) 函
(78) 悧 (79) 嬌 (80) 膀
(81) 抒 (82) 迂 (83) 諧
(84) 鳶 (85) 貼 (86) 勘
(87) 撒 (88) 賭 (89) 蛤

(90) 巾

[問 91-100] 다음 漢字의 部首를 쓰시오.

(91) 匋

(92) 堡

(93) 剖

(94) 斧

(95) 盆

(96) 雩

(97) 糞

(98) 翡

(99) 蚩

(100) 匕

[問 101-105] 빈칸에 제시한 漢字를 넣어 漢字語로 성립하지 않는 것을 찾아 그 번호를 적으시오.

(104) 猝
 ① □富 ② □地 ③ □然 ④ □劣

(102) 腫
 ① □迹 ② □氣 ③ □瘍 ④ 筋□

(103) 呪
 ① □文 ② 使□ ③ 咀□ ④ □術

(104) 汁
 ① 果□ ② 生□ ③ 修□ ④ 肉□

(105) 綴
 ① 前□ ② 編□ ③ 補□ ④ □字

[問 106-110] 다음 한자어와 뜻이 가장 비슷한 한자어를 찾아 그 번호로 답하시오.

(106) 彷佛
 ① 脂肪 ② 幇助 ③ 彷徨 ④ 近似

(107) 大泛
 ① 氾濫 ② 繁盛 ③ 膽大 ④ 開闢

(108) 氣魄
 ① 幣帛 ② 精神 ③ 劈頭 ④ 加捧

(109) 出帆
 ① 始作 ② 賻儀 ③ 扮裝 ④ 解剖

(110) 橋頭堡
 ① 俯瞰 ② 庇護 ③ 鄙淺 ④ 據點

※ 다음 글을 읽고 물음에 답하시오.

○ 수도사와 기사(111), 그리고 마녀(112)의 이야기. 사나운 맹수(113)와 살아 움직이는 시체(114)들의 습격을 물리치고 깊은 계곡(115)을 건너 협로(116)를 따라 잔혹(117)한 악당을 물리치러 떠나는 모험(118) 가득한 이야기. 우수(119) 짙은 표정의 궁사(120)는 모함(121)에 빠져 교수형(122)을 당할 위기에 처해지지만 그를 사랑하게 된 어여쁜 공주의 간곡(123)한 청으로 왕의 사면(124)을 받게 된다.

○ 내 너에게 부탁(125)이 하나 있다. 이제 지필연묵(126)을 꺼내어 서한(127) 한 장을 적어 줄 터이니 나의 충심(128)을 아가씨께 전해다오.

○ 휴대(129) 전화 보조금(130) 지급 방

법은 '일시 할인'으로 약관(131)에 정해져 있다. 그러나 일시 할인보다 많은 액수의 분할 할인을 미끼로 가입자들을 유치(132)하는 이른바 '대납폰'이 성행할 가능성이 있어 대책 마련이 시급하다.

○ 김 영감은 간밤에 거대한 산삼(133)을 타고 아름다운 미희(134)들과 함께 낙동강(135)을 표류(136)하는 꿈을 꿨다. 상서(137)로운 꿈이 분명하다고 여긴 그는 당대의 석학(138) 김길몽 선생을 소개(139)받아 해몽(140)을 부탁했다.

○ 성의 주변에는 외호(141)가 깊게 파여 있고, 과검(142)으로 무장한 군사들이 보초를 서고 있다. 성에 침투(143)하여 첨탑(144) 안에 갇힌 공주님을 구할 방법은 성 뒤에 있는 눈 덮인 가파른 산길을 활강(145)하여 내려오는 길 뿐이다.

[問 111-145] 윗글 밑줄 그은 漢字語를 漢字(正字)로 쓰시오.

[問 146-150] 윗글 밑줄 그은 漢字語 [126-143] 가운데에서 첫소리가 '긴소리'인 것을 가려 5개만 그 번호를 쓰시오(실제로는 5개 이상임).

[問 151-155] 다음에서 첫소리가 '긴소리'인 것을 그 번호로 답하시오.

(151) ① 貶下 ② 咆哮 ③ 澎湃 ④ 泡沫
(152) ① 暴雨 ② 稟議 ③ 諷刺 ④ 褒賞
(153) ① 逼迫 ② 涵養 ③ 緘口 ④ 喊聲
(154) ① 瑕疵 ② 駭怪 ③ 罕罔 ④ 諧謔
(155) ① 絃樂 ② 歇價 ③ 絢爛 ④ 狹小

[問 156-165] 다음 밑줄 친 同音異義語를 구별하여 漢字(正字)로 쓰시오.

○ 육상 경보(156) 대회 중 갑자기 공습 경보(157)가 울려 참가자들이 대피하는 소동이 있었다.

○ 15세기에 제작된 그리스식 도제(158) 항아리는 현재까지 도제(159) 방식으로 전수되어 생산되고 있다.

○ 국회의사(160)당 앞에서 현재 수백 명의 의사(161)와 약사들이 농성중이다.

○ 의식(162)불명에 빠진 사람이 그런 의식(163)을 치를 수 있겠는가?

○ 이 중식당은 코스요리보다는 일품(164)요리가 일품(165)이다.

[問 166-170] 다음 漢字의 略字는 正字로 正字는 略字로 쓰시오.

(166) 礙
(167) 歸
(168) 肅
(169) 聲
(170) 医

[問 171-175] 類義字로 結合된 漢字語가 되도록 ( ) 안에 漢字를 쓰거나 類義語로 짝이 되도록 ( ) 안에 漢字를 쓰시오.

(171) 貯(　)

(172) 店(　)

(173) 非命 - (　)(　)

(174) 失望 - (　)(　)

(175) 沈着 - (　)(　)

[問 176-180] 다음 漢字語의 反意語(또는 相對語)를 漢字로 쓰시오.

(176) 淑女 ↔ (　)(　)

(177) 拾得 ↔ (　)(　)

(178) 雙手 ↔ (　)(　)

(179) 玉碎 ↔ (　)(　)

(180) 增進 ↔ (　)(　)

[問 181-190] 다음 밑줄 친 漢字語를 漢字로 바르게 적으시오.

(181) 자기 자신을 신뢰하는 자는 군중을 지도하고 그리고 지배한다.

(182) 계산에 오류가 있으니 바로 잡아야 한다.

(183) 가스 누출로 화재가 발생하였다.

(184) 일의 능률을 위해 실내 온도 조절이 필요하다.

(185) 이번 답사는 학과장님이 인솔하신다.

(186) 제작자는 엉뚱한 장면을 삽입할 것을 요구했다.

(187) 단 한 번의 실축으로 월드컵 본선의 꿈이 날아갔다.

(188) 포승에 묶여 유배길에 오르다.

(189) 삼국이 팽팽하게 정립하였다.

(190) 적군의 함장이 쓰러졌다.

[問 191-200] 다음 뜻풀이에 알맞은 漢字를 써넣어 故事成語를 완성하시오.

(191) (　)(　)之寃 : 하늘에 사무치는 크나큰 원한

(192) 癡人(　)(　) : 어리석은 사람이 꿈 이야기를 함. 허황된 말을 지껄임

(193) (　)(　)七擒 : 마음대로 잡았다 놓아주었다 함. 중국 촉나라의 제갈량이 맹획을 일곱 번이나 사로잡았다가 일곱 번 놓아주었다는 데서 유래

(194) 吐哺(　)(　) : 민심을 수람하고 정무를 보살피기에 잠시도 편안함이 없음. 중국의 주공이 식사 때나 목욕할 때 내객이 있으면 먹던 것을 뱉고, 감고 있던 머리를 거머쥐고 영접하였다는 데서 유래

(195) (　)(　)右眄 : 왼쪽을 돌아보고 오른쪽을 돌아봄. 앞뒤를 재고 망설임

(196) 主(   )顚(   ) : 주인과 손님의 위치가 서로 뒤바뀜. 사물의 경중·선후·완급 따위가 서로 뒤바뀜

(197) (   )馬(   )鞭 : 달리는 말에 채찍질을 함. 잘하는 사람을 더욱 장려함

(198) (   )羞(   )饌 : 진귀한 반찬으로 가득 차린 음식

(199) 採薪(   )(   ) : 땔나무를 할 수 없는 근심이라는 뜻으로, 병환을 이르는 말

(200) (   )(   )覓疵 : 상처를 찾으려고 털을 불어 헤친다는 뜻으로, 억지로 남의 작은 허물을 들추어냄

第14回 漢字能力檢定試驗 1級 問題紙

[問 1-50] 다음 밑줄 친 漢字語 또는 제시한 漢字語의 讀音을 쓰시오.

(1) 장수를 위해 醱酵 식품을 섭취하고 있다.

(2) 20년만의 邂逅

(3) 견과류가 癡呆 예방에 좋다고 한다.

(4) 바이킹의 後裔

(5) 벼랑 끝에서 墜落하는 심정이다.

(6) 偕老

(7) 堆石

(8) 缸胎

(9) 悖談

(10) 艱難

(11) 倭寇

(12) 勁騎

(13) 汲路

(14) 書櫃

(15) 竭力

(16) 紛拏

(17) 穹蒼

(18) 草芥

(19) 括約

(20) 混沌

(21) 庖廚

(22) 苛政

(23) 駭怪

(24) 狙擊

(25) 蛟龍

(26) 披見

(27) 酪農

(28) 正鵠

(29) 墟墓

(30) 牢却

(31) 牡牛

(32) 橋畔

(33) 稜線

(34) 巨擘

(35) 緋甲

(36) 烽火

(37) 嬪妾

(38) 拒斧

(39) 挾輔

(40) 祠堂

(41) 氷棚

(42) 干潟

(43) 疋帛

(44) 漿果

(45) 改悛

(46) 涵養

(47) 堡壘

(48) 瘧疾

(49) 煽動

(50) 陋醜

[問 51-82] 다음 漢字의 訓과 音을 쓰시오.

(51) 纏 (52) 恪 (53) 撞
(54) 鷲 (55) 閭 (56) 癩
(57) 滔 (58) 輾 (59) 虜
(60) 脛 (61) 儺 (62) 罵
(63) 搏 (64) 勃 (65) 兜
(66) 繭 (67) 蕃 (68) 寥
(69) 淋 (70) 礬 (71) 凹
(72) 酩 (73) 獅 (74) 肋
(75) 醵 (76) 筍 (77) 竿
(78) 盆 (79) 遡 (80) 輻
(81) 阮 (82) 柑

[問 83-112] 다음 글에서 밑줄 친 單語를 한자로 쓰시오.

(83) 이 사안은 중차대한 일이니 반드시 사장님께 보고해야 한다.

(84) 오래 공부하는 것보다 핵심을 포착하는 것이 더 중요하다.

(85) 지금부터 명찰을 패용하십시오.

(86) 오늘 저녁 만찬을 준비하였으니 퇴근 후 식당으로 모이시기 바랍니다.

(87) 깊은 산 속 고찰의 고즈넉한 분위기에 매료되었다.

(88) 대구 지하철 참사와 같은 일이 다시는 일어나서는 안된다.

(89) 창망한 대해를 건너 멀리 이국으로 떠나다.

(90) 화창한 봄날 결혼식을 올리다.

(91) 귀하의 희생정신이 널리 귀감이 되므로 이에 표창합니다.

(92) 아이를 잃은 어미의 처절한 심정

(93) 미궁에서 빠져나오지 못하다.

(94) 대수롭지 않게 던진 말에 과민 반응을 보이다.

(95) 이번 국가대표 대항전은 박빙의 승부가 예상된다.

(96) 아이들에게 이런 증상은 다반사이니 너무 걱정하지 마세요.

(97) 이번 송년회는 부부동반 모임으로 하겠습니다.

(98) 대형 선박을 만들 수 있는 능력을 갖춘 나라가 얼마 되지 않는다.

(99) 음식물 반입 금지

(100) 춘향의 나이 방년 16세였다.

(101) 손해배상을 청구하겠습니다.

(102) 송백나무는 흔히 절개와 높은 인품에 비유된다.

(103) 한국의 '재벌'이라는 단어는 옥스퍼드 영어사전에 등재되어 있다.

(104) 18세기 독일에서는 인류애에 기초한 '범애주의' 교육개선 운동이 일어났다.

(105) 황제의 이름은 일반인이 사용할 수 없기 때문에 벽자를 주로 썼다.

(106) 구차한 변명일 뿐이다.

(107) 보정 전후의 사진을 비교해 봅시다.

(108) 건국 이후 최대 난관에 봉착하다.

(109) 뽀로로 봉제 인형이 날개 돋친 듯 팔리고 있다.

(110) 한가위 특집 영화가 다양해졌다.

(111) 원인을 차단하는 것이 급선무이다.

(112) 그녀는 공포영화라면 아주 질색이다.

[問 113-122] 다음 뜻풀이에 알맞은 單語를 漢字로 쓰시오.

(113) 험하고 좁은 골짜기

(114) 신문이나 잡지 등에 글이나 만화 등을 계속 싣는 일

(115) 서로 다른 의견을 주장하며 다툼

(116) 두 사람 사이의 분쟁에 끼어들어 화해시킴

(117) 책을 둘 이상의 사람이 함께 지음

(118) 드러나지 않은 사실을 알아내는 일을 하는 사람

(119) 여러 사람이 큰 소리로 외침. 두 사람 이상이 같은 노래를 동시에 함

(120) 물고기를 낚음

(121) 어떤 문제를 잘 살펴서 필요한 대책을 세움

(122) 여러 가지를 한 데 모아서 합함

[問 123-132] 다음 漢字의 部首를 쓰시오.

(123) 嚮

(124) 饗

(125) 衒

(126) 彗

(127) 闊

(128) 凰

(129) 爻

(130) 兜

(131) 卉

(132) 彙

[問 133-142] 다음 각 문항에서 첫소리가 長音인 單語를 찾아 그 번호를 쓰시오.

(133) ① 悖倫 ② 蠶婦 ③ 腔腸 ④ 芳年

(134) ① 芥子 ② 撚紙 ③ 踊躍 ④ 潛伏

(135) ① 乾燥 ② 涅齒 ③ 潭水 ④ 攄破

(136) ① 剩餘 ② 巾布 ③ 訥言 ④ 障壁

(137) ① 鯨呑 ② 蕩盡 ③ 捺印 ④ 財力

(138) ① 陋醜 ② 梗槪 ③ 股肱 ④ 災難

(139) ① 捏造 ② 棍杖 ③ 矜恤 ④ 莊嚴

(140) ① 稗說 ② 拷問 ③ 紐帶 ④ 才能

(141) ① 膿血 ② 呱呱 ③ 豺狼 ④ 朝刊

(142) ① 弑殺 ② 痼疾 ③ 撻楚 ④ 條件

[問 143-152] 다음 漢字語의 뜻을 간략히 써 보시오.

(143) 猜忌

(144) 揷匙

(145) 蜃氣樓

(146) 疑訝

(147) 啞然

(148) 激昂

(149) 揶揄

(150) 隘路

(151) 訛傳

(152) 手腕

[問 153-155] 다음 글자의 略字를 쓰시오.

(153) 豫

(154) 蠶

(155) 轉

[問 156-165] 다음 제시한 漢字의 類義字를 써 넣어 단어를 만들어 보시오.

(156) 凌(　)

(157) 吝(　)

(158) (　)洩

(159) (　)悶

(160) (　)細

(161) 均(　)

(162) 繼(　)

(163) (　)隔

(164) (　)縮

(165) 苛(　)

[問 166-175] 다음 漢字語의 反意語(또는 相對語)를 漢字로 쓰시오.

(166) 增加 ↔ (　)(　)

(167) 全體 ↔ (　)(　)

(168) 儉約 ↔ (　)(　)

(169) 出席 ↔ (　)(　)

(170) 合意 ↔ (　)(　)

(171) 昇天 ↔ (　)(　)

(172) 剛健 ↔ (　)(　)

(173) 改革 ↔ (　)(　)

(174) 必然 ↔ (　)(　)

(175) 乾燥 ↔ (　)(　)

[問 176-185] 다음 밑줄 친 同音異義語를 구별하여 漢字(正字)로 쓰시오.

○ 그는 자비(176)로 해외 봉사활동을 다녀와서 자비(177)의 손길이 더욱 필요하다는 것을 절감하고 기금을 모으기 시작했다.

○ 조선시대 그림에 관한 일을 맡아보던 관아인 도화(178)서의 그림 한 점이 민중 봉기의 도화(179)선이 되었다.

○ 약속 장소인 사슴 동상(180) 앞에서 2시간동안 그녀를 기다리던 그는 결국 동상(181)에 걸렸다.

○ 식량난에 대한 무산(182)층의 시위가 지도층의 반대로 무산(183)되었다.

○ 그는 사시(184) 합격을 앞두고 사시(185) 교정 수술을 받았다.

[問 186-190] 알맞은 漢字를 써 넣어 다음 四字成語를 완성하시오.

(186) (　)手無策

(187) 手不(　)卷

(188) (　)字憂患

(189) 心(　)一轉

(190) (　)木求魚

[問 191-200] 다음 뜻풀이에 알맞은 漢字를 써넣어 故事成語를 완성하시오.

(191) 七顚(　)(　) : 일곱 번 넘어지고 여덟 번 일어남. 여러 번 실패하여도 굴하지 않고 꾸준히 노력함

(192) (　)(　)棒大 : 작은 일을 크게 불려 떠벌림

(193) (　)瀾(　)疊 : 물결 위에 물결이 임. 사람의 생활이나 일의 진행에 여러 가지 곤란이나 시련이 많음

(194) 蒲(　)之(　) : 갯버들 같은 체질. 갯버들의 나뭇잎이 가을이 되자마자 떨어지는 데서, 사람의 체질이 허약하거나 나이보다 일찍 노쇠함을 비유적으로 이르는 말

(195) 緘口(　)(　) : 입을 다물고 아무 말도 하지 않음

(196) 偕老(　)(　) : 살아서는 같이 늙고 죽어서는 한 무덤에 묻힘. 생사를 같이 하자는 부부의 맹세

(197) 弊袍(　)笠 : 해진 옷과 부서진 갓. 초라한 차림새

(198) 夏扇(　)(　) : 여름의 부채와 겨울의 새해 책력. 선사하는 물건이 철에 맞음

(199) (　)隅之(　) : 구석을 향하여

한탄함. 좋은 때를 만나지 못한 것을 한탄함

(200) 狐( )虎( ) : 여우가 호랑이의 위세를 빌려 호기를 부림. 남의 권세를 빌려 위세를 부림

第15回 漢字能力檢定試驗 1級 問題紙

※ 다음 漢字語에 대하여 물음에 답하시오.

(1) 剛毅 (2) 彷彿 (3) 恪虔
(4) 潑剌 (5) 曲庇 (6) 杜撰
(7) 逆鱗 (8) 豺狼 (9) 嚆矢
(10) 杞憂 (11) 禿頭 (12) 諷刺
(13) 舞蹈 (14) 信憑 (15) 獅子
(16) 明匠 (17) 鵲報 (18) 萌動
(19) 麝香 (20) 箸筒 (21) 懊惱
(22) 緬憶 (23) 禦侮 (24) 臂脚
(25) 柚子 (26) 凹凸 (27) 蹂躪
(28) 問兪 (29) 儺禮 (30) 檣燈
(31) 拱手 (32) 腋臭 (33) 雌雄
(34) 鹿藿 (35) 俚諺 (36) 浮沫
(37) 揭榜 (38) 禁錮 (39) 退嬰
(40) 胡狄 (41) 檄文 (42) 短麓
(43) 蟠據 (44) 甥姪 (45) 譴責
(46) 猪突 (47) 淨穢 (48) 冶爐
(49) 風磬 (50) 晩鶯

[問 1-50] 위 漢字語 [1-50]의 讀音을 쓰시오.

[問 51-55] 위 漢字語 [1-5]의 뜻을 쓰시오.

[問 56-60] 위 漢字語 [6-10]의 轉義(字義대로가 아닌 뜻)를 쓰시오.

例 : 矛盾 (轉義) - 앞뒤가 서로 맞지 않음

[問 61-65] 위 漢字語 [20-50] 가운데에서, 서로 상대되는 뜻을 지닌 글자끼리 結合된 것(加減… 등과 같이)을 5개 찾아 그 번호로 답하시오.

[66-90] 다음 漢字의 訓·音을 쓰시오.

(66) 樽 (67) 惘 (68) 薔
(69) 蘊 (70) 隕 (71) 疵
(72) 什 (73) 幟 (74) 噴
(75) 頒 (76) 緞 (77) 謫
(78) 饉 (79) 牡 (80) 贅
(81) 硼 (82) 璧 (83) 墾
(84) 蓑 (85) 媤 (86) 疹
(87) 釀 (88) 詔 (89) 鋒

(90) 筵

[問 91-100] 다음 漢字의 部首를 쓰시오.

(91) 琵

(92) 庇

(93) 奢

(94) 些

(95) 删

(96) 麝

(97) 煞

(98) 爽

(99) 黍

(100) 堉

[問 101-105] 빈칸에 제시한 漢字를 넣어 漢字語로 성립하지 않는 것을 찾아 그 번호를 적으시오.

(101) 捷
① 敏□ ② □徑 ③ 手□ ④ □報

(102) 墜
① □落 ② 失□ ③ 擊□ ④ 脊□

(103) 癡
① □密 ② □呆 ③ □漢 ④ 音□

(104) 蕩
① 放□ ② □盡 ③ □減 ④ 豪□

(105) 套
① 封□ ② 嫉□ ③ 外□ ④ 常□

[問 106-110] 다음 한자어와 뜻이 가장 비슷한 한자어를 찾아 그 번호로 답하시오.

(106) 彷徨
① 徘徊 ② 豪奢 ③ 移徙 ④ 滲透

(107) 憑藉
① 安逸 ② 海溢 ③ 詛嚼 ④ 依據

(108) 仔細
① 灼熱 ② 昭詳 ③ 雀躍 ④ 猪突

(109) 剩餘
① 孕胎 ② 足跡 ③ 餘分 ④ 輾轉

(110) 瑕疵
① 缺點 ② 膾炙 ③ 抵觸 ④ 廛房

※ 다음 글을 읽고 물음에 답하시오.

○ 질병 관리 본부는 최근 원인 미상(111)의 폐질환(112) 환자를 대상으로 호흡기 질환을 유발(113)할 수 있는 다양한 위험 요인을 파악(114)한 결과 이러한 증세(115)가 가습(116)기 살균(117)제 때문에 발생했을 가능성이 있다고 밝혔다.

○ 이 서문은 호혜(118)와 이익의 균형(119)을 추구하는 이 조약 체결의 기본 취지(120)에 어긋난다. 우리 투자자는 상대국 투자자를 초과하는 실질적 권리를 부여(121)받지 못한다. 해석(122)을 두고 논란이 일어날 우려(123)가 있다는 지적(124)이 있다. 타국의 경우와 대조(125)해 가며 따져 볼 필요가 있다.

○ ○○○ ◇◇대학교 명예(126) 교수가 3일 오전 7시 지병(127)으로 별세했다. 향년(128) 72세. 빈소는 ◇◇대학교 병원 장례(129)식장. 발인은 5일 오전 8시. 고인은 생전의 연구 업적을 인정받아 훈장(130)을 수여받은 바 있다.

○ 환절기(131)에는 감기를 가장 조심해야 한다. 대부분의 감기 바이러스는 공기와 손으로 오염(132)되기 때문에 평소에 손을 깨끗하게 씻는 버릇을 가져야 한다. 유행성독감은 임상(133)적으로 다른 호흡기 바이러스 질환과 구별하기 힘든데, 길게는 일주일 정도의 잠복(134)기를 거쳐 갑작스런 발열과 두통, 오한 등의 증상을 보인다. 환자가 쇠약(135)한 상태일 때는 특히 더 조심하여야 한다. 편도선염 및 후두(136)염은 환절기에 더욱 악화되기 쉬우므로 양치질을 잘하는 것이 매우 중요하다.

○ 올 여름은 예년에 비해 일조(137)량이 적고 비가 많이 내려 지반(138)이 약해져 있어 산행을 하다가 미끄러지거나 넘어지기 쉽다. 등산화(139)와 장갑 등을 착용하는 것이 좋다. 발목을 삐끗했을 때는 얼음찜질을 해주고 압박(140) 붕대로 고정시켜 두면 붓기를 가라앉히는데 도움이 된다.

○ 환상(141)적인 모험과 과학의 세계! '전국비행기사랑협의회'가 주최(142)하는 제1회 전국 모형(143) 항공기 대회에 참가할 미래의 조종사(144)들을 모집(145)합니다.

[問 111-145] 윗글 밑줄 그은 漢字語를 漢字(正字)로 쓰시오.

[問 146-150] 윗글 밑줄 그은 漢字語 [125-142] 가운데에서 첫소리가 '긴소리'인 것을 가려 5개만 그 번호를 쓰시오(실제로는 5개 이상임)

[問 151-155] 다음에서 첫소리가 '긴소리'인 것을 그 번호로 답하시오.

(151) ① 恍惚 ② 闊步 ③ 丸藥 ④ 混沌
(152) ① 慌忙 ② 膾炙 ③ 嚆矢 ④ 遑急
(153) ① 麾下 ② 岐路 ③ 酵素 ④ 巢窟
(154) ① 輔弼 ② 琴瑟 ③ 溶解 ④ 徹底
(155) ① 薰煙 ② 欽慕 ③ 峻嚴 ④ 押留

[問 156-165] 다음 밑줄 친 同音異義語를 구별하여 漢字(正字)로 쓰시오.

○ 그는 관직을 사양(156)하고 고향으로 내려가 사양(157)길에 접어들었던 가업을 일으켜 세웠다.

○ 남한산성(158)의 토양이 점점 산성(159)화되고 있다.

○ 이름뿐인 MOU가 아니라 명실상부(160) 상부(161)상조하는 MOU가 되어야 한다.

○ 근간(162)에 국가의 근간(163)을 뒤흔드는 사건들이 빈번하게 발생했다.

○ 연금(164)술사를 연금(165)하라.

[問 166-170] 다음 漢字의 略字는 正字로 正字는 略字로 쓰시오.

(166) 眞
(167) 鐵
(168) 稱
(169) 条
(170) 従

[問 171-175] 類義字로 結合된 漢字語가 되도록 ( ) 안에 漢字를 쓰거나 類義語로 짝이 되도록 ( ) 안에 漢字를 쓰시오.

(171) 旋( )
(172) 濕( )
(173) 幼稚 - ( )( )
(174) 尾行 - ( )( )
(175) 氣質 - ( )( )

[問 176-180] 다음 漢字語의 反意語(또는 相對語)를 漢字로 쓰시오.

(176) 光明 ↔ ( )( )
(177) 釋放 ↔ ( )( )
(178) 急性 ↔ ( )( )
(179) 眞談 ↔ ( )( )
(180) 訥辯 ↔ ( )( )

[問 181-185] 다음 밑줄 친 漢字語를 漢字로 바르게 적으시오.

(181) 자기소개서와 이력서를 준비하십시오.
(182) 병마와 싸워 이기려면 강한 정신력이 필요하다.
(183) 이번 수술은 마취 없이 진행한다.
(184) 이 영화는 자막이 없어서 보기가 힘들다.
(185) 보호자는 분만실에서 나가주시기 바랍니다.
(186) 소아과 병동으로 가세요.
(187) 위원장은 단식 농성 중이다.
(188) 시원한 탄산 음료 한 잔!
(189) 청부업자에게 살인을 교사한 혐의가 있다.
(190) 좋은 사람 있으면 소개해 주세요.

[問 191-200] 다음 뜻풀이에 알맞은 漢字를 써넣어 故事成語를 완성하시오.

(191) ( )( )斧柯 : 어린 싹을 뽑아 버리지 않으면 마침내 도끼를 사용하는 노력이 필요하게 됨. 화근은 크기 전에 없애야 함

(192) ( )( )誣民 : 세상을 어지럽히고 백성을 미혹하게 하여 속임

(193) (　)瀾(　)丈 : 파도의 물결이 만장의 길이나 된다. 사람의 생활이나 일의 진행이 여러 가지 곡절과 시련이 많고 변화가 심함

(194) (　)哺鼓(　) : 잔뜩 먹고 배를 두드림. 먹을 것이 풍족하여 즐겁게 지냄

(195) (　)心坦(　) : 마음을 비우고 생각을 터놓음. 명랑하고 거리낌이나 숨김이 없는 마음

(196) 糊(　)之(　) : 잎에 풀칠하는 계책. 가난한 살림에서 그저 겨우 먹고 살아가는 방책

(197) 狐死(　)(　) : 여우가 죽을 때 머리를 제가 살던 굴이 있는 언덕으로 돌림

(198) (　)(　)耽耽 : 범이 눈을 부릅뜨고 먹이를 노려봄. 남의 것을 빼앗기 위하여 형세를 살피며 가만히 기회를 엿봄

(199) 魂(　)魄(　) : 혼백이 어지러이 흩어짐. 몹시 놀라 넋을 잃음

(200) 渾然(　)(　) : 의견이나 주장 따위가 완전히 하나로 일치함

第16回 漢字能力檢定試驗 1級 問題紙

[問 1-50] 다음 밑줄 친 漢字語 또는 제시한 漢字語의 讀音을 쓰시오.

(1) 작품 속에 담겨진 선조들의 諧謔과 풍자

(2) 본연의 업무를 疎忽히 하지 마시기 바랍니다.

(3) 오늘 일을 크게 覺醒하는 계기로 삼기 바란다.

(4) 이 차는 煤煙이 적게 나오도록 설계되었습니다.

(5) 참으로 凜凜하고 당당하구나.

(6) 阮丈

(7) 紫蚓

(8) 翡翠

(9) 慓毒

(10) 狼藉

(11) 管轄

(12) 曝書

(13) 雲霞

(14) 謫仙

(15) 恰似

(16) 騙取

(17) 橢圓

(18) 輝煌

(19) 腕力

(20) 砧骨

(21) 鹹味

(22) 奄然

(23) 膨脹

(24) 凹鏡

(25) 燼滅

(26) 綽約

(27) 兄嫂

(28) 不遜

(29) 宥恕

(30) 訃音

(31) 痢疾

(32) 臂膊

(33) 洶急

(34) 嵎夷

(35) 鰥居

(36) 棧橋

(37) 咽喉

(38) 綻露

(39) 哮吼

(40) 磊落

(41) 撓折

(42) 坵穢

(43) 肛門

(44) 螺髮

(45) 駒馬

(46) 傷痍

(47) 跛行

(48) 詛呪

(49) 眩氣

(50) 杖鼓

[問 51-82] 다음 漢字의 訓과 音을 쓰시오.

(51) 縛 (52) 捏 (53) 駱
(54) 鉤 (55) 榜 (56) 勺
(57) 靡 (58) 弩 (59) 濾
(60) 擘 (61) 庵 (62) 些
(63) 臼 (64) 紐 (65) 撈
(66) 渺 (67) 碇 (68) 晏
(69) 痼 (70) 痰 (71) 瘤
(72) 悶 (73) 棒 (74) 繹
(75) 橄 (76) 撞 (77) 勒
(78) 謚 (79) 芙 (80) 饒

(81) 凱   (82) 漬

[問 83-112] 다음 글에서 밑줄 친 單語를 한자로 쓰시오.

(83) 그 한의사는 40분 동안 진맥을 한다.

(84) 진부한 표현을 참신하게 바꾸어라.

(85) 성적 부진의 원인을 찾는 중이다.

(86) 열차 출발 시간이 지연되고 있다.

(87) 방사능 낙진 피해를 최대한 줄여야 한다.

(88) 네 말의 요지가 무엇이냐?

(89) 총리 인준 청문회가 있을 예정이다.

(90) 독일 주재원으로 10년간 근무했다.

(91) 모든 사건을 종합해 봤을 때 당신이 범인이다.

(92) 그 조각가는 부조 작품을 위주로 만든다.

(93) 학생임을 감안하여 적당한 조처를 내려주십시오.

(94) 낚시 할 섬까지 데려다 줄 조선을 구하고 있습니다.

(95) 방부제를 얼마나 넣었는지 열흘이 지나도록 썩지 않는다.

(96) 다음 내용을 첨부하오니 참고하여 주십시오.

(97) 공장 부지를 매입하였다.

(98) 햇빛에 붉어진 피부는 즉시 열을 내

려주어야 한다.

(99) 탄산음료를 마신 후에는 불소가 함유된 치약으로 양치질하는 것이 좋다.

(100) 약탈과 방화를 일삼던 비적떼를 소탕하다.

(101) 사료값이 올라 축산 농가가 타격을 입었다.

(102) 자네 빙장은 안녕하신가?

(103) 범죄를 부추기는 사람에게는 교사죄가 성립된다.

(104) 나를 괴롭혔던 당신을 사죄합니다.

(105) 사이비 기자를 조심하세요.

(106) 이것은 우산 겸용 양산이다.

(107) 홍삼은 피로회복에 도움이 된다.

(108) 그녀가 태어난 날 상서롭게도 붉은 꽃이 활짝 피었다.

(109) 문제의 단서를 찾아라.

(110) 그 아이는 자라서 희대의 석학이 되었다.

(111) 가죽 의류를 수선하는 곳은 따로 있다.

(112) 21세기에는 남자라도 섬세한 사람이 성공한다.

[問 113-122] 다음 뜻풀이에 알맞은 單語를 漢字로 쓰시오.

(113) 제멋대로 행동함

(114) 군대가 맡은 임무의 수행을 위해 일정한 곳에 한동안 머무르는 일

(115) 어떤 물질이 액체 상태에서 기체 상태로 변함

(116) 기름기를 뺌

(117) 학습이나 지능 발달이 더딘 아이

(118) 티끌, 아주 적은 것

(119) 병을 그릇되게 진단함

(120) 숨통이 막혀 숨을 쉴 수 없음

(121) 햇빛이나 불빛을 막아서 가림

(122) 보통 때보다 잘 차려서 손님을 대접하는 점심 식사

[問 123-132] 다음 漢字의 部首를 쓰시오.

(123) 欠

(124) 艮

(125) 岡

(126) 姜

(127) 疆

(128) 杰

(129) 皐

(130) 串

(131) 圭

(132) 奎

[問 133-142] 다음 각 문항에서 첫소리가 長音인 單語를 찾아 그 번호를 쓰시오.

(133) ① 聾兒 ② 聳立 ③ 睹聞 ④ 鈴鐸

(134) ① 曖昧 ② 隘路 ③ 牢却 ④ 淘汰

(135) ① 庵子 ② 斡旋 ③ 軋轢 ④ 鞍馬

(136) ① 賂物 ② 貶流 ③ 撞着 ④ 逆賊

(137) ① 訊問 ② 黎明 ③ 憺畏 ④ 磊磊

(138) ① 揶揄 ② 堵列 ③ 悉皆 ④ 橙子

(139) ① 邏卒 ② 滔天 ③ 剝蝕 ④ 跛立

(140) ① 螺旋 ② 匙箸 ③ 搗精 ④ 調律

(141) ① 痘面 ② 悖倫 ③ 駱駝 ④ 窯業

(142) ① 屠殺 ② 蠟燭 ③ 愉快 ④ 涌起

[問 143-152] 다음 漢字語의 뜻을 간략히 써 보시오.

(143) 虞犯

(144) 膺懲

(145) 過剩

(146) 膾炙

(147) 詛嚼

(148) 沈澱

(149) 嘲笑

(150) 惰性

(151) 跛行

(152) 老婆心

[問 153-155] 다음 글자의 略字를 쓰시오.

(153) 擇

(154) 點

(155) 畵

[問 156-165] 다음 제시한 漢字의 類義字를 써 넣어 단어를 만들어 보시오.

(156) 距(　)

(157) 監(　)

(158) (　)略

(159) 枯(　)

(160) 恐(　)

(161) (　)轄

(162) (　)極

(163) 琴(　)

(164) (　)瞞

(165) 賭(　)

[問 166-175] 다음 漢字語의 反意語(또는 相對語)를 漢字로 쓰시오.

(166) 延長 ↔ (　)(　)

(167) 鈍濁 ↔ (　)(　)

(168) 樂天 ↔ (　)(　)

(169) 末尾 ↔ (　)(　)

(170) 完備 ↔ (　)(　)

(171) 不當 ↔ (　)(　)

(172) 貧窮 ↔ (　)(　)

(173) 敷衍 ↔ (　)(　)

(174) 削減 ↔ (　)(　)

(175) 淺學 ↔ (　)(　)

[問 176-185] 다음 밑줄 친 同音異義語를 구별하여 漢字(正字)로 쓰시오.

○ 유기(176)농업을 활성화시키지 않는 것은 해당관청의 직무유기(177)다.

○ 상온에서 생크림의 형태를 오래 유지(178)하기 위해서는 동물성 유지(179)보다 식물성 유지를 사용하는 것이 좋다.

○ 그녀의 음성(180)을 들으니 조직 검사 결과가 음성(181)으로 나왔나 보다.

○ 일사(182)병이 우려되어 작업을 오전 중에 일사(183)불란하게 진행했다.

○ 현충일에 조기(184)를 게양하고 오전 7시까지 OO초등학교 운동장으로 나오십시오. - 조기(185)축구회장 백

[問 186-190] 알맞은 漢字를 써 넣어 다음 四字成語를 완성하시오.

(186) (　)忍自重

(187) 意味(　)長

(188) (　)田鬪狗

(189) 因果應(　)

(190) (　)實直告

[問 191-200] 다음 뜻풀이에 알맞은 漢字를 써넣어 故事成語를 완성하시오.

(191) (　)(　)堅說 : 조리가 없이 말을 이러쿵저러쿵 지껄임

(192) (　)(　)點睛 : 용을 그리고 난 후에 마지막으로 눈동자를 그려 넣었더니 그 용이 실제 용이 되어 홀연히 구름을 타고 하늘로 날아 올라감. 무슨 일을 하는 데에 가장 중요한 부분을 완성함

(193) (　)(　)之餠 : 그림의 떡. 아무 소용이 없음

(194) (　)胥之(　) : 화서가 꾸었던 꿈. 좋은 꿈

(195) 歡(　)雀(　) : 기뻐서 크게 소리를 치며 날뜀

(196) 繪事(　)(　) : 그림 그리는 일은 흰 바탕을 손질한 이후에 채색을 함. 사람은 좋은 바탕이 있은 뒤에 문식을 더해야 함

(197) (　)者無(　) : 뿔이 있는 사람은 이가 없음. 한 사람이 모든 재주나 복을 다 가질 수 없음

(198) (　)(　)之才 : 온 세상을 덮을 만큼 뛰어난 재주

(199) (　)强(　)會 : 말을 억지로 끌어다가 이치에 맞도록 함

(200) (　)學(　)世 : 배운 학문을 왜곡시켜 시류나 이익에 영합함

第17回 漢字能力檢定試驗 1級 問題紙

※ 다음 漢字語에 대하여 물음에 답하시오.

(1) 闡明　(2) 逼近　(3) 難澁
(4) 櫛比　(5) 些末　(6) 狐鼠輩
(7) 冬扇　(8) 磊塊　(9) 正鵠
(10) 堪輿　(11) 輻射　(12) 枕頭
(13) 喘息　(14) 缺乏　(15) 貝塚
(16) 撲滅　(17) 猛悍　(18) 妬忌
(19) 瞑目　(20) 誣告　(21) 當籤
(22) 糞尿　(23) 罹災民　(24) 佩物
(25) 低昂　(26) 淪落　(27) 閭巷
(28) 濃淡　(29) 傀儡　(30) 囑望
(31) 恩讎　(32) 搖鈴　(33) 楷書
(34) 老婆　(35) 痘瘡　(36) 登攀
(37) 醋醬　(38) 鞍裝　(39) 終熄
(40) 琥珀　(41) 塾堂　(42) 淋巴腺
(43) 移徙　(44) 顆粒　(45) 鼠狼
(46) 愕然　(47) 痼疾　(48) 閃光
(49) 疼痛　(50) 嫡庶

[問 1-50] 위 漢字語 [1-50]의 讀音을 쓰시오.

[問 51-55] 위 漢字語 [1-5]의 뜻을 쓰시오.

[問 56-60] 위 漢字語 [6-10]의 轉義(字義대로가 아닌 뜻)를 쓰시오.

例 : 矛盾 (轉義) - 앞뒤가 서로 맞지 않음

[問 61-65] 위 漢字語 [20-50] 가운데에서, 서로 상대되는 뜻을 지닌 글자끼리 結合된 것(加減… 등과 같이)을 5개 찾아 그 번호로 답하시오.

[66-90] 다음 漢字의 訓·音을 쓰시오.

(66) 殞　(67) 竭　(68) 珊
(69) 烽　(70) 伍　(71) 痢
(72) 堆　(73) 叩　(74) 虞
(75) 頰　(76) 卉　(77) 粹
(78) 衾　(79) 怏　(80) 睛
(81) 杖　(82) 讐　(83) 諷
(84) 棚　(85) 瀾　(86) 闡
(87) 鄙　(88) 箋　(89) 漕

(90) 鼇

[問 91-100] 다음 漢字의 部首를 쓰시오.

(91) 鼠

(92) 羨

(93) 醒

(94) 甦

(95) 丞

(96) 戍

(97) 竪

(98) 羞

(99) 讎

(100) 夙

[問 101-105] 빈칸에 제시한 漢字를 넣어 漢字語로 성립하지 않는 것을 찾아 그 번호를 적으시오.

(101) 膨
① □滿 ② □湃 ③ □脹 ④ □大

(102) 斃
① 病□ ② □死 ③ □端 ④ 疲□

(103) 轄
① 管□ ② 分□ ③ 直□ ④ □賦

(104) 狹
① 義□ ② □小 ③ 偏□ ④ □窄

(105) 闊
① 狹□ ② 快□ ③ 廣□ ④ □步

[問 106-110] 다음 한자어와 뜻이 가장 비슷한 한자어를 찾아 그 번호로 답하시오.

(106) 躊躇
① 痕迹 ② 顚倒 ③ 首鼠 ④ 沈澱

(107) 挫折
① 絶望 ② 嫉視 ③ 叱責 ④ 震怒

(108) 兆朕
① 更迭 ② 徵候 ③ 瘠薄 ④ 凄切

(109) 蹉跌
① 簒奪 ② 懺悔 ③ 錯誤 ④ 闡明

(110) 拔萃
① 憔悴 ② 取捨 ③ 囑望 ④ 放黜

※ 다음 글을 읽고 물음에 답하시오.

○ 차에 텐트와 취사(111) 도구를 싣고 들과 산으로 떠나 보자. 아늑한 숙박(112) 시설은 필요 없다. 각종 장비를 설치하고 철수(113)하는 재미에 대자연을 벗삼아 만찬(114)을 즐기는 기쁨이 있다. 폐교(115)를 비롯한 저렴(116)한 야영 시설에서 다채(117)로운 경험과 추억(118)을 쌓을 수 있다.

○ 정부 기관인 우체국(119)이 펀드 판매업과 카드업 진출을 공식 선언한 것에 대해 금융계에서는 시장이 잠식(120)될 것을 우려하고 있다. 우체국이 보유하고 있는 전국의 영업망(121)이 기존 금융사들에게는 큰 위협 요인이 될 수 있다는 것이 은행들의 우려다. 금융위원회는 신중(122)한 입장이다.

○ 사적(123) 제122호 창덕궁은 임진왜란 때 소실(124)되었는데, 인조 25년에야 복구가 완료(125)되었다. 일제 강점기 일본은 창덕궁 후원을 비원(126)으로 격하시켰다. 이 외에도 창덕궁은 많은 재앙(127)을 입었으면서도 비교적 원형이 훼손(128)되지 않고 잘 보존되어 있어 중요한 고궁의 하나이다. 1997년 12월 유네스코가 지정하는 세계유산으로 등재(129) 되었다.

○ 억대 연봉(130)자가 교통 위반(131) 과태료(132)를 장기 체납(133) 상태인 것으로 드러났다.

○ 이 환약(134)으로 말씀드릴 것 같으면 산삼, 녹용, 몸에 좋다는 약재는 모두 모아 백록담(135)의 물을 길어다 끓인 후에 농축(136)시킨 것으로 당뇨(137)와 담석(138)에 탁월한 효과가 있고, 신장(139)이 안 좋으신 분, 요통(140)으로 고생하시는 분, 각종 병으로 와병(141) 중이신 분에게 특히 좋습니다. 불임(142)인 부인이 드시면 수태(143)를 하고, 진통(144)에도 그만입니다. 한 알씩 증정(145)해 드릴 터이니 약효를 시험해 보시기 바랍니다.

[問 111-145] 윗글 밑줄 그은 漢字語를 漢字(正字)로 쓰시오.

[問 146-150] 윗글 밑줄 그은 漢字語 [128-144] 가운데에서 첫소리가 '긴소리'인 것을 가려 5개만 그 번호를 쓰시오(실제로는 5개 이상임).

[問 151-155] 다음에서 첫소리가 '긴소리'인 것을 그 번호로 답하시오.

(151) ① 軌道 ② 規格 ③ 閨秀 ④ 筋力
(152) ① 籠城 ② 屢次 ③ 療養 ④ 率先
(153) ① 摩擦 ② 隣近 ③ 蠻勇 ④ 漏出
(154) ① 蔑視 ② 冥想 ③ 履行 ④ 幫助
(155) ① 暮秋 ② 募金 ③ 矛盾 ④ 模範

[問 156-165] 다음 밑줄 친 同音異義語를 구별하여 漢字(正字)로 쓰시오.

○ 그는 주식(156)에 투자할 자금을 마련하기 위해 주식(157)을 거르면서 돈을 모았다.

○ 시합 중에 중상(158)을 입어 그의 선수 생활이 끝났다는 중상(159)모략이 퍼지고 있다.

○ 수술 후 환자는 일주일 동안 안정(160)을 취해 현재 안정(161)기에 접어들었다.

○ 최고 속도를 낼 수 있는 마력(162)을 지닌 이 스포츠카는 사람을 사로잡는 마력(163)이 있다.

○ 사색(164)에 잠겼던 그의 얼굴이 갑자기 사색(165)으로 변했다.

[問 166-170] 다음 漢字의 略字는 正字로 正字는 略字로 쓰시오.

(166) 釋

(167) 拂

(168) 繼

(169) 腦

(170) 岩

[問 171-175] 類義字로 結合된 漢字語가 되도록 ( ) 안에 漢字를 쓰거나 類義語로 짝이 되도록 ( ) 안에 漢字를 쓰시오.

(171) 拒(　)

(172) (　)賀

(173) 梗(　)

(174) 看做 - (　)(　)

(175) 鼓舞 - (　)(　)

[問 176-180] 다음 漢字語의 反意語(또는 相對語)를 漢字로 쓰시오.

(176) 放電 ↔ (　)(　)

(177) 定溫動物 ↔ (　)(　)動物

(178) 自由貿易 ↔ (　)(　)貿易

(179) 復習 ↔ (　)(　)

(180) 腹式呼吸 ↔ (　)(　)呼吸

[問 181-190] 다음 밑줄 친 漢字語를 漢字로 바르게 적으시오.

(181) 민간인을 학살하는 만행을 저지르다.

(182) 제주부터 이북까지 모든 지방의 김치를 총망라한 요리책

(183) 사람들을 매료시키는 목소리

(184) 구리는 헤모글로빈 형성의 촉매제 역할을 한다.

(185) 전 대통령의 서거 1주기에 추모 행렬이 끊이지 않았다.

(186) 손해 배상 청구서가 날아왔다.

(187) 각 파벌 간의 이해다툼

(188) 범죄자들의 소굴을 급습하다.

(189) 이 호수에서는 익사 사고를 조심해야 한다.

(190) 평소 꾸준히 체력 단련에 힘을 써 온 결과이다.

[問 191-200] 다음 뜻풀이에 알맞은 漢字를 써넣어 故事成語를 완성하시오.

(191) (　)(　)之慶 : 질그릇을 가지고 노는 경사. 딸을 낳은 기쁨

(192) (　)璋之(　) : 구슬을 가지고 노는 기쁨. 아들을 낳은 기쁨

(193) (　)(　)之苦 : 진흙이나 숯불에 떨어진 것 같은 고통. 가혹한 정치로 백성들이 심한 고통을 겪는 것

(194) 凍足( )( ) : 언 발에 오줌 누기. 임시방편적인 행동

(195) ( )( )不明 : 등잔 밑이 어둡다. 가까이 있는 것을 오히려 잘 모름

(196) ( )( )之蓬 : 구부러진 쑥도 삼밭에 나면 꼿꼿하게 자란다. 환경에 따라 악도 선하게 고쳐진다.

(197) 夫( )婦( ) : 남편이 주장하고 아내가 이에 따름. 부부 화합의 도리

(198) 附和( )( ) : 우렛소리에 맞춰 함께 함. 자신의 뚜렷한 소신 없이 남의 의견이나 행동에 덩달아 따름

(199) ( )( )之間 : 얼음과 숯의 사이. 성질이 반대여서 전혀 어울릴 수 없는 사이.

(200) ( )田( )海 : 뽕나무 밭이 푸른 바다가 됨. 세상의 변화가 심하거나 인생이 덧없음

第18回 漢字能力檢定試驗 1級 問題紙

[問 1-50] 다음 밑줄 친 漢字語 또는 제시한 漢字語의 讀音을 쓰시오.

(1) 일제의 민족 抹殺 정책
(2) 다음 括弧 안에 알맞은 한자어를 넣으시오.
(3) 앞으로 더욱 학문에 邁進하려 합니다.
(4) 吩咐만 내리십시오.
(5) 홀어머니 膝下에서 자랐다.
(6) 浮萍
(7) 欠缺
(8) 頹落
(9) 贅言
(10) 踵接
(11) 湮淪
(12) 法曹
(13) 瘦瘠
(14) 胚芽
(15) 嚬呻
(16) 逋脫
(17) 歆饗
(18) 拔萃
(19) 搭乘
(20) 徹去
(21) 拱揖
(22) 硼素
(23) 悚懼
(24) 杳然
(25) 覇納
(26) 柴扉
(27) 語彙
(28) 膵臟
(29) 唾具
(30) 甲胄
(31) 萎縮
(32) 先鋒
(33) 純粹
(34) 芭蕉
(35) 摸索
(36) 坦路
(37) 賄賂
(38) 短籬
(39) 遭難

(40) 忖度

(41) 癒着

(42) 六腑

(43) 覺醒

(44) 稗官

(45) 根瘤

(46) 剖檢

(47) 恢弘

(48) 僉議

(49) 細緻

(50) 凋落

[問 51-82] 다음 漢字의 訓과 音을 쓰시오.

(51) 諫	(52) 剌	(53) 彎
(54) 餠	(55) 碎	(56) 囊
(57) 匣	(58) 囹	(59) 襪
(60) 瞥	(61) 贖	(62) 訥
(63) 薑	(64) 壘	(65) 萌
(66) 甁	(67) 袖	(68) 譚
(69) 虔	(70) 綸	(71) 歿
(72) 俯	(73) 馴	(74) 濤
(75) 痤	(76) 鱗	(77) 耗
(78) 誹	(79) 諡	(80) 酪
(81) 梏	(82) 燐	

[問 83-112] 다음 글에서 밑줄 친 單語를 한자로 쓰시오.

(83) 다양한 영양소를 <u>섭취</u>해야 한다.

(84) <u>월세</u>에서 전세로 옮기다.

(85) 임시 주총을 <u>소집</u>하다.

(86) 좋은 사람 있으면 <u>소개</u>해줘.

(87) <u>밀수품</u>의 항목이 늘어나고 있다.

(88) 죄수 <u>호송차</u>가 전복되었다.

(89) 인간이 하는 일은 언제나 <u>모순</u> 투성이이다.

(90) <u>승전</u>을 축하드립니다.

(91) <u>시신</u>을 영안실에 안치하다.

(92) <u>양식</u> 전복도 값이 비싸다.

(93) 우리 몸의 <u>신장</u>은 노폐물을 배설하는 기능을 한다.

(94) 동남아 음식은 <u>향신료</u>를 많이 쓴다.

(95) 군인들이 <u>정찰</u>하기 힘든 곳은 무인 정찰 로봇을 사용한다.

(96) <u>증정품</u>은 다음의 5가지 중에서 고를 수 있습니다.

(97) 어제 신문에서 바르지 못한 부분이 있어 <u>정정</u>합니다.

(98) 하늘이 <u>점차</u> 어두워지기 시작했다.

(99) 담낭암으로 발전할 수 있으니 담낭을 <u>적출</u>하는 것이 좋겠습니다.

(100) 시민들의 농성으로 출근을 <u>저지</u>당하다.

(101) 소장할 가치가 있는 작품이다.

(102) '여반장'은 누워서 떡 먹기라는 뜻이다.

(103) 쇠퇴했던 양잠 산업이 다양한 제품 개발로 다시 급부상하고 있다.

(104) 새 프로그램 기획을 위해 자문위원회를 구성했다.

(105) 가정폭력이 자행되고 있다.

(106) 신용카드를 자석을 가까이 두지 마십시오.

(107) 불임이라기보다 난임이 늘고 있는 추세다.

(108) 얼굴의 인창이 인상을 더욱 험악하게 만든다.

(109) 제2금융권의 대출 광고가 주부들을 현혹시킨다.

(110) 집중호우 피해자들에게 세금 징수를 유예합니다.

(111) 다른 사람을 도와줄 여유가 없다.

(112) 위관급 장교가 지휘할 만한 일이 아니다.

[問 113-122] 다음 뜻풀이에 알맞은 單語를 漢字로 쓰시오.

(113) 새롭고 산뜻함

(114) 어떤 일에 좋은 성과를 내었거나 훌륭한 행실을 한 데 대하여 세상에 널리 알려 칭찬함

(115) 슬프고 끔찍함

(116) 건물이나 시설을 무너뜨려 거둬 치움

(117) 적의 상황을 탐지하고 보고함

(118) 죄인을 쫓아가서 잡음

(119) 사람이나 사물을 다른 사람이나 사물로 대신함

(120) 오랫동안 해결하지 못하고 쌓인 생각

(121) 주춧돌. 어떤 사물의 기초

(122) 현실에 흔들리지 않고 의젓함

[問 123-132] 다음 漢字의 部首를 쓰시오.

(123) 兢

(124) 冀

(125) 耆

(126) 乭

(127) 呂

(128) 亮

(129) 盧

(130) 魯

(131) 孵

(132) 顚

[問 133-142] 다음 각 문항에서 첫소리가 長音인 單語를 찾아 그 번호를 쓰시오.

(133) ① 矮小 ② 痔漏 ③ 曝書 ④ 斃死

(134) ① 飄然 ② 隕石 ③ 鞦韆 ④ 熾烈

(135) ① 諛言 ② 鍼工 ③ 諷諫 ④ 殞命

(136) ① 楕圓 ② 蹂躙 ③ 匍匐 ④ 謔浪

(137) ① 猥濫 ② 巍然 ③ 凹鏡 ④ 擾亂

(138) ① 鐸鈴 ② 瘧疾 ③ 攘夷 ④ 游泳

(139) ① 搭載 ② 陛下 ③ 駭怪 ④ 鎔器

(140) ① 邸宅 ② 惛性 ③ 劾奏 ④ 癒着

(141) ① 脆弱 ② 遼遠 ③ 泡沫 ④ 萎縮

(142) ① 咆哮 ② 亮察 ③ 誹謗 ④ 諺解

[問 143-152] 다음 漢字語의 뜻을 간략히 쓰시오.

(143) 嚆矢

(144) 讖言

(145) 明澄

(146) 蔭補

(147) 癒着

(148) 耕耘

(149) 蜚語

(150) 陪席

(151) 拇指

(152) 窺間

[問 153-155] 다음 글자의 略字를 쓰시오.

(153) 揷

(154) 狀

(155) 險

[問 156-165] 다음 제시한 漢字의 類義字를 써 넣어 단어를 만들어 보시오.

(156) 憐( )

(157) 膽( )

(158) ( )篤

(159) 傲( )

(160) 煤( )

(161) 沐( )

(162) ( )捷

(163) ( )助

(164) 崩( )

(165) ( )耗

[問 166-175] 다음 漢字語의 反意語(또는 相對語)를 漢字로 쓰시오.

(166) 本質的 屬性 ↔ ( )( )的 屬性

(167) 本則 ↔ ( )( )

(168) 分權 ↔ ( )( )

(169) 奔落 ↔ ( )( )

(170) 寫實主義 ↔ ( )( )主義

(171) 野生動物 ↔ ( )( )動物

(172) 散文 ↔ ( )( )

(173) 相對評價 ↔ ( )( )評價

(174) 落葉樹 ↔ ( )( )樹

(175) 相剋 ↔ ( )( )

[問 176-185] 다음 밑줄 친 同音異義語를 구별하여 漢字(正字)로 쓰시오.

○ 베트남전에서 사선(176)을 넘었던 그는 돌아와서 사선(177) 변호사가 되었다.

○ 유서(178)를 남기고 투신한 사람은 유서(179) 깊은 가문의 자제이다.

○ 남달리 몸이 유연(180)한 그녀는 성격 또한 그래서 당혹스런 일이 생겨도 유연(181)하게 대처한다.

○ 그 배우는 첫 주연(182)을 맡아 기쁨을 감추지 못하고 친지와 친구들을 불러 주연(183)을 베풀었다.

○ 부유(184)하게 자란 그는 대학을 졸업하고도 공중에 부유(185)하는 티끌처럼 마음을 잡지 못했다.

[問 186-190] 알맞은 漢字를 써 넣어 다음 四字成語를 완성하시오.

(186) 一魚（ ）水

(187) 一（ ）卽發

(188) 一筆（ ）之

(189) （ ）機應變

(190) 自（ ）之心

[問 191-200] 다음 뜻풀이에 알맞은 漢字를 써넣어 故事成語를 완성하시오.

(191) 守株（ ）（ ） : 나뭇등걸에 걸려 죽은 토끼를 보고 다시 토끼가 걸리기를 마냥 기다림. 달리 변통할 줄 모르고 어리석게 한 가지만을 내내 고집함

(192) （ ）亡（ ）寒 : 입술이 없으면 이가 시림. 이해관계가 서로 밀접하여 한쪽이 망하면 다른 한쪽도 보전하기 어려움

(193) 身言（ ）（ ） : 인물을 선택하는 네 가지 조건. 몸, 말씨, 글씨, 판단력.

(194) （ ）（ ）孤節 : 서릿발이 심한 추위 속에서도 굴하지 않고 홀로 꼿꼿함. 충신 또는 국화를 비유

(195) 一（ ）打（ ） : 한 그물에 물고기를 다 잡듯 한꺼번에 모두 다 잡음

(196) 一（ ）相（ ） : 생각, 성질, 처지 등이 어느 면에서 한 줄기로 서로 통하거나 비슷함

(197) （ ）光（ ）火 : 극히 짧은 시간이나 빠른 동작

(198) （ ）齒（ ）心 : 몹시 분하여 이를 갈며 속을 썩임

(199) （ ）令（ ）改 : 아침에 영을 내리고 저녁에 다시 고침. 법령이나 명령이 자주 뒤바뀜

(200) （ ）豆（ ）豆 : 콩 심은 데 콩 난다. 원인에는 그에 따른 결과가 나오기 마련임

第19回 漢字能力檢定試驗 1級 問題紙

※ 다음 漢字語에 대하여 물음에 답하시오.

(1) 躊躇 (2) 紐帶 (3) 痼疾
(4) 捏造 (5) 無辜 (6) 點額
(7) 干城 (8) 豚犬 (9) 股肱
(10) 膾炙 (11) 相剋 (12) 咳喘
(13) 膿漏 (14) 袴衣 (15) 倦怠
(16) 胴體 (17) 荊棘 (18) 掉拐
(19) 烙印 (20) 娶嫁 (21) 痰火
(22) 漁撈 (23) 綾衾 (24) 蹶起
(25) 明媚 (26) 勒兵 (27) 桎梏
(28) 交驩 (29) 痕迹 (30) 乾溜
(31) 駑驥 (32) 朽滅 (33) 遁甲
(34) 笠帽 (35) 城堡 (36) 拮抗
(37) 銑鐵 (38) 誹譽 (39) 遑急
(40) 訛傳 (41) 薯類 (42) 夭折
(43) 棺槨 (44) 爺孃 (45) 元兇
(46) 挺傑 (47) 菱形 (48) 糊塗
(49) 弛緩 (50) 矜持

[問 1-50] 위 漢字語 [1-50]의 讀音을 쓰시오.

[問 51-55] 위 漢字語 [1-5]의 뜻을 쓰시오.

[問 56-60] 위 漢字語 [6-10]의 轉義(字義대로가 아닌 뜻)를 쓰시오.

例 : 矛盾 (轉義) - 앞뒤가 서로 맞지 않음

[問 61-65] 위 漢字語 [20-50] 가운데에서, 서로 상대되는 뜻을 지닌 글자끼리 結合된 것(加減… 등과 같이)을 5개 찾아 그 번호로 답하시오.

[66-90] 다음 漢字의 訓·音을 쓰시오.

(66) 吝 (67) 牲 (68) 蟠
(69) 竪 (70) 醬 (71) 挽
(72) 跌 (73) 艱 (74) 慄
(75) 帆 (76) 翡 (77) 邁
(78) 弑 (79) 坦 (80) 孵
(81) 倡 (82) 描 (83) 昉
(84) 劫 (85) 泄 (86) 窺
(87) 呻 (88) 勅 (89) 蕪
(90) 尨

[問 91-100] 다음 漢字의 部首를 쓰시오.

(91) 弑

(92) 豺

(93) 蝕

(94) 蠶

(95) 徛

(96) 顎

(97) 斡

(98) 庵

(99) 昂

(100) 冶

[問 101-105] 빈칸에 제시한 漢字를 넣어 漢字語로 성립하지 않는 것을 찾아 그 번호를 적으시오.

(101) 酵
① 釀□ ② □母 ③ □素 ④ □矢

(102) 慌
① □忙 ② 唐□ ③ □急 ④ 危□

(103) 渾
① □身 ② □然 ③ □沌 ④ □迷

(104) 眩
① □氣 ② □學 ③ □惑 ④ □然

(105) 盒
① 寶□ ② 飯□ ③ 饌□ ④ 結□

[問 106-110] 다음 한자어와 뜻이 가장 비슷한 한자어를 찾아 그 번호로 답하시오.

(106) 剽竊
① 盜作 ② 諷刺 ③ 缺乏 ④ 貶下

(107) 逋脫
① 澎湃 ② 脫稅 ③ 鞭撻 ④ 褒賞

(108) 涵養
① 緘口 ② 諧謔 ③ 邂逅 ④ 陶冶

(109) 間歇
① 饗宴 ② 駭怪 ③ 斷續 ④ 驚惶

(110) 彈劾
① 遑急 ② 救恤 ③ 犧牲 ④ 罷免

※ 다음 글을 읽고 물음에 답하시오.

○ 시간당 150톤의 증기(111) 에너지를 공급(112)하는 연탄(113) 보일러 설치 공사가 완료됐다.

○ 사과와 유황(114)을 이용한 한우 전용 사료(115)가 개발되어 축산(116) 농가에 보급될 예정이다.

○ 탄광까지 철도가 부설(117)되어 갱부(118)들을 열차로 실어 날랐다. 코스모스와 국화가 난발(119)하던 어느 가을날 전국을 순회(120)하며 공연 중인 서커스단이 이곳 탄광촌을 찾아 왔다.

○ 저희 집 오동(121)나무를 베어 귀댁 영양(122)의 혼수(123)로 사용하셨으면 합니다.

○ 저런 사람을 총수(124)로 추대(125)하

다니 정말 유감(126)이다. 오늘 이 사태를 저지(127)하지 못한 일은 역사에 씻을 수 없는 오류(128)로 기록될 것이다.

○ 순국(129) 열사의 유해 발굴(130) 현장에 모여든 시민들은 애도(131)의 눈물을 흘렸다.

○ 급기야(132) 궐녀(133)는 서찰(134) 한 통을 남기고 비구니(135)가 되어 홀연(136)히 사찰(137)로 떠났다.

○ 농민단체들이 국회의사당 앞에서 한미 FTA 비준(138)안 상정 시도를 규탄(139)하는 긴급 기자회견을 여는 등 모든 초점(140)이 국회로 집중되고 있다.

○ 남색(141) 옷을 입은 청년 곁으로 백구(142) 한 마리가 유유히 날아가고 있다. 청년은 차양(143)이 쳐진 가게 안으로 들어갔다.

○ 시인은 단어를 삽입(144)하고 삭제하고 재배치하며 시어의 조탁(145)에 그 어느 때보다 많은 공을 들였다.

[問 111-145] 윗글 밑줄 그은 漢字語를 漢字(正字)로 쓰시오.

[問 146-150] 윗글 밑줄 그은 漢字語 [117-138] 가운데에서 첫소리가 '긴소리'인 것을 가려 5개만 그 번호를 쓰시오(실제로는 5개 이상임).

[問 151-155] 다음에서 첫소리가 '긴소리'인 것을 그 번호로 답하시오.

(151) ① 懦弱 ② 嗜好 ③ 捺印 ④ 肌骨

(152) ① 技倆 ② 拿捕 ③ 畸形 ④ 訥辯

(153) ① 淘汰 ② 澹泊 ③ 蛋白 ④ 撞着

(154) ① 酪農 ② 黎明 ③ 憧憬 ④ 臀部

(155) ① 濾過 ② 閭閻 ③ 擄掠 ④ 虜獲

[問 156-165] 다음 밑줄 친 同音異義語를 구별하여 漢字(正字)로 쓰시오.

○ 그녀는 지난 해 유산(156)을 겪은 후 유산(157)균이 많은 음료와 음식을 먹으며 건강을 회복하고 있다.

○ 역사 전문지의 편집부장(158)은 새로 출토된 고분의 부장(159)품 사진을 자세한 설명과 함께 싣고 싶어 했다.

○ 경기에 출전하지 않아 부전(160)패했다니, 패기가 없는 것이 부전(161)자전이구나.

○ 비장(162)하게 적진으로 나선 장수는 비장(163)의 무기를 펼쳐 들었다.

○ 이 스카프는 손으로 직접 짠 수직(164) 물로 수직(165)으로 난 줄무늬가 세련되다.

[問 166-170] 다음 漢字의 略字는 正字로 正字는 略字로 쓰시오.

(166) 觀

(167) 輕

(168) 經

(169) 気

(170) 児

[問 171-175] 類義字로 結合된 漢字語가 되도록 ( ) 안에 漢字를 쓰거나 類義語로 짝이 되도록 ( ) 안에 漢字를 쓰시오.

(171) (　)透

(172) 凄(　)

(173) 墜(　)

(174) 瑕疵 - (　)(　)

(175) 交涉 - (　)(　)

[問 176-180] 다음 漢字語의 反意語(또는 相對語)를 漢字로 쓰시오.

(176) 略說 ↔ (　)(　)

(177) 生面 ↔ (　)(　)

(178) 嫡孫 ↔ (　)(　)

(179) 急行 ↔ (　)(　)

(180) 運轉資金 ↔ (　)(　)資金

[問 181-190] 다음 밑줄 친 漢字語를 漢字로 바르게 적으시오.

(181) 새 상품 출시 계획이 무산됐다.

(182) 문란한 사생활 때문에 낙선하다.

(183) 해당 관청이 알고도 묵인했기 때문에 일이 더 커졌다.

(184) 산업개발에는 환경 파괴가 수반된다.

(185) 출국 시에는 농산물 반출이 금지된다.

(186) 포도 10송이를 농축하여 담았습니다.

(187) 오래전부터 내려오는 민간 요법 중 하나이다.

(188) 왜 이리 야단들이냐.

(189) 내가 막 말하려던 찰나, 그가 들어섰다.

(190) 어린아이의 천진난만한 표정

[問 191-200] 다음 뜻풀이에 알맞은 漢字를 써넣어 故事成語를 완성하시오.

(191) (　)井(　)天 : 우물 속에 앉아 하늘을 봄. 견문이 좁음

(192) 天(　)之(　) : 하늘과 땅처럼 큰 차이. 사물이 엄청나게 다름

(193) (　)(　)不同 : 겉과 속이 다름

(194) (　)前(　)火 : 바람 앞의 등불. 위기에 처함

(195) 漢江(　)(　) : 한강에 돌을 던짐. 전혀 가능성 없는 헛된 행동

(196) (　)無(　)浪 : 거짓되고 터무니없이 허황됨

(197) 虛(　)聲(　) : 헛되이 목소리의 기세만 높임. 실력은 없이 허세로만 떠벌리는 것

(198) ( )言( )談 : 분수에 맞지 않게 큰소리로 자신있게 말함

(199) 紅( )( )雪 : 벌겋게 달아오른 화로에 떨어진 한 점 눈. 풀리지 않던 이치가 문득 깨쳐짐. 또는 큰 힘 앞에 맥을 못추는 매우 작은 힘

(200) 厚( )無( ) : 창피한 일을 하고도 얼굴에 기색이 나타나지 않음

第20回 漢字能力檢定試驗 1級 問題紙

[問 1-50] 다음 밑줄 친 漢字語 또는 제시한 漢字語의 讀音을 쓰시오.

(1) <u>搖籃</u>에서 무덤까지

(2) 각자의 <u>技倆</u>을 마음껏 발휘해 주시기 바랍니다.

(3) 폭력적인 장면을 <u>濾過</u> 없이 방송하여 비난을 받았다.

(4) <u>當籤</u>된 분께는 소정의 선물을 드립니다.

(5) 이 영화는 어릴 적 소중한 꿈을 <u>喚起</u> 시키고 있다.

(6) 素描

(7) 呵責

(8) 轎夫

(9) 梗塞

(10) 膳物

(11) 俄頃

(12) 壙穴

(13) 犀角

(14) 顎骨

(15) 刮目

(16) 蕭冷

(17) 駕御

(18) 悉皆

(19) 匡正

(20) 白堊

(21) 八卦

(22) 昂貴

(23) 顚倒

(24) 地殼

(25) 附箋

(26) 梳洗

(27) 顫聲

(28) 訊檢

(29) 牒紙

(30) 什物

(31) 竪坑

(32) 晏眠

(33) 簑衣

(34) 開墾

(35) 刺繡

(36) 按摩

(37) 刪減

(38) 皎潔

(39) 頓憊

(40) 痲痺

(41) 竿頭

(42) 奎璧

(43) 盲斑

(44) 狡猾

(45) 明瞭

(46) 罫線

(47) 玲瓏

(48) 轟音

(49) 宏壯

(50) 揀擇

[問 51-82] 다음 漢字의 訓과 音을 쓰시오.

(51) 甗　(52) 咬　(53) 琉

(54) 詭　(55) 扼　(56) 謳

(57) 轍　(58) 顴　(59) 捐

(60) 恙　(61) 繪　(62) 几

(63) 稼　(64) 呱　(65) 儼

(66) 頑　(67) 鳶　(68) 炙

(69) 綺　(70) 慌　(71) 捲

(72) 袈　(73) 橡　(74) 懈

(75) 巍　(76) 澗　(77) 廠

(78) 澣　(79) 矩　(80) 攘

(81) 癎　(82) 堰

[問 83-112] 다음 글에서 밑줄 친 單語를 한자로 쓰시오.

(83) 기출문제 파악이 가장 중요하다.

(84) 석면은 1급 발암 물질이다.

(85) 우리 선생님은 무안하게도 나를 앞에 세워 놓고 칭찬한다.

(86) 손가락 장애를 극복하고 피아니스트가 되다.

(87) 별 일 아닌 것 때문에 야단법석을 일으키다.

(88) 이양은 항상 웃는 얼굴이다.

(89) 염세주의에 빠져 두문불출하고 있다.

(90) 연적은 벼루에 먹을 갈 때 쓸 물을 담아두는 그릇이다.

(91) 항상 평온한 마음을 유지하다.

(92) 그를 옹호하는 사람은 아무도 없다.

(93) 진실을 왜곡하는 신문 기사

(94) '요술공주 세리'는 여자 어린이들의 마음을 뒤흔들었던 만화영화다.

(95) 우울한 마음을 달래기 위해 춤을 추다.

(96) 창경궁과 비원을 산책하고 있으니 왕족이 된 것 같다.

(97) 더 이상 과거를 운운하지 맙시다.

(98) 우발적인 범죄가 자주 일어나고 있다.

(99) 고용보험에 가입하면 실업급여를 받을 수 있다.

(100) 빈 수레가 요란하다.

(101) 돈보다는 명예를 택하겠다.

(102) 세균 감염을 막으려면 항생제 연고를 발라야한다.

(103) 시동을 걸면 차에서 둔탁한 소리가 난다.

(104) 돌출된 치아를 교정하다.

(105) 서로 돈독한 사이를 유지하다.

(106) 동물매개치료로 정서 발달을 돕는다.

(107) 모집 요강을 참고하여 신청서를 작성하십시오.

(108) 작곡가는 녹음을 앞두고 고뇌에 빠졌다.

(109) 건물도 멋지지만 주변 환경까지 금상첨화를 이루었다.

(110) 근소한 차이로 선거에서 승리하다.

(111) '드가'는 무희를 소재로 다양한 그림을 그린 화가이다.

(112) 점심식사 후에는 창문을 열어 환기를 시키자.

[問 113-122] 다음 뜻풀이에 알맞은 單語를 漢字로 쓰시오.

(113) 인위적으로 잠이 들게 함

(114) 어떤 현상이 일정한 방향으로 움직이는 경향

(115) 주가 되어 움직이는 사람 또는 세력

(116) 서로 이기려고 덤벼듦

(117) 서로 다른 의견을 조절하여 잘 어울리게 함

(118) 음식을 만드는 일

(119) 남에게 사람이나 사물의 책임을 맡김

(120) 옥석을 쪼고 갊. 학문을 닦음

(121) 뱃속의 아기를 위해 언행을 삼가고 조심하는 일

(122) 하던 일을 도중에 그만둠

[問 123-132] 다음 漢字의 部首를 쓰시오.

(123) 冘

(124) 冕

(125) 车

(126) 爪

(127) 釜

(128) 裹

(129) 阜

(130) 龐

(131) 秉

(132) 奭

[問 133–142] 다음 각 문항에서 첫소리가 長音인 單語를 찾아 그 번호를 쓰시오.

(133) ① 馥郁 ② 夭折 ③ 疵痕 ④ 歪曲

(134) ① 鵬翼 ② 悍勇 ③ 爵號 ④ 絨毛

(135) ① 恤問 ② 衰殘 ③ 遲滯 ④ 枉臨

(136) ① 婉曲 ② 洽足 ③ 壽宴 ④ 鴻毛

(137) ① 犧牲 ② 班長 ③ 酷毒 ④ 曳引

(138) ① 恰似 ② 艶聞 ③ 浮浪 ④ 索引

(139) ① 喊聲 ② 繹騷 ③ 竊盜 ④ 騷亂

(140) ① 棗卵 ② 掩護 ③ 歆感 ④ 蔬飯

(141) ① 治國 ② 稚兒 ③ 侈濫 ④ 致死

(142) ① 煮沸 ② 自費 ③ 慈悲 ④ 雜儀

[問 143–152] 다음 漢字語의 뜻을 간략히 써 보시오.

(143) 詰難

(144) 岐路

(145) 達辯

(146) 跳躍

(147) 被拉

(148) 浪說

(149) 煉瓦

(150) 滿了

(151) 晩學

(152) 看破

[問 153–155] 다음 글자의 略字를 쓰시오.

(153) 殘

(154) 驛

(155) 纖

[問 156–165] 다음 제시한 漢字의 類義字를 써 넣어 단어를 만들어 보시오.

(156) 頑(　)

(157) 融(　)

(158) 靜(　)

(159) 偵(　)

(160) 拙(　)

(161) 遭(　)

(162) (　)賣

(163) 慟(　)

(164) 繪(　)

(165) 寵(　)

[問 166–175] 다음 漢字語의 反意語(또는 相對語)를 漢字로 쓰시오.

(166) 非需期 ↔ (　)(　)期

(167) 成魚 ↔ (　)(　)

(168) 點燈 ↔ (　)(　)

(169) 消耗品 ↔ (　)(　)

(170) 國弓 ↔ (　)(　)

(171) 讓位 ↔ (　)(　)

275

(172) 崇儒 ↔ ( )( )

(173) 慈母 ↔ ( )( )

(174) 樞軸國 ↔ ( )( )國

(175) 自發的 ↔ ( )( )的

[問 176-185] 다음 밑줄 친 同音異義語를 구별하여 漢字(正字)로 쓰시오.

○ 유선(176)형으로 만들어진 유선(177) 전화기가 인기였던 시절이 있었다.

○ 무미건조한 생활에 염증(178)을 느낀 그는 구강 염증(179)을 핑계로 휴가를 냈다.

○ 김선생은 전보(180)를 받고 장학사로 전보(181)발령이 났다는 사실을 알게 됐다.

○ 범인은 소매치기를 하려다가 미수(182)의 노인에게 잡혀 범행이 미수(183)로 끝났다.

○ 노사 회담이 공전(184)하자 노조위원장이 적절한 노래를 불러 회담은 공전(185)의 성공을 거두었다.

[問 186-190] 알맞은 漢字를 써 넣어 다음 四字成語를 완성하시오.

(186) 用意( )到

(187) 軒軒( )夫

(188) ( )雪之功

(189) ( )衣寒士

(190) 虛( )歲月

[問 191-200] 다음 뜻풀이에 알맞은 漢字를 써넣어 故事成語를 완성하시오.

(191) 下( )上( ) : 아랫돌을 빼서 윗돌에 괴고, 윗돌을 빼서 아랫돌에 괸다. 임시방편으로 이리저리 둘러 맞춤

(192) ( )首( )待 : 학처럼 목을 빼고 기다림. 몹시 기다림

(193) 衆( )不( ) : 적은 수효로 많은 수효를 대적하지 못함. 적은 사람으로는 많은 사람을 이기지 못함

(194) 衆( )難( ) : 여러 사람의 입을 막기 어려움. 많은 사람들이 함부로 떠들어대는 것은 감당하기 어려우니 행동을 조심해야 함

(195) 一( )百( ) : 한 사람을 벌주어 백 사람을 경계하게 함

(196) 松( )栢( ) : 소나무가 무성하면 잣나무가 기뻐함. 벗이 잘되는 것을 기뻐하는 것

(197) 伯牙( )( ) : 백아가 거문고 줄을 끊었다는 뜻으로 친한 친구의 죽음을 슬퍼하는 말. 마음으로 통하는 친구

(198) 金城( )( ) : 방비가 견고한 성

(199) 舊( )( )然 : 조금도 변하거나

발전한 데 없이 예전 모습 그대로 임

(200) (　)口(　)後 : 큰 조직의 말단 보다는 작은 조직의 지도자가 되는 것이 나음

정답 및 해설
답안지
정답지
해설

수험번호 □□□-□□-□□□□   성명 □□□□□
주민등록번호 □□□□□□-□□□□□□□   ※ 유성 싸인펜, 붉은색 필기구 사용 불가.

※답안지는 컴퓨터로 처리되므로 구기거나 더럽히지 마시고, 정답 칸 안에만 쓰십시오.
 글씨가 채점란으로 들어오면 오답처리가 됩니다.

제1회 한자능력검정시험 1급 답안지(1)

답안란		채점란		답안란		채점란		답안란		채점란	
번호	정답	1검	2검	번호	정답	1검	2검	번호	정답	1검	2검
1				31				61			
2				32				62			
3				33				63			
4				34				64			
5				35				65			
6				36				66			
7				37				67			
8				38				68			
9				39				69			
10				40				70			
11				41				71			
12				42				72			
13				43				73			
14				44				74			
15				45				75			
16				46				76			
17				47				77			
18				48				78			
19				49				79			
20				50				80			
21				51				81			
22				52				82			
23				53				83			
24				54				84			
25				55				85			
26				56				86			
27				57				87			
28				58				88			
29				59				89			
30				60				90			

감독위원	채점위원(1)		채점위원(2)		채점위원(3)	
(서명)	(득점)	(서명)	(득점)	(서명)	(득점)	(서명)

제1회 한자능력검정시험 1급 답안지(2)

번호	정답	1검	2검	번호	정답	1검	2검	번호	정답	1검	2검
91				128				165			
92				129				166			
93				130				167			
94				131				168			
95				132				169			
96				133				170			
97				134				171			
98				135				172			
99				136				173			
100				137				174			
101				138				175			
102				139				176			
103				140				177			
104				141				178			
105				142				179			
106				143				180			
107				144				181			
108				145				182			
109				146				183			
110				147				184			
111				148				185			
112				149				186			
113				150				187			
114				151				188			
115				152				189			
116				153				190			
117				154				191			
118				155				192			
119				156				193			
120				157				194			
121				158				195			
122				159				196			
123				160				197			
124				161				198			
125				162				199			
126				163				200			
127				164							

※본 답안지는 컴퓨터로 처리되므로 구겨지거나 더럽혀지지 않도록 조심하시고 글씨를 칸 안에 또박또박 쓰십시오.

수험번호 □□□-□□-□□□□   성명 □□□□□
주민등록번호 □□□□□□-□□□□□□□   ※ 유성 싸인펜, 붉은색 필기구 사용 불가.

※ 답안지는 컴퓨터로 처리되므로 구기거나 더럽히지 마시고, 정답 칸 안에만 쓰십시오.
  글씨가 채점란으로 들어오면 오답처리가 됩니다.

제2회 한자능력검정시험 1급 답안지(1)

답안란		채점란		답안란		채점란		답안란		채점란	
번호	정답	1검	2검	번호	정답	1검	2검	번호	정답	1검	2검
1				31				61			
2				32				62			
3				33				63			
4				34				64			
5				35				65			
6				36				66			
7				37				67			
8				38				68			
9				39				69			
10				40				70			
11				41				71			
12				42				72			
13				43				73			
14				44				74			
15				45				75			
16				46				76			
17				47				77			
18				48				78			
19				49				79			
20				50				80			
21				51				81			
22				52				82			
23				53				83			
24				54				84			
25				55				85			
26				56				86			
27				57				87			
28				58				88			
29				59				89			
30				60				90			

감독위원	채점위원(1)		채점위원(2)		채점위원(3)	
(서명)	(득점)	(서명)	(득점)	(서명)	(득점)	(서명)

※본 답안지는 컴퓨터로 처리되므로 구겨지거나 더럽혀지지 않도록 조심하시고 글씨를 칸 안에 또박또박 쓰십시오.

제2회 한자능력검정시험 1급 답안지(2)

번호	답안란 정답	채점란 1검	2검	번호	답안란 정답	채점란 1검	2검	번호	답안란 정답	채점란 1검	2검
91				128				165			
92				129				166			
93				130				167			
94				131				168			
95				132				169			
96				133				170			
97				134				171			
98				135				172			
99				136				173			
100				137				174			
101				138				175			
102				139				176			
103				140				177			
104				141				178			
105				142				179			
106				143				180			
107				144				181			
108				145				182			
109				146				183			
110				147				184			
111				148				185			
112				149				186			
113				150				187			
114				151				188			
115				152				189			
116				153				190			
117				154				191			
118				155				192			
119				156				193			
120				157				194			
121				158				195			
122				159				196			
123				160				197			
124				161				198			
125				162				199			
126				163				200			
127				164							

수험번호 □□□-□□-□□□□ 성명 □□□□□
주민등록번호 □□□□□□-□□□□□□□ ※ 유성 싸인펜, 붉은색 필기구 사용 불가.

※ 답안지는 컴퓨터로 처리되므로 구기거나 더럽히지 마시고, 정답 칸 안에만 쓰십시오.
  글씨가 채점란으로 들어오면 오답처리가 됩니다.

제3회 한자능력검정시험 1급 답안지(1)

번호	답안란 정답	채점란 1검	2검	번호	답안란 정답	채점란 1검	2검	번호	답안란 정답	채점란 1검	2검
1				31				61			
2				32				62			
3				33				63			
4				34				64			
5				35				65			
6				36				66			
7				37				67			
8				38				68			
9				39				69			
10				40				70			
11				41				71			
12				42				72			
13				43				73			
14				44				74			
15				45				75			
16				46				76			
17				47				77			
18				48				78			
19				49				79			
20				50				80			
21				51				81			
22				52				82			
23				53				83			
24				54				84			
25				55				85			
26				56				86			
27				57				87			
28				58				88			
29				59				89			
30				60				90			

감독위원	채점위원(1)		채점위원(2)		채점위원(3)	
(서명)	(득점)	(서명)	(득점)	(서명)	(득점)	(서명)

제3회 한자능력검정시험 1급 답안지(2)

번호	정답	1검	2검	번호	정답	1검	2검	번호	정답	1검	2검
91				128				165			
92				129				166			
93				130				167			
94				131				168			
95				132				169			
96				133				170			
97				134				171			
98				135				172			
99				136				173			
100				137				174			
101				138				175			
102				139				176			
103				140				177			
104				141				178			
105				142				179			
106				143				180			
107				144				181			
108				145				182			
109				146				183			
110				147				184			
111				148				185			
112				149				186			
113				150				187			
114				151				188			
115				152				189			
116				153				190			
117				154				191			
118				155				192			
119				156				193			
120				157				194			
121				158				195			
122				159				196			
123				160				197			
124				161				198			
125				162				199			
126				163				200			
127				164							

※본 답안지는 컴퓨터로 처리되므로 구겨지거나 더럽혀지지 않도록 조심하시고 글씨를 칸 안에 또박또박 쓰십시오.

수험번호 □□□-□□-□□□□ 　　성명 □□□□□
주민등록번호 □□□□□□-□□□□□□□ ※ 유성 싸인펜, 붉은색 필기구 사용 불가.

※ 답안지는 컴퓨터로 처리되므로 구기거나 더럽히지 마시고, 정답 칸 안에만 쓰십시오.
　글씨가 채점란으로 들어오면 오답처리가 됩니다.

제4회 한자능력검정시험 1급 답안지(1)

번호	답안란 정답	채점란 1검	2검	번호	답안란 정답	채점란 1검	2검	번호	답안란 정답	채점란 1검	2검
1				31				61			
2				32				62			
3				33				63			
4				34				64			
5				35				65			
6				36				66			
7				37				67			
8				38				68			
9				39				69			
10				40				70			
11				41				71			
12				42				72			
13				43				73			
14				44				74			
15				45				75			
16				46				76			
17				47				77			
18				48				78			
19				49				79			
20				50				80			
21				51				81			
22				52				82			
23				53				83			
24				54				84			
25				55				85			
26				56				86			
27				57				87			
28				58				88			
29				59				89			
30				60				90			

감독위원	채점위원(1)		채점위원(2)		채점위원(3)	
(서명)	(득점)	(서명)	(득점)	(서명)	(득점)	(서명)

제4회 한자능력검정시험 1급 답안지(2)

번호	정답	1검	2검	번호	정답	1검	2검	번호	정답	1검	2검
91				128				165			
92				129				166			
93				130				167			
94				131				168			
95				132				169			
96				133				170			
97				134				171			
98				135				172			
99				136				173			
100				137				174			
101				138				175			
102				139				176			
103				140				177			
104				141				178			
105				142				179			
106				143				180			
107				144				181			
108				145				182			
109				146				183			
110				147				184			
111				148				185			
112				149				186			
113				150				187			
114				151				188			
115				152				189			
116				153				190			
117				154				191			
118				155				192			
119				156				193			
120				157				194			
121				158				195			
122				159				196			
123				160				197			
124				161				198			
125				162				199			
126				163				200			
127				164							

※본 답안지는 컴퓨터로 처리되므로 구겨지거나 더럽혀지지 않도록 조심하시고 글씨를 칸 안에 또박또박 쓰십시오.

수험번호 □□□-□□-□□□□　　성명 □□□□□
주민등록번호 □□□□□□-□□□□□□□　※ 유성 싸인펜, 붉은색 필기구 사용 불가.

※ 답안지는 컴퓨터로 처리되므로 구기거나 더럽히지 마시고, 정답 칸 안에만 쓰십시오.
　글씨가 채점란으로 들어오면 오답처리가 됩니다.

제5회 한자능력검정시험 1급 답안지(1)

번호	답안란 정답	채점란 1검	채점란 2검	번호	답안란 정답	채점란 1검	채점란 2검	번호	답안란 정답	채점란 1검	채점란 2검
1				31				61			
2				32				62			
3				33				63			
4				34				64			
5				35				65			
6				36				66			
7				37				67			
8				38				68			
9				39				69			
10				40				70			
11				41				71			
12				42				72			
13				43				73			
14				44				74			
15				45				75			
16				46				76			
17				47				77			
18				48				78			
19				49				79			
20				50				80			
21				51				81			
22				52				82			
23				53				83			
24				54				84			
25				55				85			
26				56				86			
27				57				87			
28				58				88			
29				59				89			
30				60				90			

감독위원	채점위원(1)		채점위원(2)		채점위원(3)	
(서명)	(득점)	(서명)	(득점)	(서명)	(득점)	(서명)

제5회 한자능력검정시험 1급 답안지(2)

※본 답안지는 컴퓨터로 처리되므로 구겨지거나 더럽혀지지 않도록 조심하시고 글씨를 칸 안에 또박또박 쓰십시오.

번호	정답	1검	2검	번호	정답	1검	2검	번호	정답	1검	2검
91				128				165			
92				129				166			
93				130				167			
94				131				168			
95				132				169			
96				133				170			
97				134				171			
98				135				172			
99				136				173			
100				137				174			
101				138				175			
102				139				176			
103				140				177			
104				141				178			
105				142				179			
106				143				180			
107				144				181			
108				145				182			
109				146				183			
110				147				184			
111				148				185			
112				149				186			
113				150				187			
114				151				188			
115				152				189			
116				153				190			
117				154				191			
118				155				192			
119				156				193			
120				157				194			
121				158				195			
122				159				196			
123				160				197			
124				161				198			
125				162				199			
126				163				200			
127				164							

수험번호	□□□-□□-□□□□	성명 □□□□□
주민등록번호	□□□□□□-□□□□□□□	※ 유성 싸인펜, 붉은색 필기구 사용 불가.

※ 답안지는 컴퓨터로 처리되므로 구기거나 더럽히지 마시고, 정답 칸 안에만 쓰십시오. 글씨가 채점란으로 들어오면 오답처리가 됩니다.

제6회 한자능력검정시험 1급 답안지(1)

답안란		채점란		답안란		채점란		답안란		채점란	
번호	정답	1검	2검	번호	정답	1검	2검	번호	정답	1검	2검
1				31				61			
2				32				62			
3				33				63			
4				34				64			
5				35				65			
6				36				66			
7				37				67			
8				38				68			
9				39				69			
10				40				70			
11				41				71			
12				42				72			
13				43				73			
14				44				74			
15				45				75			
16				46				76			
17				47				77			
18				48				78			
19				49				79			
20				50				80			
21				51				81			
22				52				82			
23				53				83			
24				54				84			
25				55				85			
26				56				86			
27				57				87			
28				58				88			
29				59				89			
30				60				90			

감독위원	채점위원(1)		채점위원(2)		채점위원(3)	
(서명)	(득점)	(서명)	(득점)	(서명)	(득점)	(서명)

제6회 한자능력검정시험 1급 답안지(2)

※본 답안지는 컴퓨터로 처리되므로 구겨지거나 더렵혀지지 않도록 조심하시고 글씨를 칸 안에 또박또박 쓰십시오.

번호	정답	1검	2검	번호	정답	1검	2검	번호	정답	1검	2검
91				128				165			
92				129				166			
93				130				167			
94				131				168			
95				132				169			
96				133				170			
97				134				171			
98				135				172			
99				136				173			
100				137				174			
101				138				175			
102				139				176			
103				140				177			
104				141				178			
105				142				179			
106				143				180			
107				144				181			
108				145				182			
109				146				183			
110				147				184			
111				148				185			
112				149				186			
113				150				187			
114				151				188			
115				152				189			
116				153				190			
117				154				191			
118				155				192			
119				156				193			
120				157				194			
121				158				195			
122				159				196			
123				160				197			
124				161				198			
125				162				199			
126				163				200			
127				164							

수험번호 □□□-□□-□□□□ 성명 □□□□□
주민등록번호 □□□□□□-□□□□□□□ ※ 유성 싸인펜, 붉은색 필기구 사용 불가.

※ 답안지는 컴퓨터로 처리되므로 구기거나 더럽히지 마시고, 정답 칸 안에만 쓰십시오.
  글씨가 채점란으로 들어오면 오답처리가 됩니다.

제7회 한자능력검정시험 1급 답안지(1)

번호	정답	1검	2검	번호	정답	1검	2검	번호	정답	1검	2검
1				31				61			
2				32				62			
3				33				63			
4				34				64			
5				35				65			
6				36				66			
7				37				67			
8				38				68			
9				39				69			
10				40				70			
11				41				71			
12				42				72			
13				43				73			
14				44				74			
15				45				75			
16				46				76			
17				47				77			
18				48				78			
19				49				79			
20				50				80			
21				51				81			
22				52				82			
23				53				83			
24				54				84			
25				55				85			
26				56				86			
27				57				87			
28				58				88			
29				59				89			
30				60				90			

감독위원	채점위원(1)		채점위원(2)		채점위원(3)	
(서명)	(득점)	(서명)	(득점)	(서명)	(득점)	(서명)

제7회 한자능력검정시험 1급 답안지(2)

번호	정답	1검	2검	번호	정답	1검	2검	번호	정답	1검	2검
91				128				165			
92				129				166			
93				130				167			
94				131				168			
95				132				169			
96				133				170			
97				134				171			
98				135				172			
99				136				173			
100				137				174			
101				138				175			
102				139				176			
103				140				177			
104				141				178			
105				142				179			
106				143				180			
107				144				181			
108				145				182			
109				146				183			
110				147				184			
111				148				185			
112				149				186			
113				150				187			
114				151				188			
115				152				189			
116				153				190			
117				154				191			
118				155				192			
119				156				193			
120				157				194			
121				158				195			
122				159				196			
123				160				197			
124				161				198			
125				162				199			
126				163				200			
127				164							

※본 답안지는 컴퓨터로 처리되므로 구겨지거나 더렵혀지지 않도록 조심하시고 글씨를 칸 안에 또박또박 쓰십시오.

제8회 한자능력검정시험 1급 답안지(1)

수험번호 ☐☐☐-☐☐-☐☐☐☐☐ 성명 ☐☐☐☐☐
주민등록번호 ☐☐☐☐☐☐-☐☐☐☐☐☐☐ ※ 유성 싸인펜, 붉은색 필기구 사용 불가.

※ 답안지는 컴퓨터로 처리되므로 구기거나 더럽히지 마시고, 정답 칸 안에만 쓰십시오.
  글씨가 채점란으로 들어오면 오답처리가 됩니다.

번호	정답	1검	2검	번호	정답	1검	2검	번호	정답	1검	2검
1				31				61			
2				32				62			
3				33				63			
4				34				64			
5				35				65			
6				36				66			
7				37				67			
8				38				68			
9				39				69			
10				40				70			
11				41				71			
12				42				72			
13				43				73			
14				44				74			
15				45				75			
16				46				76			
17				47				77			
18				48				78			
19				49				79			
20				50				80			
21				51				81			
22				52				82			
23				53				83			
24				54				84			
25				55				85			
26				56				86			
27				57				87			
28				58				88			
29				59				89			
30				60				90			

감독위원	채점위원(1)	채점위원(2)	채점위원(3)
(서명)	(득점) (서명)	(득점) (서명)	(득점) (서명)

제8회 한자능력검정시험 1급 답안지(2)

번호	정답	1검	2검	번호	정답	1검	2검	번호	정답	1검	2검
91				128				165			
92				129				166			
93				130				167			
94				131				168			
95				132				169			
96				133				170			
97				134				171			
98				135				172			
99				136				173			
100				137				174			
101				138				175			
102				139				176			
103				140				177			
104				141				178			
105				142				179			
106				143				180			
107				144				181			
108				145				182			
109				146				183			
110				147				184			
111				148				185			
112				149				186			
113				150				187			
114				151				188			
115				152				189			
116				153				190			
117				154				191			
118				155				192			
119				156				193			
120				157				194			
121				158				195			
122				159				196			
123				160				197			
124				161				198			
125				162				199			
126				163				200			
127				164							

※본 답안지는 컴퓨터로 처리되므로 구겨지거나 더럽혀지지 않도록 조심하시고 글씨를 칸 안에 또박또박 쓰십시오.

수험번호	□□□-□□-□□□□	성명 □□□□□
주민등록번호	□□□□□□-□□□□□□□	※ 유성 싸인펜, 붉은색 필기구 사용 불가.

※ 답안지는 컴퓨터로 처리되므로 구기거나 더럽히지 마시고, 정답 칸 안에만 쓰십시오.
 글씨가 채점란으로 들어오면 오답처리가 됩니다.

제9회 한자능력검정시험 1급 답안지(1)

답안란		채점란		답안란		채점란		답안란		채점란	
번호	정답	1검	2검	번호	정답	1검	2검	번호	정답	1검	2검
1				31				61			
2				32				62			
3				33				63			
4				34				64			
5				35				65			
6				36				66			
7				37				67			
8				38				68			
9				39				69			
10				40				70			
11				41				71			
12				42				72			
13				43				73			
14				44				74			
15				45				75			
16				46				76			
17				47				77			
18				48				78			
19				49				79			
20				50				80			
21				51				81			
22				52				82			
23				53				83			
24				54				84			
25				55				85			
26				56				86			
27				57				87			
28				58				88			
29				59				89			
30				60				90			

감독위원	채점위원(1)		채점위원(2)		채점위원(3)	
(서명)	(득점)	(서명)	(득점)	(서명)	(득점)	(서명)

※본 답안지는 컴퓨터로 처리되므로 구겨지거나 더렵혀지지 않도록 조심하시고 글씨를 칸 안에 또박또박 쓰십시오.

제9회 한자능력검정시험 1급 답안지(2)

답안란		채점란		답안란		채점란		답안란		채점란	
번호	정답	1검	2검	번호	정답	1검	2검	번호	정답	1검	2검
91				128				165			
92				129				166			
93				130				167			
94				131				168			
95				132				169			
96				133				170			
97				134				171			
98				135				172			
99				136				173			
100				137				174			
101				138				175			
102				139				176			
103				140				177			
104				141				178			
105				142				179			
106				143				180			
107				144				181			
108				145				182			
109				146				183			
110				147				184			
111				148				185			
112				149				186			
113				150				187			
114				151				188			
115				152				189			
116				153				190			
117				154				191			
118				155				192			
119				156				193			
120				157				194			
121				158				195			
122				159				196			
123				160				197			
124				161				198			
125				162				199			
126				163				200			
127				164							

제10회 한자능력검정시험 1급 답안지(1)

번호	정답	1검	2검	번호	정답	1검	2검	번호	정답	1검	2검
1				31				61			
2				32				62			
3				33				63			
4				34				64			
5				35				65			
6				36				66			
7				37				67			
8				38				68			
9				39				69			
10				40				70			
11				41				71			
12				42				72			
13				43				73			
14				44				74			
15				45				75			
16				46				76			
17				47				77			
18				48				78			
19				49				79			
20				50				80			
21				51				81			
22				52				82			
23				53				83			
24				54				84			
25				55				85			
26				56				86			
27				57				87			
28				58				88			
29				59				89			
30				60				90			

제10회 한자능력검정시험 1급 답안지(2)

번호	정답	1검	2검	번호	정답	1검	2검	번호	정답	1검	2검
91				128				165			
92				129				166			
93				130				167			
94				131				168			
95				132				169			
96				133				170			
97				134				171			
98				135				172			
99				136				173			
100				137				174			
101				138				175			
102				139				176			
103				140				177			
104				141				178			
105				142				179			
106				143				180			
107				144				181			
108				145				182			
109				146				183			
110				147				184			
111				148				185			
112				149				186			
113				150				187			
114				151				188			
115				152				189			
116				153				190			
117				154				191			
118				155				192			
119				156				193			
120				157				194			
121				158				195			
122				159				196			
123				160				197			
124				161				198			
125				162				199			
126				163				200			
127				164							

※본 답안지는 컴퓨터로 처리되므로 구겨지거나 더럽혀지지 않도록 조심하시고 글씨를 칸 안에 또박또박 쓰십시오.

수험번호	□□□-□□-□□□□	성명 □□□□□
주민등록번호	□□□□□□-□□□□□□□	※ 유성 싸인펜, 붉은색 필기구 사용 불가.

※ 답안지는 컴퓨터로 처리되므로 구기거나 더럽히지 마시고, 정답 칸 안에만 쓰십시오.
 글씨가 채점란으로 들어오면 오답처리가 됩니다.

제11회 한자능력검정시험 1급 답안지(1)

번호	정답	1검	2검	번호	정답	1검	2검	번호	정답	1검	2검
1				31				61			
2				32				62			
3				33				63			
4				34				64			
5				35				65			
6				36				66			
7				37				67			
8				38				68			
9				39				69			
10				40				70			
11				41				71			
12				42				72			
13				43				73			
14				44				74			
15				45				75			
16				46				76			
17				47				77			
18				48				78			
19				49				79			
20				50				80			
21				51				81			
22				52				82			
23				53				83			
24				54				84			
25				55				85			
26				56				86			
27				57				87			
28				58				88			
29				59				89			
30				60				90			

감독위원	채점위원(1)		채점위원(2)		채점위원(3)	
(서명)	(득점)	(서명)	(득점)	(서명)	(득점)	(서명)

제11회 한자능력검정시험 1급 답안지(2)

번호	정답	1검	2검	번호	정답	1검	2검	번호	정답	1검	2검
91				128				165			
92				129				166			
93				130				167			
94				131				168			
95				132				169			
96				133				170			
97				134				171			
98				135				172			
99				136				173			
100				137				174			
101				138				175			
102				139				176			
103				140				177			
104				141				178			
105				142				179			
106				143				180			
107				144				181			
108				145				182			
109				146				183			
110				147				184			
111				148				185			
112				149				186			
113				150				187			
114				151				188			
115				152				189			
116				153				190			
117				154				191			
118				155				192			
119				156				193			
120				157				194			
121				158				195			
122				159				196			
123				160				197			
124				161				198			
125				162				199			
126				163				200			
127				164							

※본 답안지는 컴퓨터로 처리되므로 구겨지거나 더렵혀지지 않도록 조심하시고 글씨를 칸 안에 또박또박 쓰십시오.

수험번호 □□□-□□-□□□□ 성명 □□□□□
주민등록번호 □□□□□□-□□□□□□□ ※ 유성 싸인펜, 붉은색 필기구 사용 불가.

※ 답안지는 컴퓨터로 처리되므로 구기거나 더럽히지 마시고, 정답 칸 안에만 쓰십시오.
　글씨가 채점란으로 들어오면 오답처리가 됩니다.

제12회 한자능력검정시험 1급 답안지(1)

답안란		채점란		답안란		채점란		답안란		채점란	
번호	정답	1검	2검	번호	정답	1검	2검	번호	정답	1검	2검
1				31				61			
2				32				62			
3				33				63			
4				34				64			
5				35				65			
6				36				66			
7				37				67			
8				38				68			
9				39				69			
10				40				70			
11				41				71			
12				42				72			
13				43				73			
14				44				74			
15				45				75			
16				46				76			
17				47				77			
18				48				78			
19				49				79			
20				50				80			
21				51				81			
22				52				82			
23				53				83			
24				54				84			
25				55				85			
26				56				86			
27				57				87			
28				58				88			
29				59				89			
30				60				90			

감독위원	채점위원(1)		채점위원(2)		채점위원(3)	
(서명)	(득점)	(서명)	(득점)	(서명)	(득점)	(서명)

제12회 한자능력검정시험 1급 답안지(2)

번호	정답	1검	2검	번호	정답	1검	2검	번호	정답	1검	2검
91				128				165			
92				129				166			
93				130				167			
94				131				168			
95				132				169			
96				133				170			
97				134				171			
98				135				172			
99				136				173			
100				137				174			
101				138				175			
102				139				176			
103				140				177			
104				141				178			
105				142				179			
106				143				180			
107				144				181			
108				145				182			
109				146				183			
110				147				184			
111				148				185			
112				149				186			
113				150				187			
114				151				188			
115				152				189			
116				153				190			
117				154				191			
118				155				192			
119				156				193			
120				157				194			
121				158				195			
122				159				196			
123				160				197			
124				161				198			
125				162				199			
126				163				200			
127				164							

※본 답안지는 컴퓨터로 처리되므로 구겨지거나 더렵혀지지 않도록 조심하시고 글씨를 칸 안에 또박또박 쓰십시오.

제13회 한자능력검정시험 1급 답안지(1)

번호	정답	1검	2검	번호	정답	1검	2검	번호	정답	1검	2검
1				31				61			
2				32				62			
3				33				63			
4				34				64			
5				35				65			
6				36				66			
7				37				67			
8				38				68			
9				39				69			
10				40				70			
11				41				71			
12				42				72			
13				43				73			
14				44				74			
15				45				75			
16				46				76			
17				47				77			
18				48				78			
19				49				79			
20				50				80			
21				51				81			
22				52				82			
23				53				83			
24				54				84			
25				55				85			
26				56				86			
27				57				87			
28				58				88			
29				59				89			
30				60				90			

수험번호 □□□-□□-□□□□　　성명 □□□□□
주민등록번호 □□□□□□-□□□□□□□　　※ 유성 싸인펜, 붉은색 필기구 사용 불가.

※ 답안지는 컴퓨터로 처리되므로 구기거나 더럽히지 마시고, 정답 칸 안에만 쓰십시오.
　글씨가 채점란으로 들어오면 오답처리가 됩니다.

감독위원	채점위원(1)		채점위원(2)		채점위원(3)	
(서명)	(득점)	(서명)	(득점)	(서명)	(득점)	(서명)

※본 답안지는 컴퓨터로 처리되므로 구겨지거나 더럽혀지지 않도록 조심하시고 글씨를 칸 안에 또박또박 쓰십시오.

제13회 한자능력검정시험 1급 답안지(2)

번호	답안란 정답	채점란 1검	2검	번호	답안란 정답	채점란 1검	2검	번호	답안란 정답	채점란 1검	2검
91				128				165			
92				129				166			
93				130				167			
94				131				168			
95				132				169			
96				133				170			
97				134				171			
98				135				172			
99				136				173			
100				137				174			
101				138				175			
102				139				176			
103				140				177			
104				141				178			
105				142				179			
106				143				180			
107				144				181			
108				145				182			
109				146				183			
110				147				184			
111				148				185			
112				149				186			
113				150				187			
114				151				188			
115				152				189			
116				153				190			
117				154				191			
118				155				192			
119				156				193			
120				157				194			
121				158				195			
122				159				196			
123				160				197			
124				161				198			
125				162				199			
126				163				200			
127				164							

수험번호 □□□-□□-□□□□　성명 □□□□□
주민등록번호 □□□□□□-□□□□□□□　※ 유성 싸인펜, 붉은색 필기구 사용 불가.

※답안지는 컴퓨터로 처리되므로 구기거나 더럽히지 마시고, 정답 칸 안에만 쓰십시오.
　글씨가 채점란으로 들어오면 오답처리가 됩니다.

제14회 한자능력검정시험 1급 답안지(1)

번호	답안란 정답	채점란 1검	2검	번호	답안란 정답	채점란 1검	2검	번호	답안란 정답	채점란 1검	2검
1				31				61			
2				32				62			
3				33				63			
4				34				64			
5				35				65			
6				36				66			
7				37				67			
8				38				68			
9				39				69			
10				40				70			
11				41				71			
12				42				72			
13				43				73			
14				44				74			
15				45				75			
16				46				76			
17				47				77			
18				48				78			
19				49				79			
20				50				80			
21				51				81			
22				52				82			
23				53				83			
24				54				84			
25				55				85			
26				56				86			
27				57				87			
28				58				88			
29				59				89			
30				60				90			

감독위원	채점위원(1)		채점위원(2)		채점위원(3)	
(서명)	(득점)	(서명)	(득점)	(서명)	(득점)	(서명)

제14회 한자능력검정시험 1급 답안지(2)

번호	정답	1검	2검	번호	정답	1검	2검	번호	정답	1검	2검
91				128				165			
92				129				166			
93				130				167			
94				131				168			
95				132				169			
96				133				170			
97				134				171			
98				135				172			
99				136				173			
100				137				174			
101				138				175			
102				139				176			
103				140				177			
104				141				178			
105				142				179			
106				143				180			
107				144				181			
108				145				182			
109				146				183			
110				147				184			
111				148				185			
112				149				186			
113				150				187			
114				151				188			
115				152				189			
116				153				190			
117				154				191			
118				155				192			
119				156				193			
120				157				194			
121				158				195			
122				159				196			
123				160				197			
124				161				198			
125				162				199			
126				163				200			
127				164							

※본 답안지는 컴퓨터로 처리되므로 구겨지거나 더럽혀지지 않도록 조심하시고 글씨를 칸 안에 또박또박 쓰십시오.

수험번호 □□□-□□-□□□□ 성명 □□□□□
주민등록번호 □□□□□□-□□□□□□□ ※ 유성 싸인펜, 붉은색 필기구 사용 불가.

※답안지는 컴퓨터로 처리되므로 구기거나 더럽히지 마시고, 정답 칸 안에만 쓰십시오.
 글씨가 채점란으로 들어오면 오답처리가 됩니다.

제15회 한자능력검정시험 1급 답안지(1)

번호	답안란 정답	채점란 1검	2검	번호	답안란 정답	채점란 1검	2검	번호	답안란 정답	채점란 1검	2검
1				31				61			
2				32				62			
3				33				63			
4				34				64			
5				35				65			
6				36				66			
7				37				67			
8				38				68			
9				39				69			
10				40				70			
11				41				71			
12				42				72			
13				43				73			
14				44				74			
15				45				75			
16				46				76			
17				47				77			
18				48				78			
19				49				79			
20				50				80			
21				51				81			
22				52				82			
23				53				83			
24				54				84			
25				55				85			
26				56				86			
27				57				87			
28				58				88			
29				59				89			
30				60				90			

감독위원	채점위원(1)		채점위원(2)		채점위원(3)	
(서명)	(득점)	(서명)	(득점)	(서명)	(득점)	(서명)

제15회 한자능력검정시험 1급 답안지(2)

※본 답안지는 컴퓨터로 처리되므로 구겨지거나 더렵혀지지 않도록 조심하시고 글씨를 칸 안에 또박또박 쓰십시오.

번호	정답	1검	2검	번호	정답	1검	2검	번호	정답	1검	2검
91				128				165			
92				129				166			
93				130				167			
94				131				168			
95				132				169			
96				133				170			
97				134				171			
98				135				172			
99				136				173			
100				137				174			
101				138				175			
102				139				176			
103				140				177			
104				141				178			
105				142				179			
106				143				180			
107				144				181			
108				145				182			
109				146				183			
110				147				184			
111				148				185			
112				149				186			
113				150				187			
114				151				188			
115				152				189			
116				153				190			
117				154				191			
118				155				192			
119				156				193			
120				157				194			
121				158				195			
122				159				196			
123				160				197			
124				161				198			
125				162				199			
126				163				200			
127				164							

수험번호 □□□-□□-□□□□　　성명 □□□□□

주민등록번호 □□□□□□-□□□□□□□　　※ 유성 싸인펜, 붉은색 필기구 사용 불가.

※ 답안지는 컴퓨터로 처리되므로 구기거나 더럽히지 마시고, 정답 칸 안에만 쓰십시오.
　글씨가 채점란으로 들어오면 오답처리가 됩니다.

제16회 한자능력검정시험 1급 답안지(1)

번호	답안란 정답	채점란 1검	2검	번호	답안란 정답	채점란 1검	2검	번호	답안란 정답	채점란 1검	2검
1				31				61			
2				32				62			
3				33				63			
4				34				64			
5				35				65			
6				36				66			
7				37				67			
8				38				68			
9				39				69			
10				40				70			
11				41				71			
12				42				72			
13				43				73			
14				44				74			
15				45				75			
16				46				76			
17				47				77			
18				48				78			
19				49				79			
20				50				80			
21				51				81			
22				52				82			
23				53				83			
24				54				84			
25				55				85			
26				56				86			
27				57				87			
28				58				88			
29				59				89			
30				60				90			

감독위원	채점위원(1)		채점위원(2)		채점위원(3)	
(서명)	(득점)	(서명)	(득점)	(서명)	(득점)	(서명)

제16회 한자능력검정시험 1급 답안지(2)

번호	정답	1검	2검	번호	정답	1검	2검	번호	정답	1검	2검
91				128				165			
92				129				166			
93				130				167			
94				131				168			
95				132				169			
96				133				170			
97				134				171			
98				135				172			
99				136				173			
100				137				174			
101				138				175			
102				139				176			
103				140				177			
104				141				178			
105				142				179			
106				143				180			
107				144				181			
108				145				182			
109				146				183			
110				147				184			
111				148				185			
112				149				186			
113				150				187			
114				151				188			
115				152				189			
116				153				190			
117				154				191			
118				155				192			
119				156				193			
120				157				194			
121				158				195			
122				159				196			
123				160				197			
124				161				198			
125				162				199			
126				163				200			
127				164							

※본 답안지는 컴퓨터로 처리되므로 구겨지거나 더럽혀지지 않도록 조심하시고 글씨를 칸 안에 또박또박 쓰십시오.

수험번호 □□□-□□-□□□□　　성명 □□□□□

주민등록번호 □□□□□□-□□□□□□□　※ 유성 싸인펜, 붉은색 필기구 사용 불가.

※ 답안지는 컴퓨터로 처리되므로 구기거나 더럽히지 마시고, 정답 칸 안에만 쓰십시오.
　글씨가 채점란으로 들어오면 오답처리가 됩니다.

제17회 한자능력검정시험 1급 답안지(1)

답안란		채점란		답안란		채점란		답안란		채점란	
번호	정답	1검	2검	번호	정답	1검	2검	번호	정답	1검	2검
1				31				61			
2				32				62			
3				33				63			
4				34				64			
5				35				65			
6				36				66			
7				37				67			
8				38				68			
9				39				69			
10				40				70			
11				41				71			
12				42				72			
13				43				73			
14				44				74			
15				45				75			
16				46				76			
17				47				77			
18				48				78			
19				49				79			
20				50				80			
21				51				81			
22				52				82			
23				53				83			
24				54				84			
25				55				85			
26				56				86			
27				57				87			
28				58				88			
29				59				89			
30				60				90			

감독위원	채점위원(1)		채점위원(2)		채점위원(3)	
(서명)	(득점)	(서명)	(득점)	(서명)	(득점)	(서명)

제17회 한자능력검정시험 1급 답안지(2)

번호	정답	1검	2검	번호	정답	1검	2검	번호	정답	1검	2검
91				128				165			
92				129				166			
93				130				167			
94				131				168			
95				132				169			
96				133				170			
97				134				171			
98				135				172			
99				136				173			
100				137				174			
101				138				175			
102				139				176			
103				140				177			
104				141				178			
105				142				179			
106				143				180			
107				144				181			
108				145				182			
109				146				183			
110				147				184			
111				148				185			
112				149				186			
113				150				187			
114				151				188			
115				152				189			
116				153				190			
117				154				191			
118				155				192			
119				156				193			
120				157				194			
121				158				195			
122				159				196			
123				160				197			
124				161				198			
125				162				199			
126				163				200			
127				164							

※본 답안지는 컴퓨터로 처리되므로 구겨지거나 더렵혀지지 않도록 조심하시고 글씨를 칸 안에 또박또박 쓰십시오.

제18회 한자능력검정시험 1급 답안지(1)

수험번호 □□□-□□-□□□□ 성명 □□□□□
주민등록번호 □□□□□□-□□□□□□□ ※ 유성 싸인펜, 붉은색 필기구 사용 불가.

※답안지는 컴퓨터로 처리되므로 구기거나 더럽히지 마시고, 정답 칸 안에만 쓰십시오. 글씨가 채점란으로 들어오면 오답처리가 됩니다.

번호	정답	1검	2검	번호	정답	1검	2검	번호	정답	1검	2검
1				31				61			
2				32				62			
3				33				63			
4				34				64			
5				35				65			
6				36				66			
7				37				67			
8				38				68			
9				39				69			
10				40				70			
11				41				71			
12				42				72			
13				43				73			
14				44				74			
15				45				75			
16				46				76			
17				47				77			
18				48				78			
19				49				79			
20				50				80			
21				51				81			
22				52				82			
23				53				83			
24				54				84			
25				55				85			
26				56				86			
27				57				87			
28				58				88			
29				59				89			
30				60				90			

감독위원	채점위원(1)		채점위원(2)		채점위원(3)	
(서명)	(득점)	(서명)	(득점)	(서명)	(득점)	(서명)

제18회 한자능력검정시험 1급 답안지(2)

번호	정답	1검	2검	번호	정답	1검	2검	번호	정답	1검	2검
91				128				165			
92				129				166			
93				130				167			
94				131				168			
95				132				169			
96				133				170			
97				134				171			
98				135				172			
99				136				173			
100				137				174			
101				138				175			
102				139				176			
103				140				177			
104				141				178			
105				142				179			
106				143				180			
107				144				181			
108				145				182			
109				146				183			
110				147				184			
111				148				185			
112				149				186			
113				150				187			
114				151				188			
115				152				189			
116				153				190			
117				154				191			
118				155				192			
119				156				193			
120				157				194			
121				158				195			
122				159				196			
123				160				197			
124				161				198			
125				162				199			
126				163				200			
127				164							

※본 답안지는 컴퓨터로 처리되므로 구겨지거나 더럽혀지지 않도록 조심하시고 글씨를 칸 안에 또박또박 쓰십시오.

수험번호	□□□-□□-□□□□	성명 □□□□□
주민등록번호	□□□□□□-□□□□□□□	※ 유성 싸인펜, 붉은색 필기구 사용 불가.

※ 답안지는 컴퓨터로 처리되므로 구기거나 더럽히지 마시고, 정답 칸 안에만 쓰십시오.
  글씨가 채점란으로 들어오면 오답처리가 됩니다.

제19회 한자능력검정시험 1급 답안지(1)

번호	정답	1검	2검	번호	정답	1검	2검	번호	정답	1검	2검
1				31				61			
2				32				62			
3				33				63			
4				34				64			
5				35				65			
6				36				66			
7				37				67			
8				38				68			
9				39				69			
10				40				70			
11				41				71			
12				42				72			
13				43				73			
14				44				74			
15				45				75			
16				46				76			
17				47				77			
18				48				78			
19				49				79			
20				50				80			
21				51				81			
22				52				82			
23				53				83			
24				54				84			
25				55				85			
26				56				86			
27				57				87			
28				58				88			
29				59				89			
30				60				90			

감독위원	채점위원(1)		채점위원(2)		채점위원(3)	
(서명)	(득점)	(서명)	(득점)	(서명)	(득점)	(서명)

제19회 한자능력검정시험 1급 답안지(2)

번호	정답	1검	2검	번호	정답	1검	2검	번호	정답	1검	2검
91				128				165			
92				129				166			
93				130				167			
94				131				168			
95				132				169			
96				133				170			
97				134				171			
98				135				172			
99				136				173			
100				137				174			
101				138				175			
102				139				176			
103				140				177			
104				141				178			
105				142				179			
106				143				180			
107				144				181			
108				145				182			
109				146				183			
110				147				184			
111				148				185			
112				149				186			
113				150				187			
114				151				188			
115				152				189			
116				153				190			
117				154				191			
118				155				192			
119				156				193			
120				157				194			
121				158				195			
122				159				196			
123				160				197			
124				161				198			
125				162				199			
126				163				200			
127				164							

※본 답안지는 컴퓨터로 처리되므로 구겨지거나 더럽혀지지 않도록 조심하시고 글씨를 칸 안에 또박또박 쓰십시오.

제20회 한자능력검정시험 1급 답안지(1)

번호	정답	1검	2검	번호	정답	1검	2검	번호	정답	1검	2검
1				31				61			
2				32				62			
3				33				63			
4				34				64			
5				35				65			
6				36				66			
7				37				67			
8				38				68			
9				39				69			
10				40				70			
11				41				71			
12				42				72			
13				43				73			
14				44				74			
15				45				75			
16				46				76			
17				47				77			
18				48				78			
19				49				79			
20				50				80			
21				51				81			
22				52				82			
23				53				83			
24				54				84			
25				55				85			
26				56				86			
27				57				87			
28				58				88			
29				59				89			
30				60				90			

제20회 한자능력검정시험 1급 답안지(2)

번호	정답	1검	2검	번호	정답	1검	2검	번호	정답	1검	2검
91				128				165			
92				129				166			
93				130				167			
94				131				168			
95				132				169			
96				133				170			
97				134				171			
98				135				172			
99				136				173			
100				137				174			
101				138				175			
102				139				176			
103				140				177			
104				141				178			
105				142				179			
106				143				180			
107				144				181			
108				145				182			
109				146				183			
110				147				184			
111				148				185			
112				149				186			
113				150				187			
114				151				188			
115				152				189			
116				153				190			
117				154				191			
118				155				192			
119				156				193			
120				157				194			
121				158				195			
122				159				196			
123				160				197			
124				161				198			
125				162				199			
126				163				200			
127				164							

※본 답안지는 컴퓨터로 처리되므로 구겨지거나 더렵혀지지 않도록 조심하시고 글씨를 칸 안에 또박또박 쓰십시오.

정답

제1회 한자능력검정시험 1급 답안지(1)

번호	정답	번호	정답	번호	정답
1	전가	31	밀감	61	(23)
2	개선	32	직간	62	(28)
3	입자	33	단황	63	(38)
4	고타	34	옥새	64	(44)
5	빈사	35	보살	65	(50)
6	남상	36	귀별	66	더듬을 모
7	도탄	37	곤봉	67	얼레빗 소
8	복룡	38	청담	68	씹을 작
9	완벽	39	사치	69	성할 치
10	윤곽	40	두견	70	언덕 애
11	적막	41	건시	71	눈 날릴 분
12	편린	42	죽순	72	조약돌 력
13	인광	43	압정	73	지질 락
14	만두	44	근타	74	엉길 돈
15	근친	45	흉특	75	자루 대
16	견비	46	파초	76	숨길 닉
17	음덕	47	포효	77	밟을 태
18	곽갱	48	분수	78	헤칠 피
19	과즙	49	명정	79	살별 혜
20	계첩	50	간이	80	잡을 나
21	초면	51	허물이나 책임을 남에게 넘겨 씌움	81	어정거릴 배
22	암자	52	싸움에서 이기고 돌아옴	82	슬플 강
23	비척	53	물질을 구성하는 미세한 크기의 알갱이	83	암초 초
24	궤양	54	고문하여 때림	84	어두울 매
25	모애	55	거의 죽을 지경에 이름	85	장미 장
26	전질	56	모든 사물이나 일의 처음 혹은 근원	86	까끄라기 망
27	주방	57	매우 곤궁하고 고통스러운 지경	87	물을 신
28	적회	58	숨어서 세상에 나오지 않는 뛰어난 선비	88	가려울 양
29	치질	59	티끌만큼의 결점도 없이 완전함	89	비틀 년
30	지단	60	사물의 테두리 또는 대강의 모습	90	비단 비

제1회 한자능력검정시험 1급 답안지(2)

번호	정답	1검	2검	번호	정답	1검	2검	번호	정답	1검	2검
91	口			128	籠絡			165	受理		
92	馬			129	斬刑			166	斷		
93	土			130	駐屯			167	杰		
94	匚			131	奇襲			168	恋		
95	口			132	巢窟			169	禮		
96	八			133	釋放			170	賣		
97	立			134	首腦部			171	携		
98	馬			135	逮捕			172	懸		
99	卩			136	諜報			173	尊意		
100	子			137	俳優			174	聰明		
101	④			138	修飾語			175	謀略		
102	①			139	皮膚			176	破壞		
103	③			140	發刊			177	輕率		
104	④			141	比肩			178	濫用		
105	④			142	衝擊			179	稀薄		
106	①			143	企劃			180	忘却		
107	③			144	財閥			181	葛藤		
108	④			145	全般			182	遺憾		
109	②			146				183	剛斷		
110	②			147	(119), (123), (124), (129), (130), (141)			184	休憩所		
111	隣接			148				185	揭揚		
112	鈍化			149				186	颱風		
113	雇傭			150				187	透明		
114	葛藤			151	①			188	頗多		
115	措置			152	④			189	覇權		
116	表彰			153	②			190	遍歷		
117	遲刻			154	③			191	目, 對		
118	僑胞			155	①			192	頭, 勢		
119	掌握			156	古家			193	奸, 賊		
120	歐美			157	高價			194	渴, 井		
121	瓜年			158	恐怖			195	苦, 吐		
122	閨秀			159	公布			196	康, 煙		
123	大闕			160	浮揚			197	強, 末		
124	步哨			161	扶養			198	剛, 木		
125	掠奪			162	新築			199	蓋, 定		
126	拉致			163	伸縮			200	改, 善		
127	蠻行			164	修理						

제2회 한자능력검정시험 1급 답안지(1)

번호	정답	번호	정답	번호	정답
1	묘령	31	창부	61	장미 미
2	섬멸	32	사출	62	보살 보
3	격조	33	정보	63	정승 승
4	전철	34	교반	64	한할 오
5	황홀	35	포육	65	깔·핑계할 자
6	고약	36	소화	66	함정 정
7	취렴	37	점막	67	대바구니 람
8	요격	38	탁령	68	자랑할 긍
9	후각	39	수포	69	죽일 도
10	수졸	40	기색	70	성길 소
11	면시	41	창광	71	원수 구
12	총아	42	부용	72	울타리 번
13	난로	43	준공	73	무릎 슬
14	소급	44	파행	74	그릇 명
15	이여	45	원비	75	그릇될 와
16	조감	46	창포	76	고치 켤 조
17	구규	47	탁용	77	네거리 구
18	표략	48	배회	78	번쩍일 섬
19	수치	49	칩거	79	넘칠 범
20	질탕	50	경탄	80	사다리 제
21	협객	51	도끼 부	81	함께 해
22	납의	52	저물 명	82	저울추 추
23	파란	53	가마 련	83	酷毒
24	반발	54	동경할 동	84	鬪魂
25	구장	55	때릴 달	85	互惠
26	포로	56	구기자 구	86	大型
27	저택	57	게으를 라	87	海峽
28	계율	58	귀먹을 롱	88	均衡
29	부감	59	돌볼 권	89	懸垂幕
30	오예	60	모날 릉	90	架空

제2회 한자능력검정시험 1급 답안지(2)

번호	정답	번호	정답	번호	정답
91	冷却	128	衣	165	芽
92	根幹	129	刂(刀)	166	反抗
93	枯渴	130	口	167	相生
94	龜鑑	131	臼	168	險難
95	剛烈	132	行	169	嚴格
96	介意	133	②	170	酷評
97	休憩室	134	②	171	陳腐
98	揭載	135	①	172	擴大
99	隔月	136	①	173	鎭靜
100	牽制	137	①	174	稀貴
101	比肩	138	④	175	傍系
102	兼備	139	①	176	程度
103	該當	140	①	177	銃器
104	反響	141	③	178	脫帽
105	恒常	142	②	179	把持
106	陷沒	143	정해진 값에 얼마를 더함	180	標識
107	含有	144	일정한 동안의 끝을 정한 기간이나 시각	181	整地
108	發汗	145	떼를 지어 돌아다니며 재물을 뺏는 파렴치한 사람들의 무리	182	天災
109	割愛	146	부족하여 흠이 되는 부분	183	恒口
110	配匹	147	일반 대중들 사이	184	淸算
111	殘虐	148	학문과 지식이 넓음	185	婚需
112	畢竟	149	특별히 성대하게 대접함	186	抗
113	傍觀	150	몸과 마음을 바쳐 정성을 다함	187	撤
114	賠償	151	차이가 심함	188	仲
115	苦杯	152	균형이 맞는 상태	189	博
116	飜案	153	辞	190	塞
117	汎濫	154	圧	191	書, 儒
118	碧昌牛	155	湿	192	頭, 尾
119	僻地	156	間	193	乾, 坤
120	逢變	157	驚	194	隔, 靴
121	蜂起	158	缺	195	戰, 死
122	負傷	159	沒	196	頭, 謝
123	羊	160	恐	197	掌, 臣
124	月(肉)	161	關	198	管, 中
125	巾	162	起	199	谿, 慾
126	力	163	急	200	珍, 味
127	糸(絲)	164	寫		

제3회 한자능력검정시험 1급 답안지(1)

번호	정답	1검	2검	번호	정답	1검	2검	번호	정답	1검	2검
1	비루			31	소풍			61	(27)		
2	짐작			32	소생			62	(30)		
3	곡발			33	함담			63	(33)		
4	차로			34	쇄설			64	(36)		
5	각건			35	기명			65	(39)		
6	파경			36	구판			66	쇠망치 추		
7	추호			37	늑막			67	깊을 오		
8	계륵			38	냉면			68	사치할 사		
9	붕도			39	영허			69	불경 범		
10	서절			40	정승			70	어루만질 무		
11	비파			41	난로			71	볼기 둔		
12	초약			42	밀랍			72	짓밟을 린		
13	양말			43	도정			73	매울 랄		
14	비유			44	소매			74	다목 방		
15	액사			45	음치			75	빌 도		
16	온축			46	추령			76	즐길 기		
17	제읍			47	포도			77	끌 예		
18	전각			48	낙타			78	사탕수수 자		
19	담천			49	도륙			79	덩이 정		
20	해골			50	와류			80	물거품 말		
21	와실			51	행동이나 성질이 고상하지 못하고 더러움			81	소쿠리 단		
22	찬합			52	어림잡아 헤아림			82	제비(점대) 첨		
23	옥잠			53	하얗게 센 머리털			83	아첨할·예쁠 미		
24	순라			54	서로 엇갈려 있는 길. 두 갈래로 나뉜 길			84	홀아비 환		
25	잠언			55	삼가고 조심함			85	업신여길 릉		
26	단소			56	부부의 사이가 나빠 이혼하게 되는 것			86	파리할 췌		
27	곤제			57	몹시 적음. 매우 조금			87	콩 숙		
28	동경			58	별 소용은 없으나 버리기에는 아까운 것			88	멋대로 할 천		
29	지방			59	한없이 큰 포부			89	누를 날		
30	서부			60	좀도둑			90	아욱·해바라기 규		

제3회 한자능력검정시험 1급 답안지(2)

번호	정답	1검	2검	번호	정답	1검	2검	번호	정답	1검	2검
91	几			128	轉換點			165	屬性		
92	足			129	附設			166	与		
93	目			130	賀客			167	応		
94	戈			131	綿密			168	変		
95	衣			132	擴張			169	並		
96	矛			133	該當			170	雙		
97	二			134	厭症			171	去		
98	口			135	渴望			172	慘		
99	亡			136	靈感			173	憚		
100	日			137	征服			174	亡德		
101	③			138	治療			175	未然		
102	④			139	克服			176	杜絕		
103	②			140	肯定的			177	死藏		
104	④			141	酸性			178	先祖		
105	①			142	代替			179	消極		
106	①			143	免疫			180	下落		
107	②			144	偏食			181	牽引		
108	④			145	促進			182	訣別		
109	③			146				183	傾斜		
110	①			147	(130), (131), (134)			184	啓蒙		
111	所屬			148				185	脫稿		
112	警察署			149	(140), (142), (143)			186	編曲		
113	搜査			150				187	隱蔽		
114	依賴			151	④			188	小幅		
115	賠償			152	②			189	店鋪		
116	訴訟			153	①			190	自虐		
117	示唆			154	③			191	曲, 突		
118	颱風			155	①			192	持, 久		
119	記憶			156	懸賞			193	兵, 敗		
120	幼年			157	現狀			194	救, 投		
121	暗鬱			158	財數			195	重, 來		
122	回顧			159	再修			196	化, 爲		
123	虛飢			160	製藥			197	石, 約		
124	寡默			161	制約			198	之, 憂		
125	挑戰			162	前半			199	野, 心		
126	商圈			163	全般			200	食, 豆		
127	腐心			164	速成						

제4회 한자능력검정시험 1급 답안지(1)

번호	정답	1검	2검	번호	정답	1검	2검	번호	정답	1검	2검
1	인색			31	신기루			61	헤맬 방		
2	표절			32	참호			62	고요할 막		
3	서정			33	범패			63	육부 부		
4	치정			34	서설			64	부채질할 선		
5	비상			35	배석			65	뉘우칠 참		
6	포전			36	조국			66	아까 아		
7	측은			37	여명			67	다듬잇돌 침		
8	원앙			38	두타			68	즙 즙		
9	전별			39	광고			69	교활할 활		
10	폄하			40	전고			70	개천 거		
11	총론			41	겁탈			71	문서 첩		
12	투습			42	차상			72	사특할 특		
13	괴팍			43	외람			73	가릴 엄		
14	대속			44	식목			74	뚫을 천		
15	갈색			45	곤직			75	지렁이 인		
16	노둔			46	태죄			76	조급할 조		
17	상실			47	둔부			77	빽빽할 치		
18	알선			48	갑문			78	원통할 원		
19	경륜			49	구독			79	막을 어		
20	사라			50	유기			80	게으를 권		
21	근경			51	시들 위			81	좁을 애		
22	신탄			52	가시 형			82	나부낄 표		
23	천횡			53	젓가락 저			83	賀客		
24	응수			54	이끼 태			84	漂白		
25	개벽			55	너그러울 유			85	被殺		
26	주정			56	지게미 조			86	疲勞		
27	굴착			57	팔뚝 박			87	懷抱		
28	체념			58	괴수 괴			88	飽和		
29	주구			59	꾸물거릴 준			89	恐怖		
30	우의			60	겨자 개			90	全幅的		

제4회 한자능력검정시험 1급 답안지(2)

번호	정답	1검	2검	번호	정답	1검	2검	번호	정답	1검	2검
91	廢紙			128	大			165	解		
92	生硬			129	頁			166	容易		
93	姑婦			130	大			167	需要		
94	鼓吹			131	凵			168	專用		
95	投稿			132	耳			169	偏頗		
96	顧慮			133	②			170	貫徹		
97	雇用			134	①			171	穩健		
98	提供			135	①			172	拙劣		
99	寡默			136	①			173	義務		
100	誇示			137	②			174	演繹		
101	瓜年			138	④			175	緩行		
102	制覇			139	②			176	私設		
103	斷片			140	②			177	社說		
104	偏見			141	①			178	想起		
105	改編			142	②			179	上氣		
106	浸透			143	모든 일이 뜻과 같이 됨			180	所在		
107	把握			144	성 둘레를 파서 물이 고이게 한 곳			181	素材		
108	傳播			145	가을 짐승의 털. 매우 조금			182	毒酒		
109	罷業			146	서로 교환함			183	獨奏		
110	再版			147	매우 심한 더위			184	保守		
111	販促			148	널리 알림			185	補修		
112	實吐			149	꿈이나 환상이 깨져 느끼는 괴롭고도 부질없는 마음			186	徒		
113	奮發			150	모난 곳이 없이 원만함			187	市		
114	飼育			151	철이 바뀌는 시기			188	裳		
115	赦免			152	여러 곳을 돌아다님			189	憐		
116	酒邪			153	芸			190	戴		
117	滿朔			154	塩			191	前, 後		
118	傘下			155	痴			192	過, 正		
119	上端			156	殖			193	三, 窟		
120	胸像			157	依			194	盲, 象		
121	索引			158	透			195	窮, 追		
122	瑞光			159	盛			196	貴, 鷄		
123	父			160	昧			197	光, 陰		
124	口			161	塞			198	水, 德		
125	大			162	疑			199	落, 石		
126	色			163	餘			200	中, 之		
127	日			164	弄						

제5회 한자능력검정시험 1급 답안지(1)

번호	정답	1검	2검	번호	정답	1검	2검	번호	정답	1검	2검
1	한발			31	수갑			61	(23)		
2	골몰			32	각반			62	(28)		
3	부의			33	구고			63	(33)		
4	홍연			34	탕건			64	(35)		
5	도열			35	탄토			65	(43)		
6	관건			36	마대			66	소라 라		
7	추낭			37	목도			67	국 갱		
8	수작			38	만연			68	하품 흠		
9	보루			39	비겁			69	슬플 측		
10	안중정			40	방광			70	참새 작		
11	전병			41	철퇴			71	찌끼 재		
12	도벽			42	비수			72	이를 예		
13	무론			43	아속			73	사립문 비		
14	가마			44	비방			74	헤맬 황		
15	백홍			45	만곡			75	멸구 명		
16	능멸			46	삼투			76	뇌물 뢰		
17	첩리			47	힐난			77	눈물 체		
18	동공			48	공병			78	흔들 도		
19	산호			49	폐백			79	물소리 팽		
20	도박			50	순록			80	험할 구		
21	나태			51	가뭄을 맡고 있다는 귀신			81	다스릴 리		
22	부마			52	다른 생각을 전혀 하지 않고 한 가지 일에만 파묻힘			82	아득할 묘		
23	삭회			53	초상집에 부조로 보내는 돈이나 물품			83	씨름 저		
24	파도			54	큰 웃음을 터뜨리는 모양			84	후릴 괴		
25	금박			55	죽 늘어섬. 또는 그 늘어선 대열			85	밟을 발		
26	면포			56	어떤 사물 또는 문제 해결의 가장 중요한 부분			86	아름다울 가		
27	원수			57	재능이 매우 뛰어난 사람			87	궁녀벼슬이름 빈		
28	척강			58	서로 말을 주고받음			88	울릴·수레소리 굉		
29	건강			59	지켜야 할 대상. 어떤 일을 하기 위한 튼튼한 발판			89	마을 아		
30	공갈			60	눈엣가시 또는 남에게 심하게 해를 끼치는 사람			90	울부짖을 후		

제5회 한자능력검정시험 1급 답안지(2)

번호	정답	1검	2검	번호	정답	1검	2검	번호	정답	1검	2검
91	禾			128	恥辱			165	膠着		
92	儿			129	締結			166	沢		
93	黍			130	胎動			167	尽		
94	齒			131	軍閥			168	証		
95	口			132	匪賊			169	淺		
96	尸			133	虐政			170	處		
97	水			134	覇權			171	任		
98	八			135	蔑視			172	隱		
99	卜			136	抛棄			173	瞬間		
100	內			137	魅力			174	昭詳		
101	④			138	磁石			175	尋常		
102	①			139	外貌			176	老鍊		
103	②			140	拘礙			177	模倣		
104	③			141	預金			178	名譽		
105	②			142	紳士			179	野蠻		
106	①			143	箱子			180	隆盛		
107	②			144	雨傘			181	誇張		
108	④			145	惹起			182	約款		
109	①			146				183	僑胞		
110	④			147	(132), (134), (136), (139), (141), (142)			184	龜裂		
111	外換			148				185	購讀		
112	不渡			149				186	分泌		
113	潛跡 또는 潛迹			150				187	赤裸裸		
114	眞率			151	③			188	舞姬		
115	借用證			152	④			189	締結		
116	緊急			153	①			190	書翰		
117	融通			154	①			191	言, 敏		
118	祕訣			155	②			192	望, 天		
119	傳播			156	步道			193	過, 直		
120	浮浪者			157	報道			194	狗, 續		
121	捕捉			158	無期			195	君, 變		
122	補完			159	武器			196	背, 毛		
123	敷演 또는 敷衍			160	當到			197	金, 蘭		
124	晩學			161	糖度			198	氣, 萬		
125	僻村			162	對備			199	中, 取		
126	倂合			163	對比			200	登, 去		
127	悽慘			164	交錯						

제6회 한자능력검정시험 1급 답안지(1)

번호	정답	번호	정답	번호	정답
1	살포	31	서광	61	도울 방
2	영정	32	초피	62	여우 호
3	답지	33	장기	63	칠 박
4	기치	34	광겁	64	목맬 액
5	참담	35	전족	65	호탕할 탕
6	교란	36	통곡	66	길잡을 향
7	야유	37	재계	67	역질 두
8	묘연	38	서리	68	틈 극
9	견사	39	훤소	69	흰흙 악
10	달병	40	저작	70	샘낼 투
11	만가	41	명충	71	이를 숙
12	경골	42	번진	72	허물 고
13	무복	43	자상	73	재갈 함
14	낭고	44	몌별	74	흐릴 담
15	학료	45	조소	75	강퍅할 퍅
16	노략	46	묵도	76	어리석을 매
17	호리	47	융단	77	밤 소
18	만자	48	신방	78	고름 농
19	담박	49	박승	79	부고 부
20	포경선	50	문성	80	허물 하
21	명정	51	삭힐 효	81	찰 름
22	전몰	52	후손 예	82	먹일 포
23	교거	53	굽 제	83	食貪
24	일별	54	스밀 삼	84	溫湯
25	분홍	55	봉황 황	85	危殆
26	경방	56	비상 비	86	過怠料
27	산증	57	가슴 억	87	妥協
28	작렬	58	쪼갤 부	88	付託
29	고봉	59	창포 창	89	洗濯
30	자비	60	어루만질 무	90	誕生

제6회 한자능력검정시험 1급 답안지(2)

번호	정답	번호	정답	번호	정답
91	沈着	128	爻	165	弱
92	墮落	129	瓦	166	憂鬱
93	側近	130	灬(火)	167	引繼
94	稚氣	131	勹	168	弔客
95	廉恥	132	匸	169	緊張
96	氷菓	133	①	170	歡待
97	弱冠	134	③	171	支線
98	貫徹	135	①	172	閉鎖
99	落款	136	②	173	拒否
100	慣行	137	④	174	傑作
101	旅館	138	②	175	離婚
102	掛圖	139	①	176	大氣
103	怪物	140	②	177	待期
104	傀然	141	②	178	踏査
105	絞殺	142	②	179	答謝
106	僑民	143	실없이 놀림	180	長官
107	膠着	144	여럿 중에서 골라냄. 왕의 배우자를 고름	181	壯觀
108	耐久性	145	어려움을 참고 견딤	182	特秀
109	不拘	146	대조하여 조사함	183	特需
110	購入	147	잘못이나 허물이 없음	184	遲刻
111	海鷗	148	차꼬와 수갑. 속박	185	知覺
112	採掘	149	다른 생각을 일절 하지 않고 한 가지 일에만 온 정신을 쏟음	186	妄
113	碩學	150	두 손을 마주잡아 공경의 뜻을 나타내는 예	187	誇
114	修繕	151	견고하고 굳게 함	188	窮
115	包攝	152	사물의 대강의 테두리. 겉모양	189	謀
116	專貰	153	拡	190	截
117	連鎖	154	庁	191	磨, 針
118	刷新	155	済	192	亡, 補
119	搜所聞	156	彈	193	頭, 縣
120	熟知	157	迫	194	之, 筆
121	瞬息間	158	下	195	麻, 姑
122	便乘	159	少	196	萬, 群
123	耒	160	毒	197	珠, 投
124	冂	161	責	198	盾, 着
125	戈	162	淨	199	門, 弄
126	殳	163	雇	200	冬, 夏
127	弓	164	亂		

제7회 한자능력검정시험 1급 답안지(1)

번호	정답	1검	2검	번호	정답	1검	2검	번호	정답	1검	2검
1	팽배			31	포폄			61	(27)		
2	보수			32	강노			62	(29)		
3	훼방			33	전통			63	(31)		
4	당착			34	침낭			64	(36)		
5	반박			35	구토			65	(49)		
6	지척			36	비용			66	물 뿌릴 발		
7	파과			37	침구			67	짤 함		
8	몽진			38	빈소			68	구울 자·적		
9	박빙			39	신속			69	깎을 산		
10	구치			40	화훼			70	벗길 박		
11	비호			41	반시			71	밭두둑 롱		
12	식혜			42	마구			72	쇳소리 쟁		
13	협소			43	부식			73	무너질 퇴		
14	협골			44	도서			74	꾸짖을 핵		
15	점윤			45	경운			75	아비 야		
16	해태			46	대오			76	비슷할 불		
17	퇴색			47	권유			77	병장기·오랑캐 융		
18	현란			48	비정			78	참소할 참		
19	녹용			49	예둔			79	모자랄 핍		
20	분서			50	관개			80	모 앙		
21	태권			51	큰 물결이 맞부딪쳐 솟구침. 어떤 기세 혹은 사조 등이 거세게 일어남.			81	달팽이 와		
22	도요			52	고마움에 대한 보답. 수고한 대가로 주는 돈이나 물품			82	미칠 전		
23	붕대			53	남을 헐뜯어 비방함. 남의 일을 간섭하고 방해함			83	황달 달		
24	우매			54	말이나 행동이 앞뒤가 서로 맞지 아니함. 모순됨			84	회충 회		
25	신랄			55	남의 의견, 주장 등에 반대하여 말함			85	고울 염		
26	전색			56	아주 가까운 거리			86	앵두 앵		
27	극순			57	여자 나이 16세. 남자 나이 64세.			87	짤 착		
28	도금			58	임금이 난리를 피해 안전한 곳으로 도주함			88	무소 서		
29	소조			59	근소한 차이			89	귤 귤		
30	나포			60	몹시 바삐 돌아다님. 남의 일을 위하여 힘을 다함			90	기울 즙		

제7회 한자능력검정시험 1급 답안지(2)

번호	정답	1검	2검	번호	정답	1검	2검	번호	정답	1검	2검
91	用			128	駐車			165	思料		
92	鼎			129	賃貸			166	廢		
93	肉			130	月貰			167	柒		
94	己			131	折衷			168	晝		
95	大			132	隣近			169	総		
96	麻			133	驛勢圈			170	圍		
97	土			134	登記簿			171	塞		
98	戈			135	謄本			172	收		
99	口			136	閱覽			173	食言		
100	十			137	纖維			174	白眉		
101	④			138	油脂			175	慶弔		
102	①			139	香辛料			176	鈍感		
103	③			140	痲醉劑			177	門外漢		
104	④			141	醫療			178	特殊		
105	②			142	乾燥			179	副業		
106	②			143	幻覺			180	紛爭		
107	③			144	包含			181	發掘		
108	④			145	興奮			182	糾明		
109	②			146				183	閨房		
110	①			147	(115), (120), (123),			184	濃厚		
111	發癌			148	(127), (128), (129)			185	肝膽		
112	防腐劑			149				186	肥沃		
113	添加			150				187	關鍵		
114	雪糖			151	③			188	搬入		
115	禁忌			152	①			189	진맥		
116	菓子			153	④			190	초미		
117	循環			154	②			191	漸, 防		
118	酸素			155	④			192	漏, 舟		
119	竹鹽			156	驛前			193	刺, 背		
120	過敏			157	逆轉			194	夢, 間		
121	診察			158	僞裝			195	望, 福		
122	攝取			159	胃腸			196	反, 孝		
123	店鋪			160	養護			197	百, 頭		
124	購販場			161	良好			198	覆, 戒		
125	推薦			162	宣傳			199	書, 儒		
126	垈地			163	善戰			200	雪, 鴻		
127	建坪			164	飼料						

제8회 한자능력검정시험 1급 답안지(1)

번호	정답	1검	2검	번호	정답	1검	2검	번호	정답	1검	2검
1	조예			31	단자			61	힘들일 판		
2	함정			32	유구			62	목책 채		
3	외투			33	규곽			63	터질 탄		
4	기염			34	염습			64	떫을 삽		
5	옹졸			35	벽개			65	만날 조		
6	분장			36	무료			66	저릴 비		
7	전묘			37	괴려			67	밭두둑 정		
8	농아			38	불령			68	모을 수		
9	역적			39	격막			69	잔 잔		
10	모호			40	묘아			70	모퉁이 우		
11	도솔가			41	박탈			71	여쭐 품		
12	익명			42	소모			72	다·여러 첨		
13	방조			43	기형			73	정실 적		
14	기류			44	열반			74	소용돌이 와		
15	연지			45	기백			75	똥 분		
16	장리			46	보세			76	기생 기		
17	생금			47	기년			77	어지러울 홍		
18	명해			48	황무지			78	야유할 유		
19	운구			49	분노			79	부리 훼		
20	등분			50	공고			80	갈래 차		
21	조박			51	잔 상			81	옮길 사		
22	구간			52	다음날 익			82	종기 종		
23	비어			53	문지를 찰			83	宮闕		
24	남격			54	낙타 타			84	首都圈		
25	선망			55	선물·반찬 선			85	絶叫		
26	강장			56	묻힐 인			86	糾合		
27	부두			57	부의 부			87	閨秀		
28	설루			58	고칠 전			88	僅僅		
29	취렴			59	퉁소 소			89	肯定		
30	괴걸			60	경계 잠			90	旣婚		

제8회 한자능력검정시험 1급 답안지(2)

번호	정답	1검	2검	번호	정답	1검	2검	번호	정답	1검	2검
91	遺棄			128	爪			165	忌		
92	棋士			129	虫			166	騷亂		
93	療飢			130	斗			167	榮光		
94	排尿			131	又			168	瞬間		
95	濃度			132	肉			169	好轉		
96	溺死			133	①			170	靈魂		
97	軌道			134	②			171	片道		
98	納涼			135	②			172	辭任		
99	貨幣			136	④			173	絕對		
100	侮蔑			137	②			174	詳述		
101	長靴			138	④			175	動搖		
102	影響			139	①			176	救護		
103	風貌			140	①			177	口號		
104	拍掌			141	③			178	加工		
105	苦役			142	③			179	可恐		
106	左遷			143	소나무, 향나무같이 줄기가 곧고 굵으며 높이 자라는 나무			180	繫留		
107	喉頭炎			144	뒤흔들어 어지럽게 함			181	溪流		
108	卜債			145	어떤 일을 하면서 자기 신분을 드러내지 않기 위해 이름을 밝히지 않는 상태			182	家庭		
109	實踐			146	무참하게 마구 죽임. 죄다 무찔러 죽임			183	假定		
110	隆盛			147	금을 골라서 가림			184	紡織		
111	痛哭			148	임금에게 올리는 밥을 궁중에서 이르던 말			185	方直		
112	蔘鷄湯			149	액체를 걸러내는 일			186	慨		
113	矢言			150	희미하게 날이 밝을 무렵			187	奮		
114	移植			151	하잘 것 없음			188	殘 또는 爭		
115	雅量			152	불의의 재해를 입음			189	猶		
116	掌握			153	辺			190	懲		
117	拘礙			154	麦			191	傍, 觀		
118	令孃			155	写			192	杯, 盤		
119	讓渡			156	要			193	百, 老		
120	抑止			157	突			194	馬, 都		
121	防疫			158	錬			195	負, 請		
122	厭症			159	列			196	忘, 妻		
123	齊			160	磨			197	舌, 劍		
124	豕			161	延			198	折, 撓		
125	靑			162	亂			199	粉, 骨		
126	聿			163	問			200	木, 信		
127	木			164	細						

제9회 한자능력검정시험 1급 답안지(1)

번호	정답	1검	2검	번호	정답	1검	2검	번호	정답	1검	2검
1	반사			31	분쇄			61	(22)		
2	만착			32	성취			62	(27)		
3	감내			33	의자			63	(32)		
4	집요			34	예기			64	(41)		
5	현학			35	끽연			65	(49)		
6	차질			36	이종			66	몰려들 주		
7	갈등			37	수집			67	읍할 읍		
8	발호			38	나병			68	요행 요		
9	즐우			39	중첩			69	두려울 송		
10	기반			40	조율			70	불사를 분		
11	동서			41	연추			71	끊을 절		
12	유괴			42	오열			72	꼭두각시 뢰		
13	완구			43	언문			73	길 포		
14	해빈			44	복지			74	가물 발		
15	무선			45	익월			75	궐·걸상 등		
16	비위			46	함개			76	큰창자·몸통 동		
17	궤상			47	엄폐			77	희미할 애		
18	기구			48	수렵			78	규소 규		
19	나약			49	금종			79	어혈질 어		
20	척추			50	잉여			80	새알 단		
21	비상			51	임금이 물건을 나누어 줌			81	터질 작		
22	면앙			52	남의 눈을 속여 넘김			82	빗 즐		
23	촬영			53	어려움을 참고 견딤			83	급할 표		
24	졸부			54	매우 고집스럽고 끈질김			84	슬플 창		
25	초공			55	자신의 학식을 자랑하여 뽐냄			85	더러울 예		
26	궁창			56	하던 일이나 계획이 의도에서 벗어나 틀어짐			86	핍박할 핍		
27	혼서			57	개인이나 집단 간에 목표나 이해관계가 서로 달라 적대시하거나 충돌함			87	찡그릴 빈		
28	잉태			58	제 마음대로 권세나 세력을 부리며 함부로 날뜀			88	사향노루 사		
29	수뇌			59	오랜 세월 객지를 떠돌며 온갖 고생을 다 함			89	불꽃 염		
30	초췌			60	자유를 구속하거나 억누름			90	속 빌 강		

제9회 한자능력검정시험 1급 답안지(2)

번호	정답	1검	2검	번호	정답	1검	2검	번호	정답	1검	2검
91	麥			128	分析			165	水面		
92	衤(衣)			129	大地震			166	続		
93	犭(犬)			130	崩壞			167	属		
94	耒			131	埋沒			168	関		
95	木			132	搜索			169	舊		
96	工			133	膠着			170	獨		
97	母			134	因襲			171	報		
98	田			135	赤裸裸			172	進		
99	刂(刀)			136	慘狀			173	奪胎		
100	手			137	側面			174	期待		
101	③			138	履歷書			175	協贊		
102	①			139	添附			176	優待		
103	④			140	帽子			177	被告		
104	②			141	竝行			178	融解		
105	①			142	引下幅			179	隱蔽		
106	①			143	逢着			180	祝賀		
107	②			144	一般			181	推戴		
108	③			145	交付金			182	哀悼		
109	④			146				183	反騰		
110	②			147	(112), (115), (121),			184	濫發		
111	緊張			148	(123), (129), (138),			185	拉致		
112	緩和			149	(141)			186	酷毒		
113	抑制			150				187	明晳		
114	突然			151	①			188	遼遠		
115	恐怖			152	③			189	幻聽		
116	沒入			153	②			190	模型		
117	症狀			154	①			191	城, 社		
118	特徵			155	④			192	首, 端		
119	運搬			156	失禮			193	盜, 賊		
120	輸入			157	實例			194	一, 飯		
121	附加稅			158	首都			195	鼻, 叫		
122	免除			159	修道			196	暗, 索		
123	項目			160	賣場			197	目, 捕		
124	船舶			161	埋葬			198	煙, 疾		
125	紡織			162	文豪			199	不, 忘		
126	尖端			163	門戶			200	玉, 石		
127	政策			164	睡眠						

제10회 한자능력검정시험 1급 답안지(1)

번호	정답			번호	정답			번호	정답		
1	편달			31	탕감			61	이리 랑		
2	시해			32	간신			62	빠를 신		
3	범람			33	단폐			63	좀먹을 식		
4	무마			34	조밀			64	눈동자 동		
5	도태			35	침추			65	쪼갤 벽		
6	회유			36	정난			66	뻗칠 긍 / 베풀 선		
7	병폐			37	패연			67	형수 수		
8	칭량			38	쟁반			68	속일 만		
9	대가			39	황감			69	맑을 담		
10	훈륜			40	건삭			70	포도 도		
11	병탄			41	전도			71	겸손할 손		
12	감청			42	세척			72	깰 성		
13	포상			43	적개			73	곁눈질할 면		
14	초해			44	치점			74	물결칠 배		
15	흔쾌			45	약포			75	가시 극		
16	제우			46	혼권			76	새벽 서		
17	추구			47	산통			77	술괼 발		
18	도포			48	천공			78	시아비·외삼촌 구		
19	감림			49	개수			79	무당 무		
20	철자			50	퇴골			80	죽일 살		
21	조롱			51	겨드랑이 액			81	비길 빙		
22	게송			52	도울 비			82	순박할 박		
23	체루			53	속될 리			83	一旦		
24	실종			54	죽일 륙			84	鍛鍊		
25	경추			55	숨을 암			85	通達		
26	명주			56	묶을 붕			86	白鹿潭		
27	철각			57	우리 뢰			87	踏襲		
28	치렵			58	받들 봉			88	唐惶		
29	삼파전			59	스밀 력			89	貸與		
30	좌기			60	잡을 나			90	戴冠式		

제10회 한자능력검정시험 1급 답안지(2)

번호	정답	1검	2검	번호	정답	1검	2검	번호	정답	1검	2검
91	臺帳			128	酉			165	迫		
92	別途			129	力			166	劣等		
93	追悼式			130	玉			167	流動		
94	高跳			131	爪			168	陷沒		
95	督勵			132	辛			169	依存		
96	危篤			133	④			170	除隊		
97	突發			134	①			171	貯蓄		
98	脫臭			135	①			172	庶子		
99	炊事兵			136	②			173	漸進		
100	苦衷			137	④			174	精密		
101	逐出			138	①			175	應答		
102	一蹴			139	③			176	流言		
103	主軸			140	②			177	遺言		
104	歸趨			141	①			178	燃燒		
105	哨所			142	①			179	年少		
106	焦燥			143	나쁜 일을 거들어서 도와줌			180	樣式		
107	締結			144	한 점으로부터 사방으로 내쏨			181	糧食		
108	快晴			145	연꽃			182	朝鮮		
109	間諜			146	동물의 알이 깨는 것			183	造船		
110	撤廢			147	높은 곳에서 내려다 봄			184	貞淑		
111	排斥			148	상처나 헌데 따위에 감는 얇은 헝겊 띠			185	靜肅		
112	流暢			149	거의 죽을 지경에 이름			186	焦		
113	豫買			150	대를 잇는 자식			187	夢		
114	穩和			151	보잘 것 없이 작거나 적음			188	勞		
115	擁立			152	이해하기 어렵고 까다로움			189	偏		
116	瓦解			153	単			190	顧		
117	歪曲			154	覚			191	模		
118	寡慾			155	広			192	耳, 盜		
119	傭兵			156	理			193	玉, 石		
120	鬱寂			157	洗			194	角, 爭		
121	衛生			158	絡			195	物, 喪		
122	僞裝			159	濫			196	心, 在		
123	口			160	胎			197	飛, 躍		
124	人			161	緩			198	牛, 月		
125	片			162	酌			199	臥, 嘗		
126	豕			163	把			200	雨, 後		
127	又			164	捕						

제11회 한자능력검정시험 1급 답안지(1)

번호	정답	1검	2검	번호	정답	1검	2검	번호	정답	1검	2검
1	정박			31	증산			61	(25)		
2	터득			32	거만			62	(31)		
3	고비			33	서속			63	(36)		
4	신금			34	향연			64	(40)		
5	애로			35	취약			65	(48)		
6	용슬			36	서발			66	뒤섞일 답		
7	축록			37	준설			67	서로 서		
8	질곡			38	자기			68	모기 문		
9	괘관			39	오매			69	종 복		
10	자경			40	기골			70	높을 앙		
11	갹출			41	어령			71	밟을 도		
12	흉금			42	후사			72	더러울 루		
13	날인			43	임신			73	피 패		
14	도탕			44	쇄락			74	턱 악		
15	기호			45	무지			75	질길 인		
16	장미			46	망자			76	흡족할 흡		
17	백반			47	박살			77	순라 라		
18	궁경			48	흔척			78	사당 사		
19	대범			49	수납			79	국수 면		
20	기량			50	민담			80	편안할 정		
21	번성			51	배가 닻을 내리고 머무름			81	성(姓) 가		
22	포복			52	깊이 생각하여 사물의 이치를 깨달아 알아냄			82	나약할 나		
23	숙복			53	돌아가신 아버지와 어머니			83	꾸밀 분		
24	희생			54	임금의 마음			84	어그러질 려		
25	상환			55	좁고 험한 길. 어떤 일을 하는데 방해가 되는 것			85	울타리 리		
26	청상			56	방이나 장소가 매우 비좁음. 또는 그러한 장소			86	고단할 비		
27	급살			57	정권 또는 지위를 얻기 위해 다툼			87	수놓을 수		
28	운명			58	자유가 없는 고통스러운 상태			88	막을 옹		
29	운석			59	관직을 내놓고 사퇴함			89	옥소리 롱		
30	혜성			60	이야기·문장·사건 등이 점점 재미있어지는 대목			90	편지 첩		

제11회 한자능력검정시험 1급 답안지(2)

번호	정답	번호	정답	번호	정답
91	文	128	艦隊	165	解散
92	頁	129	大尉	166	乱
93	鬼	130	快速艇	167	訳
94	肉	131	貴賓	168	余
95	尢	132	上昇	169	対
96	瓦	133	蹴球	170	黨
97	巾	134	主軸	171	模
98	手	135	跳躍	172	附
99	广	136	車輛	173	等閑
100	黽	137	瞬間	174	卽位
101	②	138	鍛鍊	175	容貌
102	①	139	耽溺	176	漂流
103	④	140	墮落	177	廢止
104	③	141	紊亂	178	橫斷
105	④	142	傲慢	179	解散
106	①	143	追求	180	着席
107	②	144	矛盾	181	老鍊
108	④	145	輕蔑	182	低廉
109	③	146		183	涉獵
110	③	147	(128), (129), (131),	184	露地
111	病棟	148	(132), (140), (141),	185	診療
112	休憩	149	(142)	186	附着
113	沐浴	150		187	混紡
114	弗素	151	②	188	俳優
115	卓越	152	①	189	謄本
116	冬柏	153	①	190	彫刻
117	抽出	154	③	191	之, 契
118	修繕	155	④	192	自, 然
119	裁縫	156	置簿	193	賊, 反
120	角膜	157	恥部	194	轉, 側
121	棋士	158	炊事	195	看, 戱
122	招聘	159	取捨	196	怨, 骨
123	事項	160	訓長	197	自, 自
124	揭示板	161	勳章	198	原, 火
125	參照	162	香水	199	流, 語
126	蒼波	163	鄕愁	200	意, 馬
127	港灣	164	解産		

제12회 한자능력검정시험 1급 답안지(1)

번호	정답	번호	정답	번호	정답
1	시기	31	지탱	61	험할 기
2	발발	32	경아	62	모호할 모
3	추탕	33	구이	63	이을 사
4	심오	34	순례	64	참담할 담
5	요염	35	발수	65	버릴 반
6	관구	36	소두	66	이길 극
7	녹록	37	칙령	67	지라 비
8	구귤	38	질매	68	일어설·넘어질 궐
9	취허	39	찬록	69	횃불 료
10	각저	40	작약	70	어린아이 영
11	요활	41	혈가	71	분부할 분
12	목통	42	인대	72	그림족자 정
13	군색	43	자당	73	넋 백
14	타기	44	비유	74	풀날 용 / 버섯 이
15	농단	45	우거	75	부두 부
16	침굉	46	중추	76	재주 량
17	타기	47	완전	77	그을음 매
18	척살	48	압재	78	길거리 규
19	간지	49	홀기	79	부을 창
20	초군	50	구격	80	걸릴 리
21	주촉	51	피부병 소	81	바랠 퇴
22	궤결	52	거둘 렴	82	열 벽
23	조람	53	발 박	83	病棟
24	안정	54	숨을 둔	84	葛藤
25	기양	55	감자 서	85	爛發
26	족생	56	속일 무	86	靑出於藍
27	애략	57	도금할 도	87	拉致
29	침전	58	더울 난	88	車輛
29	아연	59	보살 살	89	煉乳
30	환관	60	빠질 륜	90	決裂

제12회 한자능력검정시험 1급 답안지(2)

번호	정답	번호	정답	번호	정답
91	密獵	128	丿	165	遠
92	籠絡	129	凵	166	肥沃
93	地雷	130	鹵	167	聰明
94	療養	131	金	168	就寢
95	留學	132	力	169	稱讚
96	誤謬	133	①	170	快樂
97	履行	134	④	171	脫色
98	摩天樓	135	②	172	進取
99	魔術	136	①	173	分離
100	痲藥	137	③	174	吸煙
101	索莫	138	①	175	利己
102	煙幕	139	③	176	頗多
103	角膜	140	③	177	播多
104	分娩	141	①	178	志願
105	港灣	142	③	179	支援
106	蠻勇	143	나이가 젊어서 남편을 여읜 여자	180	打倒
107	聯絡網 또는 連絡網	144	크고 작은 섬들	181	他道
108	輕蔑	145	부채꼴	182	師恩
109	受侮	146	부러워함	183	謝恩
110	冒險	147	남을 부추겨 어떤 일이나 행동에 나서도록 함	184	端整
111	安全帽	148	번쩍이는 빛	185	斷定
112	紊亂	149	지난 일까지 거슬러 올라가서 미치게 하는 것	186	歌
113	勸誘	150	죽어가다 다시 살아남	187	閣
114	肉薄	151	모조리 무찔러 없애는 것	188	散
115	融通	152	부모 임금을 죽임	189	森
116	凝視	153	欝	190	顧
117	諮問	154	誉	191	千, 里
118	雌雄	155	雑	192	自, 着
119	參酌	156	貴	193	善, 舞
120	蠶食	157	顯	194	頂, 門
121	在籍	158	棄	195	濟, 河
122	耽溺	159	進	196	之, 妻
123	攵	160	器	197	八, 倒
124	勹	161	嚴	198	死, 悲
125	衣	162	廻	199	牙, 士
126	禾	163	快	200	沐, 雨
127	疋	164	讓		

제13회 한자능력검정시험 1급 답안지(1)

번호	정답	1검	2검	번호	정답	1검	2검	번호	정답	1검	2검
1	완곡			31	회무			61	(26)		
2	만일			32	정밀			62	(28)		
3	의고			33	휘기			63	(39)		
4	방대			34	출범			64	(44)		
5	눌변			35	제조			65	(48)		
6	자고			36	표변			66	두꺼비·새우 하		
7	권여			37	보비			67	잠 깰 오		
8	금슬			38	예망			68	필 필		
9	숙맥			39	무격			69	춤출·사바세상 사		
10	미봉책			40	시호			70	소매 몌		
11	조강			41	향이			71	다스릴 할		
12	품의			42	폭포			72	밝을 료		
13	긍고			43	조짐			73	돌무더기 뢰		
14	당리			44	소절			74	미꾸라지 추		
15	청상			45	용훼			75	버마재비(사마귀) 당		
16	금침			46	비등			76	감색·연보라 감		
17	대두			47	출교			77	함 함		
18	조각			48	숙소			78	영리할 리		
19	반려			49	포유			79	아리따울 교		
20	취급			50	긍휼			80	오줌통 방		
21	방준			51	말, 행동을 듣는 사람의 감정이 상하지 않도록 모나지 않고 부드럽게 빙 둘러서 함			81	풀 서		
22	구랍			52	가득 차서 넘침			82	에돌 우		
23	기려			53	옛것을 본뜸			83	화할 해		
24	주석			54	엄청나게 크거나 많음			84	원앙 앙		
25	고량			55	더듬거리는 서툰 말솜씨			85	붙일 첩		
26	시저			56	학업에 매우 힘씀			86	헤아릴 감		
27	첩경			57	사물의 시초			87	뿌릴 살		
28	구생			58	부부 사이의 정, 사랑			88	내기 도		
29	고민			59	사리분별을 못하고 세상 물정에 어두운 사람			89	조개 합		
30	표연			60	눈가림만 하는 임시방편의 계책			90	수건 건		

제13회 한자능력검정시험 1급 답안지(2)

번호	정답	번호	정답	번호	정답
91	勹	128	衷心	165	逸品
92	土	129	携帶	166	碍
93	刂(刀)	130	補助金	167	帰
94	斤	131	約款	168	粛
95	皿	132	誘致	169	声
96	雨	133	山蔘	170	醫
97	米	134	美姬	171	蓄
98	羽	135	洛東江	172	鋪
99	虫	136	漂流	173	橫死
100	匕	137	祥瑞	174	落膽
101	④	138	碩學	175	冷靜
102	①	139	紹介	176	紳士
103	②	140	解夢	177	遺失
104	③	141	外濠	178	隻手
105	①	142	戈劍	179	瓦全
106	④	143	浸透	180	減退
107	③	144	尖塔	181	信賴
108	②	145	滑降	182	誤謬
109	①	146		183	漏出
110	④	147	(126), (130), (134), (140), (141), (143)	184	能率
111	騎士	148		185	引率
112	魔女	149		186	挿入
113	猛獸	150		187	失踪
114	屍體	151	①	188	捕繩
115	溪谷	152	②	189	鼎立
116	峽路	153	④	190	艦長
117	殘酷	154	③	191	徹, 天
118	冒險	155	③	192	說, 夢
119	憂愁	156	競步	193	七, 縱
120	弓師	157	警報	194	握, 髮
121	謀陷	158	陶製	195	左, 顧
122	絞首刑	159	徒弟	196	客, 倒
123	懇曲	160	議事	197	走, 加
124	赦免	161	醫師	198	珍, 盛
125	付託	162	意識	199	之, 憂
126	硯墨	163	儀式	200	吹, 毛
127	書翰	164	一品		

제14회 한자능력검정시험 1급 답안지(1)

번호	정답	1검	2검	번호	정답	1검	2검	번호	정답	1검	2검
1	발효			31	모우			61	푸닥거리 나		
2	해후			32	교반			62	꾸짖을 매		
3	치매			33	능선			63	두드릴 박		
4	후예			34	거벽			64	노할 발		
5	추락			35	비갑			65	투구 두 / 도솔천 도		
6	해로			36	봉화			66	고치 견		
7	퇴석			37	빈첩			67	불을 번		
8	항태			38	거부			68	쓸쓸할 료		
9	패담			39	협보			69	임질 림		
10	간난			40	사당			70	백반 반		
11	왜구			41	빙붕			71	오목할 요		
12	경기			42	간석			72	술취할 명		
13	급로			43	필백			73	사자 사		
14	서궤			44	장과			74	갈빗대 륵		
15	갈력			45	개전			75	추렴할 거·갹		
16	분나			46	함양			76	죽순 순		
17	궁창			47	보루			77	낚싯대 간		
18	초개			48	학질			78	동이 분		
19	괄약			49	선동			79	거스를 소		
20	혼돈			50	누추			80	바퀴살 복·폭		
21	포주			51	얽을 전			81	성(姓) 완		
22	가정			52	삼갈 각			82	귤 감		
23	해괴			53	칠 당			83	重且大		
24	저격			54	둔한 말 노			84	捕捉		
25	교룡			55	마을 려			85	名札		
26	피견			56	문둥이 라			86	晚餐		
27	낙농			57	물 넘칠 도			87	古刹		
28	정련			58	돌아누울 전			88	慘事		
29	허묘			59	사로잡을 로			89	滄茫 또는 蒼茫		
30	뇌각			60	정강이 경			90	和暢		

감독위원	채점위원(1)		채점위원(2)		채점위원(3)	
(서명)	(득점)	(서명)	(득점)	(서명)	(득점)	(서명)

제14회 한자능력검정시험 1급 답안지(2)

번호	정답	1검	2검	번호	정답	1검	2검	번호	정답	1검	2검
91	表彰			128	几			165	酷		
92	悽絕			129	爻			166	減少		
93	迷宮			130	儿			167	個別		
94	過敏			131	十			168	浪費		
95	薄氷			132	ヨ			169	缺席		
96	茶飯事			133	①			170	決裂		
97	同伴			134	③			171	降臨		
98	船舶			135	④			172	柔弱		
99	搬入			136	①			173	保守		
100	芳年			137	②			174	蓋然		
101	賠償			138	①			175	濕潤		
102	松柏			139	③			176	自費		
103	財閥			140	①			177	慈悲		
104	汎愛			141	③			178	圖畫		
105	僻字			142	①			179	導火		
106	辨明			143	어떤 사람이 자기보다 뛰어난 사람을 샘하여 미워하는 것			180	銅像		
107	補正			144	제사 지낼 때 숟가락을 밥그릇에 꽂음			181	凍傷		
108	逢着			145	바다 위나 사막에서 엉뚱한 곳에 물상이 있는 것처럼 보이는 현상			182	無産		
109	縫製			146	의심스럽고 이상함			183	霧散		
110	特輯			147	맥없이 웃는 모양			184	司試		
111	遮斷			148	기운이나 감정 따위가 격렬히 일어나 높아짐			185	斜視		
112	窒塞			149	남을 빈정거리는 말이나 몸짓			186	束		
113	峽谷			150	좁고 험한 길			187	釋		
114	連載			151	본래의 뜻이나 내용을 잘못되게 바꾸어 전하는 것			188	識		
115	爭議			152	일을 꾸미거나 처리나가는 재간			189	機		
116	仲裁			153	予			190	緣		
117	共著			154	蚕			191	八, 起		
118	探偵			155	転			192	針, 小		
119	齊唱			156	茂			193	波, 重		
120	釣魚			157	嗇			194	柳, 質		
121	措置			158	漏			195	無, 言		
122	綜合			159	煩			196	同, 穴		
123	口			160	微			197	破		
124	食			161	等			198	冬, 曆		
125	行			162	續			199	向, 歎		
126	ヨ			163	間			200	假, 威		
127	門			164	減						

347

제15회 한자능력검정시험 1급 답안지(1)

번호	정답	1검	2검	번호	정답	1검	2검	번호	정답	1검	2검
1	강의			31	공수			61	(24)		
2	방불			32	액취			62	(26)		
3	각건			33	자웅			63	(28)		
4	발랄			34	녹곽			64	(33)		
5	곡비			35	이언			65	(47)		
6	두찬			36	부말			66	술통 준		
7	역린			37	게방			67	멍할 망		
8	시랑			38	금고			68	아낄 색		
9	효시			39	퇴영			69	쌓을 온		
10	기우			40	호적			70	떨어질 운		
11	독두			41	격문			71	허물 자		
12	풍자			42	단록			72	세간 집 / 열사람 십		
13	무도			43	반거			73	기 치		
14	신빙			44	생질			74	뿜을 분		
15	사자			45	견책			75	나눌 반		
16	명장			46	저돌			76	비단 단		
17	작보			47	정예			77	귀양갈 적		
18	맹동			48	야로			78	주릴 근		
19	사향			49	풍경			79	수컷 모		
20	저통			50	만앵			80	혹 췌		
21	오뇌			51	강직하여 굴하지 않음			81	붕사 붕		
22	면억			52	거의 비슷함			82	구슬 벽		
23	어모			53	삼가고 조심함			83	개간할 간		
24	비각			54	모습이나 행동이 활기차고 밝음			84	도롱이 사		
25	유자			55	힘을 다하여 비호하여 줌			85	시집 시		
26	요철			56	틀린 곳이 많은 작품 전거나 출처가 확실치 못하고 오류가 많은 저술			86	마마 진		
27	유린			57	임금님의 노여움			87	술빚을 양		
28	문유			58	탐욕스럽고 무자비한 사람			88	아첨할 첨		
29	나례			59	어떤 사물이나 현상이 시작된 맨 처음			89	칼날 봉		
30	장등			60	쓸데없는 걱정			90	대자리 연		

제15회 한자능력검정시험 1급 답안지(2)

번호	정답	1검	2검	번호	정답	1검	2검	번호	정답	1검	2검
91	玉			128	享年			165	軟禁		
92	广			129	葬禮			166	眞		
93	大			130	勳章			167	鉄		
94	二			131	換節期			168	稱		
95	刂(刀)			132	汚染			169	條		
96	鹿			133	臨床			170	從		
97	灬(火)			134	潛伏			171	廻, 回		
98	爻			135	衰弱			172	潤		
99	黍			136	喉頭			173	未熟		
100	士			137	日照			174	追跡		
101	③			138	地盤			175	性格		
102	④			139	登山靴			176	暗黑		
103	①			140	壓迫			177	拘束		
104	④			141	幻想			178	慢性		
105	②			142	主催			179	弄談		
106	①			143	模型			180	達辯		
107	④			144	操縱士			181	履歷書		
108	②			145	募集			182	病魔		
109	③			146				183	痲醉		
110	①			147	(125), (128), (129), (131), (132), (141)			184	字幕		
111	未詳			148				185	分娩		
112	肺疾患			149				186	病棟		
113	誘發			150				187	籠城		
114	把握			151	④			188	炭酸		
115	症勢			152	②			189	敎唆		
116	加濕			153	③			190	紹介		
117	殺菌			154	①			191	毫, 毛		
118	互惠			155	③			192	惑, 世		
119	均衡			156	辭讓			193	波, 萬		
120	趣旨			157	斜陽			194	含, 腹		
121	附與			158	山城			195	虛, 懷		
122	解釋			159	酸性			196	口, 策		
123	憂慮			160	相符			197	首, 丘		
124	指摘			161	相扶			198	虎, 視		
125	對照			162	近間			199	飛, 散		
126	名譽			163	根幹			200	一致		
127	持病			164	鍊金						

349

제16회 한자능력검정시험 1급 답안지(1)

번호	정답	번호	정답	번호	정답
1	해학	31	이질	61	암자 암
2	소홀	32	비박	62	적을 사
3	각성	33	흉급	63	절구 구
4	매연	34	우이	64	맺을 뉴
5	늠름	35	환거	65	건질 로
6	완장	36	잔교	66	아득할·물 질펀할 묘
7	자인	37	인후	67	닻 정
8	비취	38	탄로	68	늦을 안
9	표독	39	효후	69	고질 고
10	낭자	40	뇌락	70	가래 담
11	관할	41	요절	71	혹 류
12	폭서	42	구예	72	답답할 민
13	운하	43	항문	73	막대 봉
14	적선	44	나발	74	풀 역
15	흡사	45	구마	75	격문 격
16	편취	46	상이	76	들 대
17	타원	47	파행	77	굴레 륵
18	휘황	48	저주	78	고요할 밀
19	완력	49	현기	79	연꽃 부
20	침골	50	장고	80	넉넉할 요
21	함미	51	얽을 박	81	개선할 개
22	엄연	52	꾸밀 날	82	도랑·더럽힐 독
23	팽창	53	낙타 락	83	診脈
24	요경	54	갈고리 구	84	陳腐
25	신멸	55	방붙일 방	85	不振
26	작약	56	구기 작	86	遲延
27	형수	57	쓰러질 미	87	落塵
28	불손	58	쇠뇌 노	88	要旨
29	유서	59	거를 려	89	認准
30	부음	60	엄지손가락 벽	90	駐在

제16회 한자능력검정시험 1급 답안지(2)

번호	정답	1검	2검	번호	정답	1검	2검	번호	정답	1검	2검
91	綜合			128	木			165	博		
92	浮彫			129	白			166	短縮		
93	措處			130	∣			167	銳利		
94	釣船			131	土			168	厭世		
95	防腐劑			132	大			169	冒頭		
96	添附			133	②			170	未備		
97	敷地			134	①			171	妥當		
98	皮膚			135	④			172	富裕		
99	弗素			136	②			173	省略		
100	匪賊			137	①			174	添加		
101	飼料			138	①			175	碩學		
102	聘丈			139	④			176	有機		
103	敎唆			140	②			177	遺棄		
104	赦罪			141	②			178	維持		
105	似而非			142	④			179	油脂		
106	陽傘			143	성격, 환경 등에 비추어 죄를 범하거나 법령에 저촉될 우려가 있음			180	音聲		
107	紅蔘			144	잘못을 깨우쳐 뉘우치도록 징계함			181	陰性		
108	祥瑞			145	예정하거나 필요한 수량보다 많이 남음			182	日射		
109	端緖			146	회와 구운 고기. 칭찬을 받으며 사람의 입에 자주 오르내림			183	一絲		
110	碩學			147	음식물을 씹음			184	弔旗		
111	修繕			148	액체 중에 있는 미세한 고체가 가라앉아서 바닥에 괴임. 또는 그 앙금			185	早起		
112	纖細			149	비웃음			186	隱		
113	放縱			150	오래되어 굳어진 좋지 않은 버릇. 또는 오랫동안 변화나 새로움을 꾀하지 않고 나태하게 굳어진 습성			187	深		
114	駐屯			151	절뚝거리며 걸음. 일이나 계획 따위가 순조롭지 못하고 이상하게 진행됨			188	泥		
115	蒸發			152	남의 일에 대하여 지나치게 염려하는 마음			189	報		
116	脫脂			153	擇			190	以		
117	遲進兒			154	点			191	橫, 說		
118	粉塵			155	画			192	畵, 龍		
119	誤診			156	離			193	畵, 中		
120	窒息			157	督			194	華, 夢		
121	遮光			158	簡			195	呼, 躍		
122	午餐			159	渴			196	後, 素		
123	欠			160	怖			197	角, 齒		
124	艮			161	管			198	蓋, 世		
125	山			162	窮			199	牽, 附		
126	女			163	瑟			200	曲, 阿		
127	田			164	欺						

제17회 한자능력검정시험 1급 답안지(1)

번호	정답	1검	2검	번호	정답	1검	2검	번호	정답	1검	2검
1	천명			31	은수			61	(22)		
2	핍근			32	요령			62	(25)		
3	난삽			33	해서			63	(28)		
4	즐비			34	노파			64	(31)		
5	사말			35	두창			65	(50)		
6	호서배			36	등반			66	죽을 운		
7	동선			37	초장			67	다할 갈		
8	뇌괴			38	안장			68	산호 산		
9	정곡			39	종식			69	봉화 봉		
10	감여			40	호박			70	다섯 사람 오		
11	복사			41	숙당			71	이질 리		
12	방두			42	임파선			72	쌓을 퇴		
13	천식			43	이사			73	두드릴 고		
14	결핍			44	과립			74	염려할·나라이름 우		
15	패총			45	서랑			75	뺨 협		
16	박멸			46	악연			76	풀 훼		
17	맹한			47	고질			77	순수할 수		
18	투기			48	섬광			78	이불 금		
19	명목			49	동통			79	원망할 앙		
20	무고			50	적서			80	눈동자 정		
21	당첨			51	사실이나 입장, 의사 등을 드러내서 밝힘			81	지팡이 장		
22	분뇨			52	매우 가까이 닥침			82	원수 수		
23	이재민			53	말이나 글이 이해하기 어렵고 까다로우며 매끄럽지 못함			83	풍자할 풍		
24	패물			54	빗살처럼 가지런하게 줄지어 빽빽하게 늘어서 있음			84	사다리 붕		
25	저앙			55	자질구레하여 중요하지 않은 것			85	물결 란		
26	윤락			56	간사하고 못된 사람 또는 무리			86	밝힐 천		
27	여항			57	격(格)이나 철에 맞지 아니함 시기에 맞지 아니하여 쓸모가 없게 된 사물			87	더러울 비		
28	농담			58	마음에 쌓인 근심걱정 또는 불만(불평)이 쌓여 있는 많은 돌			88	기록할 전		
29	괴뢰			59	목표 또는 핵심			89	배로 실어 나를 조		
30	촉망			60	하늘과 땅			90	자라 별		

제17회 한자능력검정시험 1급 답안지(2)

번호	정답	1검	2검	번호	정답	1검	2검	번호	정답	1검	2검
91	鼠			128	毀損			165	死色		
92	羊			129	登載			166	釈		
93	酉			130	年俸			167	払		
94	生			131	違反			168	継		
95	一			132	過怠料			169	脳		
96	戈			133	滯納			170	巌		
97	立			134	丸藥			171	絶		
98	羊			135	白鹿潭			172	慶		
99	言			136	濃縮			173	塞		
100	夕			137	糖尿			174	置簿		
101	②			138	膽石			175	激勵		
102	③			139	腎臟			176	充電		
103	④			140	腰痛			177	變溫		
104	①			141	臥病			178	保護		
105	①			142	不姙			179	豫習		
106	③			143	受胎			180	胸式		
107	①			144	鎭痛			181	蠻行		
108	②			145	贈呈			182	總網羅		
109	③			146				183	魅了		
110	②			147	(128), (132), (138), (139), (141), (144)			184	觸媒		
111	炊事			148				185	追慕		
112	宿泊			149				186	賠償		
113	撤收			150				187	派閥		
114	晩餐			151	①			188	巢窟		
115	廢校			152	②			189	溺死		
116	低:廉			153	④			190	鍛鍊		
117	多彩			154	③			191	弄, 瓦		
118	追憶			155	①			192	弄, 喜		
119	郵遞局			156	株式			193	塗, 炭		
120	蠶食			157	主食			194	放, 尿		
121	營業網			158	重傷			195	燈, 下		
122	愼重			159	中傷			196	麻, 中		
123	史蹟			160	安靜			197	唱, 隨		
124	燒失			161	安定			198	雷, 同		
125	完了			162	馬力			199	氷, 炭		
126	祕苑			163	魔力			200	桑, 碧		
127	災殃			164	思索						

제18회 한자능력검정시험 1급 답안지(1)

번호	정답	1검	2검	번호	정답	1검	2검	번호	정답	1검	2검
1	말살			31	위축			61	속죄할 속		
2	괄호			32	선봉			62	말 더듬거릴 눌		
3	매진			33	순수			63	생강 강		
4	분부			34	파초			64	보루 루		
5	슬하			35	모색			65	움 맹		
6	부평			36	탄로			66	병 병		
7	흠결			37	회뢰			67	소매 수		
8	퇴락			38	단리			68	클·말씀 담		
9	췌언			39	조난			69	공경할 건		
10	종접			40	촌탁			70	벼리 륜		
11	인륜			41	유착			71	죽을 몰		
12	법조			42	육부			72	구부릴 부		
13	수척			43	각성			73	길들일 순		
14	배아			44	패관			74	물결 도		
15	빈신			45	근류			75	경련 경		
16	포탈			46	부검			76	비늘 린		
17	흠향			47	회홍			77	소모할 모		
18	발췌			48	첨의			78	헐뜯을 비		
19	탑승			49	세치			79	시호 시		
20	주거			50	조락			80	쇠젖 락		
21	공읍			51	간할 간			81	수갑 곡		
22	붕소			52	발랄할 랄 / 수라 라			82	도깨비불 린		
23	송구			53	굽을 만			83	攝取		
24	묘연			54	떡 병			84	月貰		
25	판납			55	부술 쇄			85	召集		
26	시비			56	주머니 낭			86	紹介		
27	어휘			57	갑 갑			87	密輸		
29	췌장			58	옥 령			88	罪囚		
29	타구			59	버선 말			89	矛盾		
30	갑주			60	눈 깜짝할 별			90	升轉		

제18회 한자능력검정시험 1급 답안지(2)

번호	정답	1검	2검	번호	정답	1검	2검	번호	정답	1검	2검
91	屍身			128	亠			165	消		
92	養殖			129	皿			166	偶有		
93	腎臟			130	魚			167	附則		
94	香辛料			131	子			168	集權		
95	偵察			132	頁			169	奔騰		
96	贈呈			133	④			170	印象		
97	訂正			134	②			171	飼育		
98	漸次			135	④			172	韻文		
99	摘出			136	①			173	絕對		
100	沮止			137	①			174	常綠		
101	所藏			138	③			175	相生		
102	如反掌			139	②			176	死線		
103	養蠶			140	①			177	私選		
104	諮問			141	①			178	遺書		
105	恣行			142	④			179	由緒		
106	磁石			143	전쟁터에서 개전의 신호를 삼는 우는 화살. 모든 일의 시초			180	柔軟		
107	難妊			144	앞 일에 대하여 좋고 언짢음을 미리 들어서 하는 말			181	悠然		
108	刃創			145	밝고 맑음			182	主演		
109	金融			146	조상의 덕으로 벼슬을 얻음			183	酒宴		
110	猶豫			147	사물이 깊은 관계가 있어 서로 떨어지지 않게 결합되어 있음			184	富裕		
111	餘裕			148	밭을 갈고 김을 맴			185	浮遊 또는 浮游		
112	尉官			149	터무니없이 떠도는 말			186	濁		
113	斬新			150	어떤 자리에 윗사람이나 상관을 받들거나 모셔 함께 참석함			187	觸		
114	表彰			151	엄지손가락			188	揮		
115	悽慘			152	기회를 엿봄			189	臨		
116	撤去			153	揷			190	激		
117	諜報			154	狀			191	待, 兔		
118	逮捕			155	險			192	脣, 齒		
119	交替			156	憫			193	書, 判		
120	滯念			157	寫			194	傲, 霜		
121	礎石			158	敦			195	網, 盡		
122	超然			159	慢			196	脈, 通		
123	儿			160	煙			197	電, 石		
124	八			161	浴			198	切, 腐		
125	老			162	敏			199	朝, 暮		
126	乙			163	扶			200	種, 得		
127	口			164	壞						

제19회 한자능력검정시험 1급 답안지(1)

번호	정답	1검	2검	번호	정답	1검	2검	번호	정답	1검	2검
1	주저			31	노기			61	(20)		
2	유대			32	후멸			62	(27)		
3	감질			33	둔갑			63	(31)		
4	날조			34	입모			64	(38)		
5	무고			35	성보			65	(44)		
6	점액			36	길항			66	아낄 린		
7	간성			37	선철			67	희생 생		
8	돈견			38	비예			68	서릴 반		
9	고굉			39	황급			69	세울 수		
10	회자			40	와전			70	장 장		
11	상극			41	서류			71	당길 만		
12	해천			42	요절			72	거꾸러질 질		
13	농루			43	관곽			73	어려울 간		
14	고의			44	야양			74	떨릴 률		
15	권태			45	원흉			75	돛 범		
16	동체			46	정결			76	물총새 비		
17	형극			47	능형			77	갈 매		
18	도괴			48	호도			78	윗사람 죽일 시		
19	낙인			49	이완			79	평탄할 탄		
20	취가			50	긍지			80	알 깔 부		
21	담화			51	머뭇거리며 망설임			81	광대 창		
22	어로			52	끈과 띠, 둘 이상을 연결하거나 하나가 되게 하는 것 또는 그런 관계			82	그릴 묘		
23	능금			53	바라는 정도에 못 미쳐 몹시 애타는 마음			83	밝을 방		
24	궐기			54	사실이 아닌 것을 사실인 것처럼 거짓으로 꾸며 만듦			84	위협할 겁		
25	명미			55	잘못이나 허물이 없음			85	샐 설		
26	늑병			56	시험에서 낙제함			86	엿볼 규		
27	질곡			57	나라를 지키는 믿음직한 군인·군대 혹은 인물			87	읊조릴 신		
28	교환			58	미련하고 못난 사람, 남에게 자신의 아들을 겸손하게 일컫는 말			88	칙서 칙		
29	흔적			59	온몸, 임금이 가장 신임하는 신하			89	거칠 무		
30	건류			60	칭찬을 받거나 명성이나 평판이 널리 사람의 입에 오르내림			90	삽살개 방		

제19회 한자능력검정시험 1급 답안지(2)

번호	정답	1검	2검	번호	정답	1검	2검	번호	정답	1검	2검
91	戈			128	誤謬			165	垂直		
92	豕			129	殉國			166	観, 覌		
93	虫			130	發掘			167	軽		
94	虫			131	哀悼			168	経		
95	行			132	及其也			169	気		
96	頁			133	厥女			170	児		
97	斗			134	書札			171	浸		
98	广			135	比丘尼			172	凉		
99	日			136	忽然			173	落		
100	冫(氷)			137	寺刹			174	缺陷		
101	④			138	批准			175	折衝		
102	③			139	糾彈			176	詳說		
103	④			140	焦點			177	熟面		
104	②			141	藍色			178	庶孫		
105	④			142	白鷗			179	徐行		
106	①			143	遮陽			180	設備		
107	②			144	揷入			181	霧散		
108	④			145	彫琢			182	紊亂		
109	③			146				183	黙認		
110	④			147	(117), (119), (124),			184	隨伴		
111	蒸氣			148	(128), (135), (138)			185	搬出		
112	供給			149				186	濃縮		
113	煉炭			150				187	療法		
114	硫黃			151	①			188	惹端		
115	飼料			152	②			189	刹那		
116	畜産			153	③			190	爛漫		
117	敷設			154	③			191	坐, 觀		
118	坑夫			155	①			192	壤, 差		
119	爛發			156	有産			193	表, 裏		
120	巡廻			157	乳酸			194	風, 燈		
121	梧桐			158	部將			195	投, 石		
122	令孃			159	副葬			196	虛, 孟		
123	婚需			160	不戰			197	張, 勢		
124	總帥			161	父傳			198	豪, 壯		
125	推戴			162	悲壯			199	爐, 點		
126	遺憾			163	祕藏			200	顔, 恥		
127	沮止			164	手織						

제20회 한자능력검정시험 1급 답안지(1)

번호	정답	번호	정답	번호	정답
1	요람	31	수갱	61	그림 회
2	기량	32	안면	62	안석 궤
3	여과	33	사의	63	심을 가
4	당첨	34	개간	64	울 고
5	환기	35	자수	65	엄연할 엄
6	소묘	36	안마	66	완고할 완
7	가책	37	산감	67	솔개 연
8	교부	38	교결	68	사귈·가로그을 효
9	경색	39	돈비	69	비단 기
10	선물	40	마비	70	어리둥절할 황
11	아경	41	간두	71	거둘·말 권
12	광혈	42	규벽	72	가사 가
13	서각	43	맹반	73	서까래 연
14	악골	44	교활	74	게으를 해
15	괄목	45	명료	75	높고 클 외
16	소랭	46	괘선	76	산골물 간
17	가어	47	영롱	77	공장 창
18	실개	48	굉음	78	빨래할·열흘 한
19	광정	49	굉장	79	모날·법 구
20	백악	50	간택	80	물리칠 양
21	팔괘	51	담 전	81	간질 간
22	앵귀	52	물·새소리 교	82	둑 언
23	전도	53	유리 류	83	把握
24	지각	54	속일 궤	84	發癌
25	부전	55	잡을 액	85	無顔
26	소세	56	노래 구	86	障碍
27	전성	57	바퀴자국 철	87	惹端
28	신검	58	광대뼈 관	88	李孃
29	첩지	59	버릴 연	89	厭世
30	집물	60	병·근심할 양	90	硯滴

제20회 한자능력검정시험 1급 답안지(2)

번호	정답	1검	2검	번호	정답	1검	2검	번호	정답	1검	2검
91	平穩			128	衣			165	愛		
92	擁護			129	阜			166	盛需		
93	歪曲			130	龍			167	稚魚		
94	妖術			131	禾			168	消燈		
95	憂鬱			132	大			169	備品		
96	祕苑			133	②			170	洋弓		
97	云云			134	②			171	受禪		
98	偶發			135	④			172	抑佛		
99	雇傭			136	①			173	嚴父		
100	搖亂			137	④			174	聯合		
101	名譽			138	②			175	強制		
102	感染			139	①			176	流線		
103	鈍濁			140	②			177	有線		
104	突出			141	④			178	厭症		
105	敦篤			142	①			179	炎症		
106	媒介			143	트집을 잡아 거북할 만큼 따지고 듦			180	電報		
107	要綱			144	갈림길			181	轉補		
108	苦惱			145	썩 능란한 변설			182	米壽		
109	錦上添花			146	높은 단계로 발전함			183	未遂		
110	僅少			147	납치를 당함			184	空轉		
111	舞姬			148	말도 안되는 헛소문			185	空前		
112	換氣			149	벽돌			186	周		
113	催眠			150	기한이 다해서 끝남			187	丈		
114	趨勢			151	나이가 들어 뒤늦게 공부함			188	螢		
115	主軸			152	속마음을 알아차림			189	布		
116	角逐			153	殘			190	送		
117	折衷			154	駅			191	石, 臺		
118	炊事			155	繊			192	鶴, 苦		
119	委託			156	固			193	寡, 敵		
120	琢磨			157	和			194	口, 防		
121	胎敎			158	寂			195	罰, 戒		
122	抛棄			159	探			196	茂, 悅		
123	見			160	劣			197	絕, 絃		
124	門			161	遇			198	湯, 池		
125	牛			162	販			199	態, 依		
126	一			163	哭			200	鷄, 牛		
127	金			164	畫						

1級 — 1회 해설

1. 전가(轉구를 전, 嫁시집갈 가) 2. 개선(凱개선할 개, 旋돌 선) 3. 입자(粒낟알 립, 子아들 자) 4. 고타(拷칠 고, 打칠 타) 5. 빈사(瀕물가·가까울 빈, 死죽을 사) 6. 남상(濫넘칠 람, 觴잔 상) 7. 도탄(塗칠할 도, 炭숯 탄) 8. 복룡(伏엎드릴 복, 龍용 룡) 9. 완벽(完완전할 완, 璧구슬 벽) 10. 윤곽(輪바퀴 륜, 廓둘레 곽 / 클 확) 11. 적막(寂고요할 적, 寞고요할 막) 12. 편린(片조각 편, 鱗비늘 린) 13. 인광(燐도깨비불 린, 光빛 광) 14. 만두(饅만두 만, 頭머리 두) 15. 근친(覲뵐 근, 親친할 친) 16. 견비(肩어깨 견, 臂팔 비) 17. 음덕(蔭그늘 음, 德큰 덕) 18. 곽갱(藿콩잎·미역 곽, 羹국 갱) 19. 과즙(果실과 과, 汁즙 즙) 20. 게첩(揭높이 들·걸 게, 帖문서 첩) 21. 초면(炒볶을 초, 麵국수 면) 22. 암자(庵암자 암, 子아들 자) 23. 비척(肥살찔 비, 瘠여윌 척) 24. 궤양(潰무너질 궤, 瘍헐 양) 25. 모애(暮저물 모, 靄아지랑이 애) 26. 전질(全온전 전, 帙책권차례 질) 27. 주방(廚부엌 주, 房방 방) 28. 적회(炙구울 자·적, 膾회 회) 29. 치질(痔치질 치, 疾병 질) 30. 지단(肢팔다리 지, 端끝 단) 31. 밀감(蜜꿀 밀, 柑귤 감) 32. 직간(直곧을 직, 諫간할 간) 33. 단황(蛋새알 단, 黃누를 황) 34. 옥새(玉구슬 옥, 璽옥새 새) 35. 보살(菩보살 보, 薩보살 살) 36. 귀별(龜거북 구·귀 / 터질 균, 鼈자라 별) 37. 곤봉(棍몽둥이 곤, 棒막대 봉) 38. 청담(晴갤 청, 曇흐릴 담) 39. 사치(奢사치할 사, 侈사치할 치) 40. 두견(杜막을 두, 鵑두견새 견) 41. 건시(乾하늘·마를 건, 柿감 시) 42. 죽순(竹대 죽, 筍죽순 순) 43. 압정(押누를 압, 釘못 정) 44. 근타(勤부지런할 근, 惰게으를 타) 45. 흉특(凶흉할 흉, 慝사특할 특) 46. 파초(芭파초 파, 蕉파초 초) 47. 포효(咆고함지를 포, 哮성낼 효) 48. 분수(噴뿜을 분, 水물 수) 49. 명정(酩술취할 명, 酊술취할 정) 50. 간이(艱어려울 간, 易쉬울 이 / 바꿀 역) 51. 허물이나 책임을 남에게 넘겨씌움 52. 싸움에서 이기고 돌아옴 53. 물질을 구성하는 미세한 크기의 알갱이 54. 고문하여 때림 55. 거의 죽을 지경에 이름 56. 모든 사물이나 일의 처음 혹은 근원(술잔에 겨우 넘칠 정도의 작은 물이라는 뜻으로, 큰 강물도 그 근원은 술잔이 넘칠 정도의 작은 물에서 시작한다는 뜻) 57. 매우 곤궁하고 고통스러운 지경(진흙탕에 빠지고 숯불에 탄다는 뜻) 58. 숨어서 세상에 나오지 않는 뛰어난 선비, 호걸(엎드려 있는 용이라는 뜻) 59. 티끌만큼의 결점도 없이 완전함(흠이 없는 구슬 또는 구슬을 온전히 보전한다는 뜻) 60. 사물의 테두리 또는 대강의 모습. 겉모양. 얼굴의 모양. 어떤 일이나 사건의 대체적인 줄거리 61. (23) 肥瘠 62. (28) 炙膾 63. (38) 晴曇 64. (44) 勤惰 65. (50) 艱易 66. 더듬을 모 67. 얼레빗 소 68. 씹을 작 69. 성할 치 70. 언덕 애 71. 눈 날릴 분 72. 조약돌 력 73. 지질 락 74. 엉길 돈 75. 자루 대 76. 숨길 닉 77. 밟을 태 78. 헤칠 피 79. 살별 혜 80. 잡을 나 81. 어정거릴 배 82. 슬플 강 83. 암초 초 84. 어두울 매 85. 장미 장 86. 까끄라기 망 87. 물을 신 88. 가려울 양 89. 비틀 년 90. 비단 비 91. 口 92. 馬 93. 土 95. 匚 95. 口 96. 八 97. 立 98. 馬 99. 冂 100. 子 101. ④ [① 揀擇(가릴 간, 가릴 택) : 여럿 중에서 골라냄. 왕의 배우자를 고름 ② 分揀(나눌 분, 가릴 간) : 사물이나 사

람의 옳고 그름, 좋고 나쁨 따위와 그 정체를 구별하거나 가려서 앎 ③ 汰揀(일 태, 가릴 간) : 가려 뽑음 ④ 姦慝(간사할 간, 사특할 특) : 간사하고 악독하다.] 102. ① [① 勘査(헤아릴 감, 조사할 사) ② 堪耐(견딜 감, 견딜 내) ③ 堪當(견딜 감, 마땅할 당) ④ 難堪(어려울 난, 견딜 감)] 103. ③ [① 膏藥(기름 고, 약 약) ② 膏血(기름 고, 피 혈) : 사람의 기름과 피, 몹시 고생하여 얻은 이익이나 재산을 비유적으로 이르는 말 ③ 推敲(밀 추·퇴, 두드릴 고) : 미느냐 두드리느냐라는 뜻으로, 글을 여러번 고침을 이르는 말 ④ 軟膏(연할 연, 기름 고)] 104. ④ [① 包括(안을 포, 묶을 괄) ② 總括(다 총, 묶을 괄) ③ 括弧(묶을 괄, 활 호) ④ 刮目(긁을 괄, 눈 목) : 전에 비하여 딴판으로 학식 등이 부쩍 늘어서 눈을 비비고 다시 봄] 105. ④ [① 巨軀(클 거, 몸 구) ② 體軀(몸 체, 몸 구) ③ 老軀(늙을 로, 몸 구) ④ 鍼灸(침 침, 뜸 구)] 106. ① [苛酷(가혹할 가, 심할 혹) ① 至毒(이를 지, 독 독) ② 嬉笑(아름다울 희, 웃음 소) : 예쁘게 웃음 ③ 薰煙(향풀 훈, 연기 연) : 향기가 좋은 연기 ④ 姦慝(간사할 간, 사특할 특)] 107. ③ [整頓(가지런할 정, 조아릴 돈) ① 岐路(갈림길 기, 길 로) : 갈림길 ② 關鍵(관계할 관, 자물쇠·열쇠 건) : 사물의 문제 해결의 가장 중요한 부분 ③ 收拾(거둘 수, 주을 습 / 열 십) : 흩어진 재산이나 물건을 거두어 정돈함 ④ 巢窟(새집 소, 굴 굴)] 108. ④ [明晳(밝을 명, 밝을 석) ① 惇信(도타울 돈, 믿을 신) : 두텁게 믿음 ② 九旻(아홉 구, 하늘 민) : 가을 하늘 ③ 背叛(등 배, 배반할 반) ④ 聰明(귀밝을 총, 밝을 명)] 109. ② [範疇(법 범, 밭이랑 주) ① 俊傑(준걸 준, 뛰어날 걸) ② 部類(떼 부, 무리 류) ③ 販路(팔 판, 길 로) : 상품이 팔리는 방면이나 길 ④ 破裂(깨뜨릴 파, 찢어질 렬)] 110. ② [燦爛(빛날 찬, 빛날 란) ① 濬哲(깊을 준, 밝을 철) : 뛰어나게 지혜가 깊음. 또는 그런 사람 ② 玲瓏(옥소리 령, 옥소리 롱) ③ 峻嚴(높을 준, 엄할 엄) : 조금도 타협함이 없이 매우 엄격함 ④ 瞭然(밝을 료, 그럴 연) : 환하고 똑똑함] 111. 隣接(이웃 린, 이을 접) 112. 鈍化(둔할 둔, 될 화) 113. 雇傭(품팔 고, 품팔 용) 114. 葛藤(칡 갈, 등나무 등) 115. 措置(둘 조, 둘 치) 116. 表彰(겉 표, 드러날 창) 117. 遲刻(더딜·늦을 지, 새길·시간 각) 118. 僑胞(더부살이 교, 세포 포) 119. 掌握(손바닥 장, 쥘 악) 120. 歐美(구라파·칠 구, 아름다울 미) 121. 瓜年(외 과, 해 년) 122. 閨秀(안방 규, 빼어날 수) 123. 大闕(큰 대, 대궐 궐) 124. 步哨(걸음 보, 망볼 초) 125. 掠奪(노략질 략, 빼앗을 탈) 126. 拉致(끌 랍, 이를 치) 127. 蠻行(오랑캐 만, 다닐 행 / 항렬 항) 128. 籠絡(대바구니 롱, 이을·얽을 락) 129. 斬刑(벨 참, 형벌 형) 130. 駐屯(머무를 주, 진칠 둔) 131. 奇襲(기특할 기, 엄습할 습) 132. 巢窟(새집 소, 굴 굴) 133. 釋放(풀 석, 놓을 방) 134. 首腦部(머리 수, 골·뇌수 뇌, 거느릴·떼 부) 135. 逮捕(잡을 체, 잡을 포) 136. 諜報(염탐할 첩, 갚을 보) 137. 俳優(배우 배, 넉넉할 우) 138. 修飾語(닦을 수, 꾸밀 식, 말씀 어) 139. 皮膚(가죽 피, 살갗 부) 140. 發刊(필 발, 새길 간) 141. 比肩(견줄 비, 어깨 견) 142. 衝擊(찌를 충, 칠 격) 143. 企劃(꾀할 기, 그을 획) 144. 財閥(재물 재, 문벌 벌) 145. 全般(온전 전, 가지·일반 반) [問 146-150] (119) 掌握 (123) 大闕 (124) 步哨 (129) 斬刑 (130) 駐屯 (141) 比肩 151. ① [① 강등 * '降'(내릴 강 / 항복할 항)은 '내릴 강'은 장음이고, '항복할 항'은 단음이다 ② 뇌물 ③ 누보 ④ 항복] 152. ④ [① 윤락 ② 능가 ③ 능금 ④ 낭패] 153. ② [① 맹아 ② 만자 ③ 인색 ④ 만두] 154. ③ [① 면류 ② 무마 ③ 매진 ④ 모호] 155. ① [① 범람 ② 등반 ③ 발효 ④ 발랄] 156. 古家(예 고, 집 가) 157. 高價(높을 고, 값 가) 158. 恐怖(두려울 공, 두려워할 포) 159. 公布(공평할 공, 베·펼 포 / 보시 보) 160. 浮揚(뜰 부, 날릴 양) 161. 扶養(도울 부, 기를 양) 162. 新築(새 신, 쌓을 축) 163. 伸縮(펼 신, 줄일 축) 164. 修理(닦을 수, 다스릴 리) 165. 受理(받을 수, 다스릴 리) 166. 斷 167. 杰 168. 恋 169. 禮 170. 賣 171. 携 [携帶(이끌 휴, 두를 대) 172. 懸 [懸隔(매달 현, 사이뜰 격)] 173. 尊意(높을 존, 뜻 의) * 高見(높을 고, 볼 견) 174. 聰明(귀밝을 총, 밝을 명) * 明晳(밝을 명, 밝을 석) 175. 謀略(꾀 모, 간략할 략) * 中傷(가운데 중, 다칠 상) 176. 破壞(깨뜨릴 파, 무너질 괴) * 建設(세울 건, 베풀 설) 177. 輕率(가벼울 경, 거느릴 솔 / 비율 률) * 愼重(삼갈 신, 무거울 중) 178. 濫用(넘칠 람, 쓸 용) * 節約(마디 절, 맺을 약) 179. 稀薄(드물 희, 엷을 박) * 濃厚(짙을 농, 두터울 후) 180. 忘却(잊을 망, 물리칠 각) * 記憶(기록할 기, 생각할 억) 181. 葛藤(칡 갈, 등나무 등) 182. 遺憾(남길 유, 섭섭할 감) 183. 剛斷(굳셀 강, 끊을 단) 184. 休憩所(쉴 휴, 쉴 게, 바 소) 185. 揭揚(높이들·걸 게, 날릴 양) 186. 颱風(태풍 태, 바람 풍) 187. 透明(통할 투, 밝을 명) 188. 頗多(자못 파, 많을 다) 189. 霸權(으뜸 패, 권세 권) 190. 遍歷(두루 편, 지날 력) : 여기저기를 두루 돌아다님. 여러 가지를 경험함 191. 目, 對 [刮目相對(긁을 괄, 눈 목, 서로 상, 대할 대)] 192. 頭, 勢 [竿頭之勢(낚싯대 간, 머리 두, 갈 지, 형세 세) 193. 奸, 賊 [奸臣賊子(간사할 간, 신하 신, 도둑 적, 아들 자) 194. 渴, 井 [渴而穿井(목마를 갈, 말이을 이, 뚫을 천, 우물 정)] 195. 苦, 吐 [甘呑苦吐(달 감, 삼킬 탄, 쓸 고, 토할 토)] 196. 康, 煙 [康衢煙月(편안 강, 네거리 구, 연기 연, 달 월)] 197. 強, 末 [強弩之末(강할 강, 쇠뇌 노, 갈 지, 끝 말)] 198. 剛, 木 [剛毅木訥(굳셀 강, 굳셀 의, 나무 목, 말더듬거릴 눌)] 199. 蓋, 定 [蓋棺事定(덮을 개, 널 관, 일 사, 정할 정)] 200. 改, 善 [改善匡正(고칠 개, 착할 선, 바를 광, 바를 정)]

1級 – 2회 해설

1. 묘령(妙묘할 묘, 齡나이 령) 2. 섬멸(殲다 죽일 섬, 滅꺼질·멸할 멸) 3. 격조(隔사이 뜰 격, 阻막힐 조) 4. 전철(前앞 전, 轍바퀴자국 철) 5. 황홀(恍빛날 황, 惚황홀할 홀) 6. 고약(膏기름 고, 藥약 약) 7. 취렴(翠물총새 취, 簾발 렴) 8. 요격(邀맞을 요, 擊칠 격) 9. 후각(嗅맡을 후, 覺깨달을 각) 10. 수졸(戍수자리 수, 卒마칠 졸) 11. 면시(眄곁눈질할 면, 視볼 시) 12. 총아(寵사랑할 총, 兒아이 아) 13. 난로(煖더울 난, 爐화로 로) 14. 소급(遡거스를 소, 及미칠 급) 15. 이여(爾너 이, 汝너 여) 16. 조감(藻마름 조, 鑑거울 감) 17. 구규(九아홉 구, 逵길거리 규) 18. 표략(剽겁박할 표, 掠노략질 략) 19. 수치(羞부끄러울 수, 恥부끄러울 치) 20. 질탕(佚편안 일 / 질탕질, 蕩방탕할 탕) 21. 협객(俠의기로울 협, 客손 객) 22. 납의(衲기울 납, 衣옷 의) 23. 파란(波물결 파, 瀾물결 란) 24. 반발(反돌아올·돌이킬 반, 撥다스릴 발) 25. 구장(鳩비둘기 구, 杖지팡이 장) 26. 포로(捕잡을 포, 虜사로잡을 로) 27. 저택(邸집 저, 宅집 택·댁) 28. 계율(悸두근거릴 계, 慄떨릴 률) 29. 부감(俯구부릴 부, 瞰굽어볼 감) 30. 오예(汚더러울 오, 穢더러울 예) 31. 창부(娼창녀 창, 婦며느리 부) 32. 사출(瀉쏟을 사, 出날 출) 33. 정보(町밭두둑 정, 步걸음 보) 34. 교반(攪흔들 교, 拌버릴 반) 35. 포육(脯포 포, 肉고기 육) 36. 소화(宵밤 소, 火불 화) 37. 점막(粘붙을 점, 膜막·꺼풀 막) 38. 탁령(鐸방울 탁, 鈴방울 령) 39. 수포(水물 수, 疱물집 포) 40. 기색(杞탱자 지·기, 塞막힐 색 / 변방 새) 41. 창광(猖미쳐 날뛸 창, 狂미칠 광) 42. 부용(芙연꽃 부, 蓉연꽃 용) 43. 준공(竣마칠 준, 工장인 공) 44. 파행(爬긁을 파, 行다닐 행 / 항렬 항) 45. 원비(猿원숭이 원, 臂팔 비) 46. 창포(菖창포 창, 蒲부들 포) 47. 탁용(擢뽑을 탁, 用쓸 용) 48. 배회(徘어정거릴 배, 徊머뭇거릴 회) 49. 칩거(蟄숨을 칩, 居살 거) 50. 경탄(敬공경 경, 憚꺼릴 탄) 51. 도끼 부 52. 저물 명 53. 가마 련 54. 동경할 동 55. 때릴 달 56. 구기자 구 57. 게으를 라 58. 귀먹을 롱 59. 돌볼 권 60. 모날 릉 61. 장미 미 62. 보살 보 63. 정승 승 64. 한할 오 65. 깔·평계할 자 66. 함정 정 67. 대바구니 람 68. 자랑할 긍 69. 죽일 도 70. 성길 소 71. 원수 구 72. 울타리 번 73. 무릎 슬 74. 그릇 명 75. 그릇될 와 76. 고치 켤 조 77. 네거리 구 78. 번쩍일 섬 79. 넘칠 범 80. 사다리 제 81. 함께 해 82. 저울추 추 83. 酷毒(심할 혹, 독 독) 84. 鬪魂(싸움 투, 넋 혼) 85. 互惠(서로 호, 은혜 혜) : 서로 혜택을 주고받는 일 86. 大型(큰 대, 모형 형) 87. 海峽(바다 해, 골짜기 협) 88. 均衡(고를 균, 저울대 형) 89. 懸垂幕(달 현, 드리울 수, 장막 막) 90. 架空(시렁 가, 빌 공) : 거짓이나 상상으로 꾸며낸 아무 이유나 근거가 없는 일 91. 冷却(찰 냉, 물리칠 각) 92. 根幹(뿌리 근, 줄기 간) 93. 枯渴(마를 고, 목마를 갈) 94. 龜鑑(거북 구·귀 / 터질 균, 거울 감) 95. 剛烈(굳셀 강, 매울 렬) 96. 介意(낄 개, 뜻 의) 97. 休憩室(쉴 휴, 쉴 게, 집 실) 98. 揭載(높이 들·걸 게, 실을 재) 99. 隔月(사이뜰 격, 달 월) 100. 牽制(이끌 견, 절제할 제) 101. 比肩(견줄 비, 어깨 견) : 서로 어깨를 나란히 함. 서로 비슷함 102. 兼備(겸할 겸, 갖출 비) 103. 該當(갖출·마땅 해, 마땅할 당) 104. 反響(돌이킬 반, 울릴 향) 105. 恒常(항상 항, 떳떳할 상) 106. 陷沒(빠질 함, 빠질 몰) 107. 含有(머금을 함, 있을 유) 108. 發汗(필 발, 땀 한) 109. 割愛(벨 할, 사랑 애) 110. 配匹(짝 배, 짝 필) 111. 殘虐(남

을 잔, 모질 학) 112. 畢竟(마칠 필, 마침내 경) : 끝에 가서는 113. 傍觀(곁 방, 볼 관) 114. 賠償(물어줄 배, 갚을 상) 115. 苦杯(쓸 고, 잔 배) 116. 飜案(번역할 번, 책상 안) 117. 汎濫(넓을 범, 넘칠 람) 118. 碧昌牛(푸를 벽, 창성할 창, 소 우) 119. 僻地(궁벽할 벽, 따 지) 120. 逢變(만날 봉, 변할 변) 121. 蜂起(벌 봉, 일어날 기) 122. 負傷(질 부, 다칠 상) 123. 羊 124. 月(肉) 125. 巾 126. 力 127. 糸(絲) 128. 衣 129. 刂(刀) 130. 口 131. 臼 132. 行 133. ② (① 효후 ② 회화 ③ 간신 ④ 가사) 134. ② (① 간구 ② 건반 ③ 갈색 ④ 황송) 135. ① (① 게송 ② 자손 ③ 황망 ④ 감내) 136. ① (① 창부 ② 창부 ③ 창부 ④ 창부) 137. ① (① 효모 ② 감시 ③ 전목 ④ 겁탈) 138. ④ (① 격서 ② 요거 ③ 경추 ④ 찬탈) 139. ① (① 함거 ② 힐난 ③ 흡사 ④ 흔적) 140. ① (① 참람 ② 고혈 ③ 벽지 ④ 고질) 141. ③ (① 과립 ② 골목 ③ 견책 ④ 광정) 142. ② (① 굉장 ② 송독 ③ 일시 ④ 교란) 143. 정해진 값에 얼마를 더함 * 割增(벨 할, 더할 증) 144. 일정한 동안의 끝을 정한 기간이나 시각 * 時限(때 시, 한할 한) 145. 떼를 지어 돌아다니며 재물을 뺏는 파렴치한 사람들의 무리 * 不汗黨(아닐 불·부, 땀 한, 무리 당) 146. 부족하여 흠이 되는 부분 * 缺陷(이지러질 결, 빠질 함) 147. 일반 대중들 사이 * 巷間(거리 항, 사이 간) 148. 학문과 지식이 넓음 * 該博(갖출·마땅 해, 넓을 박) 149. 특별히 성대하게 대접함 * 響應(울릴 향, 응할 응) 150. 몸과 마음을 바쳐 정성을 다함 * 獻身(드릴 헌, 몸 신) 151. 차이가 심함 * 懸隔(달 현, 사이뜰 격) 152. 균형이 맞는 상태 * 衡平(저울대 형, 평평할 평) 153. 辞 154. 圧 155. 湿 156. 間 [間隙(사이 간, 틈 극)] 157. 驚 [驚愕(놀랄 경, 놀랄 악)] 158. 缺 [缺乏(이지러질 결, 모자랄 핍)] 159. 没 [汨没(골몰할 골, 빠질 몰) : 다른 생각을 할 여유도 없이 한 가지 일에만 파묻힘] 160. 恐 [恐惶(두려울 공, 두려울 황) : 근거 없는 두려움이나 공포로 갑자기 생기는 심리적 불안 상태] 161. 關 [關鍵(관계할 관, 자물쇠·열쇠 건)] 162. 起 [蹶起(일어설·넘어질 궐, 일어설 기)] 163. 急 [躁急(조급할 조, 급할 급)] 164. 寫 [描寫(그릴 묘, 베낄 사)] 165. 芽 [萌芽(움 맹, 싹 아)] 166. 反抗(돌아올·돌이킬 반, 겨룰 항) * 服從(옷 복, 좇을 종) 167. 相生(서로 상, 날 생) * 相剋(서로 상, 이길 극) 168. 險難(험할 험, 어려울 난) * 順坦(순할 순, 평탄할 탄) 169. 嚴格(엄할 엄, 격식 격) * 寬大(너그러울 관, 큰 대) 170. 酷評(심할 혹, 평할 평) * 絶讚(끊을 절, 기릴 찬) 171. 陳腐(진칠 진, 썩을 부) * 斬新(벨 참, 새 신) 172. 擴大(넓힐 확, 큰 대) * 縮小(줄일 축, 작을 소) 173. 鎭靜(진압할 진, 고요할 정) * 興奮(일 흥, 떨칠 분) 174. 稀貴(드물 희, 귀할 귀) * 許多(허락할 허, 많을 다) 175. 傍系(곁 방, 이어맬 계) * 直系(곧을 직, 이어맬 계) 176. 程度(한도·길 정, 법도 도 / 헤아릴 탁) * 正道(바를 정, 길 도) : 바른 길이나 정당한 도리 177. 銃器(총 총, 그릇 기) * 聰氣(귀밝을 총, 기운 기) : 총명한 기운 178. 脫帽(벗을 탈, 모자 모) * 脫毛(벗을 탈, 터럭 모) 179. 把持(잡을 파, 가질 지) * 破紙(깨뜨릴 파, 종이 지) 180. 標識(표할 표, 알 식 / 기록할 지) * 表紙(겉 표, 종이 지) 181. 整地(가지런할 정, 땅 지) * 停止(머무를 정, 그칠 지) : 도중에 멈추거나 그침 182. 天災(하늘 천, 재앙 재) * 天才(하늘 천, 재주 재) : 선천적으로 타고난 뛰어난 재주 183. 恒口(항상 항, 입 구) * 港口(항구 항, 입 구) 184. 淸算(맑을 청, 셈 산) * 靑山(푸를 청, 메 산) 185. 婚需(혼인할 혼, 쓰일·쓸 수) * 昏睡(어두울 혼, 졸음 수) 186. 抗 [不可抗力(아닐 불·부, 옳을 가, 겨룰 항, 힘 력) : 사람의 힘으로서는 어찌할 도리가 없는 거대한 힘] 187. 撤 [不撤晝夜(아닐 불·부, 거둘 철, 낮 주, 밤 야) : 어떤 일을 그치지 않고 밤낮으로 계속하는 것]

188. 仲 [伯仲之勢(맏 백, 버금 중, 갈 지, 형세 세) : 세력이 엇비슷해 우열을 가릴 수 없는 형세   189. 博 [博學多識(넓을 박, 배울 학, 많을 다, 알 식) : 학문이 넓고 식견이 많음] 190. 塞 [拔本塞源(뽑을 발, 근본 본, 막힐 색 / 변방 새, 근원 원) : 폐단의 근원을 뽑아서 아주 없애버림] 191. 書, 儒 [焚書坑儒(불사를 분, 글 서, 구덩이 갱, 선비 유)] 192. 頭, 尾 [去頭截尾(갈 거, 머리 두, 끊을 절, 꼬리 미)] 193. 乾, 坤 [乾坤一擲(하늘 건, 따 곤, 한 일, 던질 척)] 194. 隔, 靴 [隔靴搔癢(사이뜰 격, 신 화, 긁을 소, 가려울 양)] 195. 戰, 死 [鯨戰蝦死(고래 경, 싸움 전, 새우 하, 죽을 사)] 196. 頭, 謝 [叩頭謝罪(드릴 고, 머리 두, 사례할 사, 허물 죄)] 197. 掌, 臣 [股掌之臣(넓적다리 고, 손바닥 장, 갈 지, 신하 신)] 198. 管, 中 [管中窺豹(대롱 관, 가운데 중, 엿볼 규, 표범 표)] 199. 谿, 慾 [谿壑之慾(시내 계, 구렁 학, 갈 지, 욕심 욕)] 200. 珍, 味 [膏粱珍味(기름 고, 기장 량, 보배 진, 맛 미)]

1級 - 3회 해설

1. 비루(鄙더러울 비, 陋더러울 루) 2. 짐작(斟짐작할 짐, 酌술 부을·잔질할 작) 3. 곡발(鵠고니·과녁 곡, 髮터럭 발) 4. 차로(叉갈래 차, 路길 로) 5. 각건(恪삼갈 각, 虔공경할 건) 6. 파경(破깨뜨릴 파, 鏡거울 경) 7. 추호(秋가을 추, 毫터럭 호) 8. 계륵(鷄닭 계, 肋갈빗대 륵) 9. 붕도(鵬새 붕, 圖그림 도) 10. 서절(鼠쥐 서, 竊훔칠 절) 11. 비파(琵비파 비, 琶비파 파) 12. 초약(硝화약 초, 藥약 약) 13. 양말(洋바다 양, 襪버선 말) 14. 비유(譬비유할 비, 喩깨우칠 유) 15. 액사(縊목맬 액, 死죽을 사) 16. 온축(蘊쌓을 온, 蓄모을 축) 17. 제읍(啼울 제, 泣울 읍) 18. 전각(篆전자 전, 刻새길 각) 19. 담천(曇흐릴 담, 天하늘 천) 20. 해골(骸뼈 해, 骨뼈 골) 21. 와실(蝸달팽이 와, 室집 실) 22. 찬합(饌반찬 찬, 盒합 합) 23. 옥잠(玉구슬 옥, 簪비녀 잠) 24. 순라(巡돌·순행할 순, 邏순라 라) 25. 잠언(箴경계 잠, 言말씀 언) 26. 단소(短짧을 단, 簫퉁소 소) 27. 곤제(昆맏 곤, 弟아우 제) 28. 동경(憧동경할 동, 憬깨달을·동경할 경) 29. 지방(脂기름 지, 肪기름 방) 30. 서부(壻사위 서, 婦며느리 부) 31. 소풍(逍노닐 소, 風바람 풍) 32. 소생(甦깨어날 소, 生날 생) 33. 함담(鹹짤 함, 淡맑을 담) 34. 쇄설(碎부술 쇄, 屑가루 설) 35. 기명(器그릇 기, 皿그릇 명) 36. 구판(購살 구, 販팔 판) 37. 늑막(肋갈빗대 륵, 膜막·꺼풀 막) 38. 냉면(冷찰 랭, 麵국수 면) 39. 영허(盈찰 영, 虛빌 허) 40. 정승(政정사 정, 丞정승 승) 41. 난로(鸞난새 란, 路길 로) 42. 밀랍(蜜꿀 밀, 蠟밀 랍) 43. 도정(搗찧을 도, 精정할 정) 44. 소매(笑웃음 소, 罵꾸짖을 매) 45. 음치(音소리 음, 癡어리석을 치) 46. 추령(酋우두머리 추, 領거느릴 령) 47. 포도(葡포도 포, 萄포도 도) 48. 낙타(駱낙타 락, 駝낙타 타) 49. 도륙(屠죽일 도, 戮죽일 륙) 50. 와류(渦소용돌이 와, 流흐를 류) 51. 행동이나 성질이 고상하지 못하고 더러움 52. 어림잡아 헤아림 53. 하얗게 센 머리털 54. 서로 엇갈려 있는 길. 두 갈래로 나뉜 길 55. 삼가고 조심함 56. 부부의 사이가 나빠 이혼하게 되는 것. 이지러진 달을 비유하는 말 57. 몹시 적음. 매우 조금(가을철에 털갈이하여 가늘게 새로 돋아난 짐승의 털이란 뜻) 58. 별 소용은 없으나 버리기에는 아까운 것 59. 한없이 큰 포부(붕새의 도모(圖謀)) 60. 좀도둑('서절구투(鼠竊狗偸: 쥐나 개처럼 몰래 훔친다)라는 말에서 유래) 偸: 훔칠 투 61. (27) 昆弟 62. (30) 壻婦 63. (33) 鹹淡 64. (36) 購販 65. (39) 盈虛 66. 쇠망치 추 67. 깊을 오 68. 사치할 사 69. 불경 범 70. 어루만질 무 71. 불기 둔 72. 짓밟을 린 73. 매울 랄 74. 다목 방 75. 빌 도 76. 즐길 기 77. 끌 예 78. 사탕수수 자 79. 덩이 정 80. 물거품 말 81. 소쿠리 단 82. 제비(접대) 첨 83. 아첨할·예쁠 미 84. 홀아비 환 85. 업신여길 릉 86. 파리할 췌 87. 콩 숙 88. 멋대로할 천 89. 누를 날 90. 아욱·해바라기 규 91. 几 92. 足 93. 目 94. 戈 95. 衣 96. 矛 97. 二 98. 口 99. 匸(감출 혜) 100. 日 101. ③ [① 捺印(누를 날, 도장 인) ② 捺染(누를 날, 물들 염) : 피륙에 부분적으로 착색하여 무늬가 나타나게 염색하는 방법. 피륙에다 무늬가 새겨진 본을 대고 풀 섞은 물감을 발라 물을 들임 ③ 捏造(꾸밀 날, 지을 조) : 근거 없는 사실을 꾸며 말함 ④ 捺章(누를 날, 글 장) : 도장을 찍음] 102. ④ [① 語訥(말씀

어, 말더듬거릴 눌) ② 訥辯(말더듬거릴 눌, 말씀 변) : 더듬거리는 말씨 ③ 訥言(말더듬거릴 눌, 말씀 언) ④ 寢囊(잠침, 주머니 낭)] **103.** ② [① 匿名(숨길 닉, 이름 명) ② 慘憺(참혹할 참, 참담할 담) : 딱하고 슬픈 모양 ③ 隱匿(숨을 은, 숨길 닉) ④ 匿年(숨길 닉, 해 년) : 나이를 숨김] **104.** ④ [① 默禱(잠잠할 묵, 빌 도) ② 祝禱(빌 축, 빌 도) ③ 祈禱(빌 기, 빌 도) ④ 舞蹈(춤출 무, 밟을 도) : 춤을 추는 것] **105.** ① [① 玲瓏(옥소리 령, 옥소리 롱) ② 妙齡(묘할 묘, 나이 령) : 스무 살 안팎의 여자 나이 ③ 年齡(해 년, 나이 령) ④ 適齡(맞을 적, 나이 령) : 어떤 표준이나 규정에 알맞은 나이] **106.** ① [喝采(꾸짖을 갈, 캘·풍채 채) : 외침이나 박수 따위로 찬양이나 환영의 뜻을 나타냄. 여기서 '喝'은 '큰소리, 외치다'의 뜻 ① 稱讚(일컬을 칭, 기릴 찬) ② 炯眼(빛날 형, 눈 안) : 빛나는 눈, 사물에 대한 뛰어난 관찰력 ③ 護衛(도울 호, 지킬 위) ④ 欽慕(공경할 흠, 그릴 모)] **107.** ② [徹底(통할 철, 밑 저) ① 呵責(꾸짖을 가, 꾸짖을 책) ② 完璧(완전할 완, 구슬 벽) ③ 徽章(아름다울 휘, 글 장) ④ 疳疾(감질 감, 병 질) : 어떤 것을 먹고 싶거나 어떤 일을 하고 싶어 몹시 애타는 마음] **108.** ④ [龜鑑(거북 구·귀 / 터질 균, 거울 감) : 거울로 삼아서 본받을 만한 모범 ① 灌漑(물댈 관, 물댈 개) : 농사지을 때 필요한 물을 댐 ② 醵出(추렴할 거·갹, 날 출) : 같은 목적을 위하여 여러 사람이 돈을 나누어 냄 ③ 倨慢(거만할 거, 거만할 만) ④ 模範(본뜰 모, 법 범)] **109.** ③ [推敲(밀 추·퇴, 두드릴 고) : 미느냐 두드리느냐라는 뜻으로, 글을 여러 번 고침을 뜻함 ① 輪廓(바퀴 륜, 둘레 곽 / 클 확) ② 包括(안을 포, 묶을 괄) ③ 潤文(불을 윤, 글월 문) : 글을 윤이 나도록 매만져 곱게 함 ④ 愛嬌(사랑 애, 아리따울 교)] **110.** ① [汨沒(골몰할 골 / 물이름 멱, 빠질 몰) : 다른 생각을 일절 하지 않고 한 가지 일에만 온 정신을 쏟음 ① 集中(모을 집, 가운데 중) ② 矛盾(창 모, 방패 순) ③ 鞏固(굳을 공, 굳을 고) : 견고하고 굳게 함 ④ 刮目(긁을 괄, 눈 목) : 전에 비하여 딴판으로 학식 등이 부쩍 늘어 눈을 비비고 다시 봄] **111.** 所屬(바 소, 붙일 속) **112.** 警察署(깨우칠·경계할 경, 살필 찰, 마을·관청 서) **113.** 搜査(찾을 수, 조사할 사) **114.** 依賴(의지할 의, 의뢰할 뢰) **115.** 賠償(물어줄 배, 갚을 상) **116.** 訴訟(호소할 소, 송사할 송) **117.** 示唆(보일 시, 부추길 사) **118.** 颱風(태풍 태, 바람 풍) **119.** 記憶(기록할 기, 생각할 억) **120.** 幼年(어릴 유, 해 년) **121.** 暗鬱(어두울 암, 답답할 울) **122.** 回顧(돌아올 회, 돌아볼 고) **123.** 虛飢(빌 허, 주릴 기) **124.** 寡默(적을 과, 잠잠할 묵) **125.** 挑戰(돋울 도, 싸움 전) **126.** 商圈(장사 상, 우리 권) **127.** 腐心(썩을 부, 마음 심) **128.** 轉換點(구를 전, 바꿀 환, 점 점) **129.** 附設(붙을 부, 베풀 설) **130.** 賀客(하례할 하, 손 객) **131.** 綿密(솜 면, 빽빽할 밀) **132.** 擴張(넓힐 확, 벌릴 장) **133.** 該當(갖출·마땅 해, 마땅할 당) **134.** 厭症(싫어할 염, 증세 증) **135.** 渴望(목마를 갈, 바랄 망) **136.** 靈感(신령 령, 느낄 감) **137.** 征服(칠 정, 옷 복) **138.** 治療(다스릴 치, 병 고칠 료) **139.** 克服(이길 극, 옷 복) **140.** 肯定的(즐길 긍, 정할 정, 과녁 적) **141.** 酸性(실 산, 성품 성) **142.** 代替(대신할 대, 바꿀 체) **143.** 免疫(면할 면, 전염병 역) **144.** 偏食(치우칠 편, 밥·먹을 식) **145.** 促進(재촉할 촉, 나아갈 진) [問 146-150] (130) 賀客 (131) 諮問 (134) 厭症 (140) 肯定的 (142) 代替 (143) 免疫 **151.** ④ (① 공병 ② 배아 ③ 배회 ④ 보루) **152.** ② (① 분장 ② 배석 ③ 부화 ④ 부용) **153.** ① (① 부감 ② 분뇨 ③ 분재 ④ 붕산) **154.** ③ (① 비어 ② 빈소 ③ 부의 ④ 분신) **155.** ① (① 선물 ② 선동 ③ 섬광 ④ 소생) **156.** 懸賞(달 현, 상줄 상) **157.** 現狀(나타날 현, 형상 상 / 문서 장) **158.** 財數(재물 재, 셈 수) **159.** 再修(두 재, 닦을 수) **160.** 製藥(지을 제, 약 약) **161.**

制約(맺을 제, 맺을 약)　162. 前半(앞 전, 반 반)　163. 全般(온전 전, 가지·일반 반)　164. 速成(빠를 속, 이룰 성)　165. 屬性(붙일 속, 성품 성)　166. 与　167. 応　168. 変　169. 並　170. 雙　171. 去 [逝去(갈 서, 갈 거)]　172. 慘 [悲慘(슬플 비, 참혹할 참)]　173. 憚 [忌憚(꺼릴 기, 꺼릴 탄)]　174. 亡德(망할 망, 큰 덕) * 背恩(등 배, 은혜 은)　175. 未然(아닐 미, 그럴 연) * 事前(일 사, 앞 전)　176. 杜絶(막을 두, 끊을 절) * 聯繫(연이을 련, 맬 계)　177. 死藏(죽을 사, 장사지낼 장) * 活用(살 활, 쓸 용)　178. 先祖(먼저 선, 할아비 조) * 後裔(뒤 후, 후손 예)　179. 消極(사라질 소, 다할·극진할 극) * 積極(쌓을 적, 다할·극진할 극)　180. 下落(아래 하, 떨어질 락) * 昻騰(높을 앙, 오를 등)　181. 牽引(이끌·끌 견, 끌 인)　182. 訣別(이별할 결, 다를·나눌 별)　183. 傾斜(기울 경, 비낄 사)　184. 啓蒙(열 계, 어두울 몽)　185. 脫稿(벗을 탈, 원고·볏짚 고)　186. 編曲(엮을 편, 굽을 곡)　187. 隱蔽(숨을 은, 덮을 폐)　188. 小幅(작을 소, 폭 폭)　189. 店鋪(가게 점, 펼·가게 포)　190. 自虐(스스로 자, 모질 학)　191. 曲, 突 [曲突徙薪(굽을 곡, 갑자기 돌, 옮길 사, 섶 신)]　192. 持, 久 [曠日持久(빌 광, 날 일, 가질 지, 오랠 구)]　193. 兵, 敗 [驕兵必敗(교만할 교, 병사 병, 반드시 필, 패할 패)]　194. 救, 投 [救火投薪(구원할 구, 불 화, 던질 투, 섶 신)]　195. 重, 來 [捲土重來(말 권, 흙 토, 무거울 중, 올 래)]　196. 化, 爲 [橘化爲枳(귤 귤, 될 화, 할 위, 탱자 지)]　197. 石, 約 [金石牢約(쇠 금, 돌 석, 우리 뢰, 맺을 약)]　198. 之, 憂 [杞人之憂(구기자 기, 사람 인, 갈 지, 근심 우)]　199. 野, 心 [狼子野心(이리 랑, 아들 자, 들 야, 마음 심)]　200. 食, 豆 [簞食豆羹(소쿠리 단, 밥 사 / 먹을 식, 콩 두, 국 갱)]

1級 – 4회 해설

1. 인색(吝아낄 린, 嗇아낄 색) 2. 표절(剽겁박할 표, 竊훔칠 절) 3. 서정(抒풀 서, 情뜻 정) 4. 치정(癡어리석을 치, 情정 정) 5. 비상(飛날 비, 翔날 상) 6. 포전(圃채마밭 포, 田밭 전) 7. 측은(惻슬플 측, 隱숨을 은) 8. 원앙(鴛원앙 원, 鴦원앙 앙) 9. 전별(餞보낼 전, 別다를·나눌 별) 10. 폄하(貶낮출 폄, 下아래 하) 11. 총론(叢모일·떨기 총, 論논할 론) 12. 투습(套씌울 투, 習익힐 습) 13. 괴팍(乖어그러질 괴, 愎강퍅할 팍) 14. 대속(代대신할 대, 贖속죄할 속) 15. 갈색(褐갈색·굵은베 갈, 色빛 색) 16. 노둔(駑둔한 말 노, 鈍둔할 둔) 17. 상실(爽시원할 상, 實열매 실) 18. 알선(斡돌 알, 旋돌 선) 19. 경륜(經지날·글 경, 綸벼리 륜) 20. 사라(紗비단 사, 羅벌릴 라) 21. 근경(根뿌리 근, 莖줄기 경) 22. 신탄(薪섶 신, 炭숯 탄) 23. 천횡(擅멋대로 할 천, 橫가로 횡) 24. 응수(膺가슴 응, 受받을 수) 25. 개벽(開열 개, 闢열 벽) 26. 주정(酒술 주, 酊술취할 정) 27. 굴착(掘팔 굴, 鑿뚫을 착) 28. 체념(諦살필 체, 念생각 념) 29. 주구(誅벨 주, 求구할 구) 30. 우의(友벗 우, 誼정 의) 31. 신기루(蜃큰조개 신, 氣기운 기, 樓다락 루) 32. 참호(塹구덩이 참, 壕해자 호) 33. 범패(梵불경 범, 唄염불소리 패) 34. 서설(棲깃들일 서, 屑가루 설) 35. 배석(陪모실 배, 席자리 석) 36. 조국(肇비롯할 조, 國나라 국) 37. 여명(黎검을 려, 明밝을 명) 38. 두타(頭머리 두, 陀비탈질·부처 타) 39. 광고(曠빌 광, 古예 고) 40. 전고(銓사람가릴 전, 考생각할 고) 41. 겁탈(劫위협할 겁, 奪빼앗을 탈) 42. 차상(嗟탄식할 차, 賞상줄 상) 43. 외람(猥외람할 외, 濫넘칠 람) 44. 식목(拭씻을 식, 目눈 목) 45. 곤직(袞곤룡포 곤, 職직분 직) 46. 태죄(笞볼기칠 태, 罪허물 죄) 47. 둔부(臀볼기 둔, 部떼 부) 48. 갑문(閘수문 갑, 門문 문) 49. 구독(溝도랑 구, 瀆도랑·더럽힐 독) 50. 유기(鍮놋쇠 유, 器그릇 기) 51. 시들 위 52. 가시 형 53. 젓가락 저 54. 이끼 태 55. 너그러울 유 56. 지게미 조 57. 팔뚝 박 58. 괴수 괴 59. 꾸물거릴 준 60. 겨자 개 61. 헤맬 방 62. 고요할 막 63. 육부 부 64. 부채질할 선 65. 뉘우칠 참 66. 아까 아 67. 다듬잇돌 침 68. 즙 즙 69. 교활할 활 70. 개천 거 71. 문서 첩 72. 사특할 특 73. 가릴 엄 74. 뚫을 천 75. 지렁이 인 76. 조급할 조 77. 빽빽할 치 78. 원통할 원 79. 막을 어 80. 게으를 권 81. 좁을 애 82. 나부낄 표 83. 賀客(하례할 하, 손 객) 84. 漂白(떠다닐 표, 흰 백) 85. 被殺(입을 피, 죽일 살) 86. 疲勞(피곤할 피, 일할 로) 87. 懷抱(품을 회, 안을 포) 88. 飽和(배부를 포, 될 화) 89. 恐怖(두려울 공, 두려워할 포) 90. 全幅的(온전 전, 폭 폭, 과녁 적) 91. 廢紙(폐할·버릴 폐, 종이 지) 92. 生硬(날 생, 굳을 경) 93. 姑婦(시어미 고, 며느리 부) 94. 鼓吹(북 고, 불 취) 95. 投稿(던질 투, 원고·볏짚 고) 96. 顧慮(돌아볼 고, 생각할 려) 97. 雇用(품팔 고, 쓸 용) 98. 提供(끌 제, 이바지할 공) 99. 寡黙(적을 과, 잠잠할 묵) 100. 誇示(자랑할 과, 보일 시) 101. 瓜年(외 과, 해 년) : 결혼할 나이가 다 된 여자 102. 制覇(절제할 제, 으뜸 패) 103. 斷片(끊을 단, 조각 편) 104. 偏見(치우칠 편, 볼 견) 105. 改編(고칠 개, 엮을 편) 106. 浸透(잠길 침, 사무칠 투) 107. 把握(잡을 파, 쥘 악) 108. 傳播(전할 전, 뿌릴 파) 109. 罷業(마칠 파, 업 업) 110. 再版(두 재, 판목 판) 111. 販促(팔 판, 재촉할

촉) 112. 實吐(열매 실, 토할 토) 113. 奮發(떨칠 분, 필 발) 114. 飼育(기를 사, 기를 육) 115. 赦免(용서할 사, 면할 면) 116. 酒邪(술 주, 간사할 사) 117. 滿朔(찰 만, 초하루 삭) 118. 傘下(우산 산, 아래 하) 119. 上端(윗 상, 끝 단) 120. 胸像(가슴 흉, 모양 상) 121. 索引(찾을 색 / 동앗줄 삭, 끌 인) 122. 瑞光(상서 서, 빛 광) 123. 父 124. 口 125. 大 126. 色 127. 日 128. 大 129. 頁 130. 大 131. 凵 132. 耳 133. ② (① 처량 ② 해후 ③ 구음 ④ 화척) 134. ① (① 창증 ② 궐기 ③ 극구 ④ 판결) 135. ① (① 무변 ② 지안 ③ 휘류 ④ 차탄) 136. ① (① 준동 ② 미소 ③ 보아 ④ 휘담) 137. ② (① 반석 ② 해만 ③ 탁자 ④ 박동) 138. ④ (① 탈락 ② 조수 ③ 언변 ④ 견책) 139. ② (① 매제 ② 찬합 ③ 기피 ④ 양모) 140. ② (① 맥아 ② 경절 ③ 액수 ④ 앵가) 141. ① (① 한건 ② 연민 ③ 우편 ④ 즙액) 142. ② (① 앵초 ② 개가 ③ 기업 ④ 준석) 143. 모든 일이 뜻과 같이 됨 * 亨通(형통할 형, 통할 통) 144. 성 둘레를 파서 물이 고이게 한 곳 * 外濠(바깥 외, 호주 호) 145. 가을 짐승의 털, 매우 조금 * 秋毫(가을 추, 터럭 호) 146. 서로 교환함 * 互換(서로 호, 바꿀 환) 147. 매우 심한 더위 * 酷暑(심할 혹, 더울 서) 148. 널리 알림 * 弘報(넓을 홍, 알릴·갚을 보) 149. 꿈이나 환상이 깨져 느끼는 괴롭고도 부질없는 마음 * 幻滅(헛보일 환, 꺼질·멸할 멸) 150. 모난 곳이 없이 원만함 * 圓滑(둥글 원, 미끄러울 활 / 익살스러울 골) 151. 철이 바뀌는 시기 * 換節期(바꿀 환, 마디 절, 기약할 기) 152. 여러 곳을 돌아다님 巡廻(돌·순행할 순, 돌 회) 153. 芸 154. 塩 155. 痴 156. 殖 [蕃殖(불을 번, 불릴 식)] 157. 依 [憑依(기댈·비길 빙, 의지할 의)] 158. 透 [滲透(스밀 삼, 사무칠 투)] 159. 盛 [旺盛(왕성할 왕, 성할 성)] 160. 昧 [曖昧(희미할 애, 어두울 매)] 161. 塞 [壅塞(막을 옹, 막힐 색 / 변방 새)] 162. 疑 [疑訝(의심할 의, 의심할 아)] 163. 餘 [剩餘(남을 잉, 남을 여)] 164. 弄 [嘲弄(비웃을 조, 희롱할 롱)] 165. 解 [解弛(풀 해, 늦출 이)] 166. 容易(얼굴 용, 쉬울 이 / 바꿀 역) * 困難(곤할 곤, 어려울 난) 167. 需要(쓰일·쓸 수, 요긴할 요) * 供給(이바지할 공, 줄 급) 168. 專用(오로지 전, 쓸 용) * 共用(한가지 공, 쓸 용) 169. 偏頗(치우칠 편, 자못 파) * 公評(공평할 공, 평평할 평) 170. 貫徹(꿸 관, 거둘 철) : 어려움을 뚫고 나아가 목적을 기어이 이룸 * 挫折(꺾을 좌, 꺾을 절) 171. 穩健(편안할 온, 굳셀 건) * 過激(지날 과, 격할 격) 172. 拙劣(졸할 졸, 못할 렬) * 巧妙(공교할 교, 묘할 묘) 173. 義務(옳을 의, 힘쓸 무) * 權利(권세 권, 이할 리) 174. 演繹(펼 연, 풀 역) * 歸納(돌아갈 귀, 바칠 납) 175. 緩行(느릴 완, 다닐 행 / 항렬 항) * 急行(급할 급, 다닐 행 / 항렬 항) 176. 私設(사사 사, 베풀 설) 177. 社說(모일 사, 말씀 설 / 달랠 세) 178. 想起(생각 상, 일어날 기) 179. 上氣(윗 상, 기운 기) 180. 所在(바 소, 있을 재) 181. 素材(본디·흴 소, 재목 재) 182. 毒酒(독 독, 술 주) 183. 獨奏(홀로 독, 아뢸 주) 184. 保守(지킬 보, 지킬 수) 185. 補修(기울 보, 닦을 수) 186. 徒 [無爲徒食(없을 무, 하·할 위, 무리 도, 밥·먹을 식) : 하는 일 없이 먹기만 함] * 여기서 徒는 '헛되이, 보람 없이'라는 뜻임 187. 市 [門前成市(문 문, 앞 전, 이룰 성, 시장 시) : 문 앞에 저자를 이룸. 찾아오는 사람이 많음] 188. 裳 [同價紅裳(한가지 동, 값 가, 붉을 홍, 치마 상) : 같은 값이면 다홍치마] 189. 憐 [同病相憐(한가지 동, 병 병, 서로 상, 불쌍히여길 련) : 같은 병자끼리 가엾게 여김] 190. 戴 [男負女戴(사내 남, 질 부, 계집 녀, 일 대) : 남자는 지고 여자는 인다. 가난한 사람들이 살기 위해 이리저리 떠도는 모습] 191. 前, 後 [曠前絶後(빌 광, 앞 전, 끊을 절, 뒤 후)]

192. 過, 正 [矯枉過正(바로잡을 교, 굽을 왕, 지날 과, 받을 정)] 193. 三, 窟 [狡兔三窟(교활할 교, 토끼 토, 석 삼, 굴 굴)] 194. 盲, 象 [群盲撫象(무리 군, 소경 맹, 어루만질 무, 코끼리 상)] 195. 窮, 追 [窮寇勿追(다할·궁할 궁, 도적 구, 말 물, 쫓을 추)] 196. 貴, 鷄 [貴鵠賤鷄(귀할 귀, 고니·과녁 곡, 천할 천, 닭 계)] 197. 光, 陰 [隙駒光陰(틈 극, 망아지 구, 빛 광, 그늘 음)] 198. 水, 德 [汲水功德(줄 급, 물 수, 공 공, 큰 덕)] 199. 落, 石 [落穽下石(떨어질 락, 함정 정, 아래 하, 돌 석)] 200. 中, 之 [囊中之錐(주머니 낭, 가운데 중, 갈 지, 송곳 추)]

1級 - 5회 해설

1. 한발(旱가물 한, 魃가물 발) 2. 골몰(汨골몰할 골 / 물이름 멱, 沒빠질 몰) 3. 부의(賻부의 부, 儀거동 의) 4. 홍연(哄떠들썩할 홍, 然그럴 연) 5. 도열(堵담 도, 列벌릴 렬) 6. 관건(關관계할 관, 鍵자물쇠·열쇠 건) 7. 추낭(錐송곳 추, 囊주머니 낭) 8. 수작(酬갚을 수, 酌술 부을·잔질할 작) 9. 보루(堡작은성 보, 壘보루 루) 10. 안중정(眼눈 안, 中가운데 중, 釘못 정) 11. 전병(煎달일 전, 餠떡 병) 12. 도벽(盜도둑 도, 癖버릇 벽) 13. 무론(毋말 무, 論논할 론) 14. 가매(假거짓 가, 寐잘 매) 15. 백홍(白흰 백, 虹무지개 홍) 16. 능멸(凌업신여길 릉, 蔑업신여길 멸) 17. 첩리(帖문서 첩, 裡속 리) 18. 동공(瞳눈동자 동, 孔구멍 공) 19. 산호(珊산호 산, 瑚산호 호) 20. 도박(賭내기 도, 博넓을 박) 21. 나태(懶게으를 라, 怠게으를 태) 22. 부마(駙부마 부, 馬말 마) 23. 삭회(朔초하루 삭, 晦그믐 회) 24. 파도(波물결 파, 濤물결 도) 25. 금박(金쇠 금 / 성(性) 김, 箔발 박) 26. 면포(棉목화 면, 布베·펼 포 / 보시 보) 27. 원수(怨원망할 원, 讐원수 수) 28. 척강(陟오를 척, 降내릴 강 / 항복할 항) 29. 건강(乾하늘·마를 건, 薑생강 강) 30. 공갈(恐두려울 공, 喝꾸짖을 갈) 31. 수갑(手손 수, 匣갑 갑) 32. 각반(脚다리 각, 絆얽어맬 반) 33. 구고(舅시아비·외삼촌 구, 姑시어미 고) 34. 탕건(宕호탕할 탕, 巾수건 건) 35. 탄토(吞삼킬 탄, 吐토할 토) 36. 마대(麻삼 마, 袋자루 대) 37. 목도(目눈 목, 睹볼 도) 38. 만연(蔓덩굴 만, 延늘일 연) 39. 비겁(卑낮을 비, 怯겁낼 겁) 40. 방광(膀오줌통 방, 胱오줌통 광) 41. 철퇴(鐵쇠 철, 槌방망이 퇴 / 칠 추) 42. 비수(匕비수 비, 首머리 수) 43. 아속(雅맑을 아, 俗풍속 속) 44. 비방(誹헐뜯을 비, 謗헐뜯을 방) 45. 만곡(彎굽을 만, 曲굽을 곡) 46. 삼투(滲밀 삼, 透사무칠 투) 47. 힐난(詰꾸짖을 힐, 難어려울 난) 48. 공병(空빌 공, 甁병 병) 49. 폐백(幣화폐 폐, 帛비단 백) 50. 순록(馴길들일 순, 鹿사슴 록) 51. 가뭄을 맡고 있다는 귀신 52. 다른 생각을 전혀 하지 않고 한 가지 일에만 파묻힘 53. 초상집에 부조로 보내는 돈이나 물품 54. 큰 웃음을 터뜨리는 모양 55. 죽 늘어섬. 또는 그 늘어선 대열 56. 어떤 사물 또는 문제 해결의 가장 중요한 부분('빗장과 자물쇠'라는 뜻, '關'은 '빗장', '잠그다'의 뜻으로 쓰인다) 57. 재능이 매우 뛰어난 사람(주머니 속의 송곳이란 뜻으로, 재능이 뛰어난 사람은 숨어 있어도 저절로 남의 눈에 드러난다는 뜻) 58. 서로 말을 주고받음. 남의 말이나 행동, 계획을 낮추어 이르는 말(술잔을 서로 주고받음) 59. 지켜야 할 대상. 어떤 일을 하기 위한 튼튼한 발판(적의 침입을 막기 위하여 돌, 흙 등으로 튼튼하게 쌓은 견고한 구축물) 60. 눈엣가시 또는 남에게 심하게 해를 끼치는 사람 61. (23) 朔晦(초하루와 그믐) 62. (28) 陟降(오르내림) 63. (33) 舅姑(시아버지와 시어머니) 64. (35) 呑吐(삼키는 일과 뱉는 일) 65. (43) 雅俗(고상한 것과 속된 것) 66. 소라 라 67. 국 갱 68. 하품 흠 69. 슬플 측 70. 참새 작 71. 찌끼 재 72. 이를 예 73. 사립문 비 74. 헤맬 황 75. 멸구 명 76. 뇌물 뢰 77. 눈물 체 78. 흔들 도 79. 물소리 팽 80. 험할 구 81. 다스릴 리 82. 아득할 묘 83. 씨름 저 84. 후릴 괴 85. 밟을 발 86. 아름다울 가 87. 궁녀벼슬이름 빈 88. 울릴·수레소리 굉 89. 마을 아 90. 울부짖을 후 91. 禾 92. 儿 93. 黍

94. 齒 95. 口 96. 尸 97. 水 98. 八 99. 卜 100. 內(짐승발자국 유) 101. ④ [① 陋醜(더러울 루, 추할 추) ② 鄙陋(더러울 비, 더러울 루) ③ 固陋(굳을 고, 더러울 루) : 낡은 관념이나 습관에 젖어 고집이 세고 새로운 것을 잘 받아들이지 아니함 ④ 堡壘(작은성 보, 보루 루) : 적의 침입을 막기 위하여 돌이나 콘크리트 따위로 튼튼하게 쌓은 구축물. 지켜야 할 대상을 비유적으로 이르는 말] 102. ① [① 稜線(모날 릉, 줄 선) : 산등성이를 따라 죽 이어진 선 ② 凌駕(업신여길 릉, 멍에 가) : 능력이나 수준 따위가 비교 대상을 훨씬 넘어섬 ③ 凌辱(업신여길 릉, 욕될 욕) ④ 凌蔑(업신여길 릉, 업신여길 멸)] 103. ② [① 抹殺(지울 말, 죽일 살 / 감할·빠를 쇄) ② 泡沫(거품 포, 물거품 말) ③ 抹消(지울 말, 사라질 소) ④ 一抹(한 일, 지울 말) : 한 번 칠한다는 뜻으로, '약간'을 이르는 말 * 抹에는 '칠하다'라는 뜻도 있음] 104. ③ [① 剖檢(쪼갤 부, 검소할 검) ② 解剖(풀 해, 쪼갤 부) ③ 賻儀(부의 부, 거동 의) : 초상집에 부조로 보내는 돈이나 물품 ④ 剖析(쪼갤 부, 쪼갤 석) : 쪼개어 가른다. 명확히 분석함] 105. ② [① 焚身(불사를 분, 몸 신) ② 噴水(뿜을 분, 물 수) ③ 焚書(불사를 분, 글 서) ④ 焚蕩(불사를 분, 방탕할 탕) : 집안의 재산을 다 없애 버림. 아주 야단스럽고 부산하게 소동을 일으킴] 106. ① [狡猾(교활할 교, 교활할 활) ① 奸邪(간사할 간, 간사할 사) ② 攪亂(흔들 교, 어지러울 란) ③ 毆打(때릴 구, 칠 타) ④ 嘔吐(게울 구, 토할 토)] 107. ② [矜持(자랑할 긍, 가질 지) ① 席捲(자리 석, 거둘·말 권) : 돗자리를 만다는 뜻으로, 빠른 기세로 영토를 휩쓸거나 세력 범위를 넓힘 ② 自負(스스로 자, 질 부) : 자기 자신 또는 자기와 관련되어 있는 것에 대하여 스스로 그 가치나 능력을 믿고 마음을 당당히 가짐 ③ 饑饉(주릴 기, 주릴 근) : 흉년으로 양식이 모자라 굶주림 ④ 汲汲(물길을 급, 물길을 급) : 골똘하게 한 가지 일에만 정신을 쏟음] 108. ④ [滿喫(찰 만, 먹을 끽) : 마음껏 먹고 마심. 욕망을 마음껏 충족함 ① 嗜好(즐길 기, 좋을 호) ② 技倆(재간 기, 재주 량) : 기술상의 재주 ③ 措置(둘 조, 둘 치) : 어떤 문제를 잘 살펴서 필요한 대책을 세움 ④ 飽食(배부를 포, 먹을·밥 식)] 109. ① [崎嶇(험할 기, 험할 구) : 산길이 험함. 세상살이가 순탄하지 못함 ① 險惡(험할 험, 악할 악 / 미워할 오) ② 畸形(뙈기밭·불구 기, 모양 형) ③ 懦弱(나약할 나, 약할 약) ④ 語訥(말씀 어, 말더듬거릴 눌)] 110. ④ [捏造(꾸밀 날, 지을 조) : 근거 없는 사실을 꾸며 말함 ① 捺印(누를 날, 도장 인) ② 怪談(괴이할 괴, 말씀 담) ③ 蹶起(일어설·넘어질 궐, 일어날 기) : 어떤 일에 대한 각오를 다지거나 결심을 굳히면서 기운차게 일어섬 ④ 歪曲(기울 왜·외, 굽을 곡) : 사실과 다르게 해석됨] 111. 外換(바깥 외, 바꿀 환) 112. 不渡(아닐 불·부, 건널 도) 113. 潛跡(잠길 잠, 발자취 적) / 潛迹(잠길 잠, 자취 적) 114. 眞率(참 진, 비율 률 / 거느릴 솔) 115. 借用證(빌·빌릴 차, 쓸 용, 증거 증) 116. 緊急(긴할 긴, 급할 급) 117. 融通(녹을 융, 통할 통) 118. 祕訣(숨길 비, 이별할 결) 119. 傳播(전할 전, 뿌릴 파) 120. 浮浪者(뜰 부, 물결 랑, 놈 자) 121. 捕捉(잡을 포, 잡을 착) 122. 補完(기울 보, 완전할 완) 123. 敷演(펼 부, 펼 연) / 敷衍(펼 부, 넓을 연) 124. 晩學(늦을 만, 배울 학) 125. 僻村(궁벽할 벽, 마을 촌) 126. 倂合(아우를 병, 합할 합) 127. 悽慘(슬퍼할 처, 참혹할 참) 128. 恥辱(부끄러울 치, 욕될 욕) 129. 締結(맺을 체, 맺을 결) 130. 胎動(아이 밸 태, 움직일 동) 131. 軍閥(군사 군, 문벌 벌) 132. 匪賊(비적 비, 도둑 적) 133. 虐政(모질 학, 정사 정) 134. 覇權(으뜸 패, 권세 권) 135. 蔑視(업신여길 멸, 볼 시) 136. 抛棄(던질 포, 버릴 기) 137. 魅力(매혹할 매, 힘 력) 138. 磁石(자석 자, 돌 석) 139. 外貌(바깥 외, 모양 모) 140. 拘礙(잡을 구, 거리낄 애) 141. 預金(맡길·미리 예, 쇠 금 / 성(性) 김) 142. 紳士(띠 신, 선비 사)

143. 箱子(상자 상, 아들 자)　144. 雨傘(비 우, 우산 산)　145. 惹起(이끌 야, 일어날 기)　[問 146-150] (132) 匪賊　(134) 覇權　(136) 抛棄　(139) 外貌　(141) 預金　(142) 紳士　151. ③ ① 소요 ② 소금 ③ 소담 ④ 소두　152. ④　(① 수렵 ② 순수 ③ 시기 ④ 송구)　153. ① (① 신문 ② 신음 ③ 신목 ④ 신금　154. ① (① 애매 ② 애로 ③ 어령 ④ 와류)　155. ② (① 옹졸 ② 와전 ③ 영아 ④ 완고)　156. 步道(걸음 보, 길 도)　157. 報道(갚을·알릴 보, 길 도)　158. 無期(없을 무, 기약할 기)　159. 武器(호반 무, 그릇 기)　160. 當到(마땅할 당, 이를 도)　161. 糖度(엿 당 / 사탕 탕, 법도 도 / 헤아릴 탁)　162. 對備(대할 대, 갖출 비)　163. 對比(대할 대, 견줄 비)　164. 交錯(사귈 교, 어긋날 착) : 엇갈려 뒤섞임　165. 膠着(아교 교, 붙을 착) : 조금의 변동이나 진전이 없음　166. 沢　167. 尽　168. 証　169. 淺　170. 處　171. 任 [委任(맡길 위, 맡길 임)]　172. 隱 [隱遁(숨을 은, 숨을 둔)　173. 瞬間(눈깜짝할 순, 사이 간) * 刹那(절 찰, 어찌 나)　174. 昭詳(밝을 소, 자세할 상) * 仔細(자세할 자, 가늘 세)　175. 尋常(찾을 심, 떳떳할 상) * 平凡(평평할 평, 무릇 범)　176. 老鍊(늙을 로, 쇠불릴·단단할 련) * 未熟(아닐 미, 익을 숙)　177. 模倣(본뜰 모, 본뜰 방) * 獨創(홀로 독, 비롯할 창)　178. 名譽(이름 명, 기릴·명예 예) * 恥辱(부끄러울 치, 욕될 욕)　179. 野蠻(들 야, 오랑캐 만 * 文明(글월 문, 밝을 명)　180. 隆盛(높을 융, 성할 성) * 滅亡(꺼질·멸할 멸, 망할 망)　181. 誇張(자랑할 과, 베풀 장)　182. 約款(맺을 약, 항목 관)　183. 僑胞(더부살이 교, 세포 포)　184. 龜裂(거북 구·귀 / 터질 균, 찢어질 렬)　185. 購讀(살 구, 읽을 독)　186. 分泌(나눌 분, 스며흐를 필 / 분비 비)　187. 赤裸裸(붉을 적, 벗을 라, 벗을 라)　188. 舞姬(춤출 무, 계집 희)　189. 締結(맺을 체, 맺을 결)　190. 書翰(글 서, 편지 한)　191. 言, 敏 [訥言敏行(말더듬거릴 눌, 말씀 언, 민첩할 민, 다닐 행)]　192. 望, 天 [戴盆望天(일 대, 동이 분, 바랄 망, 하늘 천)]　193. 過, 直 [矯枉過直(바로잡을 교, 굽을 왕, 지날 과, 곧을 직)]　194. 狗, 續 [狗尾續貂(개 구, 꼬리 미, 이을 속, 담비 초)]　195. 君, 變 [君子豹變(임금 군, 아들 자, 표범 표, 변할 변)]　196. 背, 毛 [龜背刮毛(거북 구·귀 / 터질 균, 등 배, 긁을 괄, 터럭 모)]　197. 金, 蘭 [金蘭之誼(쇠 금 / 성(姓) 김, 난초 란, 갈 지, 정 의)]　198. 氣, 萬 [氣焰萬丈(기운 기, 불꽃 염, 일만 만, 어른 장)]　199. 中, 取 [囊中取物(주머니 낭, 가운데 중, 가질 취, 물건 물)]　200. 登, 去 [登樓去梯(오를 등, 다락 루, 갈 거, 사다리 제)]

1級 - 6회 해설

1. 살포(撒뿌릴 살, 布베·펼 포 / 보시 보) 2. 영정(影그림자 영, 幀그림 족자 정) 3. 답지(遝뒤섞일 답, 至이를 지) 4. 기치(旗기 기, 幟기 치) 5. 참담(慘참혹할 참, 憺참담할 담) 6. 교란(攪흔들 교, 亂어지러울 란) 7. 야유(揶야유할 야, 揄야유할 유) 8. 묘연(渺아득할 묘, 然그럴 연) 9. 견사(繭고치 견, 絲실 사) 10. 달병(疸황달 달, 病병 병) 11. 만가(輓끌·애도할 만, 歌노래 가) 12. 경골(脛정강이 경, 骨뼈 골) 13. 무복(巫무당 무, 卜점 복) 14. 낭고(狼이리 랑, 顧돌아볼 고) 15. 학료(學배울 학, 寮동관(同官) 료) 16. 노략(擄노략질할 로, 掠노략질할 략) 17. 호리(毫터럭 호, 釐다스릴 리) 18. 만자(卍만자 만, 字글자 자) 19. 담박(澹맑을 담, 泊머무를·배댈 박) 20. 포경선(捕잡을 포, 鯨고래 경, 船배 선) 21. 명정(酩술취할 명, 酊술취할 정) 22. 전몰(戰싸움 전, 歿죽을 몰) 23. 교거(驕교만할 교, 倨거만할 거) 24. 일별(一한 일, 瞥눈깜짝할 별) 25. 분홍(雰눈날릴 분, 虹무지개 홍) 26. 경방(京서울 경, 坊동네 방) 27. 산증(疝산증 산, 症증세 증) 28. 작렬(炸터질 작, 裂찢어질 렬) 29. 고봉(高높을 고, 捧받들 봉) 30. 자비(煮삶을 자, 沸끓을 비 / 용솟음할 불) 31. 서광(曙새벽 서, 光빛 광) 32. 초피(貂담비 초, 皮가죽 피) 33. 장기(仗의장 장, 器그릇 기) 34. 광겁(曠빌 광, 劫위협할 겁) 35. 전족(纏얽을 전, 足발 족) 36. 통곡(慟서러워할 통, 哭울 곡) 37. 재계(齋재계할·집 재, 戒경계할 계) 38. 서리(胥서로 서, 吏벼슬아치·관리 리) 39. 훤소(喧지껄일 훤, 騷떠들 소) 40. 저작(咀씹을 저, 嚼씹을 작) 41. 명충(螟멸구 명, 蟲벌레 충) 42. 번진(藩울타리 번, 鎭진압할 진) 43. 자상(仔자세할 자, 詳자세할 상) 44. 몌별(袂소매 몌, 別다를·나눌 별) 45. 조소(彫새길 조, 塑흙 빚을 소) 46. 묵도(黙잠잠할 묵, 禱빌 도) 47. 융단(絨가는 베 융, 緞비단 단) 48. 신방(神귀신 신, 昉밝을 방) 49. 박승(縛얽을 박, 繩노끈 승) 50. 문성(蚊모기 문, 城재 성) 51. 삭힐 효 52. 후손 예 53. 굽 제 54. 스밀 삼 55. 봉황 황 56. 비상 비 57. 가슴 억 58. 쪼갤 부 59. 창포 창 60. 어루만질 무 61. 도울 방 62. 여우 호 63. 칠 박 64. 목맬 액 65. 호탕할 탕 66. 길잡을 향 67. 역질 두 68. 틈 극 69. 흰흙 악 70. 샘낼 투 71. 이를 숙 72. 허물 고 73. 재갈 함 74. 흐릴 담 75. 강퍅할 퍅 76. 어리석을 매 77. 밤 소 78. 고름 농 79. 부고 부 80. 허물 하 81. 찰 름 82. 먹일 포 83. 食貪(밥·먹을 식, 탐낼 탐) 84. 溫湯(따뜻할 온, 끓을 탕) 85. 危殆(위태할 위, 거의 태) 86. 過怠料(지날 과, 게으를 태, 헤아릴 료) 87. 安協(온당할 타, 화할 협) 88. 付託(부칠 부, 부탁할 탁) 89. 洗濯(씻을 세, 씻을 탁) 90. 誕生(낳을·거짓 탄, 날 생) 91. 沈着(잠길 침 / 성(姓) 심, 붙을 착) 92. 墮落(떨어질 타, 떨어질 락) 93. 側近(곁 측, 가까울 근) 94. 稚氣(어릴 치, 기운 기) 95. 廉恥(청렴할 렴, 부끄러울 치) 96. 氷菓(얼음 빙, 과자·실과 과) 97. 弱冠(약할 약, 갓 관) 98. 貫徹(꿸 관, 거둘 철) 99. 落款(떨어질 락, 항목 관) 100. 慣行(익숙할 관, 다닐 행 / 항렬 항) 101. 旅館(나그네 려, 집 관) 102. 掛圖(걸 괘, 그림 도) 103. 怪物(괴이할 괴, 물건 물) 104. 傀然(허수아비 괴, 그럴 연) : 도량이나 능력, 업적 따위가 뛰어나고 훌륭하다. 105. 絞殺(목맬 교, 죽일 살 / 감할·빠를 쇄) 106. 僑民(더부살이 교, 백성 민) 107. 膠着(아교 교, 붙을 착) 108. 耐久性(견딜 내,

오랠 구, 성품 성) 109. 不拘(아닐 불·부, 잡을 구) 110. 購入(살 구, 들 입) 111. 海鷗(바다 해, 갈매기 구) : 갈매기 112. 採掘(캘 채, 팔 굴) 113. 碩學(클 석, 배울 학) 114. 修繕(닦을 수, 기울 선) 115. 包攝(쌀 포, 다스릴·잡을 섭) 116. 專貰(오로지 전, 세놓을 세) 117. 連鎖(이을 련, 쇠사슬 쇄) 118. 刷新(인쇄할 쇄, 새 신) * 여기서 '刷'는 깨끗하게 하다, 씻다, 정돈하다의 뜻 119. 搜所聞(찾을 수, 바 소, 들을 문) 120. 熟知(익을 숙, 알 지) 121. 瞬息間(눈깜짝할 순, 쉴 식, 사이 간) 122. 便乘(편할 편, 탈 승) 123. 未 124. 宀 125. 戈 126. 殳 127. 弓 128. 爻 129. 瓦 130. 灬(火) 131. 勹 132. 匚 133. ① (① 주문 ② 주문 ③ 주문 ④ 주문) 134. ③ (① 앵도 ② 창광 ③ 천급 ④ 함구) 135. ① (① 조업 ② 조업 ③ 조업 ④ 조세) 136. ② (① 오매 ② 좌절 ③ 애로 ④ 함락) 137. ④ (① 즐비 ② 초포 ③ 창독 ④ 간언) 138. ② (① 치량 ② 창연 ③ 인멸 ④ 어공) 139. ① (① 강개 ② 체념 ③ 해락 ④ 연단) 140. ② (① 연석 ② 야장 ③ 어혈 ④ 엄연) 141. ② (① 하자 ② 하객 ③ 하토 ④ 하자) 142. ② (① 창검 ② 거만 ③ 해골 ④ 첩서) 143. 실없이 놀림 * 戲弄(놀이 희, 희롱할 롱) 144. 여럿 중에서 골라냄. 왕의 배우자를 고름 * 揀擇(가릴 간, 가릴 택) 145. 어려움을 참고 견딤 * 堪耐(견딜 감, 견딜 내) 146. 대조하여 조사함 * 勘査(헤아릴 감, 조사할 사) 147. 잘못이나 허물이 없음 * 無辜(없을 무, 허물 고) 148. 차꼬와 수갑. 속박 * 桎梏(차꼬 질, 수갑 곡) 149. 다른 생각을 일절 하지 않고 한 가지 일에만 온 정신을 쏟음 * 汨沒(골몰할 골, 빠질 몰) 150. 두 손을 마주잡아 공경의 뜻을 나타내는 예 * 拱手(팔짱낄 공, 손 수) 151. 견고하고 굳게 함 * 鞏固(굳을 공, 굳을 고) 152. 사물의 대강의 테두리. 겉모양 * 輪廓(바퀴 륜, 둘레 곽 / 클 확) 153. 拡 154. 庁 155. 済 156. 彈[彈劾(탄핵할 탄, 꾸짖을 핵)] 157. 迫[促迫(재촉할 촉, 다그칠 박)] 158. 下[貶下(낮출 폄, 아래 하)] 159. 少[稀少(드물 희, 적을 소)] 160. 毒[酷毒(심할 혹, 독 독)] 161. 責[譴責(꾸짖을 견, 꾸짖을 책)] 162. 淨[淨潔(깨끗할 정, 깨끗할 결)] 163. 雇[雇傭(품팔 고, 품팔 용)] 164. 亂[攪亂(흔들 교, 어지러울 란)] 165. 弱[懦弱(나약할 나, 약할 약)] 166. 憂鬱(근심 우, 답답할 울) * 明朗(밝을 명, 밝을 랑) 167. 引繼(끌 인, 이을 계) * 引受(끌 인, 받을 수) 168. 弔客(조상할 조, 손 객) * 賀客(하례할 하, 손 객) 169. 緊張(긴할 긴, 베풀 장) * 解弛(풀 해, 늦출 이) 170. 歡待(기쁠 환, 기다릴 대) * 冷待(찰 랭, 기다릴 대) 171. 支線(지탱할 지, 줄 선) * 幹線(줄기 간, 줄 선) 172. 閉鎖(닫을 폐, 쇠사슬 쇄) * 開放(열 개, 놓을 방) 173. 拒否(막을 거, 아닐 부) * 承諾(이을 승, 허락할 낙) 174. 傑作(뛰어날 걸, 지을 작) * 拙作(졸할 졸, 지을 작) 175. 離婚(떠날 리, 혼인할 혼) * 結婚(맺을 결, 혼인할 혼) 176. 大氣(큰 대, 기운 기) 177. 待期(기다릴 대, 기약할 기) 178. 踏査(밟을 답, 조사할 사) 179. 答謝(대답할 답, 사례할 사) 180. 長官(긴 장, 벼슬 관) 181. 壯觀(장할 장, 볼 관) 182. 特秀(특별할 특, 빼어날 수) 183. 特需(특별할 특, 쓰일·쓸 수) 184. 遲刻(더딜·늦을 지, 새길 각) 185. 知覺(알 지, 깨달을 각) 186. 妄[輕擧妄動(가벼울 경, 들 거, 망령될 망, 움직일 동) : 깊이 생각해보지 않고 가볍게 마구 행동함] 187. 誇[誇大妄想(자랑할 과, 큰 대, 망령될 망, 생각 상) : 자신의 현재 모습을 실제보다 크게 평가하여 사실인 것처럼 믿는 것] 188. 窮[窮餘之策(다할·궁할 궁, 남을 여, 갈 지, 꾀 책) : 궁한 나머지 생각다 못해 짜낸 계책] 189. 謀[權謀術數(권세 권, 꾀 모, 재주 술, 셈 수) : 남을 속이는 교묘한 술책] 190. 截[去頭截

尾(갈 거, 머리 두, 끊을 절, 꼬리 미) : 머리와 꼬리를 자름. 어떠한 일의 요점만 간단히 말함] 191. 磨, 針 [磨斧爲針(갈 마, 도끼 부, 하·할 위, 바늘 침)] 192. 亡, 補 [亡羊補牢(망할 망, 양 양, 기울 보, 우리 뢰) 193. 頭, 縣 [猫頭縣鈴(고양이 묘, 머리 두, 달 현, 방울 령)] 194. 之, 筆 [董狐之筆(바를 동, 여우 호, 갈 지, 붓 필)] 195. 麻, 姑 [麻姑搔痒(삼 마, 시어미 고, 긁을 소, 앓을 양)] 196. 萬, 群 [萬彙群象(일만 만, 무리 휘, 무리 군, 코끼리 상)] 197. 珠, 投 [明珠闇投(밝을 명, 구슬 주, 숨을 암, 던질 투)] 198. 盾, 着 [矛盾撞着(창 모, 방패 순, 칠 당, 붙을 착)] 199. 門, 弄 [班門弄斧(나눌 반, 문 문, 희롱할 농, 도끼 부) 200. 冬, 夏 [冬扇夏爐(겨울 동, 부채 선, 여름 하, 화로 로)]

1級 – 7회 해설

1. 팽배(澎물소리 팽, 湃물결칠 배) 2. 보수(報갚을·알릴 보, 酬갚을 수) 3. 훼방(毁헐 훼, 謗헐뜯을 방) 4. 당착(撞칠 당, 著붙을 착) 5. 반박(反돌아올·돌이킬 반, 駁논박할 박) 6. 지척(咫여덟치 지, 尺자 척) 7. 파과(破깨뜨릴 파, 瓜외 과) 8. 몽진(蒙어두울 몽, 塵티끌 진) 9. 박빙(薄엷을 박, 氷얼음 빙) 10. 구치(驅몰 구, 馳달릴 치) 11. 비호(庇덮을 비, 護도울 호) 12. 식혜(食밥·먹을 식, 醯식혜 혜) 13. 협소(狹좁을 협, 小작을 소) 14. 협골(頰뺨 협, 骨뼈 골) 15. 점윤(霑젖을 점, 潤불을 윤) 16. 해태(海바다 해, 苔이끼 태) 17. 퇴색(褪바랠 퇴, 色빛 색) 18. 현란(絢무늬 현, 爛빛날 란) 19. 녹용(鹿사슴 록, 茸풀날 용 / 버섯 이) 20. 분서(焚불사를 분, 書글 서) 21. 태권(跆밟을 태, 拳주먹 권) 22. 도요(陶질그릇 도, 窯기와가마 요) 23. 붕대(繃묶을 붕, 帶띠 대) 24. 우매(愚어리석을 우, 昧어두울 매) 25. 신랄(辛매울 신, 辣매울 랄) 26. 전색(塡메울 전, 塞막힐 색 / 변방 새) 27. 극순(戟창 극, 盾방패 순) 28. 도금(鍍도금할 도, 金쇠 금 / 성(姓) 김) 29. 소조(疏소통할 소, 阻막힐 조) 30. 나포(拿잡을 나, 捕잡을 포) 31. 포폄(褒기릴 포, 貶낮출 폄) 32. 강노(剛굳셀 강, 弩쇠뇌 노) 33. 전통(箭화살 전, 筒통 통) 34. 침낭(寢잘 침, 囊주머니 낭) 35. 구토(嘔게울 구, 吐토할 토) 36. 비용(飛날 비, 踊뛸 용) 37. 침구(鍼침 침, 灸뜸 구) 38. 빈소(殯빈소 빈, 所바 소) 39. 신속(迅빠를 신, 速빠를 속) 40. 화훼(花꽃 화, 卉풀 훼) 41. 반시(飯밥 반, 匙숟가락 시) 42. 마구(馬말 마, 廐마구 구) 43. 부식(腐썩을 부, 蝕좀먹을 식) 44. 도서(島섬 도, 嶼섬 서) 45. 경운(耕밭 갈 경, 耘김맬 운) 46. 대오(隊대 대, 伍다섯 사람 오) 47. 권유(倦게으를 권, 游헤엄칠 유) 48. 비정(秕쭉정이 비, 政정사 정) 49. 예둔(銳날카로울 예, 鈍둔할 둔) 50. 관개(灌물댈 관, 漑물댈 개) 51. 큰 물결이 맞부딪쳐 솟구침. 어떤 기세 혹은 사조 등이 거세게 일어남. 52. 고마움에 대한 보답. 수고한 대가로 주는 돈이나 물품 53. 남을 헐뜯어 비방함. 남의 일을 간섭하고 방해함 54. 말이나 행동이 앞뒤가 서로 맞지 아니함. 모순됨 55. 남의 의견, 주장 등에 반대하여 말함 56. 아주 가까운 거리 57. 여자 나이 16세. 남자 나이 64세.('瓜(외 과)'자를 破字하면 '八(여덟 팔)'자가 둘이 되므로 8+8=16, 8x8=64) 58. 임금이 난리를 피해 안전한 곳으로 도주함(머리에 먼지를 뒤집어쓴다는 뜻) 59. 근소한 차이(얇은 얼음. 살얼음) 60. 몹시 바삐 돌아다님. 남의 일을 위하여 힘을 다함(말이나 수레를 타고 빨리 달림) 61. (27) 戟盾 62. (29) 疏阻 63. (31) 褒貶 64. (36) 飛踊 65. (49) 銳鈍 66. 물 뿌릴 발 67. 짤 함 68. 구울 자·적 69. 깎을 산 70. 벗길 박 71. 밭두둑 롱 72. 쇳소리 쟁 73. 무너질 퇴 74. 꾸짖을 핵 75. 아비 야 76. 비슷할 불 77. 병장기·오랑캐 융 78. 참소할 참 79. 모자랄 핍 80. 모 앙 81. 달팽이 와 82. 미칠 전 83. 황달 달 84. 회충 회 85. 고울 염 86. 앵두 앵 87. 짤 착 88. 무소 서 89. 균 균 90. 기울 즙 91. 用 93. 鼎 93. 肉 94. 己 95. 大 96. 麻 97. 土 98. 戈 99. 口 100. 十 101. ④ [① 漏泄(샐 루, 샐 설) ② 排泄(밀칠 배, 샐 설) ③ 泄瀉(샐 설, 쏟을 사) ④ 浚渫(깊을 준, 파낼 설) : 못이나 개울 따위의 밑바닥에 멘 것을 파

냄] 102. ① [① 遡及(거스를 소, 미칠 급) : 지나간 일에까지 거슬러 올라가서 미치게 하는 것 ② 疎外(성길 소, 바깥 외) ③ 疎忽(성길 소, 갑자기 홀) ④ 生疎(날 생, 성길 소)] 103. ③ [① 悚懼(두려울 송, 두려워할 구) ② 罪悚(허물 죄, 두려울 송) ③ 送別(보낼 송, 다를·나눌 별) ④ 惶悚(두려울 황, 두려울 송)] 104. ④ [① 報酬(갚을·알릴 보, 갚을 수) : 고맙게 해 준 데 대하여 보답을 함. 일한 대가로 주는 돈이나 물품 ② 應酬(응할 응, 갚을 수) : 상대편이 한 말이나 행동을 받아서 마주 응함 ③ 酬酌(갚을 수, 술부을·잔질할 작) : 술잔을 서로 주고받음. 서로 말을 주고받음. 남의 말이나 행동, 계획을 낮잡아 이르는 말 ④ 怨讐(원망할 원, 원수 수)] 105. ② [① 腐蝕(썩을 부, 좀먹을 식) ② 終熄(마칠 종, 불꺼질 식) ③ 月蝕(달 월, 좀먹을 식) ④ 侵蝕(침노할 침, 좀먹을 식)] 106. ② [撞着(칠 당, 붙을 착) : 앞뒤가 서로 맞지 않음 ① 潰滅(무너질 궤, 꺼질·멸할 멸) : 무너지거나 흩어져 없어짐 ② 矛盾(창 모, 방패 순) ③ 慘憺(참혹할 참, 참담할 담) ④ 斬首(벨 참, 머리 수)] 107. ③ [安堵(편안 안, 담 도) ① 澹泊(맑을 담, 머무를·배댈 박) : 욕심이 없고 마음이 깨끗함 ② 目睹(눈 목, 볼 도) : 눈으로 직접 봄 ③ 平安(평평할 평, 편안 안) ④ 舞蹈(춤출 무, 밟을 도)] 108. ④ [淘汰(쌀일 도, 일 태) : 물건을 물에 넣고 일어서 좋은 것만 골라내고 불필요한 것을 가려서 버림. 여럿 중에서 불필요하거나 부적당한 것을 줄여 없앰 ① 隱遁(숨을 은, 숨을 둔) ② 波瀾(물결 파, 물결 란) : 순탄하지 아니하고 어수선하게 계속되는 여러 가지 어려움이나 시련 ③ 沙汰(모래 사, 일 태) : 비로 인해 언덕이나 산비탈이 무너지는 일 ④ 汰沙(일 태, 모래 사) : 물에 일어서 좋고 나쁜 것을 가려놓다.] 109. ② [潑剌(물뿌릴 발, 발랄할 랄 / 수라 라) ① 辛辣(매울 신, 매울 랄) : 맛이 몹시 쓰고 매움 ② 明朗(밝을 명, 밝을 랑) ③ 黎明(검을 려, 밝을 명) ④ 伴侶(짝 반, 짝 려) : 짝이 되는 것] 110. ① [鄙陋(더러울 비, 더러울 루) ① 卑俗(낮을 비, 풍속 속) ② 堡壘(작은성 보, 보루 루) : 적의 침입을 막기 위하여 돌이나 콘크리트 따위로 튼튼하게 쌓은 구축물. 지켜야 할 대상을 비유적으로 이르는 말 ③ 收斂(거둘 수, 거둘 렴) ④ 侵擄(침노할 침, 노략질할 로) : 남의 나라를 불법으로 쳐들어가거나 쳐들어옴] 111. 發癌(필 발, 암 암) 112. 防腐劑(막을 방, 썩을 부, 약제 제) 113. 添加(더할 첨, 더할 가) 114. 雪糖(눈 설, 엿 당 / 사탕 탕) 115. 禁忌(금할 금, 꺼릴 기) 116. 菓子(과자 과 / 실과 과, 아들 자) 117. 循環(돌 순, 고리 환) 118. 酸素(실 산, 본디·흴 소) 119. 竹鹽(대 죽, 소금 염) 120. 過敏(지날 과, 민첩할 민) 121. 診察(진찰할 진, 살필 찰) 122. 攝取(다스릴·잡을 섭, 취할 취) 123. 店鋪(가게 점, 펼·가게 포) 124. 購販場(살 구, 팔 판, 마당 장) 125. 推薦(밀 추·퇴, 천거할 천) 126. 垈地(집터 대, 따 지) 127. 建坪(세울 건, 들 평) 128. 駐車(머무를 주, 수레 거·차) 129. 賃貸(품삯 임, 빌릴 대) 130. 月貰(달 월, 세놓을 세) 131. 折衷(꺾을 절, 속마음 충) 132. 隣近(이웃 린, 가까울 근) 133. 驛勢圈(역 역, 형세 세, 우리 권) 134. 登記簿(오를 등, 기록할 기, 장부 부) 135. 謄本(베낄 등, 근본 본) 136. 閱覽(볼 열, 볼 람) 137. 纖維(가늘 섬, 벼리 유) 138. 油脂(기름 유, 기름 지) 139. 香辛料(향기 향, 매울 신, 헤아릴 료) 140. 痲醉劑(저릴 마, 취할 취, 약제 제) 141. 醫療(의원 의, 병 고칠 료) 142. 乾燥(하늘·마를 건, 마를 조) 143. 幻覺(헛보일 환, 깨달을 각) 144. 包含(쌀 포, 머금을 함) 145. 興奮(일 흥, 떨칠 분) [問 146-150] (115) 禁忌 (120) 過敏 (123) 店鋪 (127) 建坪 (128) 駐車 (129) 賃貸 ※ (116) 菓子(과자 과 / 실과 과, 아들 자)의 경우 '실과'의 뜻으로 쓰일 때는 장음이지만 '과자'의 뜻으로 쓰일 때는 단음이다. 151. ③ (① 왜소 ② 요철 ③ 요조 ④ 요란) 152. ① (① 완곡 ② 요행 ③ 우범 ④ 유쾌

) 153. ④ (① 유착 ② 유린 ③ 이모 ④ 응수) 154. ② (① 자경 ② 잉여 ③ 자상 ④ 음덕) 155. ④ (① 작열 ② 장인 ③ 저돌 ④ 저촉) 156. 驛前(역 역, 앞 전) 157. 逆轉(거스를 역, 구를 전) 158. 僞裝(거짓 위, 꾸밀 장) 159. 胃腸(밥통 위, 창자 장) 160. 養護(기를 양, 도울 호) 161. 良好(어질 량, 좋을 호) 162. 宣傳(베풀 선, 오로지 전) 163. 善戰(착할 선, 싸움 전) 164. 飼料(기를 사, 헤아릴 료) 165. 思料(생각할 사, 헤아릴 료) 166. 廢 167. 柒 168. 昼 169. 総 170. 圍 171. 塞 [窒塞(막힐 질, 막힐 색 / 변방 새)] 172. 收 [撤收(거둘 철, 거둘 수)] 173. 食言(밥·먹을 식, 말씀 언) * 負約(질 부, 맺을 약) : 약속이나 계약을 어김 174. 白眉(흰 백, 눈썹 미) * 出家(날 출, 무리 중) 175. 慶弔(경사 경, 조상할 조) * 吉凶(길할 길, 흉할 흉) 176. 鈍感(둔할 둔, 느낄 감) * 敏感(민첩할 민, 느낄 감) 177. 門外漢(문 문, 바깥 외, 한수·한나라 한) * 專門家(오로지 전, 문 문, 집 가) 178. 特殊(특별할 특, 다를 수) * 普遍(넓을 보, 두루 편) 179. 副業(버금 부, 업 업) * 本業(근본 본, 업 업) 180. 紛爭(어지러울 분, 다툴 쟁) * 和解(화할 화, 풀 해) 181. 發掘(필 발, 팔 굴) 182. 糾明(얽힐 규, 밝을 명) 183. 閨房(안방 규, 방 방) 184. 濃厚(짙을 농, 두터울 후) 185. 肝膽(간 간, 쓸개 담) 186. 肥沃(살찔 비, 기름질 옥) 187. 關鍵(관계할 관, 자물쇠·열쇠 건) 188. 搬入(옮길 반, 들 입) 189. 진맥(진찰할 진, 줄기 맥) 190. 초미(탈 초, 눈썹 미) 191. 漸, 防 [杜漸防萌(막을 두, 점점 점, 막을 방, 움 맹)] 192. 漏, 舟 [網漏吞舟(그물 망, 샐 루, 삼킬 탄, 배 주)] 193. 刺, 背 [芒刺在背(까끄라기 망, 찌를 자, 있을 재, 등 배)] 194. 夢, 間 [夢寐之間(꿈 몽, 잘 매, 갈 지, 사이 간)] 195. 望, 福 [毋望之福(말 무, 바랄 망, 갈 지, 복 복)] 196. 反, 孝 [反哺之孝(돌이킬 반, 먹일 포, 갈 지, 효도 효)] 197. 百, 頭 [百尺竿頭(일백 백, 자 척, 낚싯대 간, 머리 두)] 198. 覆, 戒 [覆車之戒(엎드릴 복, 수레 거, 갈 지, 경계 계)] 199. 書, 儒 [焚書坑儒(불사를 분, 글 서, 구덩이 갱, 선비 유)] 200. 雪, 鴻 [雪泥鴻爪(눈 설, 진흙 니, 기러기 홍, 손톱 조)]

1級 － 8회 해설

1. 조예(造지을 조, 詣이를 예) 2. 함정(陷빠질 함, 穽함정 정) 3. 외투(外바깥 외, 套씌울 투) 4. 기염(氣기운 기, 焰불꽃 염) 5. 옹졸(壅막을 옹, 拙졸할 졸) 6. 분장(扮꾸밀 분, 裝꾸밀 장) 7. 전묘(田밭 전, 畝이랑 무·묘) 8. 농아(聾귀먹을 롱, 啞벙어리 아) 9. 역적(瀝스밀 력, 滴물방울 적) 10. 모호(糢모호할 모, 糊풀칠할 호) 11. 도솔가(兜투구 두 / 도솔천 도, 率비율 률 / 거느릴 솔, 歌노래 가) 12. 익명(匿숨길 닉, 名이름 명) 13. 방조(幇도울 방, 助도울 조) 14. 기류(杞구기자 기, 柳버들 류) 15. 연지(撚비틀 년, 紙종이 지) 16. 장리(掌손바닥 장, 裡속 리) 17. 생금(生날 생, 擒사로잡을 금) 18. 명해(溟바다 명, 海바다 해) 19. 운구(運옮길 운, 柩널 구) 20. 등분(登오를 등, 盆동이 분) 21. 조박(糟지게미 조, 粕지게미 박) 22. 구간(軀몸 구, 幹줄기 간) 23. 비어(轡바퀴·날 비, 語말씀 어) 24. 남격(男사내 남, 覡박수 격) 25. 선망(羨부러워할 선 / 무덤길 연, 望바랄 망) 26. 강장(腔속빌 강, 腸창자 장) 27. 부두(埠부두 부, 頭머리 두) 28. 설루(洩샐 설 / 퍼질 예, 漏샐 루) 29. 취렴(聚모을 취, 斂거둘 렴) 30. 괴걸(魁괴수 괴, 傑뛰어날 걸) 31. 단자(緞비단 단, 子아들 자) 32. 유구(琉유리 류, 球공 구) 33. 규곽(葵아욱·해바라기 규, 藿콩잎·미역 곽) 34. 염습(殮염할 렴, 襲엄습할 습) 35. 벽개(劈쪼갤 벽, 開열 개) 36. 무료(無없을 무, 聊애오라지 료) 37. 괴려(乖어그러질 괴, 戾어그러질 려) 38. 불령(不아닐 불·부, 逞쾌할 령) 39. 격막(膈가슴 격, 膜막·꺼풀 막) 40. 묘아(猫고양이 묘, 兒아이 아) 41. 박탈(剝벗길 박, 奪빼앗을 탈) 42. 소모(消사라질 소, 耗소모할 모) 43. 기형(畸떼기밭·불구 기, 形모양 형) 44. 열반(涅열반 녈, 槃쟁반 반) 45. 기백(氣기운 기, 魄넋 백) 46. 보세(洑보 보 / 스며 흐를 복, 稅세금 세) 47. 기년(朞돌 기, 年해 년) 48. 황무지(荒거칠 황, 無거칠 무, 地따 지) 49. 분노(忿성낼 분, 怒성낼 노) 50. 공고(鞏굳을 공, 固굳을 고) 51. 잔 상 52. 다음날 익 53. 문지를 찰 54. 낙타 타 55. 선물·반찬 선 56. 묻힐 인 57. 부의 부 58. 고칠 전 59. 퉁소 소 60. 경계 잠 61. 힘들일 판 62. 목책 채 63. 터질 탄 64. 떫을 삽 65. 만날 조 66. 저릴 비 67. 밭두둑 정 68. 모을 수 69. 잔 잔 70. 모퉁이 우 71. 여쭐 품 72. 다·여러 첨 73. 정실 적 74. 소용돌이 와 75. 똥 분 76. 기생 기 77. 어지러울 홍 78. 야유할 유 79. 부리 훼 80. 갈래 차 81. 옮길 사 82. 종기 종 83. 宮闕(집 궁, 대궐 궐) 84. 首都圈(머리 수, 도읍 도, 우리 권) 85. 絶叫(끊을 절, 부르짖을 규) 86. 糾合(얽힐 규, 합할 합) : 어떤 일을 꾸미려고 세력이나 사람을 모음 87. 閨秀(안방 규, 빼어날 수) 88. 僅僅(겨우 근, 겨우 근) 89. 肯定(즐길 긍, 정할 정) 90. 旣婚(이미 기, 혼인할 혼) 91. 遺棄(남길 유, 버릴 기) 92. 棋士(바둑 기, 선비 사) 93. 療飢(병고칠 료, 주릴 기) 94. 排尿(밀칠 배, 오줌 뇨) 95. 濃度(짙을 농, 법도 도 / 헤아릴 탁) 96. 溺死(빠질 닉, 죽을 사) 97. 軌道(바퀴자국 궤, 길 도) 98. 納涼(바칠 납, 서늘할 량) 99. 貨幣(재화 화, 화폐 폐) 100. 侮蔑(업신여길 모, 업신여길 멸) 101. 長靴(긴 장, 신 화) 102. 影響(그림자 영, 울릴 향) 103. 風貌(바람 풍, 모양 모) 104. 拍掌(칠 박, 손바닥 장) 105. 苦役(쓸 고, 부릴 역) 106. 左遷(왼 좌, 옮길 천) 107. 喉頭炎(목구멍 후, 머리 두, 불꽃 염) 108. 卜債(점 복, 빚 채)

109. 實踐(열매 실, 밟을 천) 110. 隆盛(높을 륭, 성할 성) 111. 痛哭(아플 통, 울 곡) 112. 蔘鷄湯(인삼 삼, 닭 계, 끓을 탕) 113. 矢言(화살 시, 말씀 언) 114. 移植(옮길 이, 불릴 식) 115. 雅量(맑을 아, 헤아릴 량) 116. 掌握(손바닥 장, 쥘 악) 117. 拘礙(잡을 구, 거리낄 애) 118. 令孃(하여금 령, 아가씨 양) 119. 讓渡(사양할 양, 건널 도) 120. 抑止(누를 억, 그칠 지) 121. 防疫(막을 방, 전염병 역) 122. 厭症(싫어할 염, 증세 증) 123. 齊 124. 豕 125. 靑 126. 聿 127. 木 128. 爪 129. 虫 130. 斗 131. 又 132. 肉 133. ① (① 조칙 ② 윤락 ③ 빈해 ④ 필경) 134. ② (① 늑골 ② 전서 ③ 피곤 ④ 하구) 135. ② (① 능금 ② 췌관 ③ 비파 ④ 필수) 136. ④ (① 피골 ② 능가 ③ 숙맥 ④ 전립) 137. ② (① 슬하 ② 구강 ③ 능선 ④ 필마) 138. ④ (① 필기 ② 늑장 ③ 승상 ④ 공읍) 139. ① (① 첨사 ② 풍년 ③ 막막 ④ 순박) 140. ① (① 광부 ② 만두 ③ 시기 ④ 풍림) 141. ③ (① 출당 ② 빈소 ③ 함몰 ④ 사치) 142. ③ (① 지단 ② 빈소 ③ 천도 ④ 사자) 143. 소나무, 향나무같이 줄기가 곧고 굵으며 높이 자라는 나무 * 喬木(높을 교, 나무 목) 144. 뒤흔들어 어지럽게 함 * 攪亂(흔들 교, 어지러울 란) 145. 어떤 일을 하면서 자기 신분을 드러내지 않기 위해 이름을 밝히지 않는 상태 * 匿名(숨길 닉, 이름 명) 146. 무참하게 마구 죽임. 죄다 무찔러 죽임 * 屠戮(죽일 도, 죽일 륙) 147. 금을 골라서 가름 * 淘金(쌀일 도, 쇠 금) 148. 임금에게 올리는 밥을 궁중에서 이르던 말 * 水剌(물 수, 발랄할 랄 / 수라) 149. 액체를 걸러내는 일 * 濾過(거를 려, 지날 과) 150. 희미하게 날이 밝을 무렵 * 黎明(검을 려, 밝을 명) 151. 하잘 것 없음 * 碌碌(푸른돌 록, 푸른돌 록) 152. 불의의 재해를 입음 * 罹災(걸릴 리, 재앙 재) 153. 辺 154. 麦 155. 写 156. 要 [要緊(요긴할 요, 긴할 긴)] 157. 突 [幢突(칠 당, 부딪칠 돌)] 158. 鍊 [鍛鍊(쇠불릴 단, 쇠불릴 련)] 159. 列 [羅列(벌릴 라, 벌릴 렬)] 160. 磨 [磨耗(갈 마, 소모할 모)] 161. 延 [蔓延(덩굴 만, 늘일 연)] 162. 亂 [紊亂(어지러울 문, 어지러울 란)] 163. 問 [諮問(물을 자, 물을 문)] 164. 細 [纖細(가늘 섬, 가늘 세)] 165. 忌 [猜忌(시기할 시, 꺼릴 기)] 166. 騷亂(떠들 소, 어지러울 란) * 靜肅(고요할 정, 엄숙할 숙) 167. 榮光(영화 영, 빛 광) * 羞恥(부끄러울 수, 부끄러울 치) 168. 瞬間(눈깜짝할 순, 사이 간) * 永劫(길 영, 위협할 겁) 169. 好轉(좋을 호, 구를 전) * 惡化(악할 악 / 미워할 오, 될 화) 170. 靈魂(신령 령, 넋 혼) * 肉體(고기 육, 몸 체) 171. 片道(조각 편, 길 도) * 往復(갈 왕, 회복할 복, 다시 부) 172. 辭任(말씀 사, 맡길 임) * 就任(나아갈 취, 맡길 임) 173. 絶對(끊을 절, 대할 대) * 相對(서로 상, 대할 대) 174. 詳述(자세할 상, 펼 술) * 略述(간략할·약할 략, 펼 술) 175. 動搖(움직일 동, 흔들릴 요) * 安定(편안 안, 정할 정) 176. 救護(구원할 구, 도울 호) 177. 口號(입 구, 이름 호) 178. 加工(더할 가, 장인 공) 179. 可恐(옳을 가, 두려울 공) 180. 繫留(맬 계, 머무를 류) 181. 溪流(시내 계, 흐를 류) 182. 家庭(집 가, 뜰 정) 183. 假定(거짓 가, 정할 정) 184. 紡織(길쌈 방, 짤 직) 185. 方直(모 방, 곧을 직) 186. 慨 [感慨無量(느낄 감, 슬퍼할 개, 없을 무, 헤아릴 량) : 마음에 사무치는 느낌이 한이 없음] 187. 奮 [孤軍奮鬪(외로울 고, 군사 군, 떨칠 분, 싸움 투) : 적고 외로운 군대가 힘에 겨운 적과 용감하게 싸움] 188. 殘 또는 爭 [骨肉相殘(뼈 골, 고기 육, 서로 상, 남을 잔) : 같은 민족끼리 해치며 싸우는 일 = 骨肉相爭] 189. 猶 [過猶不及(지날 과, 오히려 유, 아닐 불·부, 미칠 급) : 모든 사물이 정도를 지나치면 도리어 안한 것만 못함] 190. 懲 [勸善懲惡(권할

권, 착할 선, 징계할 징, 악할 악 / 미워할 오) : 착한 것을 권하고 악을 징계함]   191. 傍, 觀 [袖手傍觀(소매 수, 손 수, 곁 방, 볼 관)]   192. 杯, 盤 [杯盤狼藉(잔 배, 소반 반, 이리 랑, 깔·핑계할 자)]   193. 百, 老 [百年偕老(일백 백, 해 년, 함께 해, 늙을 로)]   194. 馬, 都 [駙馬都尉(부마 부, 말 마, 도읍 도, 벼슬 위)]   195. 負, 請 [負荊請罪(질 부, 가시 형, 청할 청, 허물 죄)]   196. 忘, 妻 [徙家忘妻(옮길 사, 집 가, 잊을 망, 아내 처)]   197. 舌, 劍 [舌芒於劍(혀 설, 까끄라기 망, 어조사 어, 칼 검)]   198. 折, 撓 [百折不撓(일백 백, 끊을 절, 아닐 불·부, 어지러울 요)]   199. 粉, 骨 [粉骨碎身(가루 분, 뼈 골, 부술 쇄, 몸 신)]   200. 木, 信 [徙木之信(옮길 사, 나무 목, 갈 지, 믿을 신)]

1級 – 9회 해설

1. 반사(頒나눌 반, 賜줄 사) 2. 만착(瞞속일 만, 着붙을 착) 3. 감내(堪견딜 감, 耐견딜 내) 4. 집요(執잡을 집, 拗우길 요) 5. 현학(衒자랑할 현, 學배울 학) 6. 차질(蹉미끄러질 차, 跌거꾸러질 질) 7. 갈등(葛칡 갈, 藤등나무 등) 8. 발호(跋밟을 발, 扈따를 호) 9. 즐우(櫛빗 즐, 雨비 우) 10. 기반(羈굴레·나그네 기, 絆얽어맬 반) 11. 동서(同한가지 동, 壻사위 서) 12. 유괴(誘꾈 유, 拐후릴 괴) 13. 완구(玩즐길 완, 具갖출 구) 14. 해빈(海바다 해, 濱물가 빈) 15. 무선(舞춤출 무, 扇부채 선) 16. 비위(脾지라 비, 胃밥통 위) 17. 궤상(机책상 궤, 上윗 상) 18. 기구(崎험할 기, 嶇험할 구) 19. 나약(懦나약할 나, 弱약할 약) 20. 척추(脊등마루 척, 椎쇠몽치·등골 추) 21. 비상(砒비상 비, 霜서리 상) 22. 면앙(俛힘쓸·구푸릴 면, 仰우러를 앙) 23. 촬영(撮모을·사진 찍을 촬, 影그림자 영) 24. 졸부(猝갑자기 졸, 富부자 부) 25. 초공(梢나뭇끝 초, 工장인 공) 26. 궁창(穹하늘 궁, 蒼푸를 창) 27. 혼서(昏두울 혼, 曙새벽 서) 28. 잉태(孕아이밸 잉, 胎아이밸 태) 29. 수뇌(髓뼛골 수, 腦골·뇌수 뇌) 30. 초췌(憔파리할 초, 悴파리할 췌) 31. 분쇄(粉가루 분, 碎부술 쇄) 32. 성취(醒깰 성, 醉취할 취) 33. 의자(椅의자 의, 子아들 자) 34. 예기(藝재주 예, 妓기생 기) 35. 끽연(喫먹을 끽, 煙연기 연) 36. 이종(姨이모 이, 從좇을 종) 37. 수집(蒐모을 수, 輯모을 집) 38. 나병(癩문둥이 라, 病병 병) 39. 중첩(重무거울 중, 疊거듭 첩) 40. 조율(棗대추 조, 栗밤 률) 41. 연추(姸고울 연, 醜추할 추) 42. 오열(嗚슬플 오, 咽목구멍 인 / 목멜 열 / 삼킬 연) 43. 언문(諺언문·속담 언, 文글월 문) 44. 복지(福복 복, 祉복 지) 45. 익월(翌다음날 익, 月달 월) 46. 함개(函함 함, 蓋덮을 개) 47. 엄폐(掩가릴 엄, 蔽덮을 폐) 48. 수렵(狩사냥할 수, 獵사냥 렵) 49. 금종(擒사로잡을 금, 縱세로 종) 50. 잉여(剩남을 잉, 餘남을 여) 51. 임금이 물건을 나누어 줌 52. 남의 눈을 속여 넘김 53. 어려움을 참고 견딤 54. 매우 고집스럽고 끈질김 55. 자신의 학식을 자랑하여 뽐냄 56. 하던 일이나 계획이 의도에서 벗어나 틀어짐(미끄러져 넘어진다는 뜻) 57. 개인이나 집단 간에 목표나 이해관계가 서로 달라 적대시하거나 충돌함 58. 제 마음대로 권세나 세력을 부리며 함부로 날뜀 59. 오랜 세월 객지를 떠돌며 온갖 고생을 다 함('즐풍목우(櫛風沐雨: 바람으로 머리를 빗고 빗물로 목욕함)'라는 말에서 유래) 60. 자유를 구속하거나 억누름(굴레를 씌운다는 뜻) 61. (22) 俛仰 62. (27) 昏曙 63. (32) 醒醉 64. (41) 姸醜 65. (49) 擒縱 ('縱'은 '세로, 늘어지다, 용서하다, 놓아주다, 풀다' 등의 뜻을 가지고 있다.) 66. 몰려들 주 67. 읍할 읍 68. 요행 요 69. 두려울 송 70. 불사를 분 71. 끊을 절 72. 꼭두각시 뢰 73. 길 포 74. 가물 발 75. 궤·걸상 등 76. 큰창자·몸통 동 77. 희미할 애 78. 규소 규 79. 어혈질 어 80. 새알 단 81. 터질 작 82. 빗 즐 83. 급할 표 84. 슬플 창 85. 더러울 예 86. 핍박할 핍 87. 찡그릴 빈 88. 사향노루 사 89. 불꽃 염 90. 속 빌 강 91. 麥 92. 衤(衣) 93. 犭(犬) 94. 耒 95. 木 96. 工 97. 毋 98. 田 99. 刂(刀) 100. 手 101. ③ ① 艶聞(고울 염, 들을 문) : 연애나 정사에 관한 소문 ② 艶姿(고울 염, 맵시 자) : 아리따운 몸가짐이나 맵시 ③ 傳染(전

할 전, 물들 염) ④ 妖艶(요사할 요, 고울 염)] 102. ① [① 頑固(완고할 완, 굳을 고) ② 腕力(팔뚝 완, 힘 력) : 팔의 힘. 육체적으로 억누르는 힘 ③ 手腕(손 수, 팔뚝 완) : 일을 꾸미거나 치러 나가는 재간 ④ 腕章(팔뚝 완, 글 장) : 신분이나 지위 따위를 나타내기 위하여 팔에 두르는 표장] 103. ④ [① 比喩(견줄 비, 깨우칠 유) ② 隱喩(숨을 은, 깨우칠 유) ③ 直喩(곧을 직, 깨우칠 유) ④ 揶揄(야유할 야, 야유할 유)] 104. ② [① 癒着(병나을 유, 붙을 착) : 사물이 깊은 관계가 있어 서로 떨어지지 않게 결합되어 있음 ② 愉快(즐거울 유, 쾌할 쾌) ③ 治癒(다스릴 치, 병나을 유) ④ 快癒(쾌할 쾌, 병나을 유)] 105. ① [① 右翼(오를·오른(쪽)우, 날개 익) : 보수적이거나 국수적인 경향. 그런 단체 ② 翌日(다음날 익, 날 일) ③ 翌年(다음날 익, 해 년) ④ 翌夜(다음날 익, 밤 야)] 106. ① [凌駕(업신여길 릉, 멍에 가) ① 壓倒(누를 압, 넘어질 도) : 눌러서 넘어뜨림. 보다 뛰어난 힘이나 재주로 남을 눌러 꼼짝 못하게 함 ② 腦裏(골·뇌수 뇌, 속 리) ③ 隣近(이웃 린, 가까울 근) ④ 摩擦(문지를 마, 문지를 찰)] 107. ② [凜凜(찰 름, 찰 름) : 의젓하고 당당함 ① 紛紛(어지러울 분, 어지러울 분) : 떠들썩하고 뒤숭숭함 ② 軒軒(집 헌, 집 헌) : 풍채가 당당하고 빼어남 ③ 呱呱(울 고, 울 고) : 우는 소리 ④ 細細(가늘 세, 가늘 세) : 매우 자세함] 108. ③ [纖弱(가늘 섬, 약할 약) : 가냘프고 약함 ① 蹂躪(밟을 유, 짓밟을 린) : 남의 권리나 인격을 짓밟음 ② 片鱗(조각 편, 비늘 린) : 한 조각의 비늘. 사물의 아주 작은 일부분 ③ 軟娟(연할 연, 예쁠 연) : 가냘프고 약함 ④ 微粒(작을 미, 낟알 립) : 아주 작은 알갱이] 109. ④ [吝嗇(아낄 린, 아낄 색) ① 欺瞞(속일 기, 속일 만) ② 煤煙(그을음 매, 연기 연) ③ 愚昧(어리석을 우, 어두울 매) ④ 野薄(들 야, 엷을 박)] 110. ② [邁進(갈 매, 나아갈 진) : 힘써 나아감 ① 挽留(당길 만, 머무를 류) : 하지 못하게 붙들고 말림 ② 注力(부을·물댈 주, 힘 력) ③ 萌芽(싹 맹, 싹 아) ④ 模寫(더듬을 모, 베낄 사) : 원본을 베끼어 씀] 111. 緊張(긴할 긴, 벌릴 장) 112. 緩和(느릴 완, 화할 화) 113. 抑制(누를 억, 절제할 제) 114. 突然(갑자기 돌, 그럴 연) 115. 恐怖(두려울 공, 두려워할 포) 116. 沒入(빠질 몰, 들 입) 117. 症狀(증세 증, 형상 상 / 문서 장) 118. 特徵(특별할 특, 부를 징) 119. 運搬(옮길 운, 옮길 반) 120. 輸入(보낼 수, 들 입) 121. 附加稅(붙을 부, 더할 가, 세금 세) 122. 免除(면할 면, 덜 제) 123. 項目(항목 항, 눈 목) 124. 船舶(배 선, 배 박) 125. 紡織(길쌈 방, 짤 직) 126. 尖端(뾰족할 첨, 끝 단) 127. 政策(정사 정, 꾀 책) 128. 分析(나눌 분, 쪼갤 석) 129. 大地震(큰 대, 따 지, 우레 진) 130. 崩壞(무너질 붕, 무너질 괴) 131. 埋沒(묻을 매, 빠질 몰) 132. 搜索(찾을 수, 찾을 색 / 동앗줄 삭) 133. 膠着(아교 교, 붙을 착) 134. 因襲(인할 인, 엄습할 습) 135. 赤裸裸(붉을 적, 벗을 라, 벗을 라) 136. 慘狀(참혹할 참, 형상 상 / 문서 장) 137. 側面(곁 측, 낯 면) 138. 履歷書(밟을 리, 지날 력, 글 서) 139. 添附(더할 첨, 붙을 부) 140. 帽子(모자 모, 아들 자) 141. 並行(나란히 병, 다닐 행 / 항렬 항) 142. 引下幅(끌 인, 아래 하, 폭 폭) 143. 逢着(만날 봉, 붙을 착) 144. 一般(한 일, 가지·일반 반) 145. 交付金(사귈 교, 부칠 부, 쇠 금 / 성(姓) 김) [問 146-150] (112) 緩和 (115) 恐怖 (121) 附加稅 (123) 項目 (129) 大地震 (138) 履歷書 (141) 並行 151. ① [① 전방 ② 점토 ③ 절미 ④ 정박] 152. ③ [① 조잡 ② 조급 ③ 전복 ④ 정제] 153. ② [① 조우 ② 주서 ③ 졸부 ④ 지척] 154. ① [① 준공 ② 질투 ③ 질탕 ④ 짐작] 155. ④ [① 착취 ② 참언 ③ 참회 ④ 찬위] 156. 失禮(잃을 실, 예도 례) 157. 實例(열매 실,

법식 례) 158. 首都(머리 수, 도읍 도) 159. 修道(닦을 수, 길 도) 160. 賣場((팔 매, 마당 장) 161. 埋葬(묻을 매, 장사지낼 장) 162. 文豪(글월 문, 호걸 호) 163. 門戶(문 문, 집 호) 164. 睡眠(졸음 수, 잘 면) 165. 水面(물 수, 낯 면) 166. 續 167. 屬 168. 關 169. 舊 170. 獨 171. 報 [報酬(갚을·알릴 보, 갚을 수) : 고맙게 해 준 데 대하여 보답을 함. 일한 대가로 주는 돈이나 물품. 172. 進 [邁進(갈 매, 나아갈 진)] 173. 奪胎(빼앗을 탈, 아이밸 태) * 換骨(바꿀 환, 뼈 골) 174. 期待(기약할 기, 기다릴 대) * 囑望(부탁할 촉, 바랄 망) 175. 協贊(화할 협, 도울 찬) * 贊助(도울 찬, 도울 조) 176. 優待(넉넉할 우, 대할 대) * 虐待(모질 학, 대할 대) 177. 被告(입을 피, 고할 고) * 原告(언덕 원, 고할 고) 178. 融解(녹을 융, 풀 해) * 凝固(엉길 응, 굳을 고) 179. 隱蔽(숨길 은, 덮을 폐) * 公開(공평할 공, 열 개) 180. 祝賀(빌 축, 하례할 하) * 咀呪(씹을 저, 빌 주) 181. 推戴(밀 추·퇴, 일 대) 182. 哀悼(슬플 애, 슬퍼할 도) 183. 反騰(돌아올·돌이킬 반, 오를 등) : 물가나 주식 따위의 시세가 떨어지다가 오름 184. 濫發(넘칠 람, 필 발) 185. 拉致(끌 납·다스릴 치) 186. 酷毒(심할 혹, 독 독) 187. 明晳(밝을 명, 밝을 석) 188. 遼遠(멀 료, 멀 원) 189. 幻聽(헛보일 환, 들을 청) 190. 模型(본뜰 모, 모형·거푸집 형) 191. 城, 社 [城狐社鼠(재 성, 여우 호, 모일 사, 쥐 서)] 192. 首, 端 [首鼠兩端(머리 수, 쥐 서, 두 량, 끝 단)] 193. 盜, 賊 [膝甲盜賊(무릎 슬, 갑옷 갑, 도둑 도, 도적 적)] 194. 一, 飯 [十匙一飯(열 십, 숟가락 시, 한 일, 밥 반)] 195. 鼻, 叫 [阿鼻叫喚(언덕 아, 코 비, 부르짖을 규, 부를 환)] 196. 暗, 索 [暗中摸索(어두울 암, 가운데 중, 더듬을 모, 찾을 색)] 197. 目, 捕 [掩目捕雀(가릴 엄, 눈 목, 잡을 포, 참새 작)] 198. 煙, 疾 [煙霞痼疾(연기 연, 노을 하, 고질 고, 병 질)] 199. 不, 忘 [寤寐不忘(잠깰 오, 잘 매, 아닐 불·부, 잊을 망)] 200. 玉, 石 [玉石俱焚(구슬 옥, 돌 석, 함께 구, 불사를 분)]

1級 – 10회 해설

1. 편달(鞭채찍 편, 撻때릴 달)   2. 시해(弑윗사람 죽일 시, 害해할 해)   3. 범람(氾넘칠 범, 濫넘칠 람)   4. 무마(撫어루만질 무, 摩문지를 마)   5. 도태(淘쌀일 도, 汰일 태)   6. 회유(誨가르칠 회, 諭타이를 유)   7. 병폐(病병 병, 弊죽을 폐)   8. 칭량(秤저울 칭, 量헤아릴 량)   9. 대가(大큰 대, 哥성(姓) 가)   10. 훈륜(暈무리 훈, 輪바퀴 륜)   11. 병탄(倂아우를 병, 呑삼킬 탄)   12. 감청(紺감색·연보라 감, 靑푸를 청)   13. 포상(襃기릴 포, 賞상줄 상)   14. 초해(稍점점 초, 解풀 해)   15. 흔쾌(欣기쁠 흔, 快쾌할 쾌)   16. 제우(悌공손할 제, 友벗 우)   17. 추구(芻꼴 추, 狗개 구)   18. 도포(道길 도, 袍도포 포)   19. 감림(瞰굽어볼 감, 臨임할 림)   20. 철자(綴엮을 철, 字글자 자)   21. 조롱(嘲비웃을 조, 弄희롱할 롱)   22. 게송(偈불시(佛詩) 게, 頌칭송할·기릴 송)   23. 체루(涕눈물 체, 淚눈물 루)   24. 실종(失잃을 실, 踪자취 종)   25. 경추(頸목 경, 椎쇠몽치·등골 추)   26. 명주(明밝을 명, 紬명주 주)   27. 철각(凸볼록할 철, 角뿔 각)   28. 치렵(馳달릴 치, 獵사냥 렵)   29. 삼파전(三석 삼, 巴꼬리 파, 戰싸움 전)   30. 좌기(挫꺾을 좌, 氣기운 기)   31. 탕감(蕩방탕할 탕, 減덜 감)   32. 간신(奸간사할 간, 臣신하 신)   33. 단폐(丹붉을 단, 陛대궐섬돌 폐)   34. 조밀(稠빽빽할 조, 密빽빽할 밀)   35. 침추(鍼침 침, 錐송곳 추)   36. 정난(靖편안할 정, 難어려울 난)   37. 패연(沛비 쏟아질 패, 然그럴 연)   38. 쟁반(錚쇳소리 쟁, 盤소반 반)   39. 황감(惶두려울 황, 感느낄 감)   40. 건삭(腱힘줄 건, 索찾을 색 / 동앗줄 삭)   41. 전도(奠정할·제사 전, 都도읍 도)   42. 세척(洗씻을 세, 滌씻을 척)   43. 적개(敵대적할 적, 愾성낼 개)   44. 치점(嗤비웃을 치, 點점 점)   45. 약포(藥꽃밥 약, 胞세포 포)   46. 혼권(渾흐릴 혼, 券문서 권)   47. 산통(算셈 산, 筒통 통)   48. 천공(穿뚫을 천, 孔구멍 공)   49. 개수(個낱 개, 數셈 수)   50. 퇴골(腿넓적다리 퇴, 骨뼈 골)   51. 겨드랑이 액   52. 도울 비   53. 속될 리   54. 죽일 류   55. 숨을 암   56. 묶을 봉   57. 우리 뢰   58. 받들 봉   59. 스밀 력   60. 잡을 나   61. 이리 랑   62. 빠를 신   63. 좀먹을 식   64. 눈동자 동   65. 쪼갤 벽   66. 뻗칠 긍 / 베풀 선   67. 형수 수   68. 속일 만   69. 맑을 담   70. 포도 도   71. 겸손할 손   72. 깰 성   73. 결눈질할 면   74. 물결칠 배   75. 가시 극   76. 새벽 서   77. 술괼 발   78. 시아비·외삼촌 구   79. 무당 무   80. 죽일 살   81. 비길 빙   82. 순박할 박   83. 一旦(한 일, 아침 단)   84. 鍛鍊(쇠불릴 단, 쇠불릴 련)   85. 通達(통할 통, 통달할 달)   86. 白鹿潭(흰 백, 사슴 록, 못 담)   87. 踏襲(밟을 답, 엄습할 습)   88. 唐惶(당나라·당황할 당, 어리둥절할 황)   89. 貸與(빌릴 대, 더불·줄 여)   90. 戴冠式(일 대, 갓 관, 법 식)   91. 臺帳(대 대, 장막 장)   92. 別途(다를·나눌 별, 길 도)   93. 追悼式(좇을·따를 추, 슬퍼할 도, 법 식)   94. 高跳(높을 고, 뛸 도)   95. 督勵(살펴볼 독, 힘쓸 려) : 감독하여 격려함   96. 危篤(위태할 위, 도타울 독)   97. 突發(갑자기 돌, 필 발)   98. 脫臭(벗을 탈, 냄새 취)   99. 炊事兵(불땔 취, 일 사, 병사 병)   100. 苦衷(쓸 고, 속마음 충)   101. 逐出(좇을 축, 날 출)   102. 一蹴(한 일, 찰 축)   103. 主軸(임금·주인 주, 굴대 축)   104. 歸趨(돌아갈 귀, 달아날 추) : 일이 되어가는 형편   105. 哨所(망볼 초, 바 소)   106. 焦燥(탈 초, 마를 조)   107. 締結(맺을 체, 맺을 결)   108. 快晴(쾌할 쾌, 갤 청)   109. 間諜(사이

간, 염탐할 첩) 110. 撤廢(거둘 철, 폐할·버릴 폐) 111. 排斥(밀칠 배, 물리칠 척) 112. 流暢(흐를 류, 화창할 창) 113. 豫買(맡길·미리 예, 살 매) 114. 穩和(편안할 온, 화할 화) 115. 擁立(낄 옹, 설 립) 116. 瓦解(기와 와, 풀 해) 117. 歪曲(기울 왜·외, 굽을 곡) 118. 寡慾(적을 과, 하고자할 욕) 119. 傭兵(품팔 용, 병사 병) 120. 鬱寂(답답할 울, 고요할 적) 121. 衛生(지킬 위, 날 생) 122. 僞裝(거짓 위, 꾸밀 장) 123. 凵 124. 人 125. 片 126. 豸 127. 又 128. 酉 129. 力 130. 玉 131. 爪 132. 辛 133. ④ (① 산호 ② 자세 ③ 함유 ④ 침석) 134. ① (① 요절 ② 사말 ③ 자당 ④ 함고) 135. ① (① 전방 ② 자흔 ③ 해타 ④ 사의) 136. ② (① 작골 ② 도금 ③ 향기 ④ 사치) 137. ④ (① 자상 ② 향수 ③ 조각 ④ 나병) 138. ① (① 전전 ② 허공 ③ 조세 ④ 사당) 139. ③ (① 추방 ② 현량 ③ 염습 ④ 살비) 140. ② (① 주합 ② 누비 ③ 혐오 ④ 상부) 141. ① (① 동공 ② 질경 ③ 혈거 ④ 삼투) 142. ① (① 총애 ② 질시 ③ 현금 ④ 상영) 143. 나쁜 일을 거들어서 도와줌 * 幇助(도울 방, 도울 조) 144. 한 점으로부터 사방으로 내쏨 * 輻射(바퀴살 복·폭, 쏠 사) 145. 연꽃 * 芙蓉(연꽃 부, 연꽃 용) 146. 동물의 알이 깨는 것 * 孵化(알깔 부, 될 화) 147. 높은 곳에서 내려다 봄 * 俯瞰(구부릴 부, 볼 감) 148. 상처나 헌 데 따위에 감는 얇은 헝겊 띠 * 繃帶(묶을 붕, 띠 대) 149. 거의 죽을 지경에 이름 * 瀕死(물가·가까울 빈, 죽을 사) 150. 대를 잇는 자식 * 後嗣(뒤 후, 이을 사) 151. 보잘 것 없이 작거나 적음 * 些少(적을 사, 적을 소) 152. 이해하기 어렵고 까다로움 * 難澁(어려울 난, 떫을 삽) 153. 単 154. 覚 155. 広 156. 理 [攝理(다스릴 섭, 다스릴 리)] 157. 洗 [洗濯(씻을 세, 씻을 탁)] 158. 絡 [連絡(이을 련, 이을 락)] 159. 濫 [猥濫(외람할 외, 넘칠 람) : 하는 짓이 분수(分數)에 넘침] 160. 胎 [孕胎(아이밸 잉, 아이밸 태)] 161. 緩 [弛緩(늦출 이, 느릴 완)] 162. 酌 [斟酌(짐작할 짐, 참작할 작)] 163. 把 [把握(잡을 파, 쥘 악)] 164. 捕 [捕獲(잡을 포, 얻을 획)] 165. 迫 [脅迫(위협할 협, 핍박할 박)] 166. 劣等(못할 렬, 무리 등) * 優越(넉넉할 우, 넘을 월) 167. 流動(흐를 류, 움직일 동) * 固定(굳을 고, 정할 정) 168. 陷沒(빠질 함, 빠질 몰) * 隆起(높을 융, 일어날 기) 169. 依存(의지할 의, 있을 존) * 自立(스스로 자, 설 립) 170. 除隊(덜 제, 무리 대) * 入隊(들 입, 무리 대) 171. 貯蓄(쌓을 저, 쌓을 축) * 消費(사라질 소, 쓸 비) 172. 庶子(여러 서, 아들 자) * 嫡子(정실 적, 아들 자) 173. 漸進(점점 점, 나아갈 진) * 急進(급할 급, 나아갈 진) 174. 精密(정할 정, 빽빽할 밀) * 粗雜(거칠 조, 섞일 잡) 175. 應答(응할 응, 대답 답) * 質疑(바탕 질, 의심할 의) 176. 流言(흐를 류, 말씀 언) 177. 遺言(남길 유, 말씀 언) 178. 燃燒(탈 연, 사를 소) 179. 年少(해 년, 적을 소) 180. 樣式(모양 양, 법 식) 181. 糧食(양식 량, 밥·먹을 식) 182. 朝鮮(아침 조, 고울 선) 183. 造船(지을 조, 배 선) 184. 貞淑(곧을 정, 맑을 숙) 185. 靜肅(고요할 정, 엄숙할 숙) 186. 焦 [勞心焦思(일할 로, 마음 심, 탈 초, 생각 사) : 무슨 일을 할 때 매우 속을 태우고 애씀] 187. 夢 [同床異夢(한가지 동, 평상 상, 다를 이, 꿈 몽) : 같은 잠자리에서 다른 꿈을 꿈. 겉으로는 같이 행동하면서 속으로 딴 생각을 가짐] 188. 勞 [徒勞無益(무리 도, 일할 로, 없을 무, 더할 익) : 애만 쓰고 이로움이 없음] 189. 偏 [不偏不黨(아닐 불·부, 치우칠 편, 아닐 불·부, 무리 당) : 어느 편으로나 치우치지 않는 공평한 태도] 190. 顧 [四顧無親(넉 사, 돌아볼 고, 없을 무, 친할 친) : 사방을 돌아보아도 친척이나 의지할 만한 사람이 없음] 191. 模 [曖昧模糊(희미할 애, 어두울 매, 본뜰 모, 풀칠할 호)]　192. 耳, 盜 [掩耳盜鈴(가릴 엄, 귀 이, 도둑 도, 방울 령)]　193. 玉, 石 [玉石同匱(구슬 옥, 돌 석, 한가지 동, 궤짝 궤)]　194. 角, 爭 [蝸角之爭(달팽이 와, 뿔 각, 갈 지, 다툴 쟁)]　195. 物, 喪 [玩物喪志(즐길 완, 물건 물, 잃을 상, 뜻 지)]　196. 心, 在 [心在鴻鵠(마음 심, 있을 재, 기러기 홍, 고니 곡)]　197. 飛, 躍 [鳶飛魚躍(솔개 연, 날 비, 물고기 어, 뛸 약)]　198. 牛, 月 [吳牛喘月(성(姓) 오, 소 우, 숨찰 천, 달 월)]　199. 臥, 嘗 [臥薪嘗膽(누울 와, 섶 신, 맛볼 상, 쓸개 담)]　200. 雨, 後 [雨後竹筍(비 우, 뒤 후, 대 죽, 죽순 순)]

1級 – 11회 해설

1. 정박(碇닻 정, 泊머무를·배댈 박) 2. 터득(攄펼 터, 得얻을 득) 3. 고비(考생각할 고, 妣죽은 어미 비) 4. 신금(宸대궐 신, 襟옷깃 금) 5. 애로(隘좁을 애, 路길 로) 6. 용슬(容얼굴 용, 膝무릎 슬) 7. 축록(逐쫓을 축, 鹿사슴 록) 8. 질곡(桎차꼬 질, 梏갓고갑 곡) 9. 괘관(掛걸 괘, 冠갓 관) 10. 자경(蔗사탕수수 자, 境지경 경) 11. 갹출(醵추렴할 거·갹, 出날 출) 12. 흉금(胸가슴 흉, 襟옷깃 금) 13. 날인(捺누를 날, 印도장 인) 14. 도탕(滔물 넘칠 도, 蕩방탕할 탕) 15. 기호(嗜즐길 기, 好좋을 호) 16. 장미(薔장미 장, 薇장미 미) 17. 백반(白흰 백, 礬백반 반) 18. 궁경(躬몸 궁, 耕밭 갈 경) 19. 대범(大큰 대, 泛뜰 범) 20. 기량(伎재간 기, 倆재주 량) 21. 번성(蕃불을 번, 盛성할 성) 22. 포복(匍길 포, 匐길 복) 23. 숙복(熟익을 숙, 鰒전복 복) 24. 희생(犧희생 희, 牲희생 생) 25. 상환(孀홀어미 상, 鰥홀아비 환) 26. 청상(靑푸를 청, 孀홀어머니 상) 27. 급살(急급할 급, 煞죽일 살) 28. 운명(殞죽을 운, 命목숨 명) 29. 운석(隕떨어질 운, 石돌 석) 30. 혜성(彗살별 혜, 星별 성) 31. 증산(增더할 증, 刪깎을 산) 32. 거만(倨거만할 거, 慢거만할 만) 33. 서속(黍기장 서, 粟조 속) 34. 향연(饗잔치할 향, 宴잔치 연) 35. 취약(脆연할 취, 弱약할 약) 36. 서발(序차례 서, 跋밟을 발) 37. 준설(浚깊게 할 준, 渫파낼 설) 38. 자기(瓷사기그릇 자, 器그릇 기) 39. 오매(寤잠 깰 오, 寐잠 매) 40. 기골(肌살 기, 骨뼈 골) 41. 어령(圄옥 어, 囹옥 령) 42. 후사(後뒤 후, 嗣이을 사) 43. 임신(妊아이밸 임, 娠아이밸 신) 44. 쇄락(灑뿌릴 쇄, 落떨어질 락) 45. 무지(拇엄지손가락 무, 指가리킬 지) 46. 망자(芒까끄라기 망, 刺찌를 자·척 / 수라 라) 47. 박살(搏두드릴 박, 殺죽일 살 / 감할·빠를 쇄) 48. 흔척(欣기쁠 흔, 戚겨레 척) 49. 수납(袖소매 수, 納들일 납) 50. 민담(民백성 민, 譚클·말씀 담) 51. 배가 닻을 내리고 머무름 52. 깊이 생각하여 사물의 이치를 깨달아 알아냄 53. 돌아가신 아버지와 어머니 54. 임금의 마음 55. 좁고 험한 길. 어떤 일을 하는 데 방해가 되는 것 56. 방이나 장소가 매우 비좁음. 또는 그러한 장소(무릎이나 간신히 움직인다는 뜻) 57. 정권 또는 지위를 얻기 위해 다툼(사슴을 쫓는다는 뜻) 58. 자유가 없는 고통스러운 상태 59. 관직을 내놓고 사퇴함(갓을 벗어 성문에 건다는 뜻) 60. 이야기·문장·사건 등이 점점 재미있어지는 대목(사탕수수가 나타나는 지경이라는 뜻) 61. (25) 孀鰥 62. (31) 增刪 63. (36) 序跋(서문(序文)과 발문(跋文)을 함께 이르는 말) 64. (40) 肌骨 65. (48) 欣戚(기쁨과 슬픔. '戚'은 '친척, 겨레, 슬퍼하다'의 뜻을 가지고 있다) 66. 뒤섞일 답 67. 서로 서 68. 모기 문 69. 종 복 70. 높을 앙 71. 밟을 도 72. 더러울 루 73. 피 패 74. 턱 악 75. 진흙 인 76. 흡족할 흡 77. 순라 라 78. 사당 사 79. 국수 면 80. 편안할 정 81. 성(姓) 가 82. 나약할 나 83. 꾸밀 분 84. 어그러질 려 85. 울타리 리 86. 고단할 비 87. 수놓을 수 88. 막을 옹 89. 옥소리 롱 90. 편지 첩 91. 文 92. 頁 93. 鬼 94. 肉 95. 尢 96. 瓦 97. 巾 98. 手 99. 广 100. 黽(맹꽁이 맹, 힘쓸 민) 101. ② [① 瓷器(사기그릇 자, 그릇 기) ② 仔細(자세할 자, 가늘 세) ③ 白瓷(흰 백, 사기그릇 자) ④ 靑瓷(푸를 청, 사기그릇 자)] 102. ① [① 仗器(의장 장, 그릇

기) : 무기 ② 巨匠(클 거, 장인 장) ③ 匠人(장인 장, 사람 인) : 예술가의 창작 활동이 심혈을 기울여 물건을 만드는 것과 같다는 뜻으로, 예술가를 두루 이르는 말 ④ 名匠(이름 명, 장인 장)] 103. ④ [① 痕迹(흔적 흔, 자취 적) ② 軌迹(바퀴자국 궤, 자취 적) : 수레바퀴가 지나간 자국 ③ 足迹(발 족, 자취 적) ④ 靜寂(고요할 정, 고요할 적)] 104. ③ [① 粘液(붙을 점, 진 액) ② 粘土(붙을 점, 흙 토) ③ 採點(캘 채, 점 점) ④ 粘着(붙을 점, 붙을 착)] 105. ④ [① 粗雜(거칠 조, 섞일 잡) ② 粗惡(거칠 조, 악할 악 / 미워할 오) : 거칠고 나쁘다 ③ 粗衣(거칠 조, 옷 의) : 너절한 옷 ④ 稠密(빽빽할 조, 빽빽할 밀)] 106. ① [杳然(아득할 묘, 그럴 연) : 그윽하고 멀어서 눈에 아물아물함 ① 稀微(드물 희, 작을 미) ② 撫摩(어루만질 무, 문지를 마) : 편법을 동원하여 적당한 선에서 문제가 되지 않게 처리하는 것 ③ 苦悶(쓸 고, 답답할 민) ④ 搏動(두드릴 박, 움직일 동)] 107. ② [誣告(속일 무, 알릴 고) : 없는 사실을 거짓으로 꾸며 고소하거나 고발하는 것 ① 靜謐(고요할 정, 고요할 밀) : 고요하고 편안함 ② 招虛(부를 초, 빌 허) : 사실이 아닌 일을 거짓으로 꾸미어 해당 기관에 고소하거나 고발하는 일 ③ 招待(부를 초, 기다릴 대) ④ 毋論(말 무, 논할 론) : 물론] 108. ④ [剝奪(벗길 박, 빼앗을 탈) ① 搏殺(두드릴 박, 죽일 살 / 감할·빠를 쇄) : 손으로 쳐서 죽임 ② 打撲(칠 타, 칠 박) ③ 應募(응할 응, 모을·뽑을 모) : 모집에 응하거나 지원함 ④ 沒收(빠질 몰, 거둘 수)] 109. ③ [論駁(논할 론, 논박할 박) ① 議論(의논할 의, 논할 론) ② 論理(논할 론, 다스릴 리) ③ 反論(돌아올·돌이킬 반, 논할 론) ④ 逼迫(핍박할 핍, 핍박할·닥칠 박)] 110. ③ [勃發(노할 발, 필 발) : 전쟁이나 사건 등이 갑자기 일어나는 것 ① 登攀(오를 등, 더위잡을 반) : 매우 높거나 험한 산 따위를 오름 ② 厖大(삽살개 방, 큰 대) : 엄청나게 크거나 많음 ③ 發生(필 발, 날 생) ④ 毁謗(헐 훼, 헐뜯을 방)] 111. 病棟(병 병, 마룻대 동) 112. 休憩(쉴 휴, 쉴 게) 113. 沐浴(머리감을 목, 목욕할 욕) 114. 弗素(아닐·말(勿) 불, 본디·흴 소) 115. 卓越(높을 탁, 넘을 월) 116. 冬柏(겨울 동, 측백 백) 117. 抽出(뽑을 추, 날 출) 118. 修繕(닦을 수, 기울 선) 119. 裁縫(옷 마를 재, 꿰맬 봉) 120. 角膜(뿔 각, 꺼풀·막 막) 121. 棋士(바둑 기, 선비 사) 122. 招聘(부를 초, 부를 빙) 123. 事項(일 사, 항목 항) 124. 揭示板(높이 들·걸 게, 보일 시, 널 판) 125. 參照(참여할 참 / 석 삼, 비칠 조) 126. 蒼波(큰 바다 창, 물결 파) 127. 港灣(항구 항, 물굽이 만) 128. 艦隊(큰 배 함, 무리 대) 129. 大尉(큰 대, 벼슬 위) 130. 快速艇(쾌할 쾌, 빠를 속, 배 정) 131. 貴賓(귀할 귀, 손 빈) 132. 上昇(윗 상, 오를 승) 133. 蹴球(찰 축, 공 구) 134. 主軸(임금·주인 주, 굴대 축) 135. 跳躍(뛸 도, 뛸 약) 136. 車輛(수레 거·차, 수레 량) 137. 瞬間(눈 깜짝할 순, 사이 간) 138. 鍛鍊(쇠불릴 단, 쇠불릴·단련할 련) 139. 耽溺(즐길 탐, 빠질 닉) 140. 墮落(떨어질 타, 떨어질 락) 141. 紊亂(문란한·어지러울 문, 어지러울 란) 142. 傲慢(거만할 오, 거만할 만) 143. 追求(좇을·따를 추, 구할 구) 144. 矛盾(창 모, 방패 순) 145. 輕蔑(가벼울 경, 업신여길 멸) [問 146-150] (128) 艦隊 (129) 大尉 (131) 貴賓 (132) 上昇 (140) 墮落 (141) 紊亂 (142) 傲慢 151. ② [① 처량 ② 천명 ③ 창검 ④ 철자] 152. ① [① 총애 ② 체념 ③ 초장 ④ 촉망] 153. ② [① 탄로 ② 치매 ③ 탑승 ④ 측은] 154. ③ [① 치밀 ② 타인 ③ 타성 ④ 퇴폐] 155. ④ [① 첩경 ② 파행 ③ 편달 ④ 취약] 156. 置簿(둘 치, 문서 부) 157. 恥部(부끄러울 치, 거느릴·떼 부) 158. 炊事(불땔 취, 일 사) 159. 取捨(취할 취, 버릴 사) 160. 訓長(가르칠 훈, 긴 장) 161. 勳章(공 훈, 글 장) 162. 鄕愁(시골 향, 근심 수) 163. 香水(향기 향, 물 수) 164. 解産(풀 해, 낳을 산) 165. 解散(풀 해, 흩을 산) 166. 乱 167. 訳 168. 余 169. 對 170. 黨 171. 模 [模擬(더듬을 모, 헤아릴·비길 의)] 172. 附 [附屬(붙을 부, 붙일 속)] 173. 等閑(무리 등, 한가할 한) * 疎忽(성길 소, 갑자기 홀) 174. 卽位(곧 즉, 자리 위) * 登極(오를 등, 다할·극진할 극) 175. 容貌(얼굴 용, 모양 모) * 面相(낯 면, 서로 상) 176. 漂流(떠다닐 표, 흐를 류) * 定着(정할 정, 붙을 착) 177. 廢止(폐할·버릴 폐, 그칠 지) * 存續(있을 존, 이을 속) 178. 橫斷(가로 횡, 끊을 단) * 縱斷(세로 종, 끊을 단) 179. 解散(풀 해, 흩을 산) * 集合(모을 집, 합할 합) 180. 着席(붙을 착, 자리 석) * 起立(일어날 기, 설 립) 181. 老鍊(늙을 로, 쇠불릴·단련할 련) 182. 低廉(낮을 저, 청렴할 렴) 183. 涉獵(건널 섭, 사냥 렵) 184. 露地(이슬 로, 따 지) 185. 診療(진찰할 진, 병고칠 료) 186. 附着(붙을 부, 붙을 착) 187. 混紡(섞을 혼, 길쌈 방) 188. 俳優(배우 배, 넉넉할 우) 189. 謄本(베낄 등, 근본 본) 190. 彫刻(새길 조, 새길 각) 191. 之, 契 [鴛鴦之契(원앙 원, 원앙 앙, 갈 지, 맺을 계)] 192. 自, 然 [自然淘汰(스스로 자, 그럴 연, 쌀일 도, 일 태)] 193. 賊, 反 [賊反荷杖(도둑 적, 돌이킬 반, 멜 하, 지팡이 장)] 194. 轉, 側 [輾轉反側(돌아누울 전, 구를 전, 돌아올·돌이킬 반, 곁 측)] 195. 看, 戲 [矮者看戲(난쟁이 왜, 아들 자, 볼 간, 놀이 희)] 196. 怨, 骨 [怨入骨髓(원망할 원, 들 입, 뼈 골, 뼛골 수)] 197. 自, 自 [自繩自縛(스스로 자, 노끈 승, 스스로 자, 얽을 박)] 198. 原, 火 [燎原之火(횃불 료, 언덕 원, 갈 지, 불 화)] 199. 流, 語 [流言蜚語(흐를 류, 말씀 언, 바퀴 비, 말씀 어)] 200. 意, 馬 [意馬心猿(뜻 의, 말 마, 마음 심, 원숭이 원)]

1級 – 12회 해설

1. 시기(猜시기할 시, 忌꺼릴 기) 2. 발발(勃노할 발, 發필 발) 3. 추탕(鰍미꾸라지 추, 湯끓을 탕) 4. 심오(深깊을 심, 奧깊을 오) 5. 요염(妖요사할 요, 艶고울 염) 6. 관구(棺널 관, 柩널(棺) 구) 7. 녹록(碌푸른 돌 록, 碌푸른 돌 록) 8. 구귤(枸구기자 구, 橘귤 귤) 9. 취허(吹불 취, 噓불 허) 10. 각저(角뿔 각, 觝씨름 저) 11. 요활(寥쓸쓸할 료, 闊넓을 활) 12. 목통(木나무 목, 桶통 통) 13. 군색(窘군색할 군, 塞막힐 색 / 변방 새) 14. 타기(舵키 타, 器그릇 기) 15. 농단(壟밭두둑 롱, 斷끊을 단) 16. 침굉(枕베개 침, 肱팔뚝 굉) 17. 타기(惰게으를 타, 氣기운 기) 18. 척살(擲던질 척, 殺죽일 살 / 감할·빠를 쇄) 19. 간지(懇간절할 간, 摯잡을 지) 20. 초군(樵나무할 초, 軍군사 군) 21. 주촉(嗾부추길 주, 囑부탁할 촉) 22. 궤결(潰무너질 궤, 決결단할 결) 23. 조람(眺볼 조, 覽볼 람) 24. 안정(眼눈 안, 睛눈동자 정) 25. 기양(技재주 기, 癢가려울 양) 26. 족생(簇가는 대 족, 生날 생) 27. 애략(崖언덕 애, 略간략할·약할 략) 28. 침전(沈잠길 침 / 성(姓) 심, 澱앙금 전) 29. 아연(啞벙어리 아, 然그럴 연) 30. 환관(宦벼슬 환, 官벼슬 관) 31. 지탱(支지탱할 지, 撑버틸 탱) 32. 경아(驚놀랄 경, 訝의심할 아) 33. 구이(鉤갈고리 구, 餌미끼 이) 34. 순례(醇전국술 순, 醴단술 례) 35. 발수(發필 발, 穗이삭 수) 36. 소두(搔긁을 소, 頭머리 두) 37. 칙령(勅칙서 칙, 令하여금 령) 38. 질매(叱꾸짖을 질, 罵꾸짖을 매) 39. 찬록(撰지을 찬, 錄기록할 록) 40. 작약(芍함박꽃 작, 藥약 약) 41. 헐가(歇쉴 헐, 價값 가) 42. 인대(靭질길 인, 帶띠 대) 43. 자당(蔗사탕수수 자, 糖엿 당 / 사탕 탕) 44. 비유(比견줄 비, 喩깨우칠 유) 45. 우거(寓부칠 우, 居살 거) 46. 중추(中가운데 중, 樞지도리 추) 47. 완전(宛완연할 완, 轉구를 전) 48. 압재(壓누를 압, 滓찌끼 재) 49. 홀기(笏홀 홀, 記기록할 기) 50. 구격(毆때릴 구, 擊칠 격) 51. 피부병 소 52. 거둘 렴 53. 발 박 54. 숨을 둔 55. 감자 서 56. 속일 무 57. 도금할 도 58. 더울 난 59. 보살 살 60. 빠질 류 61. 험할 기 62. 모호할 모 63. 이을 사 64. 참담할 담 65. 버릴 반 66. 이길 극 67. 지라 비 68. 일어설·넘어질 궐 69. 횃불 료 70. 어린아이 영 71. 분부할 분 72. 그림족자 정 73. 넋 백 74. 풀날 용 / 버섯 이 75. 부두 부 76. 재주 량 77. 그을음 매 78. 길거리 규 79. 부을 창 80. 걸릴 리 81. 바랠 퇴 82. 열 벽 83. 病棟(병 병, 마룻대 동) 84. 葛藤(칡 갈, 등나무 등) 85. 爛發(빛날 란, 필 발) 86. 靑出於藍(푸를 청, 날 출, 어조사 어, 쪽 람) 87. 拉致(끌 랍, 이를 치) 88. 車輛(수레 차·거, 수레 량) 89. 煉乳(달굴 련, 젖 유) 90. 決裂(결단할 결, 찢어질 렬) 91. 密獵(빽빽할 밀, 사냥 렵) 92. 籠絡(대바구니 롱, 이을·얽을 락) : 새장과 고삐라는 뜻으로, 남을 교묘한 꾀로 휘잡아서 제 마음대로 놀리거나 이용함 93. 地雷(따 지, 우레 뢰) 94. 療養(병고칠 료, 기를 양) 95. 留學(머무를 류, 배울 학) 96. 誤謬(그르칠 오, 그르칠 류) 97. 履行(밟을 리, 다닐 행 / 항렬 항) 98. 摩天樓(문지를 마, 하늘 천, 다락 루) 99. 魔術(마귀 마, 재주 술) 100. 痲藥(저릴 마, 약 약) 101. 索莫(찾을 색 / 동아줄 삭, 없을 막) 102. 煙幕(연기 연, 장막 막) : 적을 교란시키기 위해 피우는 연기 103. 角膜(뿔 각, 꺼풀·막 막) 104. 分娩(나눌 분, 낳을 만) 105. 港灣(항구 항, 물굽이 만) 106. 蠻勇(오랑캐 만, 날랠 용) : 분별없

이 함부로 날뛰는 용맹 107. 聯絡網(연이을 련, 이을·얽을 락, 그물 망) 또는 連絡網(이을 련, 이을·얽을 락, 그물 망) 108. 輕蔑(가벼울 경, 업신여길 멸) 109. 受侮(받을 수, 업신여길 모) 110. 冒險(무릅쓸 모, 험할 험) 111. 安全帽(편안 안, 온전 전, 모자 모) 112. 紊亂(어지러울·문란할 문, 어지러울 란) 113. 勸誘(권할 권, 꾈 유) 114. 肉薄(고기 육, 엷을 박) 115. 融通(녹을 융, 통할 통) 116. 凝視(엉길 응, 볼 시) 117. 諮問(물을 자, 물을 문) 118. 雌雄(암컷 자, 수컷 웅) 119. 參酌(참여할 참 / 석 삼, 술부을·잔질할 작) 120. 蠶食(누에 잠, 밥·먹을 식) 121. 在籍(있을 재, 문서 적) 122. 耽溺(즐길 탐, 빠질 닉) 123. 攴 124. 勹 125. 衣 126. 禾 127. 疋 128. 丿 129. 凵 130. 鹵 131. 金 132. 力 133. ① (① 타액 ② 벌목 ③ 연발 ④ 짐작) 134. ④ (① 벌칙 ② 연맹 ③ 상아 ④ 잉태) 135. ② (① 번역 ② 나포 ③ 연차 ④ 상심) 136. ① (① 췌객 ② 번잡 ③ 삽입 ④ 엽총) 137. ③ (① 장단 ② 장수 ③ 장손 ④ 장기) ※ '長'은 '길다'의 뜻으로 쓰일 경우에는 단음이지만, '어른', '맏이'의 뜻으로 쓰일 경우에는 장음이다. 138. ① (① 장기 ② 장고 ③ 배반 ④ 배우) ※ 杖朞: 상례(喪禮)에서, 상주가 상장(喪杖)을 짚고 생베로 지은 상복을 일 년 동안 입는 거상(居喪) ② 杖鼓: 장구(타악기)의 원말 139. ③ (① 장기 ② 장기 ③ 장기 ④ 장기) 140. ③ (① 번성 ② 삼엄 ③ 타성 ④ 배척) 141. ① (① 저주 ② 번지 ③ 상식 ④ 방직) 142. ③ (① 낭의 ② 낭도 ③ 난방 ④ 날염) 143. 나이가 젊어서 남편을 여읜 여자 * 靑孀(푸를 청, 홀어미 상) 144. 크고 작은 섬들 * 島嶼(섬 도, 섬 서) 145. 부채꼴 * 扇形(부채 선, 모양 형) 146. 부러워함 * 羨望(부러워할 선 / 무덤길 연, 바랄 망) 147. 남을 부추겨 어떤 일이나 행동에 나서도록 함 * 煽動(부채질할 선, 움직일 동) 148. 번쩍이는 빛 * 閃光(번쩍일 섬, 빛 광) 149. 지난 일까지 거슬러 올라가서 미치게 하는 것 * 遡及(거스를 소, 미칠 급) 150. 죽어가다 다시 살아남 * 甦生(깨어날 소, 날 생) 151. 모조리 무찔러 없애는 것 * 殲滅(다죽일 섬, 꺼질·멸할 멸) 152. 부모나 임금을 죽임 * 弑害(윗사람죽일 시, 해할 해) 153. 欝 154. 譽 155. 雜 156. 責 [詰責(꾸짖을 힐, 꾸짖을 책)] 157. 顯 [顯著(나타날 현, 나타날 저)] 158. 棄 [抛棄(던질 포, 버릴 기)] 159. 進 [進陟(나아갈 진, 오를 척)] 160. 器 [什器(세간 집 / 열사람 십, 그릇 기)] 161. 嚴 [峻嚴(준엄할 준, 엄할 엄)] 162. 廻 [迂廻(에돌 우, 돌 회)] 163. 快 [爽快(시원할 상, 쾌할 쾌)] 164. 讓 [辭讓(사양할 사, 사양할 양)] 165. 遠 [遼遠(멀 료, 멀 원)] 166. 肥沃(살찔 비, 기름질 옥) * 瘠薄(여윌 척, 엷을 박) 167. 聰明(귀밝을 총, 밝을 명) * 愚鈍(어리석을 우, 둔할 둔) 168. 就寢(나아갈 취, 잘 침) * 起床(일어날 기, 상 상) 169. 稱讚(일컬을 칭, 기릴 찬) * 詰難(꾸짖을 힐, 어려울 난) 170. 快樂(쾌할 쾌, 즐길 락 / 좋아할 요 / 풍류 악) * 苦痛(쓸 고, 아플 통) 171. 脫色(벗을 탈, 빛 색) * 染色(물들 염, 빛 색) 172. 進取(나아갈 진, 가질 취) * 退嬰(물러날 퇴, 어린아이 영) : 뒤로 물러나서 가만히 틀어박혀 있음 173. 分離(나눌 분, 떠날 리) * 合體(합할 합, 몸 체) 174. 吸煙(마실 흡, 연기 연) * 禁煙(금할 금, 연기 연) 175. 利己(이할 리, 몸 기) * 犧牲(희생 희, 희생 생) 176. 頗多(자못 파, 많을 다) : 매우 많음 177. 播多(뿌릴 파, 많을 다) : 소문 등이 두루 퍼짐 178. 志願(뜻 지, 원할 원) : 뜻이 있어 지망함 179. 支援(지탱할 지, 도울 원) : 지지하여 도움 180. 打倒(칠 타, 넘어질 도) 181. 他道(다를 타, 길 도) 182. 師恩(스승 사, 은혜 은) 183. 謝恩(사례할 사, 은혜 은) 184. 端整(끝 단, 가지런할 정) 185. 斷定(끊을 단, 정할 정) 186. 歌 [四面楚歌(넉 사,

낯 면, 초나라 초, 노래 가) : 사방에서 초나라의 노랫소리가 들림. 사방에 도와주는 이 없이 적들만 있는 경우]   187. 閣 [沙上樓閣(모래 사, 윗 상, 다락 루, 집 각) : 모래 위에 세운 누각. 기초가 튼튼하지 못해 무너지기 쉬움]   188. 散 [散之四方(흩을 산, 갈 지, 넉 사, 모 방) : 사방으로 흩어져 없어짐]   189. 森 [森羅萬象(수풀 삼, 벌릴 라, 일만 만, 코끼리 상) : 우주에 존재하는 온갖 사물과 모든 현상]   190. 顧 [三顧草廬(석 삼, 돌아볼 고, 풀 초, 농막집 려) : 유비가 제갈량의 초옥으로 세 번이나 찾아갔다는 데서 인재를 맞아들이기 위해 수고를 아끼지 않음을 이름]   191. 千, 里 [一瀉千里(한 일, 쏟을 사, 일천 천, 마을 리)]   192. 自, 着 [自家撞着(스스로 자, 집 가, 칠 당, 붙을 착)]   193. 善, 舞 [長袖善舞(긴 장, 소매 수, 착할 선, 춤출 무)]   194. 頂, 門 [頂門一鍼(정수리 정, 문 문, 한 일, 침 침)]   195. 濟, 河 [濟河焚舟(건널 제, 물 하, 불사를 분, 배 주)]   196. 之, 妻 [糟糠之妻(지게미 조, 겨 강, 갈 지, 아내 처)]   197. 八, 倒 [七顚八倒(일곱 칠, 엎드러질 전, 여덟 팔, 넘어질 도)]   198. 死, 悲 [兎死狐悲(토끼 토, 죽을 사, 여우 호, 슬플 비)]   199. 牙, 士 [爪牙之士(손톱 조, 어금니 아, 갈 지, 선비 사)]   200. 沐, 雨 [櫛風沐雨(빗 즐, 바람 풍, 머리감을 목, 비 우)]

1級 – 13회 해설

1. 완곡(婉아름다울·순할 완, 曲굽을 곡) 2. 만일(滿찰 만, 溢넘칠 일) 3. 의고(擬비길 의, 古예 고) 4. 방대(尨삽살개 방, 大큰 대) 5. 눌변(訥말 더듬거릴 눌, 辯말씀 변) 6. 자고(刺찌를 자·척 / 袴바지 고, 股넓적다리 고) 7. 권여(權권세 권, 輿수레 여) 8. 금슬(琴거문고 금, 瑟큰 거문고 슬) 9. 숙맥(菽콩 숙, 麥보리 맥) 10. 미봉책(彌미륵·오랠 미, 縫꿰맬 봉, 策꾀 책) 11. 조강(糟지게미 조, 糠겨 강) 12. 품의(稟여쭐 품, 議의논할 의) 13. 궁고(亘뻗칠 긍 / 베풀 선, 古예 고) 14. 당리(棠아가위 당, 梨배 리) 15. 청상(靑푸를 청, 孀홀어미 상) 16. 금침(衾이불 금, 枕베개 침) 17. 대두(擡들 대, 頭머리 두) 18. 조각(爪손톱 조, 角뿔 각) 19. 반려(伴짝 반, 侶짝 려) 20. 취급(取가질 취, 扱미칠 급 / 거둘 흡 / 꽂을 삽) 21. 방준(芳꽃다울 방, 樽술통 준) 22. 구랍(舊예 구, 臘섣달 랍) 23. 기려(羈굴레·나그네 기, 旅나그네 려) 24. 주석(註글뜻 풀 주, 釋풀 석) 25. 고량(膏기름 고, 粱기장 량) 26. 시저(匙숟가락 시, 箸젓가락 저) 27. 첩경(捷빠를 첩, 徑지름길·길 경) 28. 구생(舅시아비·외삼촌 구, 甥생질 생) 29. 고민(苦쓸 고, 悶답답할 민) 30. 표연(飄나부낄 표, 然그럴 연) 31. 회무(懷품을 회, 憮어루만질 무) 32. 정밀(靜고요할 정, 謐고요할 밀) 33. 휘기(麾기 휘, 旗기 기) 34. 출범(出날 출, 帆돛 범) 35. 제조(制절제할 제, 詔조서 조) 36. 표변(豹표범 표, 變변할 변) 37. 보비(補기울 보, 裨도울 비) 38. 예망(曳끌 예, 網그물 망) 39. 무격(巫무당 무, 覡박수 격) 40. 시호(諡시호 시, 號이름 호) 41. 향이(香향기 향, 餌미끼 이) 42. 폭포(瀑폭포 폭 / 소나기 포, 布베·펼 포 / 보시 보) 43. 조짐(兆억조 조, 朕나 짐) 44. 소절(紹이을 소, 絶끊을 절) 45. 용훼(容얼굴 용, 喙부리 훼) 46. 비등(沸끓을 비 / 용솟음할 불, 騰오를 등) 47. 출교(黜내칠 출, 敎가르칠 교) 48. 숙소(夙이를 숙, 宵밤 소) 49. 포유(哺먹일 포, 乳젖 유) 50. 긍휼(矜자랑할 긍, 恤불쌍할 휼) 51. 말, 행동을 듣는 사람의 감정이 상하지 않도록 모나지 않고 부드럽게 빙 둘러서 함 52. 가득 차서 넘침 53. 옛것을 본뜸 54. 엄청나게 크거나 많음 55. 더듬거리는 서툰 말솜씨 56. 학업에 매우 힘씀('현두자고(懸頭刺股: 상투를 천장에 매달고 송곳으로 넓적다리를 찔러 잠을 깨워가며 공부에 힘씀)'라는 고사에서 유래) 57. 사물의 시초(저울을 만들 때는 저울대부터 만들고, 수레를 만들 때는 수레 바탕부터 만든다는 뜻에서 유래. '權'은 '저울·저울추·저울질하다', '경중을 가리다'라는 뜻을 가지고 있다.) 58. 부부 사이의 정, 사랑(거문고와 비파를 이름) 59. 사리분별을 못하고 세상 물정에 어두운 사람(숙맥불변(菽麥不辨: 콩인지 보리인지 구별하지 못함)이라는 말에서 유래) 60. 눈가림만 하는 임시방편의 계책(꿰매어 깁는 계책이란 뜻) 61. (26) 匙箸(숟가락과 젓가락) 62. (28) 舅甥(외삼촌과 조카) 63. (39) 巫覡(무당과 박수) 64. (44) 紹絶(이음과 끊음) 65. (48) 夙宵(이른 아침과 깊은 밤) 66. 두꺼비·새우 하 67. 잠 깰 오 68. 필 필 69. 춤출·사바세상 사 70. 소매 몌 71. 다스릴 할 72. 밝을 료 73. 돌무더기 뢰 74. 미꾸라지 추 75. 버마재비(사마귀) 당 76. 감색·연보라 감 77. 함 함 78. 영리할 리 79. 아리따울 교 80. 오줌통 방 81. 풀 서 82. 에돌 우 83. 화할 해 84. 원앙 앙 85. 붙일 첩 86. 헤아릴 감 87. 뿌릴 살 88. 내기 도 89. 조개 합 90. 수

건 견 91. 勹 92. 土 93. 刂(刀) 94. 斤 95. 皿 96. 雨 97. 米 98. 羽 99. 虫 100. 匕 101. ④ [① 猝富(갑자기 졸, 부자 부) ② 猝地(갑자기 졸, 따 지) : 갑자스런 판국 ③ 猝然(갑자기 졸, 그럴 연) : 갑작스럽게 ④ 拙劣(졸할 졸, 못할 렬)] 102. ① [① 蹤迹(자취 종, 자취 적) ② 腫氣(종기 종, 기운 기) ③ 腫瘍(종기 종, 헐 양) ④ 筋腫(힘줄 근, 종기 종)] 103. ② [① 呪文(빌 주, 글월 문) : 음양가나 점술에 정통한 사람이 술법을 부리거나 귀신을 쫓을 때 외는 글귀 ② 使嗾(하여금·부릴 사, 부추길 주) : 남을 부추겨 좋지 않은 일을 시킴 ③ 咀呪(씹을 저, 빌 주) ④ 呪術(빌 주, 재주 술)] 104. ③ [① 果汁(과실 과, 즙 즙) ② 生汁(날 생, 즙 즙) ③ 修葺(닦을 수, 기울 즙) : 집을 고치고 지붕을 새로 이는 일 ④ 肉汁(고기 육, 즙 즙)] 105. ① [① 前轍(앞 전, 바퀴자국 철) : 앞에 지나간 수레바퀴의 자국. 전 사람의 그릇된 일이나 행동의 자취를 이르는 말 ② 編綴(엮을 편, 엮을 철) ③ 補綴(기울 보, 엮을 철) : 부족한 것을 보충하여 철함 / 해어진 곳을 깁고 꿰맴. 글귀를 여기저기서 따 모아 시나 글을 지음 / 이가 상한 곳을 고치어 바로잡고 깁거나 여러 가지 재료로 이를 만들어 박는 일 / 의수, 의족 따위를 해서 끼거나 덧대어 힘을 쓰게 하는 일 ④ 綴字(엮을 철, 글자 자)] 106. ④ [彷佛(헤맬 방, 비슷할 불) : 거의 흡사함 ① 脂肪(기름 지, 기름 방) ② 幇助(도울 방, 도울 조) : 나쁜 일의 뒤를 도움 ③ 彷徨(헤맬 방, 헤맬 황) ④ 近似(가까울 근, 닮을 사)] 107. ③ [大泛(큰 대, 뜰 범) : 사물에 대해 까다롭지 않음 ① 氾濫(넘칠 범, 넘칠 람) ② 繁盛(불을 번, 성할 성) ③ 膽大(쓸개 담, 큰 대) ④ 開闢(열 개, 열 벽)] 108. ② [氣魄(기운 기, 넋 백) ① 幣帛(화폐 폐, 비단 백) ② 精神(깨끗할 정, 귀신 신) ③ 劈頭(쪼갤 벽, 머리 두) : 글의 첫머리. 맨 처음 ④ 加捧(더할 가, 받들 봉) : 정한 액수 외에 더 징수함] 109. ① [出帆(날 출, 돛 범) : 배가 돛을 달고 떠남 ① 始作(비로소 시, 지을 작) ② 賻儀(부의 부, 거동 의) : 초상집에 부조로 보내는 돈이나 물품 ③ 扮裝(꾸밀 분, 꾸밀 장) ④解剖(풀 해, 조갤 부)] 110. ④ [橋頭堡(다리 교, 머리 두, 작은성 보) : 침략하기 위한 발판을 비유적으로 이르는 말 ① 俯瞰(구부릴 부, 굽어볼 감) : 높은 곳에서 내려다봄 ② 庇護(덮을 비, 도울 호) : 편들어서 감싸 주고 보호함 ③ 鄙淺(더러울 비, 얕을 천) ④ 據點(근거 거, 점 점)] 111. 騎士(말탈 기, 선비 사) 112. 魔女(마귀 마, 여자 녀) 113. 猛獸(사나울 맹, 짐승 수) 114. 屍體(주검 시, 몸 체) 115. 溪谷(시내 계, 골 곡) 116. 峽路(골짜기 협, 길 로) 117. 殘酷(남을 잔, 심할 혹) 118. 冒險(무릅쓸 모, 험할 힘) 119. 憂愁(근심 우, 근심 수) 120. 弓師(활 궁, 스승 사) 121. 謀陷(꾀 모, 빠질 함) 122. 絞首刑(목맬 교, 머리 수, 형벌 형) 123. 懇曲(간절할 간, 굽을 곡) 124. 赦免(용서할 사, 면할 면) 125. 付託(부칠 부, 부탁할 탁) 126. 硯墨(벼루 연, 먹 묵) 127. 書翰(글 서, 편지 한) 128. 衷心(속마음 충, 마음 심) 129. 携帶(이끌 휴, 띠 대) 130. 補助金(기울 보, 도울 조, 쇠 금 / 성(性) 김) 131. 約款(맺을 약, 항목 관) 132. 誘致(꾈 유, 이를 치) 133. 山蔘(메 산, 인삼 삼) 134. 美姬(아름다울 미, 계집 희) 135. 洛東江(물 락, 동녘 동, 강 강) 136. 漂流(떠다닐 표, 흐를 류) 137. 祥瑞(상서 상, 상서 서) 138. 碩學(클 석, 배울 학) 139. 紹介(이을 소, 낄 개) 140. 解夢(풀 해, 꿈 몽) 141. 外濠(바깥 외, 호주 호) 142. 戈劍(창 과, 칼 검) 143. 浸透(잠길 침, 사무칠 투) 144. 尖塔(뾰족할 첨, 탑 탑) 145. 滑降(미끄러울 활 / 익살스러울 골, 내릴 강 / 항복할 항) [答 146-150] (126) 硯墨 (130) 補助金 (134) 美姬 (140) 解夢 (141) 外濠 (143) 浸透 151. ① [① 폄하 ② 포효 ③ 팽배 ④ 포말] 152. ② [① 폭우 ② 품의 ③ 풍자 ④ 포상] 153. ④ [① 핍박 ② 함양 ③ 함구 ④ 함성] 154. ③

(① 하자 ② 해괴 ③ 한망 ④ 해학) 155. ③ (① 현악 ② 헐가 ③ 현란 ④ 협소) 156. 競步(다툴 경, 걸음 보) 157. 警報(깨우칠 경, 갚을·알릴 보) 158. 陶製(질그릇 도, 지을 제) 159. 徒弟(무리 도, 아우 제) 160. 議事(의논할 의, 일 사) 161. 醫師(의원 의, 스승 사) 162. 意識(뜻 의, 알 식) 163. 儀式(거동 의, 법 식) 164. 一品(한 일, 물건 품) * 일품요리 : 한 가지마다 값을 매겨 놓고 손님의 주문에 따라 내는 요리, 한 끼의 음식을 모두 한 그릇에 담은 간편한 요리 165. 逸品(편안할 일, 물건 품) : 아주 뛰어난 물건 166. 碍 167. 帰 168. 肅 169. 聲 170. 醫 171. 蓄 [貯蓄(쌓을 저, 모을 축)] 172. 鋪 [店鋪(가게 점, 가게 포)] 173. 橫死(가로 횡, 죽을 사) * 非命(아닐 비, 목숨 명) 174. 落膽(떨어질 락, 쓸개 담) * 失望(잃을 실, 바랄 망) 175. 冷靜(찰 냉, 고요할 정) * 沈着(잠길 침 / 성(姓) 심, 붙을 착) 176. 紳士(띠 신, 선비 사) * 淑女(맑을 숙, 계집 녀) 177. 遺失(남길 유, 잃을 실) * 拾得(주울 습 / 열 십, 얻을 득) 178. 隻手(외짝 척, 손 수) : 외 손, 매우 외로움을 비유적으로 이르는 말 * 雙手(두·쌍 쌍, 손 수) 179. 瓦全(기와 와, 온전 전) : 옥(玉)이 못 되고 기와가 되어 안전하게 남는다는 뜻으로, 아무 하는 것 없이 목숨만 이어 감을 비유적으로 이르는 말 * 玉碎(구슬 옥, 부술 쇄) : 부서져 옥이 된다는 뜻으로, 명예나 충절을 위하여 깨끗이 죽음을 이르는 말 180. 減退(덜 감, 물러날 퇴) * 增進(더할 증, 나아갈 진) 181. 信賴(믿을 신, 의뢰할 뢰) 182. 誤謬(그르칠 오, 그르칠 류) 183. 漏出(샐 루, 날 출) 184. 能率(능할 능, 비율 률 / 거느릴 솔) 185. 引率(끌 인, 비율 률 / 거느릴 솔) 186. 挿入(꽂을 삽, 들 입) 187. 失蹤(잃을 실, 찰 축) 188. 捕繩(잡을 포, 줄·노끈 승) 189. 鼎立(솥 정, 설 립) : 세 사람 또는 세 세력이 솥발과 같이 벌여 섬 190. 艦長(큰배 함, 긴 장) 191. 徹, 天 [徹天之寃(통할 철, 하늘 천, 갈 지, 원통할 원)] 192. 說, 夢 [癡人說夢(어리석을 치, 사람 인, 말씀 설 / 달랠 세, 꿈 몽)] 193. 七, 縱 [七縱七擒(일곱 칠, 세로 종, 일곱 칠, 사로잡을 금)] 194. 握, 髮 [吐哺握髮(토할 토, 먹일 포, 쥘 악, 터럭 발)] 195. 左, 顧 [左顧右眄(왼 좌, 돌아볼 고, 오를·오른(쪽) 우, 곁눈질할 면)] 196. 客, 倒 [主客顛倒(임금·주인 주, 손 객, 엎드러질 전, 넘어질 도)] 197. 走, 加 [走馬加鞭(달릴 주, 말 마, 더할 가, 채찍 편)] 198. 珍, 盛 [珍羞盛饌(보배 진, 부끄러울 수, 성할 성, 반찬 찬)] 199. 之, 憂 [採薪之憂(캘 채, 섶 신, 갈 지, 근심 우)] 200. 吹, 毛 [吹毛覓疵(불 취, 터럭 모, 찾을 멱, 허물 자)]

1級 – 14회 해설

1. 발효(醱술 괼 발, 酵삭힐 효) 2. 해후(邂우연히 만날 해, 逅만날 후) 3. 치매(癡어리석을 치, 못어리석을 매) 4. 후예(後뒤 후, 裔후손 예) 5. 추락(墜떨어질 추, 落떨어질 락) 6. 해로(偕함께 해, 老늙을 로) 7. 퇴석(堆쌓을 퇴, 石돌 석) 8. 항태(缸항아리 항, 胎아이밸 태) 9. 패담(悖거스를 패, 談말씀 담) 10. 간난(艱어려울 간, 難어려울 난) 11. 왜구(倭왜나라 왜, 寇도적 구) 12. 경기(勁굳셀 경, 騎말탈 기) 13. 급로(汲물길을 급, 路길 로) 14. 서궤(書글 서, 櫃궤짝 궤) 15. 갈력(竭다할 갈, 力힘 력) 16. 분나(紛어지러울 분, 拏잡을 나) 17. 궁창(穹하늘 궁, 蒼푸를 창) 18. 초개(草풀 초, 芥겨자 개) 19. 괄약(括묶을 괄, 約맺을 약) 20. 혼돈(混섞을 혼, 沌엉길 돈) 21. 포주(庖부엌 포, 廚부엌 주) 22. 가정(苛가혹할 가, 政정사 정) 23. 해괴(駭놀랄 해, 怪괴이할 괴) 24. 저격(狙원숭이·엿볼 저, 擊칠 격) 25. 교룡(蛟교룡 교, 龍용 룡) 26. 피견(披헤칠 피, 見볼 견 / 뵈올 현) 27. 낙농(酪쇠젖 락, 農농사 농) 28. 정련(正바를 정, 鍊가마 련) 29. 허묘(墟터 허, 墓무덤 묘) 30. 뇌각(牢우리 뢰, 却물리칠 각) 31. 모우(牡수컷 모, 牛소 우) 32. 교반(橋다리 교, 畔밭두둑 반) 33. 능선(稜모 릉, 線줄 선) 34. 거벽(巨클 거, 擘엄지손가락 벽) 35. 비갑(緋비단 비, 甲갑옷 갑) 36. 봉화(烽봉화 봉, 火불 화) 37. 빈첩(嬪궁녀벼슬이름 빈, 妾첩 첩) 38. 거부(拒막을 거, 斧도끼 부) 39. 협보(挾낄 협, 輔도울 보) 40. 사당(祠사당 사, 堂집 당) 41. 빙붕(氷얼음 빙, 棚사다리 붕) 42. 간석(干방패 간, 潟개펄 석) 43. 필백(疋필 필, 帛비단 백) 44. 장과(漿즙 장, 果실과 과) 45. 개전(改고칠 개, 悛고칠 전) 46. 함양(涵젖을 함, 養기를 양) 47. 보루(堡작은성 보, 壘보루 루) 48. 학질(瘧학질 학, 疾병 질) 49. 선동(煽부채질할 선, 動움직일 동) 50. 누추(陋더러울 루, 醜추할 추) 51. 얽을 전 52. 삼갈 각 53. 칠 당 54. 둔한 말 노 55. 마을 려 56. 문둥이 라 57. 물 넘칠 도 58. 돌아누울 전 59. 사로잡을 로 60. 정강이 경 61. 푸닥거리 나 62. 꾸짖을 매 63. 두드릴 박 64. 노할 발 65. 투구 두 / 도솔천 도 66. 고치 견 67. 불을 번 68. 쓸쓸할 료 69. 임질 림 70. 백반 반 71. 오목할 요 72. 술취할 명 73. 사자 사 74. 갈빗대 륵 75. 추렴할 거·갹 76. 죽순 순 77. 낚싯대 간 78. 동이 분 79. 거스를 소 80. 바퀴살 복·폭 81. 성(姓) 완 82. 귤 감 83. 重且大(무거울 중, 또 차, 큰 대) 84. 捕捉(잡을 포, 잡을 착) 85. 名札(이름 명, 편지 찰) 86. 晩餐(늦을 만, 밥 찬) : 저녁 식사로 차린 음식, 손님을 초대하여 먹는 저녁 식사 87. 古刹(예 고, 절 찰) 88. 慘事(참혹할 참, 일 사) 89. 滄茫(큰바다 창, 아득할 망) 또는 蒼茫(푸를 창, 아득할 망) : 넓고 멀어서 아득하다. 90. 和暢(화할 화, 화창할 창) 91. 表彰(겉 표, 드러날 창) 92. 悽絶(슬퍼할 처, 끊을 절) 93. 迷宮(미혹할 미, 집 궁) : 어떤 문제가 얽혀 쉽게 해결하지 못하게 된 상태 94. 過敏(지날 과, 민첩할 민) 95. 薄氷(엷을 박, 얼음 빙) : 살얼음, 근소한 차이 96. 茶飯事(차 다·차, 밥 반, 일 사) : 차를 마시고 밥을 먹는 예사로운 일 97. 同伴(한가지 동, 짝 반) 98. 船舶(배 선, 배 박) 99. 搬入(옮길 반, 들 입) 100. 芳年(꽃다울 방, 해 년) 101. 賠償(물어줄 배, 갚을 상) 102. 松柏(소나무 송, 측백 백) : 소나무와 잣나무 103. 財閥(재물 재, 문벌 벌) 104. 汎愛(넓을 범, 사랑 애) 105. 僻字

(궁벽할 벽, 글자 자) : 흔히 쓰지 않는 까다로운 글자   106. 辨明(분별할 변, 밝을 명)   107. 補正(기울 보, 바를 정)   108. 逢着(만날 봉, 붙을 착)   109. 縫製(꿰맬 봉, 지을 제)   110. 特輯(특별할 특, 모을 집)   111. 遮斷(가릴 차, 끊을 단)   112. 窒塞(막힐 질, 막힐 색 / 변방 새)   113. 峽谷(골짜기 협, 골 곡)   114. 連載(이을 련, 실을 재)   115. 爭議(다툴 쟁, 의논할 의)   116. 仲裁(버금 중, 옷마를 재)   117. 共著(함께 공, 나타날 저)   118. 探偵(찾을 탐, 염탐할 정)   119. 齊唱(가지런할 제, 부를 창)   120. 釣魚(낚을·낚시 조, 물고기 어)   121. 措置(둘 조, 둘 치)   122. 綜合(모을 종, 합할 합)   123. 口   124. 食   125. 行   126. 크   127. 門   128. 几   129. 爻   130. 儿   131. 十   132. 크   133. ① (① 패륜 ② 잠부 ③ 강장 ④ 방년)   134. ③ (① 개자 ② 연지 ③ 용약 ④ 잠복)   135. ④ (① 건조 ② 열치 ③ 담수 ④ 터파)   136. ① (① 잉여 ② 건포 ③ 눌언 ④ 장벽)   137. ② (① 경탄 ② 탕진 ③ 날인 ④ 재력)   138. ① (① 누추 ② 경개 ③ 고굉 ④ 재난)   139. ③ (① 날조 ② 곤장 ③ 긍휼 ④ 장엄)   140. ① (① 패설 ② 고문 ③ 유대 ④ 재능)   141. ③ (① 농혈 ② 고고 ③ 시랑 ④ 조간)   142. ① (① 시살 ② 고질 ③ 달초 ④ 조건)   143. 어떤 사람이 자기보다 뛰어난 사람을 샘하여 미워하는 것 * 猜忌(시기할 시, 꺼릴 기)   144. 제사 지낼 때 숟가락을 밥그릇에 꽂음 * 揷匙(꽂을 삽, 숟가락 시)   145. 바다 위나 사막에서 엉뚱한 곳에 물상이 있는 것처럼 보이는 현상 * 蜃氣樓(큰조개 신, 기운 기, 다락 루)   146. 의심스럽고 이상함 * 疑訝(의심할 의, 의심할 아)   147. 맥없이 웃는 모양 * 啞然(벙어리 아, 그럴 연)   148. 기운이나 감정 따위가 격렬히 일어나 높아짐 * 激昂(격할 격, 높을 앙)   149. 남을 빈정거리는 말이나 몸짓 * 揶揄(야유할 야, 야유할 유)   150. 좁고 험한 길 * 隘路(좁을 애, 길 로)   151. 본래의 뜻이나 내용을 잘못되게 바꾸어 전하는 것 * 訛傳(그릇될 와, 전할 전)   152. 일을 꾸미거나 치러나가는 재간 * 手腕(손 수, 팔뚝 완)   153. 予   154. 蚕   155. 転   156. 蔑 [凌蔑(업신여길 릉, 업신여길 멸)]   157. 嗇 [吝嗇(아낄 린, 아낄 색)]   158. 漏 [漏洩(샐 루, 샐 설)]   159. 煩 [煩悶(번거로울 번, 답답할 민)]   160. 微 [微細(작을 미, 가늘 세)]   161. 等 [均等(고를 균, 고를 등)]   162. 續 [繼續(이을 계, 이을 속)]   163. 間 [間隔(사이 간, 사이뜰 격)]   164. 減 [減縮(덜 감, 줄일 축)]   165. 酷 [苛酷(가혹할 가, 심할 혹)]   166. 減少(덜 감, 적을 소) * 增加(더할 증, 더할 가)   167. 個別(낱 개, 다를·나눌 별) * 全體(온전 전, 몸 체)   168. 浪費(물결 랑, 쓸 비) * 儉約(검소할 검, 맺을 약)   169. 缺席(이지러질 결, 자리 석) * 出席(날 출, 자리 석)   170. 決裂(결단할 결, 찢어질 렬) * 合意(합할 합, 뜻 의)   171. 降臨(내릴 강 / 항복할 항, 임할 림) * 昇天(오를 승, 하늘 천)   172. 柔弱(부드러울 유, 약할 약) * 剛健(굳셀 강, 굳셀 건)   173. 保守(지킬 보, 지킬 수) * 改革(고칠 개, 가죽 혁)   174. 蓋然(덮을 개, 그럴 연) : 확실하게 단정할 수는 없지만 대개 그럴 것이라고 생각되는 상태 * 必然(반드시 필, 그럴 연)   175. 濕潤(젖을 습, 불을 윤) * 乾燥(하늘·마를 건, 마를 조)   176. 自費(스스로 자, 쓸 비)   177. 慈悲(사랑 자, 슬플 비)   178. 圖畵(그림 도, 그림 화)   179. 導火(인도할 도, 불 화) * 도화선(導火線) : 화약이 터지도록 불을 붙이는 심지. 사건 발생의 직접적 원인   180. 銅像(구리 동, 모양 상)   181. 凍傷(얼 동, 다칠 상)   182. 無産(없을 무, 낳을 산)   183. 霧散(안개 무, 흩을 산)   184. 司試(맡을 사, 시험 시) * 사시(司試) : '사법시험(司法試驗)'의 준말   185. 斜視(비낄 사, 볼 시) : 안근의 이상으로 양쪽 눈의 시선이 평행하게 되지 않는 상태   186. 束 [束手無

策(묶을 속, 손 수, 없을 무, 꾀 책) : 손이 묶인 듯 어찌할 도리가 없어 꼼짝 못함]   187. 釋 [手不釋卷(손 수, 아닐 불·부, 풀 석, 책 권) : 손에서 책을 놓지 않고 늘 글을 읽음]   188. 識 [識字憂患(알 식 / 기록할 지, 글자 자, 근심 우, 근심 환) : 글자를 아는 것이 오히려 근심이 됨. 알기는 알아도 똑바로 잘 알고 있지 못하기 때문에 그 지식이 오히려 걱정거리가 됨]   189. 機 [心機一轉(마음 심, 틀 기, 한 일, 구를 전) : 깊이 생각하고 오래 살핌. 신중을 기하여 곰곰이 생각함]   190. 緣 [緣木求魚(인연 연, 나무 목, 구할 구, 물고기 어) : 나무를 타고 올라가서 고기를 잡는다. 되지도 않을 엉뚱한 소망을 비유한 말]   191. 八, 起 [七顚八起(일곱 칠, 엎드러질 전, 여덟 팔, 일어날 기)]   192. 針, 小 [針小棒大(바늘 침, 작을 소, 막대 봉, 큰 대)]   193. 波, 重 [波瀾重疊(물결 파, 물결 란, 무거울 중, 거듭 첩)]   194. 柳, 質 [蒲柳之質(부들 포, 버들 류, 갈 지, 바탕 질)]   195. 無, 言 [緘口無言(봉할 함, 입 구, 없을 무, 말씀 언)]   196. 同, 穴 [偕老同穴(함께 해, 늙을 로, 한가지 동, 굴 혈)]   197. 破 [弊袍破笠(해질 폐, 도포 포, 깨뜨릴 파, 삿갓 립)]   198. 冬, 曆 [夏扇冬曆(여름 하, 부채 선, 겨울 동, 책력 력)]   199. 向, 歎 [向隅之歎(향할 향, 모퉁이 우, 갈 지, 탄식할 탄)]   200. 假, 威 [狐假虎威(여우 호, 거짓 가, 범 호, 위엄 위)]

1級 – 15회 해설

1. 강의(剛굳셀 강, 毅굳셀 의) 2. 방불(彷헤맬 방, 彿비슷할 불) 3. 각건(恪삼갈 각, 虔공경할 건) 4. 발랄(潑물 뿌릴 발, 剌발랄할 랄 / 수라 라) 5. 곡비(曲굽을 곡, 庇덮을 비) 6. 두찬(杜막을 두, 撰지을 찬) 7. 역린(逆거스를 역, 鱗비늘 린) 8. 시랑(豺승냥이 시, 狼이리 랑) 9. 효시(嚆울릴 효, 矢화살 시) 10. 기우(杞구기자 기, 憂근심 우) 11. 독두(禿대머리 독, 頭머리 두) 12. 풍자(諷풍자할 풍, 刺찌를 자·척 / 수라 라) 13. 무도(舞춤출 무, 蹈밟을 도) 14. 신빙(信믿을 신, 憑비길 빙) 15. 사자(獅사자 사, 子아들 자) 16. 명장(明밝을 명, 匠장인 장) 17. 작보(鵲까치 작, 報갚을·알릴 보) 18. 맹동(萌움(芽) 맹, 動움직일 동) 19. 사향(麝사향노루 사, 香향기 향) 20. 저통(箸젓가락 저, 筒통 통) 21. 오뇌(懊한할 오, 惱번뇌할 뇌) 22. 면억(緬멀 면, 憶생각할 억) 23. 어모(禦막을 어, 侮업신여길 모) 24. 비각(臂팔 비, 脚다리 각) 25. 유자(柚유자 유, 子아들 자) 26. 요철(凹오목할 요, 凸볼록할 철) 27. 유린(蹂밟을 유, 躪짓밟을 린) 28. 문유(問물을 문, 兪대답할·인월도 유) 29. 나례(儺푸닥거리 나, 禮예도 례) 30. 장등(檣돛대 장, 燈등 등) 31. 공수(拱팔짱낄 공, 手손 수) 32. 액취(腋겨드랑이 액, 臭냄새 취) 33. 자웅(雌암컷 자, 雄수컷 웅) 34. 녹곽(鹿사슴 록, 藿콩잎·미역 곽) 35. 이언(俚속될 리, 諺언문·속담 언) 36. 부말(浮뜰 부, 沫물거품 말) 37. 게방(揭높이들·걸 게, 榜방붙일 방) 38. 금고(禁금할 금, 錮막을 고) 39. 퇴영(退물러날 퇴, 嬰어린아이 영) 40. 호적(胡되 호, 狄오랑캐 적) 41. 격문(檄격문 격, 文글월 문) 42. 단록(短짧을 단, 麓산기슭 록) 43. 반거(蟠서릴 반, 據근거 거) 44. 생질(甥생질 생, 姪조카 질) 45. 견책(譴꾸짖을 견, 責꾸짖을 책) 46. 저돌(猪돼지 저, 突갑자기 돌) 47. 정예(淨깨끗할 정, 穢더러울 예) 48. 야로(冶풀무 야, 爐화로 로) 49. 풍경(風바람 풍, 磬경쇠 경) 50. 만앵(晚늦을 만, 鶯꾀꼬리 앵) 51. 강직하여 굴하지 않음 52. 거의 비슷함 53. 삼가고 조심함 54. 모습이나 행동이 활기차고 밝음 55. 힘을 다하여 비호하여 줌 56. 틀린 곳이 많은 작품. 전거나 출처가 확실치 못하고 오류가 많은 저술(두묵(杜黙)이라는 사람이 시를 지었는데 운율이 맞지 않는 곳이 여럿 있었다는 데서 유래) 57. 임금님의 노여움 ('거슬러 난 비늘'이라는 뜻으로, 용의 턱 아래에 거꾸로 난 비늘을 건드리면 용의 노여움을 사 죽게 된다는 전설에서 유래) 58. 탐욕스럽고 무자비한 사람 59. 어떤 사물이나 현상이 시작된 맨 처음(전쟁을 시작하는 신호로 삼았다는 우는 화살에서 유래) 60. 쓸데없는 걱정(중국 기(杞)나라 사람의 근심 걱정에서 유래) 61. (24) 臂脚 62. (26) 凹凸 63. (28) 問兪 64. (33) 雌雄 65. (47) 淨穢 66. 술통 준 67. 명할 망 68. 아낄 색 69. 쌓을 온 70. 떨어질 운 71. 허물 자 72. 세간 집 / 열사람 십 73. 기 치 74. 뿜을 분 75. 나눌 반 76. 비단 단 77. 귀양갈 적 78. 주릴 근 79. 수컷 모 80. 혹 췌 81. 봉사 봉 82. 구슬 벽 83. 개간할 간 84. 도롱이 사 85. 시집 시 86. 마마 진 87. 술빚을 양 88. 아첨할 첨 89. 칼날 봉 90. 대자리 연 91. 玉 92. 广 93. 大 94. 二 95. 刂(刀) 96. 鹿 97. 灬(火) 98. 爻 99. 黍 100. 士 101. ③
[① 敏捷(민첩할 민, 빠를 첩) ② 捷徑(빠를 첩, 지름길·길 경) : 지름길 ③ 手帖(손 수, 문서 첩) ④ 捷報(빠를 첩, 알릴

보) : 싸움에 이겼다는 소식이나 보고] 102. ④ [① 墜落(떨어질 추, 떨어질 락) ② 失墜(잃을 실, 떨어질 추) ③ 擊墜(칠 격, 떨어질 추) : 비행기나 비행선 따위를 쏘아 떨어뜨림 ④ 脊椎(등마루 척, 쇠뭉치·쇠골 추) 103. ① [① 緻密(빽빽할 치, 빽빽할 밀) ② 癡呆(어리석을 치, 어리석을 매) ③ 癡漢(어리석을 치, 한수·한나라 한) : 여자를 괴롭히거나 희롱하는 남자 ④ 音癡(소리 음, 어리석을 치)] 104. ④ [① 放蕩(놓을 방, 방탕할 탕) ② 蕩盡(방탕할 탕, 다할 진) ③ 蕩減(방탕할 탕, 덜 감) : 세금이나 요금, 진 빚을 온통 삭쳐 줌 ④ 豪宕(호걸 호, 호탕할 탕)] 105. ② [① 封套(봉할 봉, 씌울 투) ② 嫉妬(미워할 질, 샘낼 투) ③ 外套(바깥 외, 씌울 투) ④ 常套(떳떳할 상, 씌울 투) : 늘 써서 버릇이 되다시피 한 것] 106. ① [彷徨(헤맬 방, 헤맬 황) ① 徘徊(어정거릴 배, 머뭇거릴 회) : 목적 없이 어슬렁거리며 돌아다님 ② 豪奢(호걸 호, 사치할 사) ③ 移徙(옮길 이, 옮길 사) ③ 滲透(스밀 삼, 사무칠 투)] 107. ④ [憑藉(비길 빙, 깔·핑계할 자) : 남의 힘을 빌려서 의지함. 말막음을 위하여 핑계로 내세움 ① 安逸(편안 안, 편안할 일) ② 海溢(바다 해, 넘칠 일) ③ 咀嚼(씹을 저, 씹을 작) ④ 依據(의지할 의, 근거 거) : 어떤 사실이나 원리 따위에 근거함. 어떤 힘을 빌려 의지함] 108. ② [仔細(자세할 자, 가늘 세) ① 灼熱(불사를 작, 더울 열) ② 昭詳(밝을 소, 자세할 상) ③ 雀躍(참새 작, 뛸 약) : 너무 좋아서 깡충깡충 뛰며 기뻐함 ④ 猪突(돼지 저, 갑자기 돌) : 멧돼지처럼 앞뒤를 헤아리지 않고 불쑥 돌진함] 109. ③ [剩餘(남을 잉, 남을 여) ① 孕胎(아이밸 잉, 아이밸 태) ② 足跡(발 족, 자취 적) ③ 餘分(남을 여, 나눌 분) ④ 輾轉(돌아누울 전, 구를 전) : 누워서 이리저리 뒤척임] 110. ① [瑕疵(허물 하, 허물 자) ① 缺點(이지러질 결, 점 점) ② 膾炙(회 회, 구울 자·적) : 회와 구운 고기라는 뜻으로, 널리 칭찬을 받으며 사람의 입에서 입으로 전해지는 것 ③ 抵觸(막을 저, 닿을 촉) : 서로 부딪치거나 모순됨. 법률이나 규칙 따위에 위반되거나 거슬림 ④ 廛房(가게 전, 방 방)] 111. 未詳(아닐 미, 자세할 상) 112. 肺疾患(허파 폐, 병 질, 근심 환) 113. 誘發(꾈 유, 필 발) 114. 把握(잡을 파, 쥘 악) 115. 症勢(증세 증, 형세 세) 116. 加濕(더할 가, 젖을 습) 117. 殺菌(죽일 살 / 감할·빠를 쇄, 버섯 균) 118. 互惠(서로 호, 은혜 혜) 119. 均衡(고를 균, 저울대 형) 120. 趣旨(뜻 취, 뜻 지) 121. 附與(붙을 부, 더불·줄 여) 122. 解釋(풀 해, 풀 석) 123. 憂慮(근심 우, 생각할 려) 124. 指摘(가리킬 지, 딸 적) 125. 對照(대할 대, 비칠 조) 126. 名譽(이름 명, 기릴·명예 예) 127. 持病(가질 지, 병 병) 128. 享年(누릴 향, 해 년) 129. 葬禮(장사지낼 장, 예도 례) 130. 勳章(공 훈, 글 장) 131. 換節期(바꿀 환, 마디 절, 기약할 기) 132. 汚染(더러울 오, 물들 염) 133. 臨床(임할 림, 평상 상) 134. 潛伏(잠길 잠, 엎드릴 복) 135. 衰弱(쇠할 쇠, 약할 약) 136. 喉頭(목구멍 후, 머리 두) 137. 日照(날 일, 비칠 조) 138. 地盤(따 지, 소반 반) 139. 登山靴(오를 등, 메 산, 신 화) 140. 壓迫(누를 압, 핍박할·닥칠 박) 141. 幻想(헛보일 환, 생각 상) 142. 主催(임금·주인 주, 재촉할 최) 143. 模型(본뜰 모, 모형·거푸집 형) 144. 操縱士(잡을 조, 세로 종, 선비 사) 145. 募集(모을·뽑을 모, 모을 집) [答 146-150] (125) 對照 (128) 享年 (129) 葬禮 (131) 換節期 (132) 汚染 (141) 幻想 151. ④ (① 황홀 ② 활보 ③ 환약 ④ 혼돈) 152. ② (① 황망 ② 회자 ③ 효시 ④ 황급) 153. ③ (① 휘하 ② 기로 ③ 효소 ④ 소굴) 154. ① (① 보필 ② 금슬 ③ 용해 ④ 철저) 155. ③ (① 훈연 ② 흠모 ③ 준엄 ④ 압류) 156. 辭讓(말씀 사, 사양할 양) 157. 斜陽(비낄 사, 볕 양) 158. 山城(뫼 산, 재 성) 159. 酸性(실 산, 성품 성) 160. 相符(서로 상, 부호 부) * 명실상부(名實相符) : 이름과 실상이 서로 꼭 맞음   161. 相扶(서로 상, 도울 부) * 상부상조(相扶相助) : 서로서로 돕다.   162. 近間(가까울 근, 사이 간)   163. 根幹(뿌리 근, 줄기 간)   164. 鍊金(쇠불릴·단련할 련, 쇠 금)   165. 軟禁(연할 연, 금할 금)   166. 眞   167. 鉄   168. 称   169. 條   170. 從   171. 廻, 回 [旋廻(回)(돌 선, 돌 회 (돌아올 회)]   172. 潤 [濕潤(젖을 습, 불을 윤)]   173. 未熟(아닐 미, 익을 숙) * 幼稚(어릴 유, 어릴 치)   174. 追跡(좇을·따를 추, 발자취 적) * 尾行(꼬리 미, 다닐 행 / 항렬 항)   175. 性格(성품 성, 격식 격) * 氣質(기운 기, 바탕 질)   176. 暗黑(어두울 암, 검을 흑) * 光明(빛 광, 밝을 명)   177. 拘束(잡을 구, 묶을 속) * 釋放(풀 석, 놓을 방)   178. 慢性(거만할 만, 성품 성) * 急性(급할 급, 성품 성)   179. 弄談(희롱할 롱, 말씀 담) * 眞談(참 진, 말씀 담)   180. 達辯(통달할 달, 말씀 변) * 訥辯(말더듬거릴 눌, 말씀 변)   181. 履歷書(밟을 리, 지날 력, 글 서)   182. 病魔(병 병, 마귀 마)   183. 痲醉(저릴 마, 취할 취)   184. 字幕(글자 자, 장막 막)   185. 分娩(나눌 분, 낳을 만)   186. 病棟(병 병, 마룻대 동)   187. 籠城(대바구니 롱, 재 성)   188. 炭酸(숯 탄, 실 산)   189. 敎唆(가르칠 교, 부추길 사)   190. 紹介(이을 소, 낄 개)   191. 毫, 毛 [毫毛斧柯(터럭 호, 터럭 모, 도끼 부, 가지 가)]   192. 惑, 世 [惑世誣民(미혹할 혹, 인간 세, 속일 무, 백성 민)]   193. 波, 萬 [波瀾萬丈(물결 파, 물결 란, 일만 만, 어른 장)]   194. 含, 腹 [含哺鼓腹(머금을 함, 먹일 포, 북 고, 배 복)]   195. 虛, 懷 [虛心坦懷(빌 허, 마음 심, 평탄할 탄, 품을 회)]   196. 口, 策 [糊口之策(풀칠할 호, 입 구, 갈 지, 꾀 책)]   197. 首, 丘 [狐死首丘(여우 호, 죽을 사, 머리 수, 언덕 구)]   198. 虎, 視 [虎視耽耽(범 호, 볼 시, 노려볼 탐, 노려볼 탐)]   199. 飛, 散 [魂飛魄散(넋 혼, 날 비, 넋 백, 흩을 산)]   200. 一致 [渾然一致(흐릴 혼, 그럴 연, 한 일, 이를 치)]

1級 - 16회 해설

1. 해학(諧화할 해, 謔희롱할 학) 2. 소홀(疎성길 소, 忽갑자기 홀) 3. 각성(覺깨달을 각, 醒깰 성) 4. 매연(煤그을음 매, 煙연기 연) 5. 늠름(凜찰 름, 凜찰 름) 6. 완장(阮성(姓) 완, 丈어른 장) 7. 자인(紫자줏빛 자, 蚓지렁이 인) 8. 비취(翡물총새 비, 翠푸를·물총새 취) 9. 표독(慓급할 표, 毒독 독) 10. 낭자(狼이리 랑, 藉깔·핑계할 자) 11. 관할(管대롱·주관할 관, 轄다스릴 할) 12. 폭서(曝쪼일 폭·포, 書글 서) 13. 운하(雲구름 운, 霞노을 하) 14. 적선(謫귀양갈 적, 仙신선 선) 15. 흡사(恰흡사할 흡, 似닮을 사) 16. 편취(騙속일 편, 取가질 취) 17. 타원(楕길고 둥글 타, 圓둥글 원) 18. 휘황(輝빛날 휘, 煌빛날 황) 19. 완력(腕팔뚝 완, 力힘 력) 20. 침골(砧다듬잇돌 침, 骨뼈 골) 21. 함미(鹹짤 함, 味맛 미) 22. 엄연(奄문득 엄, 然그럴 연) 23. 팽창(膨불을 팽, 脹부을 창) 24. 요경(凹오목할 요, 鏡거울 경) 25. 신멸(燼불탄끝 신, 滅꺼질·멸할 멸) 26. 작약(綽너그러울 작, 約맺을 약) 27. 형수(兄형 형, 嫂형수 수) 28. 불손(不아닐 불·부, 遜겸손할 손) 29. 유서(宥너그러울 유, 恕용서할 서) 30. 부음(訃부고 부, 音소리 음) 31. 이질(痢이질 리, 疾병 질) 32. 비박(臂팔 비, 膊팔뚝 박) 33. 흉급(洶용솟음칠 흉, 急급할 급) 34. 우이(嵎산굽이 우, 夷오랑캐 이) 35. 환거(鰥홀아비 환, 居살 거) 36. 잔교(棧사다리 잔, 橋다리 교) 37. 인후(咽목구멍 인 / 목멜 열 / 삼킬 연, 喉목구멍 후) 38. 탄로(綻터질 탄, 露이슬 로) 39. 효후(哮성낼 효, 吼울부짖을 후) 40. 뇌락(磊돌무더기 뢰, 落떨어질 락) 41. 요절(撓휠 뇨, 折꺾을 절) 42. 구예(垢때 구, 穢더러울 예) 43. 항문(肛항문 항, 門문 문) 44. 나발(螺소라 라, 髮터럭 발) 45. 구마(駒망아지 구, 馬말 마) 46. 상이(傷다칠 상, 痍상처 이) 47. 파행(跛절름발이 파 / 비스듬히 설 피, 行다닐 행 / 항렬 항) 48. 저주(詛저주할 저, 呪빌 주) 49. 현기(眩어지러울 현, 氣기운 기) 50. 장고(杖지팡이 장, 鼓북 고) 51. 얽을 박 52. 꾸밀 날 53. 낙타 54. 갈고리 구 55. 방붙일 방 56. 구기 작 57. 쓰러질 미 58. 쇠뇌 노 59. 거를 려 60. 엄지손가락 벽 61. 암자 암 62. 적을 사 63. 절구 구 64. 맺을 뉴 65. 건질 로 66. 아득할·물 질펀할 묘 67. 닻 정 68. 늦을 안 69. 고질 고 70. 가래 담 71. 혹 류 72. 답답할 민 73. 막대 봉 74. 풀 역 75. 격문 격 76. 들 대 77. 굴레 륵 78. 고요할 밀 79. 연꽃 부 80. 넉넉할 요 81. 개선할 개 82. 도랑·더럽힐 독 83. 診脈(진찰할 진, 줄기 맥) 84. 陳腐(베풀·묵을 진, 썩을 부) 85. 不振(아닐 불·부, 떨칠 진) 86. 遲延(더딜·늦을 지, 늘일 연) 87. 落塵(떨어질 락, 티끌 진) 88. 要旨(요긴할 요, 뜻 지) 89. 認准(알 인, 비준 준) 90. 駐在(머무를 주, 있을 재) 91. 綜合(모을 종, 합할 합) 92. 浮彫(뜰 부, 새길 조) : 조각에서 평평한 면에 글자나 그림 따위를 도드라지게 새기는 일 93. 措處(둘 조, 곳 처) 94. 釣船(낚을·낚시 조, 배 선) 95. 防腐劑(막을 방, 썩을 부, 약제 제) 96. 添附(더할 첨, 붙을 부) 97. 敷地(펼 부, 따 지) 98. 皮膚(가죽 피, 살갗 부) 99. 弗素(아닐·말 불, 흴 소) 100. 匪賊(비적 비, 도둑 적) : 떼를 지어 다니며 약탈을 하는 도둑 101. 飼料(기를 사, 헤아릴 료) 102. 聘丈(부를 빙, 어른 장) : 다른 사람의 장인 103. 敎唆(가르칠 교, 부추길 사) : 남을 부추겨 나쁜 짓을 하게 함 104. 赦罪(용서할 사, 허물 죄) 105. 似而非(닮을 사, 말이을 이, 아닐 비)

106. 陽傘(볕 양, 우산 산) 107. 紅蔘(붉을 홍, 인삼 삼) 108. 祥瑞(상서 상, 상서 서) 109. 端緒(끝 단, 실마리 서) 110. 碩學(클 석, 배울 학) 111. 修繕(닦을 수, 기울 선) 112. 纖細(가늘 섬, 가늘 세) 113. 放縱(놓을 방, 세로 종) 114. 駐屯(머무를 주, 진칠 둔) 115. 蒸發(찔 증, 필 발) 116. 脫脂(벗을 탈, 기름 지) 117. 遲進兒(더딜·늦을 지, 나아갈 진, 아이 아) 118. 粉塵(가루 분, 티끌 진) 119. 誤診(그르칠 오, 진찰할 진) 120. 窒息(막을 질, 쉴 식) 121. 遮光(가릴 차, 빛 광) 122. 午餐(낮 오, 밥 찬) 123. 欠 124. 艮 125. 山 126. 女 127. 田 128. 木 129. 白 130. ㅣ 131. 土 132. 大 133. ②(① 농아 ② 용립 ③ 도문 ④ 영탁) 134. ①(① 애매 ② 애로 ③ 뇌각 ④ 도태) 135. ④(① 암자 ② 알선 ③ 알력 ④ 안마) 136. ②(① 뇌물 ② 편류 ③ 당착 ④ 역적) 137. ①(① 신문 ② 여명 ③ 담외 ④ 녹록) 138. ①(① 야유 ② 도열 ③ 실개 ④ 등자) 139. ④(① 나졸 ② 도천 ③ 박식 ④ 피립) ※ '跛'(절름발이 파 / 비스듬히 설 피)는 '절름발이 파'자로는 단음이고, '비스듬히 설 피'자로는 장음으로 읽힌다. 140. ②(① 나선 ② 시저 ③ 도정 ④ 조율) 141. ②(① 두면 ② 패륜 ③ 낙타 ④ 요업) 142. ④(① 도살 ② 납촉 ③ 유쾌 ④ 용기) 143. 성격, 환경 등에 비추어 죄를 범하거나 법령에 저촉될 우려가 있음 * 虞犯(염려할 우, 범할 범) 144. 잘못을 깨우쳐 뉘우치도록 징계함 * 膺懲(가슴 응, 징계할 징) 145. 예정하거나 필요한 수량보다 많이 남음 * 過剩(지날 과, 남을 잉) 146. 회와 구운 고기. 칭찬을 받으며 사람의 입에 자주 오르내림 * 膾炙(회 회, 구울 자·적) 147. 음식물을 씹음 * 詛嚼(씹을 저, 씹을 작) 148. 액체 중에 있는 미세한 고체가 가라앉아서 바닥에 괴. 또는 그 앙금 * 沈澱(잠길 침 / 성 심, 앙금 전) 149. 비웃음 * 嘲笑(비웃을 조, 웃을 소) 150. 오래되어 굳어진 좋지 않은 버릇. 또는 오랫동안 변화나 새로움을 꾀하지 않아 나태하게 굳어진 습성 * 惰性(게으를 타, 성품 성) 151. 절뚝거리며 걸음. 일이나 계획 따위가 순조롭지 못하고 이상하게 진행됨 * 跛行(절름발이 파 / 비스듬히 설 피, 다닐 행 / 항렬 항) 152. 남의 일에 대하여 지나치게 염려하는 마음 * 老婆心(늙을 로, 할미 파, 마음 심) 153. 択 154. 点 155. 画 156. 離 [距離(상거할 거, 떠날 리)] 157. 督 [監督(볼 감, 감독할 독)] 158. 簡 [簡略(간략할 간, 간략할·약할 략)] 159. 渴 [枯渴(마를 고, 목마를 갈)] 160. 怖 [恐怖(두려울 공, 두려워할 포)] 161. 管 [管轄(대롱·주관할 관, 다스릴 할)] 162. 窮 [窮極(다할·궁할 궁, 다할·극진할 극)] 163. 瑟 [琴瑟(거문고 금, 큰 거문고 슬)] 164. 欺 [欺瞞(속일 기, 속일 만)] 165. 博 [賭博(내기 도, 넓을·노름 박)] 166. 短縮(짧을 단, 줄일 축) * 延長(늘일 연, 긴 장) 167. 銳利(날카로울 예, 이할 리) * 鈍濁(둔할 둔, 흐릴 탁) 168. 厭世(싫어할 염, 인간 세) * 樂天(즐길 락 / 풍류 악 / 좋아할 요, 하늘 천) 169. 冒頭(무릅쓸 모, 머리 두) : 말이나 글의 첫머리 * 末尾(끝 말, 꼬리 미) 170. 未備(아닐 미, 갖출 비) * 完備(완전할 완, 갖출 비) 171. 妥當(온당할 타, 마땅할 당) * 不當(아닐 불·부, 마땅할 당) 172. 富裕(부자 부, 넉넉할 유) * 貧窮(가난할 빈, 다할·궁할 궁) 173. 省略(덜 생 / 살필 성, 간략할·약할 략) * 敷衍(펼 부, 넓을 연) 174. 添加(더할 첨, 더할 가) * 削減(깎을 삭, 덜 감) 175. 碩學(클 석, 배울 학) : 학식이 많고 깊은 사람 * 淺學(얕을 천, 배울 학) : 학식이 얕음. 또는 그런 사람 176. 有機(있을 유, 틀 기) 177. 遺棄(남길 유, 버릴 기) 178. 維持(벼리 유, 가질 지) 179. 油脂(기름 유, 기름 지) 180. 音聲(소리 음, 소리 성) 181. 陰性(그늘 음, 성품 성)

182. 日射(날 일, 쏠 사)   183. 一絲(한 일, 실 사) * 일사불란(一絲不亂) : 질서가 정연해서 조금도 흐트러지지 않음   184. 弔旗(조상할 조, 기 기)   185. 早起(이를 조, 일어날 기)   186. 隱 [隱忍自重(숨을 은, 참을 인, 스스로 자, 무거울 중) : 마음속으로 참으며, 몸가짐을 신중하게 함]   187. 深 [意味深長(뜻 의, 맛 미, 깊을 심, 긴 장) : 말이나 글의 뜻이 매우 깊음]   188. 泥 [泥田鬪狗(진흙 니, 밭 전, 싸움 투, 개 구) : 진창에서 싸우는 개. 강인한 성격. 볼썽사납게 서로 헐뜯거나 다투는 모양]   189. 報 [因果應報(인할 인, 실과 과, 응할 응, 갚을·알릴 보) : 원인과 결과는 서로 물고 물림. 좋은 일에는 좋은 결과가, 나쁜 일에는 나쁜 결과가 따름]   190. 以 [以實直告(써 이, 열매 실, 곧을 직, 고할 고) : 사실을 있는 그대로 말함]   191. 橫, 說 [橫說竪說(가로 횡, 말씀 설 / 달랠 세, 세울 수, 말씀 설 / 달랠 세)]   192. 畵, 龍 [畵龍點睛(그림 화, 용 룡, 점 점, 눈동자 정)]   193. 畵, 中 [畵中之餠(그림 화, 가운데 중, 갈 지, 떡 병)]   194. 華, 夢 [華胥之夢(빛날 화, 서로 서, 갈 지, 꿈 몽)]   195. 呼, 躍 [歡呼雀躍(기쁠 환, 부를 호, 참새 작, 뛸 약)]   196. 後, 素 [繪事後素(그림 회, 일 사, 뒤 후, 흴 소)]   197. 角, 齒 [角者無齒(뿔 각, 놈 자, 없을 무, 이 치)]   198. 蓋, 世 [蓋世之才(덮을 개, 인간 세, 갈 지, 재주 재)]   199. 牽, 附 [牽强附會(이끌·끌 견, 강할 강, 붙을 부, 모일 회)]   200. 曲, 阿 [曲學阿世(굽을 곡, 배울 학, 언덕 아, 인간 세)]

1級 — 17회 해설

1. 천명(闡밝힐 천, 明밝을 명) 2. 핍근(逼핍박할 핍, 近가까울 근) 3. 난삽(難어려울 난, 澁떫을 삽) 4. 즐비(櫛빗 즐, 比견줄 비) 5. 사말(些적을 사, 末끝 말) 6. 호서배(狐여우 호, 鼠쥐 서, 輩무리 배) 7. 동선(冬겨울 동, 扇부채 선) 8. 뇌괴(磊돌무더기 뢰, 塊흙덩이 괴) 9. 정곡(正바를 정, 鵠고니·과녁 곡) 10. 감여(堪견딜 감, 輿수레 여) 11. 복사(輻바퀴살 복·폭, 射쏠 사) 12. 방두(枋다목 방, 頭머리 두) 13. 천식(喘숨찰 천, 息쉴 식) 14. 결핍(缺이지러질 결, 乏모자랄 핍) 15. 패총(貝조개 패, 塚무덤 총) 16. 박멸(撲칠 박, 滅꺼질·멸할 멸) 17. 맹한(猛사나울 맹, 悍사나울 한) 18. 투기(妬샘낼 투, 忌꺼릴 기) 19. 명목(瞑저물 명, 目눈 목) 20. 무고(誣속일 무, 告고할 고) 21. 당첨(當마땅 당, 籤제비 첨) 22. 분뇨(糞똥 분, 尿오줌 뇨) 23. 이재민(罹걸릴 리, 災재앙 재, 民백성 민) 24. 패물(佩찰 패, 物물건 물) 25. 저앙(低낮을 저, 昂높을 앙) 26. 윤락(淪빠질 륜, 落떨어질 락) 27. 여항(閭마을 려, 巷거리 항) 28. 농담(濃짙을 농, 淡맑을 담) 29. 괴뢰(傀허수아비 괴, 儡꼭두각시 뢰) 30. 촉망(囑부탁할 촉, 望바랄 망) 31. 은수(恩은혜 은, 讎원수 수) 32. 요령(搖흔들 요, 鈴방울 령) 33. 해서(楷본보기 해, 書글 서) 34. 노파(老늙을 로, 婆할미 파) 35. 두창(痘역질 두, 瘡부스럼 창) 36. 등반(登오를 등, 攀더위잡을 반) 37. 초장(醋초 초, 醬장 장) 38. 안장(鞍안장 안, 裝꾸밀 장) 39. 종식(終마칠 종, 熄불 꺼질 식) 40. 호박(琥호박 호, 珀호박 박·백) 41. 숙당(塾글방 숙, 堂집 당) 42. 임파선(淋임질 림, 巴꼬리 파, 腺샘 선) 43. 이사(移옮길 이, 徙옮길 사) 44. 과립(顆낟알 과, 粒낟알 립) 45. 서랑(鼠쥐 서, 狼이리 랑) 46. 악연(愕놀랄 악, 然그럴 연) 47. 고질(痼고질 고, 疾병 질) 48. 섬광(閃번쩍일 섬, 光빛 광) 49. 동통(疼아플 동, 痛아플 통) 50. 적서(嫡정실 적, 庶여러 서) 51. 사실이나 입장, 의사 등을 드러내서 밝힘 52. 매우 가까이 닥침 53. 말이나 글이 이해하기 어렵고 까다로우며 매끄럽지 못함 54. 빗살처럼 가지런하게 줄지어 빽빽하게 늘어서 있음 55. 자질구레하여 중요하지 않은 것 56. 간사하고 못된 사람 또는 무리 57. 격(格)이나 철에 맞지 아니함. 시기에 맞지 아니하여 쓸모가 없게 된 사물(夏爐冬扇:여름의 화로와 겨울의 부채라는 말에서 유래) 58. 마음에 쌓인 근심걱정 또는 불만(첩첩이 쌓여 있는 많은 돌) 59. 목표 또는 핵심(과녁의 한가운데가 되는 점) 60. 하늘과 땅(만물을 포용하여 싣고 있는 수레(물건)라는 뜻) 61. (22) 糞尿 62. (25) 低昂 63. (28) 濃淡 64. (31) 恩讎 65. (50) 嫡庶 66. 죽을 운 67. 다할 갈 68. 산호 산 69. 봉화 봉 70. 다섯 사람 오 71. 이질 리 72. 쌓을 퇴 73. 두드릴 고 74. 염려할·나라이름 우 75. 뺨 협 76. 풀 훼 77. 순수할 수 78. 이불 금 79. 원망할 앙 80. 눈동자 정 81. 지팡이 장 82. 원수 수 83. 풍자할 풍 84. 사다리 붕 85. 물결 란 86. 밝힐 천 87. 더러울 비 88. 기록할 전 89. 배로 실어 나를 조 90. 자라 별 91. 鼠 92. 羊 93. 酉 94. 生 95. 一 96. 戈 97. 立 98. 羊 99. 言 100. 夕 101. ② [① 膨滿(불을 팽, 찰 만) ② 澎湃(물소리 팽, 물결칠 배) ③ 膨脹(불을 팽, 부을 창) ④ 膨大(불을 팽, 큰 대) : 부풀어 올라 커짐] 102. ③ [① 病斃(병 병,

죽을 폐) : 병으로 죽음 ② 斃死(죽을 폐, 죽을 사) : 쓰러져 죽음 ③ 弊端(폐단·해질 폐, 끝 단) ④ 疲斃(피곤할 피, 죽을 폐) : 기운이 지쳐 죽음] **103.** ④ [① 管轄(대롱·주관할 관, 다스릴 할) ② 分轄(나눌 분, 다스릴 할 : 나누어서 관할함 ③ 直轄(곧을 직, 다스릴 할 : 직접 관할함 ④ 割賦(벨 할, 부세 부)] **104.** ① [① 義俠(옳을 의, 의기로울 협) ② 狹小(좁을 협, 작을 소) ③ 偏狹(치우칠 편, 좁을 협) ④ 狹窄(좁을 협, 좁을 착)] **105.** ① [① 狡猾(교활할 교, 교활할 활) ② 快闊(쾌할 쾌, 넓을 활) ③ 廣闊(넓을 광, 넓을 활) ④ 闊步(넓을 활, 걸음 보) : 큰 걸음으로 힘차고 당당하게 걸음. 힘차고 당당하게 행동하거나 제멋대로 마구 행동함] **106.** ③ [躊躇(머뭇거릴 주, 머뭇거릴 저) ① 痕迹(흔적 흔, 자취 적) ② 顚倒(엎드러질·이마 전, 넘어질 도) : 엎어져 넘어짐 ③ 首鼠(머리 수, 쥐 서) : 구멍에서 머리를 내밀고 나갈까 말까 망설이는 쥐라는 뜻으로, 머뭇거리며 진퇴나 거취를 정하지 못하는 상태를 이르는 말 ④ 沈澱(잠길 침 / 성(姓) 심, 앙금 전) **107.** ① [挫折(꺾을 좌, 꺾을 절) ① 絶望(끊을 절, 바랄 망) ② 嫉視(미워할 질, 볼 시) : 밉게 봄 ③ 叱責(꾸짖을 질, 꾸짖을 책) ④ 震怒(성낼 진, 성낼 노)] **108.** ② [兆朕(억조 조, 나 짐) ① 更迭(고칠 경 / 다시 갱, 갈마들 질) : 어떤 직위에 있는 사람을 다른 사람으로 바꿈 ② 徵候(부를 징, 기후·살필 후) ③ 瘠薄(여윌 척, 엷을 박) ④ 凄切(쓸쓸할 처, 끊을 절 / 온통 체)] **109.** ③ [蹉跌(미끄러질 차, 거꾸러질 질) ① 簒奪(빼앗을 찬, 빼앗을 탈) ② 懺悔(뉘우칠 참, 뉘우칠 회) ③ 錯誤(어긋날 착, 그르칠 오) ④ 闡明(밝힐 천, 밝을 명) : 사실이나 의사를 분명하게 드러내서 밝힘] **110.** ② [拔萃(뽑을 발, 모을 췌) : 책, 글 따위에서 필요하거나 중요한 부분을 가려 뽑아냄 ① 憔悴(파리할 초, 파리할 췌) ② 取捨(취할 취, 버릴 사) ③ 囑望(부탁할 촉, 바랄 망) : 잘되기를 바라고 기대함 ④ 放黜(놓을 방, 내칠 출) : 물리쳐 내쫓음] **111.** 炊事(불 땔 취, 일 사) **112.** 宿泊(잘 숙 / 별자리 수, 머무를·배댈 박) **113.** 撤收(거둘 철, 거둘 수) **114.** 晩餐(늦을 만, 밥 찬) **115.** 廢校(폐할·버릴 폐, 학교 교) **116.** 低廉(낮을 저, 청렴할 렴) **117.** 多彩(많을 다, 채색 채) **118.** 追憶(좇을·따를 추, 생각할 억) **119.** 郵遞局(우편 우, 갈릴 체, 판 국) **120.** 蠶食(누에 잠, 밥·먹을 식) **121.** 營業網(경영할 영, 업 업, 그물 망) **122.** 愼重(삼갈 신, 무거울 중) **123.** 史蹟(사기 사, 자취 적) / 史跡(사기 사, 발자취 적) **124.** 燒失(사를 소, 잃을 실) **125.** 完了(완전할 완, 마칠 료) **126.** 祕苑(숨길 비, 나라동산 원) **127.** 災殃(재앙 재, 재앙 앙) **128.** 毀損(헐 훼, 덜 손) **129.** 登載(오를 등, 실을 재) **130.** 年俸(해 년, 녹 봉) **131.** 違反(어긋날 위, 돌이킬 반) **132.** 過怠料(지날 과, 게으를 태, 헤아릴 료) **133.** 滯納(막힐 체, 들일 납) **134.** 丸藥(둥글 환, 약 약) **135.** 白鹿潭(흰 백, 사슴 록, 못 담) **136.** 濃縮(짙을 농, 줄일 축) **137.** 糖尿(엿당 / 사탕 탕, 오줌 뇨) **138.** 膽石(쓸개 담, 돌 석) **139.** 腎臟(콩팥 신, 오장 장) **140.** 腰痛(허리 요, 아플 통) **141.** 臥病(누울 와, 병 병) **142.** 不姙(아닐 불·부, 아이 밸 임) **143.** 受胎(받을 수, 아이 밸 태) **144.** 鎭痛(진압할 진, 아플 통) **145.** 贈呈(줄 증, 드릴 정) [答 146-150] (128) 毀損 (132) 過怠料 (138) 膽石 (139) 腎臟 (141) 臥病 (144) 鎭痛 **151.** ① [① 궤도 ② 규격 ③ 규수 ④ 근력] **152.** ② [① 농성 ② 누차 ③ 요양 ④ 솔선] **153.** ④ [① 마찰 ② 인근 ③ 만용 ④ 누출] **154.** ③ [① 멸시 ② 명상 ③ 이행 ④ 방조] **155.** ① [① 모추 ② 모금 ③ 모순 ④ 모범] **156.** 株式(그루 주, 법 식) **157.** 主食(임금·주인 주, 밥·먹을 식) **158.** 重傷(무거울 중, 다칠 상) **159.** 中傷(가운데 중, 다칠 상) : 근거 없는 말로 남을 헐뜯어 명예나 지위를 손상시킴 **160.** 安靜(편안 안, 고요할 정) **161.** 安定(편안 안, 정할 정) **162.**

馬力(말 마, 힘 력)   163. 魔力(마귀 마, 힘 력)   164. 思索(생각 사, 찾을 색 / 동앗줄 삭)   165. 死色(죽을 사, 빛 색)   166. 釈   167. 払   168. 継   169. 脳   170. 巌   171. 絶 [拒絶(막을 거, 끊을 절)]   172. 慶 [慶賀(경사 경, 하례할 하)]   173. 塞 [梗塞(막힐 경, 막힐 색)]   174. 置簿(둘 치, 문서 부) * 看做(볼 간, 지을 주)   175. 激勵(격할 격, 힘쓸 려) * 鼓舞(북 고, 춤출 무)   176. 充電(채울 충, 번개 전) * 放電(놓을 방, 번개 전)   177. 變溫(변할 변, 따뜻할 온) * 定溫動物(정할 정, 따뜻할 온, 움직일 동, 물건 물)   178. 保護(지킬 보, 도울 호) * 自由貿易(스스로 자, 말미암을 유, 무역할 무, 바꿀 역 / 쉬울 이)   179. 豫習(미리 예, 익힐 습) * 復習(회복할 복·다시 부, 익힐 습)   180. 胸式(가슴 흉, 법 식) * 腹式呼吸(배 복, 법 식, 부를 호, 마실 흡)   181. 蠻行(오랑캐 만, 다닐 행 / 항렬 항) : 야만스러운 행동   182. 總網羅(다 총, 그물 망, 벌릴 라) : 전체를 모아 모두 포함시킴   183. 魅了(매혹할 매, 마칠 료)   184. 觸媒(닿을 촉, 중매 매)   185. 追慕(따를 추, 그릴 모)   186. 賠償(물어줄 배, 갚을 상)   187. 派閥(갈래 파, 문벌 벌)   188. 巢窟(새집 소, 굴 굴)   189. 溺死(빠질 닉, 죽을 사)   190. 鍛鍊(쇠불릴 단, 쇠불릴·단련할 련)   191. 弄, 瓦 [弄瓦之慶(희롱할 롱, 기와 와, 갈 지, 경사 경)]   192. 弄, 喜 [弄璋之喜(희롱할 롱, 홀 장, 갈 지, 기쁠 희)]   193. 塗, 炭 [塗炭之苦(진흙 도, 숯 탄, 갈 지, 쓸 고)]   194. 放, 尿 [凍足放尿(얼 동, 발 족, 놓을 방, 오줌 뇨)]   195. 燈, 下 [燈下不明(등 등, 아래 하, 아닐 불·부, 밝을 명)]   196. 麻, 中 [麻中之蓬(삼 마, 가운데 중, 갈 지, 쑥 봉)]   197. 唱, 隨 [夫唱婦隨(지아비 부, 부를 창, 며느리 부, 따를 수)]   198. 雷, 同 [附和雷同(붙을 부, 화할 화, 우레 뢰, 한가지 동)]   199. 氷, 炭 [氷炭之間(얼음 빙, 숯 탄, 갈 지, 사이 간)]   200. 桑, 碧 [桑田碧海(뽕나무 상, 밭 전, 푸를 벽, 바다 해)]

1級 − 18회 해설

1. 말살(抹지울 말, 殺죽일 살 / 감할·빠를 쇄) 2. 괄호(括묶을 괄, 弧활 호) 3. 매진(邁갈 매, 進나아갈 진) 4. 분부(吩분부할 분, 咐분부할·불 부) 5. 슬하(膝무릎 슬, 下아래 하) 6. 부평(浮뜰 부, 萍부평초 평) 7. 흠결(欠하품 흠, 缺이지러질 결) 8. 퇴락(頹무너질 퇴, 落떨어질 락) 9. 췌언(贅혹 췌, 言말씀 언) 10. 종접(踵발꿈치 종, 接이을 접) 11. 인륜(湮묻힐 인, 淪빠질 륜) 12. 법조(法법 법, 曹무리 조) 13. 수척(瘦여윌 수, 瘠여윌 척) 14. 배아(胚아이밸 배, 芽싹 아) 15. 빈신(嚬찡그릴 빈, 呻읊조릴 신) 16. 포탈(逋도망갈 포, 脫벗을 탈) 17. 흠향(歆흠향할 흠, 饗잔치할 향) 18. 발췌(拔뽑을 발, 萃모을 췌) 19. 탑승(搭탈 탑, 乘탈 승) 20. 주거(做지을 주, 去갈 거) 21. 공읍(拱팔짱낄 공, 揖읍할 읍) 22. 붕소(硼붕사 붕, 素본디·흴 소) 23. 송구(悚두려울 송, 懼두려워할 구) 24. 묘연(杳아득할 묘, 然그럴 연) 25. 판납(辦힘들일 판, 納바칠 납) 26. 시비(柴섶 시, 扉사립문 비) 27. 어휘(語말씀 어, 彙무리 휘) 28. 췌장(膵췌장 췌, 臟오장 장) 29. 타구(唾침 타, 具갖출 구) 30. 갑주(甲갑옷 갑, 冑투구·자손 주) 31. 위축(萎시들 위, 縮줄일 축) 32. 선봉(先먼저 선, 鋒칼날 봉) 33. 순수(純순수할 순, 粹순수할 수) 34. 파초(芭파초 파, 蕉파초 초) 35. 모색(摸더듬을 모, 索찾을 색 / 동앗줄 삭) 36. 탄로(坦평탄할 탄, 路길 로) 37. 회뢰(賄뇌물·재물 회, 賂뇌물 뢰) 38. 단리(短짧을 단, 籬울타리 리) 39. 조난(遭만날 조, 難어려울 난) 40. 촌탁(忖헤아릴 촌, 度법도 도 / 헤아릴 탁) 41. 유착(癒병나을 유, 着붙을 착) 42. 육부(六여섯 륙, 腑육부 부) 43. 각성(覺깨달을 각, 醒깰 성) 44. 패관(稗피 패, 官벼슬 관) 45. 근류(根뿌리 근, 瘤혹 류) 46. 부검(剖쪼갤 부, 檢검사할 검) 47. 회홍(恢넓을 회, 弘클 홍) 48. 첨의(僉다·여러 첨, 議의논할 의) 49. 세치(細가늘 세, 緻빽빽할 치) 50. 조락(凋시들 조, 落떨어질 락) 51. 간할 간 52. 발랄할 랄 / 수라 라 53. 굽을 만 54. 떡 병 55. 부술 쇄 56. 주머니 낭 57. 갑 갑 58. 옥 령 59. 버선 말 60. 눈 깜짝할 별 61. 속죄할 속 62. 말 더듬거릴 눌 63. 생강 강 64. 보루 루 65. 움 맹 66. 병 병 67. 소매 수 68. 클·말씀 담 69. 공경할 건 70. 벼리 륜 71. 죽을 몰 72. 구부릴 부 73. 길들일 순 74. 물결 도 75. 경련 경 76. 비늘 린 77. 소모할 모 78. 헐뜯을 비 79. 시호 시 80. 쇠꽂 락 81. 수갑 곡 82. 도깨비불 린 83. 攝取(다스릴·잡을 섭, 취할 취) 84. 月貰(달 월, 세놓을 세) 85. 召集(부를 소, 모을 집) 86. 紹介(이을 소, 낄 개) 87. 密輸(빽빽할 밀, 보낼 수) 88. 罪囚(허물 죄, 가둘 수) 89. 矛盾(창 모, 방패 순) 90. 升轉(되 승, 구를 전) : 전보다 더 좋은 자리로 옮김 91. 屍身(주검 시, 몸 신) 92. 養殖(기를 양, 불릴 식) 93. 腎臟(콩팥 신, 오장 장) 94. 香辛料(향기 향, 매울 신, 헤아릴 료) 95. 偵察(염탐할 정, 살필 찰) 96. 贈呈(줄 증, 드릴 정) 97. 訂正(바로잡을 정, 바를 정) 98. 漸次(점점 점, 버금 차) 99. 摘出(딸 적, 날 출) 100. 沮止(막을 저, 그칠 지) 101. 所藏(바 소, 감출 장) 102. 如反掌(같을 여, 돌이킬 반, 손바닥 장) : 손바닥을 뒤집는 것과 같다. 일이 매우 쉬움 103. 養蠶(기를 양, 누에 잠) 104. 諮問(물을 자, 물을 문) 105. 恣行(방자할·마음대로 자, 다닐 행 / 항렬 항) 106. 磁石(자석 자, 돌 석) 107. 難妊(어려울 난, 아이밸 임) 108. 刃創(칼날 인, 비롯할·비로

소 창) : 칼날에 다친 흉 109. 金融(쇠 금 / 성(姓) 김, 녹을 융) 110. 猶豫(오히려 유, 미리 예) 111. 餘裕(남을 여, 넉넉할 유) 112. 尉官(벼슬 위, 벼슬 관) : 소위와 중위 그리고 대위의 총칭 113. 斬新(벨 참, 새 신) 114. 表彰(겉 표, 드러날 창) 115. 悽慘(슬퍼할 처, 참혹할 참) 116. 撤去(거둘 철, 갈 거) 117. 諜報(염탐할 첩, 갚을·알릴 보) 118. 逮捕(잡을 체, 잡을 포) 119. 交替(사귈 교, 바꿀 체) 120. 滯念(막힐 체, 생각 념) 121. 礎石(주춧돌 초, 돌 석) 122. 超然(뛰어넘을 초, 그럴 연) 123. 儿 124. 八 125. 老 126. 乙 127. 口 128. 宀 129. 皿 130. 魚 131. 子 132. 頁 133. ④ (① 왜소 ② 치루 ③ 폭서 ④ 폐사) 134. ② (① 표연 ② 운석 ③ 말갈 ④ 치열) 135. ④ (① 유언 ② 침공 ③ 풍간 ④ 운명) 136. ① (① 타원 ② 유린 ③ 포복 ④ 학랑) 137. ① (① 외람 ② 외연 ③ 요경 ④ 요란) 138. ③ (① 탁령 ② 학질 ③ 양이 ④ 유영) 139. ② (① 탑재 ② 폐하 ③ 해괴 ④ 유기) 140. ① (① 저택 ② 팍성 ③ 핵주 ④ 유착) 141. ① (① 취약 ② 요원 ③ 포말 ④ 위축) 142. ④ (① 포효 ② 양찰 ③ 비방 ④ 언해) 143. 전쟁터에서 개전의 신호를 삼는 우는 화살, 모든 일의 시초 * 嚆矢(울릴 효, 화살 시) 144. 앞 일에 대하여 좋고 언짢음을 미리 들어서 하는 말 * 讖言(예언 참, 말씀 언) 145. 밝고 맑음 * 明澄(밝을 명, 맑을 징) 146. 조상의 덕으로 벼슬을 얻음 * 蔭補(그늘 음, 기울 보) 147. 사물이 깊은 관계가 있어 서로 떨어지지 않게 결합되어 있음 * 癒着(병나을 유, 붙을 착) 148. 밭을 갈고 김을 맴 * 耕耘(밭갈 경, 김맬 운) 149. 터무니없이 떠도는 말 * 蜚語(바퀴·날 비, 말씀 어) 150. 어떤 자리에 윗사람이나 상관을 받들거나 모셔 함께 참석함 * 陪席(모실 배, 자리 석) 151. 엄지손가락 * 拇指(엄지손가락 무, 가리킬 지) 152. 기회를 엿봄 * 窺間(엿볼 규, 사이 간) 153. 揷 154. 狀 155. 險 156. 憫 [憐憫(불쌍히여길 련, 불쌍히여길 민)] 157. 寫 [謄寫(베낄 등, 베낄 사)] 158. 敦 [敦篤(도타울 돈, 도타울 독)] 159. 慢 [傲慢(거만할 오, 거만할 만)] 160. 煙 [煤煙(그을음 매, 연기 연)] 161. 浴 [沐浴(머리감을 목, 목욕할 욕)] 162. 敏 [敏捷(민첩할 민, 빠를 첩)] 163. 扶 [扶助(도울 부, 도울 조)] 164. 壞 [崩壞(무너질 붕, 무너질 괴)] 165. 消 [消耗(사라질 소, 소모할 모)] 166. 偶有(만날 우, 있을 유) * 우유적 속성(偶有的 屬性) : 사물이 일시적으로 우연히 가지게 된 성질 167. 附則(붙을 부, 법칙 칙 / 곧 즉) : 어떠한 규칙을 보충하기 위하여 덧붙인 규칙 168. 集權(모을 집, 권세 권) 169. 奔騰(달릴 분, 오를 등) : 물가가 갑자기 뛰어오름 170. 印象(도장 인, 코끼리 상) * 인상주의(印象主義) : 사실적인 수법을 버리고 주관적인 인상을 대담하게 나타내려는 사조 / * 사실주의(寫實主義) : 현실을 있는 그대로 묘사·재현하려는 창작 태도 171. 飼育(기를 사, 기를 육) 172. 韻文(운·울릴 운, 글월 문) * 散文(홀을 산, 글월 문) 173. 絶對(끊을 절, 대할 대) 174. 常綠(떳떳할 상, 푸를 록) * 상록수(常綠樹) : 사철 내내 잎이 푸른 나무 175. 相生(서로 상, 날 생) * 相剋(서로 상, 이길 극) 176. 死線(죽을 사, 줄 선) 177. 私選(사사 사, 가릴 선) : 개인이 선택하거나 선임함 178. 遺書(남길 유, 글 서) 179. 由緖(말미암을 유, 실마리 서) : 예로부터 전하여 내려오는 까닭과 내력 180. 柔軟(부드러울 유, 연할 연) 181. 悠然(멀 유, 그럴 연) 182. 主演(임금·주인 주, 펼 연) 183. 酒宴(술 주, 잔치 연) 184. 富裕(부자 부, 넉넉할 유) 185. 浮遊(뜰 부, 놀 유) 또는 浮游(뜰 부, 헤엄칠 유) 186. 濁 [一魚濁水(한 일, 물고기 어, 흐릴 탁, 물 수) : 물고기 한 마리가 큰 물을 흐리게 한다. 한 사람의 악행으로 여러 사람이 그 해를 받게 됨] 187. 觸 [一觸卽發(한 일, 닿을 촉, 곧 즉, 필 발) : 금방이라도 일이 크게 터질 듯한 아슬아슬한 긴장 상태] 188. 揮 [一筆揮之(한 일, 붓 필, 휘두를·지휘할 휘, 갈 지) : 글씨를 단숨에 힘차고 시원하게 죽 써 내려감)] 189. 臨 [臨機應變(임할 림, 틀 기, 응할 응, 변할 변) : 그때그때의 형편에 따라 알맞게 일을 처리함] 190. 激 [自激之心(스스로 자, 격할 격, 갈 지, 마음 심) : 자기가 한 일에 대해 스스로 부족하다고 여기는 마음)] 191. 待, 兔 [守株待兔(지킬 수, 그루 주, 기다릴 대, 토끼 토)] 192. 脣, 齒 [脣亡齒寒(입술 순, 망할 망, 이 치, 찰 한)] 193. 書, 判 [身言書判(몸 신, 말씀 언, 글 서, 판단할 판)] 194. 傲, 霜 [傲霜孤節(거만할 오, 서리 상, 외로울 고, 마디 절)] 195. 網, 盡 [一網打盡(한 일, 그물 망, 칠 타, 다할 진)] 196. 脈, 通 [一脈相通(한 일, 줄기 맥, 서로 상, 통할 통)] 197. 電, 石 [電光石火(번개 전, 빛 광, 돌 석, 불 화)] 198. 切, 腐 [切齒腐心(끊을 절 / 온통 체, 이 치, 썩을 부, 마음 심)] 199. 朝, 暮 [朝令暮改(아침 조, 하여금 령, 저물 모, 고칠 개)] 200. 種, 得 [種豆得豆(씨 종, 콩 두, 얻을 득, 콩 두)]

1級 – 19회 해설

1. 주저(躊머뭇거릴 주, 躇머뭇거릴 저) 2. 유대(紐맺을 뉴, 帶띠 대) 3. 감질(疳감질 감, 疾병 질) 4. 날조(捏꾸밀 날, 造지을 조) 5. 무고(無없을 무, 辜허물 고) 6. 점액(點점 점, 額이마 액) 7. 간성(干방패 간, 城재 성) 8. 돈견(豚돼지 돈, 犬개 견) 9. 고굉(股넓적다리 고, 肱팔뚝 굉) 10. 회자(膾회 회, 炙구울 자·적) 11. 상극(相서로 상, 剋이길 극) 12. 해천(咳기침 해, 喘숨찰 천) 13. 농루(膿고름 농, 漏샐 루) 14. 고의(袴바지 고, 衣옷 의) 15. 권태(倦게으를 권, 怠게으를 태) 16. 동체(胴큰창자·몸통 동, 體몸 체) 17. 형극(荊가시 형, 棘가시 극) 18. 도괴(掉흔들 도, 拐후릴 괴) 19. 낙인(烙지질 락, 印도장 인) 20. 취가(娶장가들 취, 嫁시집갈 가) 21. 담화(痰가래 담, 火불 화) 22. 어로(漁고기 잡을 어, 撈건질 로) 23. 능금(綾비단 릉, 衾이불 금) 24. 궐기(蹶일어설·넘어질 궐, 起일어날 기) 25. 명미(明밝을 명, 媚아첨할·예쁠 미) 26. 늑병(勒굴레 륵, 兵군사 병) 27. 질곡(桎차꼬 질, 梏수갑 곡) 28. 교환(交사귈 교, 驩기뻐할 환) 29. 흔적(痕흔적 흔, 迹자취 적) 30. 건류(乾하늘·마를 건, 溜처마물 류) 31. 노기(駑둔한 말 노, 驥천리마 기) 32. 후멸(朽썩을 후, 滅꺼질·멸할 멸) 33. 둔갑(遁숨을 둔, 甲갑옷 갑) 34. 입모(笠삿갓 립, 帽모자 모) 35. 성보(城재 성, 堡작은 성 보) 36. 길항(拮일할 길, 抗겨룰 항) 37. 선철(銑무쇠 선, 鐵쇠 철) 38. 비예(誹헐뜯을 비, 譽기릴·명예 예) 39. 황급(遑급할 황, 急급할 급) 40. 와전(訛그릇될 와, 傳전할 전) 41. 서류(薯감자 서, 類무리 류) 42. 요절(夭일찍 죽을 요, 折꺾을 절) 43. 관곽(棺널 관, 槨외관 곽) 44. 야양(爺아비 야, 孃아가씨 양) 45. 원흉(元으뜸 원, 兇흉악할 흉) 46. 정걸(挺빼어날 정, 傑뛰어날 걸) 47. 능형(菱마름 릉, 形모양 형) 48. 호도(糊풀칠할 호, 塗칠할 도) 49. 이완(弛늦출 이, 緩느릴 완) 50. 긍지(矜자랑할 긍, 持가질 지) 51. 머뭇거리며 망설임 52. 끈과 띠. 둘 이상을 연결하거나 하나가 되게 하는 것. 또는 그런 관계 53. 바라는 정도에 못 미쳐 몹시 애타는 마음 54. 사실이 아닌 것을 사실인 것처럼 거짓으로 꾸며 만듦 55. 잘못이나 허물이 없음 56. 시험에서 낙제함(용문을 올라간 잉어는 용이 되고, 올라가지 못한 잉어는 이마에 점이 찍혀서 돌아간다는 데에서 유래) 57. 나라를 지키는 믿음직한 군인·군대 혹은 인물 58. 미련하고 못난 사람. 남에게 자신의 아들을 겸손하게 일컫는 말 59. 온몸. 임금이 가장 신임하는 신하(다리와 팔뚝에 비길만한 신하라는 뜻) 60. 칭찬을 받으며 명성이나 평판이 널리 사람의 입에 오르내림(회와 구운 고기라는 뜻) 61. (20) 娶嫁 62. (27) 桎梏 63. (31) 駑驥 64. (38) 誹譽 65. (44) 爺孃(부모를 속되게 이르던 말. '孃'은 '아가씨'라는 뜻 외에도 '어미, 어머니'라는 뜻을 가지고 있다) 66. 아낄 린 67. 희생 생 68. 서릴 반 69. 세울 수 70. 장 장 71. 당길 만 72. 거꾸러질 질 73. 어려울 간 74. 떨릴 률 75. 돛 범 76. 물총새 비 77. 갈 매 78. 윗사람 죽일 시 79. 평탄할 탄 80. 알 깔 부 81. 광대 창 82. 그릴 묘 83. 밝을 방 84. 위협할 겁 85. 샐 설 86. 엿볼 규 87. 읊조릴 신 88. 칙서 칙 89. 거칠 무 90. 삽살개 방 91. 戈 92. 豸(발없는벌레 치 / 해태 태) 93. 虫 94. 虫 95. 行 96. 頁 97. 斗 98. 广 99. 日 100. 冫(氷) 101.

④ [① 醱酵(술괼 발, 삭힐 효) ② 酵母(삭힐 효, 어미 모) ③ 酵素(삭힐 효, 본디·흴 소) ④ 嚆矢(울릴 효, 화살 시) : 전쟁터에서 개전의 신호로 삼는 우는 화살. 모든 일의 시초] 102. ③ [① 慌忙(어리둥절할 황, 멍할 망) ② 唐慌(당나라·당황할 당, 어리둥절할 황) ③ 遑急(급할 황, 급할 급) ④ 危慌(위태할 위, 어리둥절할 황) : 위험하고 매우 급함] 103. ④ [① 渾身(흐릴 혼, 몸 신) : 온몸 ② 渾然(흐릴 혼, 그럴 연) : 차별이나 구별이 없는 모양. 모나지도 아니하고 결점도 없는 원만한 모양 ③ 渾沌(흐릴 혼, 엉길 돈) ④ 昏迷(어두울 혼, 미혹할 미) 104. ② [① 眩氣(어지러울 현, 기운 기) ② 衒學(자랑할 현, 배울 학) ③ 眩惑(어지러울 현, 미혹할 혹) ④ 眩然(어지러울 현, 그럴 연) : 눈앞이 캄캄함] 105. ④ [① 寶盒(보배 보, 합 합) ② 飯盒(밥 반, 합 합) ③ 饌盒(반찬 찬, 합 합) ④ 結合(맺을 결, 합할 합)] 106. ① [剽竊(겁박할 표, 훔칠 절) : 시나 글, 노래 따위를 지을 때에 남의 작품의 일부를 몰래 따다 씀 ① 盜作(도둑 도, 지을 작) ② 諷刺(풍자할 풍, 찌를 자·척 / 수라 라) ③ 缺乏(이지러질 결, 모자랄 핍) ④ 貶下(낮출 폄, 아래 하)] 107. ② [逋脫(도망갈 포, 벗을 탈) : 도망하여 피함. 과세를 피하여 면함 ① 澎湃(물소리 팽, 물결칠 배) : 큰 물결이 맞부딪치 솟구침 ② 脫稅(벗을 탈, 세금 세) ③ 鞭撻(채찍 편, 때릴 달) : 채찍으로 때리는 것. 잘 할 수 있도록 따끔하게 나무람 ④ 褒賞(기릴 포, 상줄 상)] 108. ④ [涵養(젖을 함, 기를 양) : 서서히 양성함. 차차 길러 냄 ① 緘口(봉할 함, 입 구) : 입을 다물어서 봉함 ② 諧謔(화할 해, 희롱할 학) : 익살스럽고도 멋이 있는 농담 ③ 邂逅(우연히만날 해, 만날 후) : 陶冶(질그릇 도, 풀무 야) : 도기를 만드는 일과 쇠를 주조하는 일. 또는 그런 일을 하는 사람. 훌륭한 사람이 되도록 몸과 마음을 닦아 기름] 109. ③ [間歇(사이 간, 쉴 헐) ① 饗宴(잔치할 향, 잔치 연) ② 駭怪(놀랄 해, 괴이할 괴) ③ 斷續(끊을 단, 이을 속) ④ 驚惶(놀랄 경, 두려울 황)] 110. ④ [彈劾(탄핵할 탄, 꾸짖을 핵) : 죄상을 들어 책망함 ① 遑急(급할 황, 급할 급) ② 救恤(구원할 구, 불쌍할 휼) ③ 犧牲(희생 희, 희생 생) ④ 罷免(마칠 파, 면할 면)] 111. 蒸氣(찔 증, 기운 기) 112. 供給(이바지할 공, 줄 급) 113. 煉炭(달굴 련, 숯 탄) 114. 硫黃(유황 류, 누를 황) 115. 飼料(기를 사, 헤아릴 료) 116. 畜産(짐승 축, 낳을 산) 117. 敷設(펼 부, 베풀 설) 118. 坑夫(구덩이 갱, 지아비 부) 119. 爛發(빛날 란, 필 발) 120. 巡廻(돌·순행할 순, 돌 회) 121. 梧桐(오동나무 오, 오동나무 동) 122. 令孃(하여금 령, 아가씨 양) 123. 婚需(혼인할 혼, 쓰일·쓸 수) 124. 總帥(다 총, 장수 수) 125. 推戴(밀 추·퇴, 일 대) 126. 遺憾(남길 유, 섭섭할 감) 127. 沮止(막을 저, 그칠 지) 128. 誤謬(그르칠 오, 그르칠 류) 129. 殉國(따라 죽을 순, 나라 국) 130. 發掘(필 발, 팔 굴) 131. 哀悼(슬플 애, 슬퍼할 도) 132. 及其也(미칠 급, 그 기, 이끼·어조사 야) 133. 厥女(그 궐, 계집 녀) 134. 書札(글 서, 편지 찰) 135. 比丘尼(견줄 비, 언덕 구, 여승 니) 136. 忽然(갑자기 홀, 그럴 연) 137. 寺刹(절 사 / 관청 시, 절 찰) 138. 批准(비평할 비, 비준 준) 39. 糾彈(얽힐 규, 탄알 탄) 140. 焦點(탈 초, 점 점) 141. 藍色(쪽 람, 빛 색) 142. 白鷗(흰 백, 갈매기 구) 143. 遮陽(가릴 차, 볕 양) 144. 挿入(꽂을 삽, 들 입) 145. 彫琢(새길 조, 다듬을 탁) [答 146-150] (117) 敷說 (119) 爛發 (124) 總帥 (128) 誤謬 (135) 比丘尼 (138) 批准 151. ① (① 나약 ② 기호 ③ 날인 ④ 기골) 152. ② (① 기량 ② 나포 ③ 기형 ④ 눌변) 153. ③ (① 도태 ② 담박 ③ 단백 ④ 당착) 154. ③ (① 낙농 ② 여명 ③ 동경 ④ 두부) 155. ① (① 여과 ② 여염 ③ 노략 ④ 노획) 156. 有産(있을 유, 낳을 산) 157. 乳酸(젖 유, 실 산) 158. 部將(거느릴·떼 부, 장수 장) 159. 副葬(버금 부, 장사지낼 장) * 부장품 : 장사 지낼 때, 시체와 함께

묻는 물건의 총칭   160. 不戰(아닐 불·부, 싸움 전) * 부전패(不戰敗) : 휴장이나 기권 등으로 경기를 하지 않고 지게 됨 161. 父傳(아비 부, 전할 전) * 부전자전(父傳子傳) : 대대로 아버지가 아들에게 전함 162. 悲壯(슬플 비, 씩씩할 장)   163. 祕藏(숨길 비, 감출 장)   164. 手織(손 수, 짤 직)   165. 垂直(드리울 수, 곧을 직)   166. 觀, 观   167. 輕   168. 経   169. 氣   170. 兒   171. 浸 [浸透(잠길 침, 사무칠 투)]   172. 凉 [凄凉(쓸쓸할 처, 서늘할 량)]   173. 落 [墜落(떨어질 추, 떨어질 락)]   174. 缺陷(이지러질 결, 빠질 함) * 瑕疵(허물 하, 허물 자)   175. 折衝(꺾을 절, 찌를 충) * 交涉(사귈 교, 건널 섭) : 어떤 일을 이루기 위하여 서로 의논하고 절충함 176. 詳說(자세할 상, 말씀 설) : 자세하게 속속들이 설명함 * 略說(간략할·약할 략, 말씀 설)   177. 熟面(익을 숙, 낯 면) : 여러 번 보아 잘 아는 사람. 낯이 익은 사람 178. 庶孫(여러 서, 손자 손) : 서자의 자손, 또는 아들의 서자 * 嫡孫(정실 적, 손자 손)   179. 徐行(천천히할 서, 다닐 행 / 항렬 항)   180. 設備(베풀 설, 갖출 비) * 설비자금(設備資金) : 기업체에서 생산 설비의 창설, 확장, 개량 따위에 드는 자금 / * 운전자금(運轉資金) : 기업체에서 생산 활동에 필요한 재료비, 인건비 따위의 지급에 쓰는 돈 181. 霧散(안개 무, 흩을 산)   182. 紊亂(어지러울·문란할 문, 어지러울 란)   183. 默認(잠잠할 묵, 알 인)   184. 隨伴(따를 수, 짝 반)   185. 搬出(옮길 반, 날 출)   186. 濃縮(짙을 농, 줄일 축)   187. 療法(병고칠 료, 법 법)   188. 惹端(이끌 야, 끝 단)   189. 刹那(절 찰, 어찌 나)   190. 爛漫(빛날 란, 흩어질 만)   191. 坐, 觀 [坐井觀天(앉을 좌, 우물 정, 볼 관, 하늘 천)]   192. 壤, 差 [天壤之差(하늘 천, 흙덩이 양, 갈 지, 다를 차)]   193. 表, 裏 [表裏不同(겉 표, 속 리, 아닐 불, 한가지 동)]   194. 風, 燈 [風前燈火(바람 풍, 앞 전, 등잔 등, 불 화)]   195. 投, 石 [漢江投石(한수·한나라 한, 강 강, 던질 투, 돌 석)]   196. 虛, 孟 [虛無孟浪(빌 허, 없을 무, 맏 맹, 물결 랑)]   197. 張, 勢 [虛張聲勢(빌 허, 베풀 장, 소리 성, 형세 세)]   198. 豪, 壯 [豪言壯談(호걸 호, 말씀 언, 장할 장, 말씀 담)]   199. 爐, 點 [紅爐點雪(붉을 홍, 화로 로, 점 점, 눈 설)]   200. 顔, 恥 [厚顔無恥(두터울 후, 낯 안, 없을 무, 부끄러울 치)]

1級 - 20회 해설

1. 요람(搖흔들 요, 籃대바구니 람) 2. 기량(技재주 기, 倆재주 량) 3. 여과(濾거를 려, 過지날 과) 4. 당첨(當마땅 당, 籤제비(점대) 첨) 5. 환기(喚부를 환, 起일어날 기) 6. 소묘(素본디·흴 소, 描그릴 묘) 7. 가책(呵꾸짖을 가, 責꾸짖을 책) 8. 교부(轎가마 교, 夫지아비 부) 9. 경색(梗줄기·막힐 경, 塞막힐 색 / 변방 새) 10. 선물(膳선물·반찬 선, 物물건 물) 11. 아경(俄아까 아, 頃이랑·잠깐 경) 12. 광혈(壙뫼 구덩이 광, 穴굴 혈) 13. 서각(犀무소 서, 角뿔 각) 14. 악골(顎턱 악, 骨뼈 골) 15. 괄목(刮긁을 괄, 目눈 목) 16. 소랭(蕭쓸쓸할 소, 冷찰 랭) 17. 가어(駕멍에 가, 御거느릴 어) 18. 실개(悉다 실, 皆다 개) 19. 광정(匡바를 광, 正바를 정) 20. 백악(白흰 백, 堊흰 흙 악) 21. 팔괘(八여덟 팔, 卦점괘 괘) 22. 앙귀(昂높을 앙, 貴귀할 귀) 23. 전도(顚엎드러질·이마 전, 倒넘어질 도) 24. 지각(地따 지, 殼껍질 각) 25. 부전(附붙을 부, 箋기록할 전) 26. 소세(梳얼레빗 소, 洗씻을 세) 27. 전성(顫떨 전, 聲소리 성) 28. 신검(訊물을 신, 檢검사할 검) 29. 첩지(牒편지 첩, 紙종이 지) 30. 집물(什세간 집 / 열사람 십, 物물건 물) 31. 수갱(竪세울 수, 坑구덩이 갱) 32. 안면(晏늦을 안, 眠잘 면) 33. 사의(簑도롱이 사, 衣옷 의) 34. 개간(開열 개, 墾개간할 간) 35. 자수(刺찌를 자·척 / 수라 라, 繡수놓을 수) 36. 안마(按누를 안, 摩문지를 마) 37. 산감(刪깎을 산, 減덜 감) 38. 교결(皎달밝을 교, 潔깨끗할 결) 39. 돈비(頓조아릴 돈, 憊고단할 비) 40. 마비(痲저릴 마, 痺저릴 비) 41. 간두(竿낚싯대 간, 頭머리 두) 42. 규벽(奎별 규, 璧구슬 벽) 43. 맹반(盲소경·눈멀 맹, 斑아롱질 반) 44. 교활(狡교활할 교, 猾교활할 활) 45. 명료(明밝을 명, 瞭밝을 료) 46. 괘선(罫줄 괘, 線줄 선) 47. 영롱(玲옥소리 령, 瓏옥소리 롱) 48. 굉음(轟울릴·수레소리 굉, 音소리 음) 49. 굉장(宏클 굉, 壯씩씩할 장) 50. 간택(揀가릴 간, 擇가릴 택) 51. 담 전 52. 물·새소리 교 53. 유리 류 54. 속일 궤 55. 잡을 액 56. 노래 구 57. 바퀴자국 철 58. 광대뼈 관 59. 버릴 연 60. 병·근심할 양 61. 그림 회 62. 안석 궤 63. 심을 가 64. 울 고 65. 엄연할 엄 66. 완고할 완 67. 솔개 연 68. 사귈·가로그을 효 69. 비단 기 70. 어리둥절할 황 71. 거둘·말 권 72. 가사 가 73. 서까래 연 74. 게으를 해 75. 높고 클 외 76. 산골물 간 77. 공장 창 78. 빨래할·열흘 한 79. 모날·법 구 80. 물리칠 양 81. 간질 간 82. 둑 언 83. 把握(잡을 파, 쥘 악) 84. 發癌(필 발, 암 암) 85. 無顔(없을 무, 낯 안) 86. 障碍(막을 장, 거리낄 애) 87. 惹端(이끌 야, 끝 단) 88. 李孃(오얏·성(姓) 리, 아가씨 양) 89. 厭世(싫어할 염, 인간 세) 90. 硯滴(벼루 연, 물방울 적) 91. 平穩(평평할 평, 편안할 온) 92. 擁護(낄 옹, 도울 호) 93. 歪曲(기울 왜·외, 굽을 곡) 94. 妖術(요사할 요, 재주 술) 95. 憂鬱(근심 우, 답답할 울) 96. 祕苑(숨길 비, 나라동산 원) 97. 云云(이를 운, 이를 운) : 글이나 말을 인용 또는 생략할 때 이러이러함의 뜻으로 쓰이는 말 98. 偶發(짝 우, 필 발) : 우연히 일어남 99. 雇傭(품팔 고, 품팔 용) 100. 搖亂(흔들 요, 어지러울 란) 101. 名譽(이름 명, 기릴·명예 예) 102. 感染(느낄 감, 물들 염) 103. 鈍濁(둔할 둔, 흐릴 탁) 104. 突出(갑자기 돌, 날 출) 105. 敦篤(도타울 돈, 도타울 독) 106. 媒介(중매 매, 낄 개) 107. 要綱(요긴할 요, 벼리 강)

108. 苦惱(쓸 고, 번뇌할 뇌) 109. 錦上添花(비단 금, 윗 상, 더할 첨, 꽃 화) 110. 僅少(겨우 근, 적을 소) 111. 舞姬(춤출 무, 계집 희) 112. 換氣(바꿀 환, 기운 기) 113. 催眠(재촉할 최, 잘 면) 114. 趨勢(달아날 추, 형세 세) 115. 主軸(임금·주인 주, 굴대 축) 116. 角逐(뿔 각, 좇을 축) 117. 折衷(꺾을 절, 속마음 충) 118. 炊事(불땔 취, 일 사) 119. 委託(맡길 위, 부탁할 탁) 120. 琢磨(다듬을 탁, 갈 마) 121. 胎敎(아이밸 태, 가르칠 교) 122. 抛棄(던질 포, 버릴 기) 123. 見 124. 冂 125. 牛 126. 一 127. 金 128. 衣 129. 阜 130. 龍 131. 禾 132. 大 133. ② (① 복욱 ② 요절 ③ 자흔 ④ 왜곡) 134. ② (① 붕익 ② 한용 ③ 작호 ④ 웅모) 135. ④ (① 흉문 쇠잔 ③ 지체 ④ 왕림) 136. ① (① 완곡 ② 흡족 ③ 수연 ④ 홍모) 137. ④ (① 희생 ② 반장 ③ 혹독 ④ 예인) 138. ② (① 흡사 ② 염문 ③ 부랑 ④ 색인) 139. ① (① 함성 ② 역소 ③ 절도 ④ 소란) 140. ② (① 조란 ② 엄호 ③ 흠감 ④ 소반) 141. ④ (① 치국 ② 치아 ③ 치람 ④ 치사) 142. ① (① 자비 ② 자비 ③ 자비 ④ 잡의) 143. 트집을 잡아 거북할 만큼 따지고 듦 * 詰難(꾸짖을 힐, 어려울 난) 144. 갈림길 * 岐路(갈림길 기, 길 로) 145. 썩 능란한 변설 * 達辯(통달할 달, 말씀 변) 146. 높은 단계로 발전함 * 跳躍(뛸 도, 뛸 약) 147. 납치를 당함 * 被拉(입을 피, 끌 랍) 148. 말도 안되는 헛소문 * 浪說(물결 랑, 말씀 설 / 달랠 세) 149. 벽돌 * 煉瓦(달굴 련, 기와 와) 150. 기한이 다해서 끝남 * 滿了(찰 만, 마칠 료) 151. 나이가 들어 뒤늦게 공부함 * 晩學(늦을 만, 배울 학) 152. 속마음을 알아차림 * 看破(볼 간, 깨뜨릴 파) 153. 殘 154. 驛 155. 纖 156. 固 [頑固(완고할 완, 굳을 고)] 157. 和 [融和(녹을 융, 화할 화)] 158. 寂 [靜寂(고요할 정, 고요할 적)] 159. 探 [偵探(염탐할 정, 찾을 탐)] 160. 劣 [拙劣(졸할 졸, 못할 렬)] 161. 遇 [遭遇(만날 조, 만날 우)] 162. 販 [販賣(팔 판, 팔 매)] 163. 哭 [慟哭(서러워할 통, 울 곡)] 164. 畵 [繪畵(그림 회, 그림 화)] 165. 愛 [寵愛(사랑할 총, 사랑 애)] 166. 盛需(성할 성, 쓰일·쓸 수) * 성수기(盛需期) : 상품이나 서비스의 수요가 많은 때 167. 稚魚(어릴 치, 물고기 어) : 알에서 깬 지 얼마 안 되는 어린 물고기 168. 消燈(사라질 소, 등 등) * 點燈(점 점, 등 등) 169. 備品(갖출 비, 물건 품) * 消耗品(사라질 소, 소모할 모, 물건 품) 170. 洋弓(큰 바다 양, 활 궁) : 서양식의 활, 그 활을 쏘아 표적을 맞추어 득점을 다투는 경기 171. 受禪(받을 수, 선 선) : 선 선임금의 자리를 물려받음 * 讓位(사양할 양, 자리 위) : 임금의 자리를 물려줌 172. 抑佛(누를 억, 부처 불) * 崇儒(높을 숭, 선비 유) 173. 嚴父(엄할 엄, 아비 부) * 慈母(사랑 자, 어미 모) 174. 聯合(이을 련, 합할 합) * 樞軸國(지도리 추, 굴대 축, 나라 국) : 제 2차 세계 대전 때에 일본, 독일, 이탈리아가 맺은 삼국 동맹을 지지하여 미국, 영국, 프랑스 등의 연합국과 대립한 여러 나라. 1936년에 무솔리니가 '유럽의 국제 관계는 로마와 베를린을 연결하는 선을 추축으로 하여 변화할 것이다.'라고 연설한 데서 유래한 말이다. 175. 強制(강할 강, 절제할 제) 176. 流線(흐를 류, 줄 선) 177. 有線(있을 유, 줄 선) 178. 厭症(싫어할 염, 증세 증) 179. 炎症(불꽃 염, 증세 증) 180. 電報(번개 전, 알릴·갚을 보) 181. 轉補(구를 전, 기울 보) : 같은 직급 안에서 다른 자리로 임용됨 182. 米壽(쌀 미, 목숨 수) : 여든 여덟 살 183. 未遂(아닐 미, 드디어 수) 184. 空轉(빌 공, 구를 전) : 바퀴나 기계 따위가 헛돎. 일이나 행동이 헛되이 진행됨 185. 空前(빌 공, 앞 전) : 비교할 만한 것이 이전에는 없음 186. 周 [用意周到(쓸 용, 뜻 의, 두루 주, 이를 도) : 어떤 일을 할 마음이 두루 미침. 마음의 준비가 두루 미쳐

빈틈이 없음]   187. 丈 [軒軒丈夫(집 헌, 집 헌, 어른 장, 지아비 부) : 이목구비가 반듯하고 풍채가 좋고 의젓해 보이는 남자]   188. 螢 [螢雪之功(반딧불 형, 눈 설, 갈 지, 공 공) : 가난한 사람이 반딧불과 눈빛으로 글을 읽어가며 고생 속에서 공부함]   189. 布 [布衣寒士(베 포, 옷 의, 찰 한, 선비 사) : 벼슬이 없는 가난한 선비]   190. 送 [虛送歲月(빌 허, 보낼 송, 해 세, 달 월) : 세월을 헛되이 보냄]   191. 石, 臺 [下石上臺(아래 하, 돌 석, 윗 상, 대 대)]   192. 鶴, 苦 [鶴首苦待(학 학, 머리 수, 쓸 고, 기다릴 대)]   193. 寡, 敵 [衆寡不敵(무리 중, 적을 과, 아닐 불, 대적할 적)]   194. 口, 防 [衆口難防(무리 중, 입 구, 어려울 난, 막을 방)]   195. 罰, 戒 [一罰百戒(한 일, 벌할 벌, 일백 백, 경계할 계)]   196. 茂, 悅 [松茂栢悅(소나무 송, 무성할 무, 측백 백, 말씀 설 / 달랠 세)]   197. 絶, 絃 [伯牙絶絃(맏 백, 어금니 아, 끊을 절, 줄 현)]   198. 湯, 池 [金城湯池(쇠 금 / 성(姓) 김, 재 성, 끓을 탕, 못 지)]   199. 態, 依 [舊態依然(예 구, 모습 태, 의지할 의, 그럴 연)]   200. 鷄, 牛 [鷄口牛後(닭 계, 입 구, 소 우, 뒤 후)]